Deutsche Bildung?

Briefwechsel zweier Schulmänner
Otto Schumann – Martin Havenstein
1930-1944

Herausgegeben von
Notker Hammerstein

Insel Verlag

Erste Auflage 1988

Druck: Wagner GmbH, Nördlingen
Printed in Germany

Inhalt

Vorwort

Warum, so dürfte der Leser fragen, wird dieser Briefwechsel einem breiten Publikum zugänglich gemacht? Die beiden Briefpartner sind schließlich keine allgemein bekannten Personen. Selbst in Fachkreisen sind es sicherlich nur wenige, die mit ihren Namen etwas verbinden.

Bei Otto Schumann wird das noch eher der Fall sein. Als gelehrter Mitherausgeber der Carmina Burana ist er nicht nur den »Mittel-Lateinern« ein Begriff. Bei Martin Havenstein – einem in den 20er Jahren fruchtbaren und anerkannten Autor – dürfte das jedoch kaum mehr der Fall sein. Warum also die Edition eines Briefwechsels aus den Jahren 1930 bis 1944, der zudem nicht ganz vollständig ist – einige Briefe haben sich nicht erhalten –, und der zum Teil Fragen behandelt, die dem heutigen Leser recht fremd sein dürften? Der bloße Zufall, daß sich ein solches Dokument aus der Endzeit der Weimarer Republik und der Zeit des »Dritten Reichs« erhalten hat, kann wohl kaum hinreichender Grund für eine Publikation sein.

Es lassen sich jedoch einige allgemeinere Gesichtspunkte nennen, die für diese Veröffentlichung sprechen. Sie gründen vorab in der Person der Schreibenden, sodann in den Gegenständen die verhandelt werden, ferner in der absichtslosen Privatheit der Korrespondenz und schließlich auch darin, daß sie einen unbefangenen Leser durchaus faszinieren, vielfältig gefangen nehmen kann. Es ist eine spannende Lektüre, es handelt sich um lebhafte, plastische, originelle und geistreiche Briefe. Das läßt sie wohl über den engeren Rahmen historischen Interesses hinaus ansprechend sein.

All diese Punkte sind sicherlich eine wichtige Voraussetzung für die Veröffentlichung, wären gleichwohl bei schärferem Zusehen kaum hinreichend, sie zu rechtfertigen. In der Tat lassen sich durchaus noch weitere Gründe dafür namhaft machen, daß es lohnend ist, diesen Briefwechsel einer breiteren Öffentlichkeit zugänglich zu machen.

Die Briefpartner waren beide Lehrer an Gymnasien, darüber hinaus auch publizistisch tätig. Schumann lehrte zudem als Professor an der Johann Wolfgang Goethe-Universität in Frankfurt am Main. Die Briefschreiber gehörten also dem »Bildungsbürgertum« an. Anerkannte, d. i. akademische Bildung hatte dementsprechend für sie einen hohen Stellenwert. Sie hatten ein stark entwickeltes Verantwortungsbewußtsein dafür, als Teil der kulturellen Elite zu wirken. Ihr Herkommen aus protestantischem Elternhaus, ihre akademische Vorbildung ließen gesellschaftliches Ansehen wichtiger denn Einkommen erscheinen. Enge Bindung an den als Ordnungsmacht vorgestellten Staat ließ sie von allen, gerade in der Zeit der Weimarer Republik häufigen, experimentierfreudigen gesellschaftlichen Gruppierungen Abstand wahren.

Mit dem »Bildungsbürgertum« teilten sie die Neigung, vor dem Hintergrund einer vermeintlich stabilen und zugleich idealen Bildungsüberlieferung geistige Probleme, politische Fragen, aber auch Tagesereignisse zu erörtern. Lebensfragen erschienen zumeist als Dinge der Bildung, ideelle Leitvorstellungen bestimmten Welt- und Menschenbild. Im vorliegenden Falle folgen die Briefschreiber zunächst zwar unterschiedlichen Leitbildern. Für Havenstein war Nietzsche – der junge Nietzsche der »Unzeitgemäßen Betrachtungen«, wie er einmal schrieb – das überragende Vorbild. Schumann fühlte sich hingegen stärker der deutschen bildungsbürgerlichen Tradition des 19. Jahrhunderts, besonders ihrer klassisch-humanistischen und historistischen Seite verpflichtet. Beide liebten sie jedoch innig Dichtung, betrachteten sie als sinnstiftend für ihr Leben. Sie folgten deren Idealen und Vorstellungen, kannten sich in ihr vorzüglich aus und gewannen aus ihr Kraft und Anregung.

Beide Männer waren zutiefst von ihrer sittlichen Verpflichtung überzeugt, diese Kenntnisse und Lebenshaltung als Ordnungsrahmen weiterzuvermitteln, sie nahmen insoweit ihre genuine Aufgabe als Lehrende sehr ernst. Diese Überzeugung – und ihr entsprach die Tat – brachte sie auch zusammen. Bei der in der Weimarer Zeit extensiv geführten Diskussion über pädagogische Programme, über neue Schulversuche, über zeitgenössische Ausbildung und erzieherische Ideale, konnten und wollten sie nicht abseits stehen. So lernten sie sich kennen und schätzen, da sie viele Gemeinsamkeiten in der Ablehnung – vermeintlich herrschender – Strömungen ausmachten. Das bot die Grundlage, sich gegenseitig zuzuhören, selbst dann, wenn entgegengesetzte, unterschiedliche Auffassungen zutage traten. Sie wollten auch voneinander lernen.

Indem die äußeren, die politischen Ereignisse der ausgehenden Weimarer Republik immer bedrängender erschienen, die geistigen und kulturellen Divergenzen, ja Diskrepanzen zwischen den gesellschaftlichen Gruppen und Teilgruppen immer stärker offenbar wurden, kulturpessimistische Vorstellungen und Ängste neben fortschrittsgläubigen und fortschrittswilligen Systemkritikern um Einfluß und Ausdruck rangen, verschob sich die Diskussion der Briefpartner zunehmend auch auf solche Fragen. Naturgemäß mußte die Erfahrung des Nationalsozialismus die »Politisierung« des Meinungsaustauschs noch verstärken, bei zugleich immer stärkerer persönlicher Einfärbung. Die NS-Zeit wurde ihnen gleichsam barbarische Probe auf die Tragfähigkeit ihrer bildungsbürgerlichen Ideale.

Als Meinungsaustausch zwischen zunehmend befreundeten, sich gut verstehenden, gleichwohl distanziert-förmlichen Männern war also dieser Briefwechsel für beide eine notwendige Selbstvergewisserung, eine jeweilige Ortsbestimmung. Das einander Schreiben blieb dabei ein rein privates, insofern vorbehaltlos offenes, auch nicht im geringsten durch den Gedanken einer Veröffentlichung geschöntes Bedürfnis. Insoweit sind die Briefe gegenwärtig absichtslos und zugleich sehr authentisch, sind unvermittelt, persönlich, zeitgenössisch im direkten Sinne. Sie sind nicht immer in dichter Folge abgefaßt. Doch über all diese Jahre hinweg sind sie relativ stetig geschrieben worden, im kontinuierlichen Anteilnehmen am Leben des anderen. Sie zeigen – in gleichsam umgekehrter Weise, so könnte man sagen – eine »Schulzeit im Dritten Reich«, von seiten der Lehrenden nämlich, und nicht, wie in den gleichnamigen »Erinnerungen deutscher Schriftsteller«, vom Blickwinkel eines Schülers aus. Gleichwohl bestätigen sie dortige Beispiele. Es ist nur an Ernst Fritz zu erinnern, den Walter Jens schildert. Aber sie sind eben keine »Erinnerungen«. Sie sind unmittelbar zeitgenössische Reaktionen, sind insoweit authentischer, um es zu wiederholen.

Das hat einen weiteren hohen Wert. Inzwischen ist es Mode geworden, »Alltagsgeschichte« zu betreiben. Ohne hier umständlich diesen nicht ganz problemfreien Begriff zu erörtern: im vorliegenden Beispiel erfährt der Leser in der Tat höchst

Alltägliches. Er hat Teil an vielerlei Tagesereignissen, an zeittypischen, damals für einen Gymnasialprofessor alltäglichen Fragen und Aufgaben. Er gewinnt solcherart Einblick in die familiären Lasten und Freuden, in eigentlich recht triviale, uns heute durchaus sehr ferne Sorgen, in sehr handgreifliche, damals übliche und wichtige Alltäglichkeiten. Natürlich ist das jeweils höchst subjektiv, schildert die Sicht des Briefschreibers. Es läßt sich nicht immer oder auch nur oft verallgemeinern. Dennoch legen diese wachen Schilderungen und Mitteilungen ein nicht untypisches Stück Leben dieser Jahre offen, die uns – trotz fast überbordender Darstellungen – in manchem noch immer rätselhaft und schwer auf den Begriff zu bringen erscheinen. Einiges, durchaus auch Bekanntes bzw. Vermutetes erfährt von da neue Überzeugungskraft – etwa der Umstand, daß im Dritten Reich durchaus auch Freiräume erhalten blieben; daß es viele »Mitläufer« gab; daß gerade konservative »Bildungsbürger« sich durchaus auch von dem Regime entfernten. Sie übten zwar keinen offenen Widerstand, aber hinhaltenden schon. Mit gleichsam gebundenen Händen widersetzten sie sich dem verordneten Ungeist, indem sie als grundanständige Menschen ihren Pflichten, wie sie sie verstanden, nachkamen, ihren Auffassungen und Idealen treu zu bleiben suchten.

Fast alle in diesen wechselvollen Jahren virulenten Fragen werden hier erörtert. Vom Antisemitismus liberalkonservativer Kreise über die damals beklagte Vermassung bzw. Verdummung oder auch Verrohung, die Arbeitslosigkeit, das Militärwesen, die sog. »nationalsozialistische Weltanschauung« bis hin zu Fliegerangriffen, den Überlebenschancen Deutschlands nach dem Krieg wurde gar manches diskutiert. Ein sehr lebendiges Zeitbild entsteht vor dem Leser, erlaubt ihm Einblick in ein Stück vergangenen »Alltags«.

Freilich ist das zugleich immer entschieden auch mehr, es umfaßt auch die politischen Ereignisse, schildert die Situation der ausgehenden Weimarer Republik und des »Dritten Reichs«. Es wird deutlich, wenngleich nur was die Schreibenden selbst betrifft, wie diese Ereignisse, Bedingungen und Verstrickungen erlebt und begriffen werden konnten. Die kluge Beobachtungsgabe vor allem Otto Schumanns, das sittliche Verantwortungsgefühl der Briefpartner, ihr Bildungsstand, ihre Urteilsmaßstäbe vermitteln Einsichten in ein Leben unserer jüngeren Vergangenheit, die in dieser Offenheit und Deutlichkeit nur selten überliefert sind oder gar bekannt sein dürften. Gerade diese völlig private, intime Kommunikation zweier ursprünglich doch konservativer Männer und Gegner des Nationalsozialismus erscheint gegenüber den meisten bisherigen Berichten, die wir aus dieser Zeit haben, und die zumeist aufgrund gleichgeschalteter Medien oder offiziöser Überwachungsprotokolle gefertigt wurden, entschieden zuverlässiger, aussagekräftiger, authentischer. Der Briefwechsel besitzt insoweit durchaus Seltenheitswert, es gibt bisher nichts Vergleichbares aus diesem Jahrzehnt, er ist ein glücklicher Ausnahmefall. Er erlaubt – naturgemäß in dem ihm gesetzten Rahmen – einen zuverlässigen Einblick in Mentalität und Verhalten bürgerlicher Kreise dieser Zeit. Das war schließlich ausschlaggebend für die Überlegung, diesen Briefwechsel zu publizieren.

Die Veröffentlichung umfaßt nicht alle überlieferten Briefe. Auch wurde im Interesse des Lesers gelegentlich stark gekürzt. Das ist jeweils angegeben, wie denn auch ein kommentierendes Nachwort am Ende dieses Briefwechsels neben den notwendigen biographischen Angaben versucht, das, was dem heutigen Leser nicht ohne weiteres bekannt sein dürfte, zu erklären und in einen größeren Rahmen einzuordnen. Knappe Anmerkungen bei den Briefen selbst suchen spezielle, nicht mehr gegenwärtige oder so nicht verständliche Dinge dem Leser unmittelbar zu erklären.

Die hier veröffentlichten, z. T. gekürzten Briefe befinden sich neben einigen nicht veröffentlichten Stücken dieses Briefwechsels, weiteren Schriften und Korrespondenzen im Nachlaß Otto Schumanns. Der mir durch Vermittlung zugänglich gemachte Nachlaßteil ist in Händen der Nachkommen Schumanns. Für deren Bereitwilligkeit, Teile des Briefwechsels zu veröffentlichen, habe ich hier zu danken. Andere Teile dieses Nachlasses befinden sich in der Obhut der Monumenta Germaniae historica in München.

Die Briefe Schumanns haben sich – bis auf ganz wenige Ausnahmen – als Schreibmaschinendurchschläge erhalten. Havensteins Briefe sind alle handgeschrieben. Der z. T. schlechte Zustand der Korrespondenz ließ es geraten scheinen, sie weitgehend neu abzuschreiben. Dieses Konvolut befindet sich in der Stadt- und Universitätsbibliothek Frankfurt am Main im Nachlaß Otto Schumann.

Wie immer in solchen Fällen habe ich mannigfaltigen Dank abzustatten. Den an die Großfamilie Schumann habe ich schon genannt. Weiterhin habe ich Herrn Dr. Elmar Gotthardt für die Transkription der Havensteinschen Briefe zu danken. Für freundliche, immer bereitwillige Auskünfte zu Martin Havenstein bin ich Herrn Harald Howe, Berlin, verpflichtet. Ohne die Vermittlung von Prof. Peter Cahn, Frankfurt, das unermüdliche Drängen und auch die finanzielle Förderung durch Bankier Michael Hauck, Frankfurt, – beide ehemalige Schüler Schumanns – wäre die Edition nicht zustande gekommen. Der fachliche Rat Hans-Günther Hockerts, jetzt München, hat das Unternehmen entschieden gefördert, wie die nimmermüde Unterstützung Gerrit Walthers, MA. Schließlich bestätigte mich die bereitwillige, interessierte, ja engagierte Mitarbeit der Damen des Historischen Seminars Iris Kowalski, Anneliese Seiffert, Anna-Elisabeth Schütz, Helga Schwuchow darin, es lohne sich, diesen Briefwechsel zu veröffentlichen.

Frankfurt am Main
Im Februar 1988

Notker Hammerstein

Der Briefwechsel

1.

Schmargendorf, 11. 1. 1930

Lieber Herr Kollege,

aus Ihrem Brief vom 21. Sept., für den ich herzlich danke, habe ich zu meiner Freude ersehen, daß es Ihnen inzwischen gut gegangen ist. Ich beglückwünsche Sie sowohl zu der neuen eigenen Wohnung, die ja ein Traum jedes geistigen Arbeiters ist, als auch zu der Privatdozentur, die ja gewiß viel Arbeit macht, aber doch ebenso gewiß eine Arbeit, die Ihnen besonders lieb ist und Sie am meisten befriedigt. Ich will nun hoffen und wünschen, daß es Ihnen gelingt, für diese Mehrarbeit in der Schule entsprechend entlastet zu werden. Hat Ihr Direktor für solche Dinge kein Verständnis? Unser Direktor würde sofort dafür sorgen, daß Sie entlastet würden. Bemühen Sie sich nur energisch darum! Denn auf die Dauer kann natürlich niemand diese Doppelarbeit leisten, am wenigsten ein Vater von fünf Kindern. Ich habe ja selbst keine Kinder, aber ich weiß trotzdem sehr gut, welche ›Belastung‹ das Kinderhaben bedeutet. Darauf wird ja nun leider höchst ungerechterweise bei der Gehaltszumessung viel zu wenig und sonst überhaupt keine Rücksicht genommen. Aber daß es für eine Schule ehrenvoll ist, Lehrer zu haben, die wissenschaftlich oder sonstwie hervorragen, und daß die Schulverwaltung deshalb bemüht sein muß, solchen Lehrern ihre besonderen Leistungen nicht unmöglich zu machen, das scheint mir gewiß.

Richerts[1] Aufsatz, von dem Sie schreiben, kannte ich noch nicht, habe ihn nun aber gelesen und muß Ihnen sagen, daß ich es anders beurteile, daß R. von uns schweigt. Eine ›Unverschämtheit‹ ist's keinesfalls. Er weiß, wenn er uns mit Namen bekämpfte, so würden wir uns zur Wehr setzen, und das will und muß er vermeiden. Wir vermeiden es ja auch, ihn direkt anzugreifen, weil es sich eben doch nicht gehört. In der Sache so scharf und entschieden wie nötig, aber gegen die leitenden Personen höflich und respektvoll – so gebietet es mir mein preußischer Instinkt. Ich bin überzeugt, muß es übrigens auch von Leuten, die Richert persönlich kennen (z. B. von dem sehr gescheiten, ja bedeutenden Weinstock[2], den ich hier kennengelernt habe) daß Richert persönlich sehr achtbar ist, ein Idealist, der vom Werte seiner Sache durchdrungen ist. Solche Leute pflegen auch den Gegner zu achten. Aber er will sich eben aus guten Gründen nicht in eine Debatte mit uns einlassen.

Über Schönbrunn[3] denke ich ungefähr wie Sie. Er gehört auch zu denen, die ich in dem beiliegenden Artikel der Verweichlichung der Jugend beschuldigt habe. Ich schicke Ihnen diese Arbeit zu, weil ich überzeugt sein darf, daß sie Sie interessiert und daß Sie mir zustimmen. Natürlich sucht man mich nun zum ›Reaktionär‹ zu stempeln. Aber diese Herren sind Schwächlinge, nichts weiter. Was sind das für Erzieher, die nicht mehr wagen, die Zöglinge irgendwie zu beeinflussen! Das ist nicht Reform der Erziehung, sondern Abdankung der Erziehung, Verzicht auf Erziehung. Dergleichen ist einer zerfallenden Zeit vorbehalten, unserer Zeit. Keine frühere Zeit hat ja diese heilige Scheu vor dem ›schöpferischen‹ Wesen des Kindes gehabt, diese Angst, dem werdenden Menschen etwas aufzuzwingen, ihn von sich, vom Erzieher aus zu formen. Doch genug. Sie müssen erst einmal lesen.

Ein anderer Aufsatz von mir, der im April in der ›Monatsschrift‹[4], erscheinen wird, wird Sie auch interessieren. Er heißt ›Zweierlei Historismus‹ und bringt endlich die oft von mir geforderte deutliche Begriffsbestimmung des Historismus. Ob Sie mir da auch ganz zustimmen werden, weiß ich freilich nicht.

Mit herzlichen Grüßen, auch von meiner Frau, die eine erfolgreiche Herzkur hinter sich hat und seitdem leidlich wohl ist, bin ich

Ihr sehr ergebener
M. Havenstein

2.

Frankfurt a/M., 13. Januar 1930
Kaiser-Sigmund-Str. 63

Lieber Herr Professor,

Haben Sie herzlichen Dank für Ihren Brief sowohl wie für den Aufsatz. Hat dieser eigentlich schon in der Erziehung gestanden? Wohl kaum, sonst hätte ich ihn schwerlich übersehen.

Natürlich stimme ich dem zu, was Sie sagen, und habe nur den Wunsch, daß es auch gehört wird. Die Verweichlichungspädagogik ist ja keineswegs erst neuesten Datums. Der Extemporaleerlaß datiert aus der Zeit vor dem Kriege, und der ist ein nicht unwesentliches Stück davon, Sie spielen ja auch einmal darauf an. Noch eine andere Art der Verweichlichung fiel mir ein, die auch bereits älteren Datums ist. Das ist das berühmte »Ausgehen von der Umwelt des Jugendlichen«. Man traut sich nicht mehr, die Kinder einfach unvermittelt an das Neue heranzuführen, sondern meint es ihnen durch allmähliches Übergehen von Bekanntem vermitteln zu müssen. Daher z. B. die Tendenz der Verwischung des Unterschiedes zwischen der untersten Grundschulklasse und dem Kindergarten. Was die Kinder selber dazu sagen, dafür ein bezeichnendes Beispiel. Ein Freund von mir unterrichtete in den Jahren nach dem Kriege einige Zeit an einer Volksschule. Da bekam er einmal die ganz Kleinen. Er fing damit an, ein Märchen zu erzählen. Das machte keinen Eindruck, denn das kannten die Kleinen schon. Da ging er kurzerhand an die Tafel und malte ein i, und die Kinder malten es nach. Und in der nächsten Stunde kam das n dran, und dann m und in und im usw. Und, erzählte mir mein Freund, du glaubst nicht, was für Leute in den nächsten Wochen zu mir kamen und fragten: »Herr Dokter, kenne Se nit mache, daß mei Bub bei Ihne in die Klaß kimmt; der is in der annern Klaß, un die mache Stäbchelege un so Zeig, des is dene Kinner so eebsch« (d. h. langweilig, läppisch). Es ist ja auch ganz natürlich, daß die Kinder so denken. Einmal der Reiz des Neuen; und dann die alte Erfahrung: Res severa verum gaudium[1]. So ists auch in der höheren Schule. Sie haben mit fremdsprachlichem Unterricht nichts zu tun. Aber ich möchte Ihnen einmal die albernen Stücke zeigen, die im Sexta- und Quintateil unseres lateinischen Lehrbuchs stehen und die auch an die vermeintliche Umwelt des Kindes anknüpfen, anstatt beispielsweise möglichst bald den Vorhang vor der wundervollen Märchenwelt der antiken Sagen vor ihnen aufzuziehen (daß es in kümmerlich zurechtgemachtem Latein geschieht und geschehen muß, will ich nur nebenbei bemerken). Vermeintliche Umwelt, sagte ich, denn diese Leute verwechseln dabei gemeiniglich den Sextaner oder gar noch den Quartaner mit dem Kinde im Kindergarten- oder Vorkindergartenstadium. Diese Errungenschaft haben die Altphilologen neuerdings übernommen von den Neuphilologen. Deren Bücher sind ja ebenso albern. Ich weiß das von meinen Töchtern her. Schon Hanno Buddenbrook muß ja ein englisches Gedicht dieser Sorte auswendig lernen. Den Lateinunterricht bei den Kleinen zu geben ist mir als Schulmeister immer die dankbarste Aufgabe gewesen (neben dem deutschen Unterricht in einer Prima, die für Werther und Tasso und dergleichen Verständnis hat); die ersten Stunden besonders sind eine reine Freude, wenn man die Jungen ohne Brimborium mitten in das neue Element hineinwirft und nun sieht, mit welchem Vergnügen sie darin herumpatschen. Und wenn eins mir diese Freude vergällt hat, so sind es jene albernen zurechtgemachten Erzählungen, Dialoge usw., besonders wenn sie mit derselben Klappe auch noch die kulturkundliche Fliege schlagen wollen (altrömische Kinderszenen u. dergl., von denen obendrein höchst zweifelhaft ist, ob sie kulturkundlich echt sind).

Natürlich weiß ich genau, daß das Nebendinge sind, die gar nicht ins Gewicht fallen neben dem, was Sie vorbringen. Aber in dasselbe Kapitel scheinen sie mir doch zu gehören, zumal sich auch in ihnen bekundet, was auch bei denen, die Sie bekämpfen, immer wieder hervortritt: ein teilweise geradezu katastrophaler Mangel an Jugendpsychologie.

Was Sie über Richert schreiben, stimmt mit dem überein, was unsere Kollegen berichten, die Ende voriger Woche die Direktorenversammlung in Wiesbaden mitgemacht haben. Alle fünf Herren, alle unter sich ganz verschieden, waren gleichmäßig befriedigt und alle gleich begeistert von Richert. Ich freue mich sehr darüber. Dann ist ja wohl Aussicht, daß die »Reform« allmählich in vernünftige Bahnen kommt.

Was mich an seinem Artikel in der Monatsschrift geradezu empört hatte und worüber ich auch heute noch nicht hinwegkommen kann, war nicht das Fehlen einer Auseinandersetzung mit Ihnen, mit E. Weber[2] usw. persönlich, sondern das völlige Totschweigen der von Ihnen vorgebrachten, doch wahrlich sehr ernsthaften und obendrein sachlichen und unpersönlichen Kritik. Statt dessen die Ankündigung, daß er uns nunmehr nicht bloß mit den Peitschen der Richtlinien, sondern auch mit den Skorpionen der »Jahrespläne«[3] züchtigen werde. Konnte er auf diese Kritik nichts erwidern oder wollte er es nicht? Ist es Ihre Meinung, daß er seiner Würde als Ministerialrat etwas vergeben hätte, wenn er auf diese Kritik, die seine Untergebenen an seinem Werk geübt haben, eingegangen wäre? Mich, wie gesagt, empörte es, daß von dem Vorhandensein einer solchen Kritik auch nicht mit dem leisesten Worte die Rede war. Wozu haben Sie sich denn die ganze Arbeit gemacht? Wenn er Gründe hatte, nicht darauf einzugehen, konnte er nicht wenigstens mit ein paar verbindlichen Redensarten andeuten, daß er die Kritik kannte?

Herzlichen Dank für Ihre freundlichen Glückwünsche zur Habilitation[4]. Ja, es ist für mich natürlich schwer, beides nebeneinander zu machen. Und auf die Dauer geht es auch nicht. Aber ich muß erst abwarten, bis das »dicke Buch« heraus ist und gute Kritiken vorliegen, worauf ich zuversichtlich hoffe. Dann habe ich erst festen Boden unter den Füßen, und dann werde ich eines Tages die Fakultät vor die Alternative stellen: Entweder sorgt ihr dafür, daß ich Entlastung bekomme, oder ich gebe meinen Lehrauftrag zurück. *Selbst* darum einzukommen, dazu bin ich zu dickköpfig. Wenn man Wert darauf legt, sich meine akademische Tätigkeit zu erhalten, soll man sich auch um mich bemühen. Leicht wird die Sache nicht sein, denn ich bin an einer städtischen, keiner staatlichen Anstalt[5], auch die Universität ist halb staatlich und halb städtisch, und die städtischen Instanzen haben verwünscht wenig Sinn für so etwas; ich habe meine Belege dafür. An meinem Chef liegt es nicht; er hat sich schon verschiedentlich rührend um mich bemüht. Im übrigen könnte es sein, daß ich durch einen Ruf nach auswärts in absehbarer Zeit aller dieser Erwägungen enthoben würde.

Meine Kinder empfinde ich nicht als Last. Wer so gesunde und im ganzen leicht erziehbare Kinder hat wie ich, hat keinen Grund, irgendwie zu klagen. Im Gegenteil.

Über Weinstock sind wir im wesentlichen einer Meinung. Ich hoffe, daß er bald in einflußreichere Stellungen einrückt. Vermutlich ist doch die vorübergehende Kommandierung ins Ministerium der Auftakt dazu gewesen.

Schade, daß man nicht öfters mündlich seine Gedanken austauschen kann. Ich könnte Ihnen z. B. allerhand von meinem Deutschunterricht in der Prima erzählen, wie ich es versuche, die jungen Leute zu gesundem und selbständigem Urteil z.B. über Lyrika zu erziehen u. dergl. Aber ich muß abbrechen, will noch in einen Vortrag. Nur dies will ich noch sagen, daß ich mich sehr über unsere Übereinstimmung in Sachen Schönbrunn usw. gefreut habe. Immerhin, als Hecht im Karpfenteich hat sich Sch. nützlich betätigt.

Nochmals vielen Dank und herzliche Grüße und freundliche Empfehlungen an Ihre sehr verehrte Frau Gemahlin

Ihr stets ergebener

Schumann

3.

Schmargendorf, 11.5.30

Lieber Herr Kollege,

nun bin ich Ihnen schon wieder so lange einen Brief schuldig! (...)

Um nun gleich auf den Hauptpunkt einzugehen, so muß ich Ihnen jetzt sagen, daß Sie recht hatten, und Weber und ich mit unserer entgegengesetzten Empfindung unrecht. Uns hat vermutlich zu sehr das günstige Urteil beeinflußt, daß wir gerade damals von mehreren maßgebenden Seiten über Richert gehört hatten. Aber wenn er ein Charakter und kein Mantelträger ist, so braucht darum ja keineswegs alles, was er tut, recht und vornehm zu sein. Und diese vollkommene Ignorierung unserer Einwände ist in der Tat eigentlich empörend. Daß wir (Weber und ich) uns darüber gar nicht aufgeregt haben, erklärt sich wohl in der Hauptsache daraus, daß wir selbst in unserem Unterricht uns um die Richtlinien überhaupt nicht kümmern, und daß wir auch von unseren nächsten Kollegen den Eindruck haben, daß auch sie die Richtlinien im großen und ganzen nicht beachten, woraus sich dann in uns die Meinung bildete und immer mehr befestigte, daß die Kulturkundlerei eigentlich bloß auf dem Papier ihr Wesen treibt. Aber diese Meinung ist doch wohl irrig. Wenn wir über unseren eigenen Wirkungs- und Kollegenkreis hinwegblicken, so ist die Reform, ich meine das Verfehlte an ihr (denn sie enthält ja auch gutes), nicht so unwirksam und unverwirklicht, wie es uns vielfach erscheint, sondern sie verwirklicht sich in übler und verhängnisvoller Weise.

Sie führen in Ihrem Brief wieder ein kreischendes Beispiel dieser Auswirkung an. Und in den letzten Monaten, wo ich mehr darauf geachtet habe, habe ich auch solche Beispiele bemerkt und den Eindruck gewonnen, daß man uns mit den beiden Hauptwaffen bekämpft, mit denen ja Kriege geführt worden sind, auch geistige: mit Gewalt u. List. Die Gewalt hat die Behörde, und sie wendet sie an, indem sie einfach anordnet und sich auf Diskussionen nicht einläßt; so eben verfährt Richert in seinem Aufsatz, der Sie empört hat. Mit List sind dagegen die Herren Deutschkundler[1] vorgegangen, ob bewußt oder unbewußt, weiß ich nicht. Soweit es sich dabei um Sprengel[2] handelt, glaube ich an unbewußte diplomatische Schlauheit, denn ich kann mir nicht denken, daß seine dauernden Versicherungen seines freundschaftlichen Empfindens mir gegenüber objektiv unehrlich seien. Sprengel scheint mich persönlich gern zu haben, auch hat er aus unserem jahrelangen Verkehr die Überzeugung von der Härte und Tiefe meiner Deutschgesinntheit gewonnen (und zwar mit Recht, ich bin nur nicht so borniert gegenüber dem Fremden wie Sprengel), aber für meine Sache, für das, was ich Bildung nenne, ›lebendige Bildung‹, hat er gar keinen Sinn. Er hat trotz seiner Regsamkeit und seines Mittendrinstehens im Gegenwärtigen (*ich* stehe viel mehr abseits) selbst *nicht* das, was ich als ›lebendige Bildung‹ empfinde, ist für mein Empfinden sogar ein typisches Beispiel dessen, was Nietzsche als ›Bildungsphilistertum‹ mit unvergänglichen Farben an die kitschigen Wandflächen der Architektur seiner Zeit gemalt (das Bild ist wohl verunglückt!) und für immer gebrandmarkt hat. (...) Kein Wunder, es ist ja eben der ›Zeitgeist‹, gegen den wir ankämpfen, und der Zeitgeist ist der Geist der Masse. Gegen ihn anzukämpfen, ist schwer und nur wenig erfolgreich. Glauben Sie mir, ich mache mir selbst oft Vorwürfe, daß ich nicht tapferer und beharrlicher in diesem Kampf bin. Ich bin das leider nicht, wofür man mich manchmal gehalten hat: eine Führernatur. Das grämt mich oft sehr. Nicht aus Eitelkeit, glauben Sie mir das! Sondern um der *Sache* willen, der mein Herz gehört, seitdem mir Nietzsche den alexandrinischen Schlummer unterbrach. Wenn ein anderer diese Sache verträte, wie sie vertreten werden müßte, so würde ich *ihm* gern und freudig folgen, ohne ihn um seine Führerstellung zu beneiden. Mir selbst mangelt zu dieser Rolle nicht der Mut und der Wille, auch nicht die Einsicht, wohl aber die *Kraft,* die psychologische und die geistige Kraft. Meine *Natur* ist zu schwächlich, zu reizbar und ermüdbar (jede Aufregung z.B. macht mich schlaflos), als daß ich diesen Kampf so führen könnte, wie ihn eine kraftvollere Natur führen würde und wie er geführt werden müßte, um der ungeheuren Übermacht ein wenig Erfolg abzugewinnen. Mit Bücher- und Artikelschreiben ist es in solchen Dingen nicht getan, sondern man muß persönlich seinen Mann stehen wie es Sprengel auf seine (sachlich minderwertige) Weise tut, muß einen Verein gründen, eine Zeitschrift herausgeben, auf alle Kongresse und Versammlungen gehen, überall Reden und Vorträge halten, in alle Debatten eingreifen, zu allen möglichen maßgebenden Persönlichkeiten gehen, sie einwickeln oder ihnen imponieren. Zu alledem bin ich leider gänzlich unfähig, (...).

Die Schlauheit der Gegner beruht nur darauf, daß sie, diese meine Schwäche einigermaßen kennend, mich überredet haben, auch da, wo ich stark bin, zurückzuhalten: im Kampf auf bedrucktem Papier. In der Debatte mit Sprengel kam es gleichsam zu der Abmachung, daß wir das Kriegsbeil nun begraben und die neuen Ideen in der Praxis des Unterrichts erproben wollten. Dabei sind aber die Umstände auf beiden Seiten sehr ungleich, erstens weil auf der Gegenseite die Behörde mit ihrer Macht steht, zweitens weil die Gegner ihre Sache auf Kongressen und in der Schulbuchliteratur mit großer Betriebsamkeit weiterführen, wir dagegen nur in der Rolle der Klassenzimmer. So kommt es, daß die Sache der Gegner an Boden gewonnen hat, unserer dagegen sehr zurückgegangen ist. Mir scheint, daß derer, die mich lesen, auf mich hören, immer weniger werden. Die Meinung ist heute vielfach auch bei denen, die mir anfangs zustimmten oder wenigstens aufhorchten, als ich den Historismus der Richtlinien angriff, also die Meinung ist heute bei den meisten, die Lage sei entschieden und erledigt, und zwar gegen mich, – wir seien gar keine Historiker, das sei eine Marotte von mir.

Wie ich darüber denke, mag Ihnen die beiliegende Abhandlung sagen, die in der ›Monatsschrift‹ erschienen ist[3], (...).

Ich glaube, viel dergleichen Aufsätze werde ich nicht mehr schreiben. Wer liest sie denn, und wer beherzigt sie? Ich nähere mich den sechzigern und fange an, ein wenig müde zu werden. Wenn der Himmel uns vor dem adligen Versinken im Alexandrinertum bewahren will, so mag er andere, stärkere Männer finden, als ich es bin. Und will er es nicht, weil er nicht kann, nun so mag die Geisteswissenschaft in Historie, die Schule in Kulturkunde, die Kultur in Alexandrinismus versinken!

In den Ferien war ich in Florenz u. Rom und habe da viel Schönes, aber auch mit Grausen gesehen, wie sehr die Kultur zum Museum und Guckkasten geworden ist. Welche gaffenden Menschenmassen diese alten Heiligtümer jetzt überfluten, ist ungeheuerlich u. ekelerregend. Nächstens kann ein geistig anständiger Mensch überhaupt nicht mehr reisen.

Gott, wie pessimistisch und düster ist dieser Brief geworden. Ich mußte mich mal ausklagen. Ich bin jetzt so allein; Weber ist nach Cottbus, Müller-Freienfels[4] nach Stettin gekommen, und Beyer[5] sehe ich nur alle Halbjahr einmal. Seien Sie herzlichst gegrüßt und bleiben Sie gut

Ihrem

M. Havenstein

4.

Frankfurt, 13. 5. 1930

Lieber Herr Professor,

Eigentlich sollte ich mich hinter meine Wälzer setzen und mein Kolleg für übermorgen zu Ende präparieren, aber ich will doch lieber unter dem frischen Eindruck Ihres Briefes, für den ich Ihnen herzlich danke, wenigstens ein paar Seiten schreiben. Auch Ihre Abhandlung habe ich zweimal aufmerksam studiert und danke auch dafür nicht minder herzlich. Diese schärfere Bestimmung eines der umstrittensten Begriffe scheint mir außerordentlich notwendig und nützlich, und ich wüßte nicht, was man ernsthaft dagegen einwenden wollte – bis auf den Schluß: es wird auch ernsthafte Leute geben, die Ihren Kulturpessimismus nicht oder doch nicht ganz zu teilen vermögen. Vielleicht gehöre ich selbst zu diesen. Aber darüber ist schwer zu disputieren; zu einem großen Teile ist das doch Glaubenssache.

Was Sie über sich selbst schreiben, hat bei mir vielfach verwandte Saiten anklingen lassen. Auch ich bin keine Führernatur, mir liegt es viel mehr, in zweiter Linie zu stehen, einem Führer zu folgen – freilich nur einem solchen, »an den man sich mit Lust mag schließen und mit Zuversicht«; und wo ist der heute? Auf irgendwelchem Gebiet? Auch ich kann nicht in der Öffentlichkeit wirken, Vereine gründen, organisieren, Besuche machen und was dazu gehört. Auch mir fehlt dazu in erster Linie das dicke Fell; ich rege mich über Dinge, die mir nahe gehen, zu sehr auf, werde auch zu leicht heftig, und selbst wenn ich mich bemühe ruhig zu bleiben, klingt mein Ton oft schärfer als ich es beabsichtige, und ich gebe mir dadurch Blößen und ärgere mich hinterher selbst darüber, auch wenn die Gegner aus Anstand oder anderen Gründen sie nicht ausnutzen. Dazu kommt eine gewisse geistige Schwerfälligkeit und, was wichtiger ist, im besonderen eine Schwerfälligkeit im abstrakten Denken. Die haben andere vielleicht auch, verstehen es aber, diesen Mangel durch Gewandtheit im Reden alias durch Phrasen zu vertuschen. Das kann ich auch nicht.

Wegen der Schulreform bin ich aber weniger pessimistisch als Sie. Sie schreiben ja selbst, daß Sie sich nicht um die Richtlinien kümmern. Ich selbst im Grunde auch nicht. Und so geht es sehr vielen. Geschieht uns etwas deswegen? Ist Ihnen schon ein Schulrat dieserhalb aufs Dach gestiegen? Mir nicht. Ich glaube doch, daß die Richtlinien im wesentlichen auf dem Papier stehen. Diese Verstiegenheiten sind ja auch so, daß sie sich totlaufen müssen. Und zwar zum Teil sehr rasch. Wie ists denn z. B. mit den »Jahresplänen«? Im vorigen und vorvorigen Jahre haben wir uns an unserer Schule treu und redlich bemüht, solche aufzustellen. Dies Jahr wirds natürlich auch verlangt. Aber in der Hauptsache wird es jetzt so gemacht werden, daß sich die Herren jeder Klasse zusammensetzen und sich überlegen, wo sich etwa ungezwungen »Querverbindungen« zwischen einzelnen Fächern herstellen lassen. So ist es im vorigen Jahre schon gerade in O I gemacht worden, und kein P.S.K.[1] hat etwas dagegen eingewendet. Es ist auch gar nichts dagegen einzuwenden, im Gegenteil, jeder vernünftige Mann wird sagen, daß es so recht ist und ein Fortschritt gegen früher, wo sich doch die Fächer manchmal gar zu sehr gegen einander abkapselten. Aber jedenfalls in dem bewußten Aufsatz von Richert stands anders zu lesen. Da hieß es auch, künftig würden die Schulräte bei

Revisionen und Prüfungen in erster Linie auf Durchführung der »Jahrespläne« zu achten haben. Unser Dezernent ist der Vizepräsident Sondag selbst, der doch lange in Berlin im Ministerium unter R. selbst tätig gewesen ist. Es hat bei seinen Revisionen und beim letzten Abitur, bei dem er den Vorsitz führte, kein Huhn und kein Hahn nach den Jahresplänen gekräht. Lassen wir also ruhig alle diese Dinge sich totlaufen. Schade ists nur um die Arbeit, die so etwas immer kostet und die besser auf nützlichere Dinge verwendet würde, schade auch um den altererbten Respekt vor der Autorität der vorgesetzten Behörden, der natürlich immer mehr zum Teufel geht, wenn man sieht, wie die Herren Anordnungen treffen und es hinterher zulassen, daß man sie nicht durchführt. Aber sonst? Wie lange wirds Richert denn noch machen? An ihm hängt doch das Ganze. 60 Jahre ist er schon, also noch ein paar Jahre, dann sind wir ihn los, und dann fliegt über Bord, was dann von den Verstiegenheiten der »Reform« noch vorhanden ist. Mag sein, daß ich darin zu optimistisch bin. Aber für meine Person jedenfalls habe ich jede Angst vor den vorgesetzten Behörden und ihren Richtlinien verloren, gebe meinen Unterricht in meiner Weise, die wenigstens im Deutschen der von den Richtlinien verlangten ziemlich entgegengesetzt ist (das Gute, das sie gebracht haben, nehme ich natürlich mit Vergnügen mit), und zeige das auch den Referendaren, die mir mein Chef etwa zuweist. Übrigens ist anscheinend auch Sondag mit meinem Deutschunterricht zufrieden.

Ich würde es sehr bedauern, wenn Sie mutlos würden. Schreiben Sie nur weiter, wo immer sich Gelegenheit bietet. Ich kann mir das nicht denken, daß Ihr Wort ungehört verhallen soll.

Vor den lieben Deutschkundlern habe ich auch nicht viel Angst. Sie machen doch schon viel weniger von sich reden als etwa vor zehn Jahren.

Sprengel hat Sie seinerzeit mit Freuden als Bundesgenossen geworben, weil er sah, daß Sie wenigstens zum Teil zusammengingen. Daß Ihre Wege sich sehr bald scheiden würden, konnte er damals noch nicht wissen. Wenn er Sie seiner Freundschaft und Wertschätzung versichert hat und versichert, so ist das zweifellos ehrlich gemeint. Ich habe noch öfter und vielleicht noch erbitterter als Sie die Klingen mit ihm gekreuzt. Aber er ist mir trotzdem wohlgesinnt geblieben, ich habe keinen Grund, das etwa für Komödie zu halten; so ist Sprengel nicht. Ich freue mich auch meinerseits allemal, wenn ich ihn zu sehen kriege. Er ist mit allen seinen Schwächen ein prächtiger Kerl. Übrigens halte ich ihn auch keineswegs für einen so reinen Typus des »Bildungsphilisters«. Er ist gar nicht ohne Sinn für wirklich echte und lebendige Kunst, so sehr mein Geschmack auch oft von dem seinigen abweicht. Und er ist auch ein Mensch, der sich belehren und überzeugen läßt. So ist er von seiner früheren Begeisterung für den fatalen Rudolf Herzog[2] mittlerweile zurückgekommen; ich habe dazu vielleicht auch einiges beigetragen. Es ließe sich noch manches darüber und auch über andere Dinge sagen. Aber ich muß jetzt an die Arbeit, erst an die für die Schule und dann an die karolingischen Dichter.

Nur eines noch: es wäre möglich, daß wir uns in gar nicht allzulanger Zeit mündlich ab und zu aussprechen können. Die Berliner Professur für mittellateinische Philologie wird jetzt frei, und ich habe Grund zu der Annahme, daß mich die Fakultät dem Minister an erster Stelle präsentieren wird[3]. Wie dann das Ministerium entscheidet, steht dahin, auch wie die etwaigen Verhandlungen zwischen dem Ministerium und mir auslaufen (denn um jeden Preis bin ich nicht zu haben); aber einige Wahrscheinlichkeit liegt doch vor, daß ich über kurz oder lang den Schauplatz meiner Tätigkeit nach Berlin verlege, vielleicht schon zum Wintersemester. Aber bitte noch nicht über diese Dinge zu reden!

Und noch eins: Sie dürfen sich nicht entschuldigen, wenn Sie mir einmal nicht gleich schreiben. Das geht mir selbst zu allzu oft so.

Schumann

5.

Schmargendorf, 21.9.30

Lieber Herr Kollege

(...) Was ich Ihnen eigentlich sofort sagen wollte, war natürlich vor allem, daß ich mich über die von Ihnen angedeuteten Berliner Aussichten von Ihnen freue, und zwar nicht nur Ihret- sondern auch meinetwegen: wir würden uns ja dann öfter sehen und nicht bloß so aus der Ferne und auf dem Papier miteinander reden können. Wie schön, wenn Sie dann einmal als der Vierte und durchaus Dazugehörige an einer Sitzung unseres Berliner Triumvirates teilnehmen würden, bei der es in keiner Hinsicht »trocken« herginge! Weber (jetzt in Cottbus) und Beyer kennen Sie ja persönlich wohl noch gar nicht. – Aber natürlich wäre es vor allem Ihretwegen zu begrüßen, wenn sich Ihre Hoffnung erfüllte. Berlin ist schließlich nicht nur an Einwohnerzahl und räumlicher Ausdehnung Frankfurt beinahe zehnfach überlegen. Und hier könnten Sie ganz und ohne die leidige Zersplitterung durch die Schule der Arbeit leben, zu der Sie doch wohl die stärkste Neigung und Begabung haben! Herrliche und ehrenvolle Aussicht! Schreiben Sie mir doch bitte gleich ein Kärtchen, wie die Dinge stehen! Sie hielten es ja für möglich, daß Sie schon das Wintersemester hier verbringen könnten. Hoffentlich scheiterts nicht wieder an der fatalen Spar-Notwendigkeit. Denn Sie müssen doch natürlich mindestens das Gehalt bekommen, das Sie in Frankfurt bezogen haben.

Gesagt habe ich von der Sache natürlich zu niemand etwas.

Das Zweite was ich Ihnen gleich habe antworten wollen, ist das Zugeständnis, daß mich in meinem letzten (...) Briefe der Zorn zu übertriebenen und ungerechten Urteilen hingerissen hat. Sie haben ganz recht, wenn Sie Sprengel in Schutz nehmen. Er hat seine guten und starken Seiten, die ich gleich Ihnen sehr zu schätzen weiß, und die man nie vergessen sollte, wenn man sich über ihn ärgert. Manchmal habe ich Ihn sogar geradezu bewundert, seine Großzügigkeit und Energie, also seinen *Charakter*, (...).

Mit den Lehr- und Jahresplänen geht's mir genau wie Ihnen. Es ist *kein* Mensch in unserem Kollegium außer dem Direktor Otmar, der diese Jahresplanmacherei nicht für eine ganz unnötige und sinnlose Belastung hält und demgemäß bei der Anfertigung verfährt. Um dieser ekelhaften Arbeit – man hat wahrlich Besseres zu tun – nicht zu viel Zeit zu opfern, beschränken wir uns allesamt bewußtermaßen auf die leersten phrasenhaftesten Oberbegriffe unter die wir die verschiedenen Aufgaben des Unterrichts bringen, z. B. Mensch und Schicksal, Individuum und Gemeinschaft. Es ist zum Sport und Spott geworden, diese

Phrasenmacherei: wir wetteifern im heraussuchen von farblosen Begriffspaaren unter die sich alles mögliche bringen läßt. Pathetische Bedeutung natürlich = – 0. Bisher hat diese Pläne auch noch niemand im P. S. K. überhaupt nur durchgesehen geschweige denn nach der Durchführung gefragt. Hoffentlich bleibt das so. Sonst wärs am Ende auch nicht schlimm, da wir uns wohl zur Wehr setzen würden. Unser Kollegium hat aber auch wohl einen Ruf, der es vor behördlichen Gängeleien einigermaßen schützt. Von anderswo, z. B. aus Stettin, höre ich Schlimmeres. Das Schlimmste aber ist die kulturkundliche Lehrmittel-Produktion, die ja zu einem Fabrikbetriebe geworden ist. Nach dem Bildungsbegriff, der dieser ganzen Produktion zu Grunde liegt, wird nun auch tatsächlich unterrichtet und also der Historismus der alten Art planmäßig überall verbreitet. *Das* ist's was mich auch vor allem so anwidert und beunruhigt.

Seien Sie herzlich gegrüßt auch von meiner Frau und lassen Sie bald mal wieder von sich hören

Ihr sehr ergebener

M. Havenstein

6.

Frankfurt, 24. 9. 1930

Lieber Herr Professor,

Wie Sie wohl auch, sitze ich mitten in Korrekturen und Zeugnisschreiberei, dem greulichsten Geschäft, das der Schulmeister hat; will aber doch kurz danken für Ihre freundliche Sendung und den Brief. Den Aufsatz[1] habe ich bisher nur durchfliegen, nicht genauer lesen können, kann also auch nicht viel darüber sagen. Aber oberflächlich scheint er mir nicht. Klar und plan, ja. Und das ist ganz gut so. Vor allem haben Sie recht, daß man bei rein *sachlichen* Themen erbarmungslos Bearbeitung verlangen soll. Sonst verwöhnen wir die Gesellschaft. Aber bei den subjektiven Themen ist es anders. (...) Nur freilich bin ich der Meinung, daß wir gewöhnlich unsere Themen zu hoch ansetzen. Ich verlange mit Vorliebe von den jungen Leuten Inhaltsangaben. Wenn mir ein Primaner in leidlicher Ordnung, vollständig im Wesentlichen, aber unter Ausscheidung dessen, was nicht dazu gehört, und dessen, was unwesentlich ist, dazu in anständigem Deutsch den Inhalt eines Akts oder einer Szene aus Shakespeare oder Schiller darlegen kann, so ist schon viel gewonnen, ja ich meine, die Hauptsache. Doch stelle ich auch andere Aufgaben, z. B. Analysen lyrischer Gedichte. Ich habe eben wieder eine Prima, bei der es mir geglückt ist, ihr Geschmack und Freude an lyrischer Dichtung beizubringen. Diesmal in der Weise, daß wir kreuz und quer durch unsere Gedichtsammlung – den Gefährten – gewandert sind, wobei ich weitgehend Wünsche der jungen Leute berücksichtigt habe. Aber ich komme doch schon wieder zu weit in die Dinge hinein. Das alles muß ich Ihnen später einmal mündlich auseinandersetzen.

Es wird zwar noch etliche Zeit dauern. Die bewußte Sache steht so, daß die Berliner Fakultät mich als Nachfolger Streckers auf die Liste gesetzt hat, notabene primo et unico loco[2], worauf man sich immerhin ein weniges einbilden kann, daß ich aber schon seit Anfang Juni – am 6. Juni ist der Antrag der Fakultät an das Ministerium abgegangen – auf den »Ruf« des Ministeriums warte. Ob nur das berühmte Tempo des Amtsschimmels daran schuld ist oder ob man überhaupt vor dem 1. April des nächsten Jahres niemanden neu anstellen will, weiß ich nicht. Letzteres ist mir wahrscheinlicher. Daß dieses Warten höchst unerquicklich ist, brauche ich Ihnen wohl nicht zu versichern. Ich vermute aber, daß es noch lange dauern wird, bis man an mich herantritt. In einer Beziehung ist es mir recht lieb, daß ich nicht schon jetzt hier abbrechen muß; ich habe eine Oberprima in Latein und Geschichte, für die wäre ein Wechsel so kurz vor der Reifeprüfung natürlich recht unangenehm, und ich würde mir ein wenig wie fahnenflüchtig vorkommen. Andererseits sehe ich mit Grausen dem Wintersemester entgegen. Allein schon wegen des Kollegs, das ich angekündigt habe. Dazu dann allerhand wissenschaftliche Arbeiten, Besprechungen, Korrespondenzen, die auch endlich einmal aufgearbeitet sein wollen. Alles neben 25 Stunden, nur wissenschaftlichem Unterricht und fast nur in den Oberklassen. Ja, ich werde schon froh sein, wenn das einmal hinter mir liegt. Immerhin, wenn man mich beruft, woran wohl kaum ein Zweifel besteht, so wird zunächst natürlich über die näheren Bedingungen verhandelt werden, und da werde ich auch meine Forderungen stellen. Billig bin ich nicht zu haben, wenn ich auch gewiß nicht unverschämt werden will; und wenn dem hohen Ministerio das nicht paßt, je nun, dann bleibe ich eben Schulmeister.

(...)

Was Sie mir über die Stellung Ihres Kollegiums zu den famosen Jahresplänen, dieser Schrulle eines einzelnen, gewiß wohlmeinenden und sicher gescheiten, aber verdrehten und verbohrten und zudem der Praxis entfremdeten Kopfes, in Ihrem Briefe mitteilen, hat mich einerseits ergötzt und beruhigt, andererseits geradezu erschreckt. Wohin ist es mit der altpreußischen Zucht, dem Respekt vor den Anordnungen der Vorgesetzten gekommen, wenn Kollegien wie das Ihrige aus der äußerlichen Befolgung dieser Anordnungen, aus dem Aufbauen Potemkinscher Dörfer geradezu einen Sport machen! Sie verstehen mich doch recht: daß ich die Schuld daran, daß es so weit gekommen ist, keineswegs Ihnen zuschiebe, sondern denen, die solche törichten Anordnungen erlassen. Man könnte fast meinen, die Vernichtung altpreußischer Tradition, die sich daraus ergibt, sei wenigstens unbewußt mit beabsichtigt!

(...)

Mit nochmaligem Dank und der Bitte um freundliche Empfehlung an Ihre verehrte Frau Gemahlin und herzlichen Grüßen an Sie selbst

Ihr stets ergebener

Schumann

7.

Frankfurt, 20. 11. 1930

Lieber Herr Professor,

Eigentlich habe ich gar keine Zeit, wollte Ihnen aber doch zu Ihrem Artikel über Schönbrunns Buch[1] ein paar Worte schreiben. Was mich daran am meisten gefreut hat, war der Eingang, aus dem hervorgeht, daß Sie von der Leitung des Philologen-Blatt[2] *aufgefordert* worden sind, »Ihr Sprüchlein zu sagen«. Daraus geht doch hervor, daß man auch an dieser Stelle Sie für den Berufensten oder doch einen der Berufensten hält, über ein solches Buch zu urteilen. Es freut mich um der Sache willen, aber auch um Ihrer selbst willen; es zeigt, daß Sie nicht umsonst wieder und wieder Ihre Stimme erhoben haben, daß die Mutlosigkeit, die Sie einmal überkommen wollte, nicht berechtigt ist. Auch in dem Artikel, den Haacke neulich in der »Erziehung« veröffentlicht hat[3] – ich habe allerdings erst die erste Hälfte gelesen – werden Sie ständig zitiert und Ihr antihistorischer Standpunkt verfochten; und Haacke ist doch, sofern ich recht unterrichtet bin, von Haus aus einer von denen um Ulrich Peters[4] – um so besser!

Leider kenne ich selber Schönbrunns Buch noch nicht. Ich selbst habe kein Geld, es mir anzuschaffen, die Literatur für mein Spezialfach kostet gerade genug, und unsere Lehrerbibliothek hat auch kein Geld dafür. Aber ich kann mir nach dem vielen, was ich darüber gelesen und gehört habe, ganz gut ein Bild davon machen und freue mich – habe mich schon vor Ihrem Aufsatz gefreut und tue es nun erst recht – daß uns hier aus einem vermeintlichen Feinde ein wertvoller Verbündeter entstanden ist. Jener erste Artikel in der »Erziehung« war wohl ein Stimmungsprodukt nach besonders üblen Erfahrungen mit »modern« eingestellten Klassen, und daß er nachher daran festgehalten hat, scheint mir aus einer Art von Trotz, Dickköpfigkeit wenn man will, zu erklären. Und vor so einem Dickkopf habe ich auch Respekt.

Daß ich mit Ihrem Aufsatz in allem Wesentlichen voll einverstanden bin, versteht sich eigentlich von selbst. (...)

Ausgezeichnet scheint mir, was Sie über Schönbrunns »Radikalismus« sagen, besonders über die uns mangelnde Naivität gegenüber früheren Kunstschöpfungen.

Ebenso, was Sie beibringen zur Erklärung der Abneigung der Jugend gegen die »Klassiker«, vor allem die Feststellung, daß es früher ja schon genau so gewesen ist, daß nur wir zu unserer Zeit (und früher war es nicht anders, auch Storm hat zu seiner Zeit Uhland und Mörike gelesen, die in der Schule nicht beachtet wurden) zwar jüngere Schriftsteller im Grunde lieber lasen als die Klassiker, aber in der Schule mit unserem Urteil zurückhielten. Die heutige tut es nicht mehr; und das ist in einer Beziehung ganz gut; der Zustand ist wenigstens ehrlicher als früher. Gleich Ihnen – und Schönbrunn – bin ich der Meinung, daß es ganz und gar verwerflich ist, hier vor der Jugend zu kapitulieren, und daß es auch ganz und gar nicht nötig ist. Ich habe auch meine Unterrichtserfahrungen und weiß, wie gut es möglich ist, auch stumpfe, herzensträge Schüler an die Klassiker heranzubringen. Und wenn es dem Lehrer auch nur gelingt, in solchen jungen Leuten ein unbestimmtes Gefühl wachzurufen, daß Goethe und Schiller nicht schrecklich lederne Gesellen sind, keine »tummen Scheißkerle«, wie es in »Vor Sonnenaufgang« heißt[5], sondern daß etwas darin steckt, etwas Höheres, wovor man Respekt haben muß, wenn man vielleicht auch kein oder nur ein geringes Verständnis dafür aufbringen kann und vielleicht der ganzen geistigen Struktur nach auch im späteren Leben nie wird aufbringen können – wenn man nur dieses unbestimmte Gefühl wachgerufen hat, so ist, meine ich, schon viel, vielleicht das meiste gewonnen. Dazu gehört aber, daß der Lehrer selbst von diesem Wert der Klassiker innerlich überzeugt ist und daß er sie gegenwärtig machen kann, weil er sich auf Grund eigener äußerer und innerer Erfahrung in sie hineinversetzen kann. Viel wert ist es, glaube ich, auch, wenn der Lehrer ehrlich ist und etwa sagt: Den Wilhelm Meister lesen wir nicht, den verstehen Sie noch nicht – von Ausnahmen abgesehen –; wie ich so alt war wie Sie, habe ich ihn auch nicht verstanden, aber nehmen Sie sich das Buch später mal vor.

Was Sie über die Einstellung der modernen Jugend zu den Klassikern sagen, betrifft wohl in erster Linie Berlin. Hier in Frankfurt – und so ganz hinter dem Mond sind wir hier doch schließlich auch nicht – habe ich es eben noch erlebt, daß eine Untertertia verlangte, mit mir den Tell zu lesen, und nun den Anfang der Lektüre gar nicht abwarten konnte.

Sehr richtig ist es auch, was Sie über den Einfluß jüdischer Schüler sagen – oder vieler jüdischer Schüler; es sind keineswegs alle. Aber die Begründung, die Sie für deren Ablehnung der älteren Literatur geben – daß eben die Vorfahren dieser Schüler an dieser Literatur keinen Anteil gehabt hätten und daher auch die Nachfahren kein Verständnis dafür aufbringen könnten, möchte ich doch anzweifeln. Daß einst *meine* Vorfahren das Publikum des Nibelungendichters gebildet haben, das muß *ich* mir mit dem Verstande klar machen, für mein unmittelbares Gefühl spielt es gar keine Rolle. Und so werden auch umgekehrt jüdische Schüler das Nibelungenlied nicht deshalb ablehnen, weil ihre Vorfahren nicht zu diesem Publikum gehört haben – was übrigens kaum stimmen dürfte: die Juden standen damals keineswegs so außerhalb des geistigen Lebens der Nation; unter den Sängern der »Manessischen Handschrift« befindet sich auch ein Jude, Süßkind von Trimberg. Sie meinen, daß Interesse der Juden an unserer Literatur beginne erst mit der Klassik? Nun, wer unter den Klassikern hat von den Juden größeren Dank verdient als Lessing? Und gerade er ist doch unter denen, die nach Schönbrunns Mitteilungen – und so viel ich weiß, hat gerade er eine stark jüdisch durchsetzte Schülerschaft – am meisten abgelehnt wurden! Ach nein, ich glaube, man braucht nicht nach dieser historischen Begründung zu greifen. Die jüdischen Schüler sind im Durchschnitt geistig beweglicher, äußeren Einflüssen leichter zugänglich, auch denen der Presse, sie kommen sich interessant und fortschrittlich vor, wenn sie recht »modern« sind – und dazu kommen wohl gewisse äußere Umstände: das Elternhaus ist in der Regel – sicherlich in Berlin West und auch in Frankfurt-Westend – vermögend, vermögender jedenfalls als unser gebildeter Mittelstand; die Eltern sind eher in der Lage, neue Literatur zu kaufen und ins Theater zu gehen, nehmen womöglich den Bengel dorthin mit (ist nicht das Berliner Premierenpublikum zum größten Teil jüdisch?), er liest die neuen Bücher, die die Mama sich gekauft hat – dann herrscht gerade in diesen Kreisen doch weitgehend das Ein- oder allenfalls Zweikindersystem, was dazu führt, daß die Kinder ständig mit den Erwachsenen zusammen sind und an deren Gesprächen teilnehmen und dadurch erst recht frühreif werden; zu der Bevorzugung der modernen Literatur trägt dann weiterhin auch ein, sei es bewußtes, sei es unbewußtes Solidaritätsgefühl bei, sintemalen ein großer Teil der neueren Schriftsteller – auch Sie scheinen es anzudeuten – eben zu »unsere Lait« gehören. Das alles zusammengenommen reicht m. E. völlig aus, um diese Vorliebe gerade der jüdischen Schüler für moderne Literatur zu erklären.

Die Hauptsache aber, weshalb die Jugend, christliche wie jüdische, heute wie früher moderne Literatur vorzieht, ist eben die, daß sie einfach zu unreif ist, um aus eigenem Urteil Schlechtes von Gutem unterscheiden zu können; darum hält sie freche Mache und süßen Kitsch für echte Kunst. Ihr hier die

Augen aufzumachen, positiv und auch negativ – ich habe auf diesem Gebiet allerhand experimentiert und würde es auch noch mehr tun, wenn ich mehr Zeit hätte – das ist eine der vornehmsten, ja die vornehmste Aufgabe des Deutschlehrers. Er wird ihr um so mehr gerecht werden können, je mehr er zeigt, daß er die Alten liebt, nicht weil sie alt und ehrwürdig, sondern weil sie gut und lebendig sind, und daß er andererseits auch für wirklich echte Kunst Neuerer ein starkes Verständnis oder gar begeisterte Liebe hegt. Dann nimmt er den Kritikern den Einwand der Rückständigkeit und Verkalktheit aus der Hand.

(...)

8.

Berlin, 31. 12. 30

Lieber Herr Kollege,

(...) Ihre Einwände gegen meine Begründung der ablehnenden Haltung stark jüdischer Klassen gegenüber der älteren deutschen Literatur sind sehr bedenkenswert – Sie sehen die Dinge hier wie immer in ihrer ganzen Vielfältigkeit und Verflochtenheit, was Sie wohl zum Teil Ihrer wissenschaftlichen Arbeit und Gewöhnung verdanken. Ich selbst neige mehr zur Isolierung und Vereinfachung der Probleme – aber ganz abzulehnen ist m. E. meine historische Erklärung[1] doch nicht. Meine jüdischen Schüler haben Lessing nie abgelehnt, dagegen sind sie bei uns gänzlich ablehnend gegen die mittelalterliche Dichtung: ein jüdischer Obersekundaner hat kürzlich in einem Aufsatz Siegfried dreist verspottet. Und gegen den Hebbelschen Siegfried[2]. Das Nibelungenlied wagen die Herren den Klassen mit mehr als 50% Juden (solche haben wir reichlich) gar nicht mehr darzubieten. Und das hängt am Ende doch damit zusammen, daß diese alten Dinge mehr zu unserem Blute reden als zu israelischem Geiste. Das fehlt aber doch. Die Debatte geht übrigens weiter, wenn auch an anderer Stelle.

Viele Grüße! Ihr

M. Havenstein

9.

Frankfurt, 3.1.1931

Lieber Herr Professor,

(...) Meine Aussichten, auf die Berliner Stelle berufen zu werden, haben sich in letzter Zeit stark verschlechtert. So viel ist ja ganz klar, daß das Ministerium die Sache verschleppt. Am 6. Juni ist der Antrag der Fakultät, mich zum 1. Okt. 1930 zu berufen, ans Ministerium abgegangen. Das sind nun fast sieben Monate, und geschehen ist nichts. Nun aber scheint es, nach den Nachrichten, die ich erhalten habe, daß man die Stelle entweder fürs erste oder gar überhaupt nicht wieder besetzten will oder daß man doch zumindesten erwägt, sie ganz oder zeitweise eingehen zu lassen. Daß man diese Möglichkeit überhaupt erwägt, ist, wie mir scheint, außerordentlich typisch für die Zerfahrenheit, mit der wir regiert werden. Denn dieses selbe Ministerium hat erst vor wenigen Jahren das Mittellatein in die höhere Schule amtlich eingeführt. Das Gegebene wäre gewesen, daraufhin die Zahl der Lehrstühle für dieses Fach zu vermehren. Statt dessen denkt man daran, die einzige Professur zu beseitigen, die bisher dafür in Preußen bestand, dem Nachwuchs also die einzige Gelegenheit zu nehmen, sich bei einem etatmäßig angestellten Hochschullehrer wissenschaftlich über ein sehr schwieriges und vielseitiges Fach zu orientieren, in dem er später unterrichten soll. Nebenbei gewinnt das Fach, das als solches noch sehr jung ist, ständig an Bedeutung im Inland und im Ausland, ein Fach, das von deutschen Gelehrten (W. Meyer, Traube, Winterfeld)[1] als solches begründet worden ist und in dem wir bisher unbestritten die Führung hatten. Aber derartige Erwägungen spielen heutzutage augenscheinlich keine Rolle. Es ist natürlich kein Geld da. Den Grund müßte man gelten lassen – aber für andere Dinge ist es da. Gleich um die Ecke bei mir wächst der stolze Bau der neuen pädagogischen Akademie[2] aus der Erde – sie wird mit allen Schikanen eingerichtet werden, da darf um des Himmels willen nichts gespart werden. Und die »Lehrgänge zur Einführung in die Schulreform« gehen auch lustig weiter. Erst vor ein paar Monaten ist in unserer Provinz einer gewesen mit dem Thema »Jahrespläne« (ich hätte liebend gerne mitgemacht!); freie Hin- und Rückfahrt, 15 RM pro Tag, man kann sich ausrechnen, was das den Staat (es ist dasselbe

Ministerium!) kostet, wenn das nun auch in den anderen Provinzen gemacht wird. Also Geld ist schon da – wenn man will. Und da man es diesergestalt in Scheffeln zum Fenster hinauswirft, muß man natürlich versuchen, es löffelweise einzusparen bei solchen Gelegenheiten wie der vorliegenden, bei denen einerseits keine politischen, d. h. Parteiinteressen in Frage kommen, andererseits nach außen hin kein Theater gespielt werden kann.

Was mich persönlich betrifft, so werde ich ja nicht umkommen, wenn aus der Sache nichts wird. Aber ein recht schwerer Schlag wäre es natürlich für mich. So werden Sie begreifen, daß ich das neue Jahr in nicht sonderlich gehobener Stimmung angetreten habe.

Nun zu der Judenfrage. Daß Sie mit Ihrer Darlegung[3] in ein Wespennest stechen würden, haben Sie wohl selbst erwartet. Über die Erwiderung von Deutschkron[4] bin ich erschrocken. Weniger wegen des Inhalts, als wegen der Form. Etwas derart logisch Verworrenes und Unklares und dazu so miserables Deutsch habe ich lange nicht gelesen. Allenfalls in schlechten Schüleraufsätzen. (...) Und ein solcher Analphabet wird in unseren Zeiten sogar Oberstudienrat!

Aber in der Sache hat Deutschkron nach meiner Erfahrung nicht so ganz unrecht. Es ist schon so, daß ein sehr großer Prozentsatz auch unserer nichtjüdischen Schüler froh wäre, wenn man sie nicht mit mittelhochdeutsch plagte. Und ist das denn so wunderbar und ist es denn so schlimm? Welches Schulfach wird denn von mehr als einem kleinen Bruchteil der Schüler mit Freude betrieben? Ist es nicht das Schwerste an der Arbeit des Schulmeisters überhaupt, daß wir die Jungen mit größerer oder geringerer Gewaltsamkeit zur Beschäftigung mit den Dingen nötigen müssen, die wir ihnen darbieten? Natürlich gibt es Ausnahmen. Die altdeutsche Lektüre gehört aber nicht dazu. Und dazu kommt, daß wir diese Dinge, besonders Nibelungenlied und Lyrik, in der Regel zu früh darbieten. Für O II ist das Nibelungen-Lied eigentlich doch zu schwer, und für Lyrik ist diese Stufe, wie ich erst kürzlich wieder einmal erprobt habe, erst recht zu unreif. Die Jungen mausern sich auf dieser Stufe doch gerade erst aus den Flegeljahren heraus. Und wenn einmal einer den Hebbelschen Siegfried[5] dreist verspottet, so nehme ich das auch nicht tragisch. Auf die Gefahr hin, mir Ihre ganze Gunst zu verscherzen – ich könnte mir denken, daß ich einen solchen Aufsatz nicht ohne Verständnis gelesen und entsprechend beurteilt hätte. Ich habe mir eben meinen Hebbel aus dem Schrank geholt und sehe, daß ich mir gerade zu den Reden, die Siegfried führt, verschiedentlich Ausrufezeichen und kritische Bemerkungen an den Rand geschrieben habe. (...) Natürlich sind dies (und anderes) Einzelheiten, Nebendinge, die neben dem grandiosen Gesamtbau verschwinden – aber ich könnte mir ganz gut denken, daß ein stark kritisch eingestellter Junge es nicht fertig kriegt, sich von solchen Einzelheiten loszulösen, sondern sie zu einem wenig vorteilhaften Bilde des Helden zusammensetzt. Nun ist gewiß eine solche kritische Stellung bei den Juden im Durchschnitt häufiger als bei uns. Aber es gibt doch (Gott sei Dank) auch unter germanischen Jünglingen genug mit stark kritischer Ader. Ein einzelner Fall dieser Art scheint mir jedenfalls nicht viel zu beweisen. Und ein Gegenbeispiel kann ich gleich anfügen. Auerbach[6], mit dem ich mich ja, wie Sie wissen, viel beschäftigt habe – und wahrscheinlich mit Gewinn – konnte Hebbel nicht leiden (was auf Gegenseitigkeit beruhte) und seine Dramen erst recht nicht. Aber gerade vor den Nibelungen hat er, der Jude!, bewundernd die Waffen gestreckt.

Ich bleibe dabei: man soll nicht nach entlegenen Erklärungen suchen, wenn man einfache und klar auf der Hand liegende hat. Daß die jungen Leute sich lieber mit modernen Dingen befassen als mit alten, sei es mit Mittelhochdeutschem, sei es mit den Klassikern, ist ganz verständlich aus der natürlichen Faulheit des Menschen heraus. Denn im Durchschnitt verlangt das Verständnis der älteren Literatur eine stärkere geistige Arbeit als das der neueren. (...) Und im übrigen spielt doch sicher stark mit die liebe Eitelkeit. Man will gerne »modern« sein, das Neueste gelesen haben und darüber klugschwätzen – damit macht man mehr Effekt oder glaubt mehr Effekt zu machen als wenn man sich beispielsweise rühmen kann, in Shakespeares Dramen gründlich Bescheid zu wissen. Und hier in dieser Hinsicht werden sicherlich die jüdischen Schüler voran sein. Geistig früher reif (im Durchschnitt!) als unsere, überhaupt geistig beweglicher (im Durchschnitt! überhaupt alles nur im Durchschnitt!!), daher stärker novarum rerum cupidi[7]; dann die häuslichen Verhältnisse – ich habe ja im vorigen Briefe versucht das klarzulegen. In Klassen mit starkem jüdischem Einschlag (ich beneide Sie nicht darum) macht sich das natürlich besonders stark geltend. Aber nochmals: Die von mir gegebenen Gründe reichen völlig aus, um das zu erklären, man braucht weder die Geschichte noch die Rassenpsychologie (ein verflucht unsicheres und gefährliches Gebiet!) deswegen zu bemühen. Das und das »spricht zu unserem Blut«: ich halte das glatt für Selbsttäuschung. Können wir wirklich auseinanderhalten, was uns im Blute liegt, was erst durch das Milieu (im weitesten Sinne) unser eigen geworden ist? Hat man nicht früher einmal gemeint, der Kölner Dom sei ganz spezifisch deutsch, und ist dann später dahintergekommen, daß er in allem Wesentlichen auf französischen Vorbildern beruht? Und ein Beispiel aus der Literatur: Was scheint uns in stärkerem Maße »deutsch« als die Märchen, wie sie etwa die Brüder Grimm erzählt haben – und es ist doch alles internationales Gut, großenteils aus Indien stammend, aus einer völlig fremden Kultur. Ein anderes sehr lehrreiches Beispiel aus einer der Legenden der Hrotsvith von Gandersheim[8] könnte ich bringen, aber es würde zu weit führen. Ich warne jedenfalls dringend davor, sich in diesen Dingen vom Gefühl leiten zu lassen, es führt gar zu leicht in die Irre.

Ich habe, wie immer, ganz offen meine Meinung dargelegt, weiß ja, daß Sie das vertragen können. Nun bin ich gespannt, wie und wo Sie die Debatte weiter führen wollen.

Eben kommt Besuch – ich weiß ohnehin nichts mehr für diesmal zu schreiben. Also nochmals die besten Wünsche fürs neue Jahr und herzliche Grüße Ihnen und Ihrer Frau Gemahlin.

Ihr stets ergebener

Schumann

10.

Berlin, 7. 1. 1931

Lieber Herr Kollege,

(...) Ihre Einwände verstimmen mich natürlich nicht im mindesten – ich will doch nur die Wahrheit! – und ich ging schon damit um, unter Ihrem Eindruck die weitere Diskussion zu unterlassen. Aber das ist leider unmöglich, da jetzt der gekränkte Jude mit anderen Waffen als den sehr stumpfen des Herrn Deutschkron über mich herfällt. Sie haben als einziger mit Ihrem Philologenauge die ganze logisch-politische Jämmerlichkeit seiner Erwiderung erkannt. Können Sie sich nicht die Nummer der Z. V. Blätter[1] verschaffen, in der ein Potsdamer Oberstudiendirektor, kein Jude, aber Sozialdemokrat (aha), mich wegen meiner Gedanken als unfähigen Lehrer verdächtigt und mir die Berechtigung, deutschen Unterricht zu erteilen, abspricht![2] Wahrhaftig, ein starkes Stück! Meine Schüler hielten es mir entgegen und ich mußte mich stundenlang mit ihnen auseinandersetzen. So gehen diese Helden vor! Nun werden natürlich die Nazis den Stoff aufgreifen und der Teufel ist los. Ein wohlmeinender Kollege schreibt mir heute, nun sei ich erledigt. Da muß ich nun meinen Mann stehen. Ihre Mitteilungen über Ihre Angelegenheiten haben mich sehr betrübt. Wie berechtigt ist Ihre Bitte.

Herzlichst Ihr

M. Havenstein

11.

Frankfurt, 12. 1. 1931

Lieber Herr Professor,

Eben bin ich, zum ersten Male seit einer Reihe von Jahren, mit meinen Töchtern Schlittschuhlaufen gewesen, bin ziemlich müde und zerschlagen, müßte mich auch eigentlich auf Unterricht und Kolleg für morgen vorbereiten, will aber doch Ihre Karte, für die ich herzlich danke, nicht ganz unbeantwortet lassen.

Wenns so steht, dann wirds allerdings Ernst. Der Teufel hat Ihnen ein Bein gestellt, als Sie sich entschlossen, in Ihrer Besprechung des Schönbrunnschen Buches in dieses Wespennest zu stechen. Es tut mir sehr leid, um Sie, denn Sie werden auf jeden Fall viel Ärger davon haben, und um die Sache, die nun durch die Berührung dieses im Rahmen des Gesamtproblems nebensächlichen Punktes in Gefahr ist, auf das politische Gebiet abzugleiten, und dann ist freilich »der Teufel los«. Erwidern müssen Sie nun. (...)

Den Z. V. Artikel kenne ich nicht, habe auch bisher vergeblich überlegt, wie ich ihn mir verschaffen kann. Früher wurde mir das Blatt regelmäßig zugeschickt, und ich bekenne, es öfters ganz gerne gelesen zu haben, es standen mitunter interessante Sachen drin; aber seit einiger Zeit erhalte ich es nicht mehr. Es ist aber auch nicht nötig, daß ich den Artikel lese. Ihre Andeutungen des Inhalts genügen mir. Über die Behauptung, Sie seien ein unfähiger Lehrer und unwürdig, deutschen Unterricht zu geben, kann man nur lachen. Seien Sie froh, daß der Gegner sich solche Blößen gibt. Zu vermuten ist, daß der Herr an diesem Feuerchen sein eignes Süppchen kochen will. Man kennt ja diese Sorte. »Erledigt« sind Sie damit noch lange nicht. Was will man Ihnen anhaben? Freilich, es ist heut allerhand möglich. Seit der üblen Goslarer Affäre[1] muß man auf das Schlimmste gefaßt sein. Und Sie haben an der Spitze des P. S. K. einen Herrn, dem man wohl allerhand zutrauen kann. Oberstudienrat, Direktor, Oberschulrat werden Sie unter diesem Regime nicht werden. Sie wären es aber auch so nicht geworden, denn Sie haben sich ohnehin reichlich unbeliebt gemacht mit Ihrer ständigen Kritik an dem Affentheater der »Schulreform«. Auch steht, so viel mir bekannt ist, Ihr Ehrgeiz nicht nach diesen Dingen. Zu einem Disziplinarverfahren bieten Ihre Ausführungen nicht die mindeste Handhabe. (...) Lange würde ja auch eine Maßregelung irgendwelcher Art nicht dauern, da zu vermuten ist, daß die Tage der Herrlichkeit dieser Gesellschaft, die uns in Preußen jetzt regiert, gezählt sind[2]. Wenn Hitler zur Regierung kommt, macht er Sie dann vielleicht zum Kultusminister. Gratuliere im voraus.

Nun aber Scherz beiseite. Erwidern müssen Sie. Leicht wird es für Sie nicht werden. Sie wissen, daß ich von Anfang an der Meinung war, Sie hätten sich mit Ihrer »historischen« Erklärung der Erscheinung, daß jüdische Schüler sich aus Nibelungenlied usw. noch weniger machen als germanische, zu weit vorgewagt. Wenn ich einen Rat geben dürfte, so wäre es der, diese vorgeschobene Stellung einfach zu räumen, sich auf die Hauptstellung, die Feststellung jener von Ihnen und anderen, speziell an Ihrer Schule, beobachteten Tatsache zurückzuziehen, die Erklärung aber in anderer, in der von mir (und vielleicht auch von anderen?) vorgezeichneten Richtung zu suchen.

Daß jüdische Schüler im Durchschnitt geistig früher reif und geistig beweglicher sind, daß sie ferner stark kritisch eingestellt sind, wird niemand ernsthaft bestreiten, auch kein Jude. Durch diese Feststellung kann sich auch niemand gekränkt fühlen. Wenn man sagt: Ihr könnt nicht in allem so fühlen wie wir, sei es, weil ihr anderen Blutes seid, sei es, weil ihr eine andere Geschichte durchgemacht habt – so kann ich es verstehen, wenn man mit dem Mißtrauen, das einer Minderheit naturgemäß innewohnt, daraus heraushört die Meinung: Eigentlich gehört ihr nicht in unsere Gemeinschaft hinein. Und das kränkt. Die andere Erklärung kränkt nicht, wie gesagt. Kitzliger wird die Sache schon, wenn man die häuslichen Verhältnisse mit zur Erklärung heranzieht: die durchschnittlich größere Wohlhabenheit dieser Kreise, das Einkindersystem, das dort *noch* (noch!) verbreiteter ist als in den unsrigen, und was sich daraus ergibt (Zusammenleben der Kinder mit den Erwachsenen, stärkeres Selbstbewußtsein der jungen Herren, das sich naturgemäß auch dem Lehrer gegenüber äußert usw.). Ebenfalls kitzlig ist der Punkt, daß Sympathien der jüdischen Schüler für moderne Literatur, wie Sie ja bereits angedeutet haben, sich ergeben oder doch ergeben können aus einem sei es bewußten, sei es unbewußten Solidaritätsgefühl, weil jüdische Schriftsteller unter den Modernen nun einmal – diese Tatsache wird niemand bestreiten können – prozentual besonders zahlreich sind. Ob und wie Sie diese Punkte berühren wollen, das müssen Sie wissen. Ich halte sie auch für vergleichsweise nebensächlich. Das erste: die stärkere geistige Beweglichkeit und damit die größere rerum novarum cupiditas und die stärkere kritische Einstellung scheint mir der Kernpunkt zu sein.

Wenn Sie so die vorgeschobene Stellung aufgeben, die Hauptstellung aber halten, wenn Sie etwa dazu sagen, daß Sie von der Unhaltbarkeit oder doch Unsicherheit der ersteren nicht durch Gegner wie Herrn Deutschkron oder den sozialdemokratischen Oberstudiendirektor, sondern durch eine (oder nicht bloß eine?) Kritik Ihrer Schönbrunnsbesprechung von *befreundeter* Seite überzeugt worden sind, so kann kein halbwegs verständiger Beurteiler Ihnen vorwerfen, daß Sie sich in dem entscheidenden Punkte von den Gegnern hätten einschüchtern lassen, und Sie selbst haben dann das Bewußtsein, von Ihrer

Seite so viel wie möglich zur Entgiftung der Atmosphäre beigetragen zu haben. Sie selbst haben das Bewußtsein – ob sich die Entgiftung wirklich erreichen läßt, steht dahin. Ich könnte mir denken, daß es Leute gibt, denen es trefflich in den Kram paßt, einen der ernsthaftesten Kämpfer gegen die »Schulreform« als Reaktionär und Rassenfanatiker hinstellen und damit den Kampf gegen die »Reform« überhaupt diskreditieren zu können. Das muß man eben abwarten. (...)

Raten möchte ich noch – sofern es nötig ist – die »Hauptstellung«, die ja von Deutschkron angegriffen wird, so stark wie möglich durch Mitteilung von unanfechtbarem Tatsachenmaterial über ablehnende Stellung stark jüdisch durchsetzter oder gar vorwiegend jüdischer Klassen gegenüber Nibelungenlied usw. auszubauen. Ich an meinem Teil kann kaum etwas dazu beitragen. Wir haben solche Klassen am Lessing-Gymnasium nicht, und ich habe auch nicht die geringste Erinnerung, daß sich jüdische Schüler altdeutschen Stoffen gegenüber ablehnender verhalten hätten als andere. Wohl aber, daß einzelne darauf drängten, es möchten doch auch einmal *moderne* Gedichte u. dgl. behandelt werden. Voriges Jahr habe ich einmal einen zur Tür hinausgeworfen, weil er gar zu deutlich seiner Unzufriedenheit damit Ausdruck gab, daß statt eines modernen Gedichts, wie er es lieber gehabt hätte, wieder eins von Eichendorff behandelt werden sollte. In der Tat, keinem von den germanischen Schülern in der Klasse wäre das eingefallen. Immerhin, man darf einen solchen Einzelfall nicht verallgemeinern.

Und nun wünsche ich von ganzem Herzen alles Gute für den bevorstehenden Kampf.

Mit herzlichen Grüßen

Ihr stets ergebener

Schumann

12.

Berlin, 14. 1. 31

Lieber Herr Kollege,

schon wieder ein langer Brief von Ihnen! So geht das nicht weiter. Ich werde Ihnen nun keine weiteren Mitteilungen in dieser fatalen Angelegenheit mehr machen, sonst muß ich mir nachher vorwerfen, daß ich Ihre freundschaftliche Gesinnung ausgenutzt habe, um Ihnen die Zeit zu stehlen. Wie sehr leide ich selbst unter Zeitmangel und Verbrauchtheit! Und Sie haben vielleicht noch mehr zu tun als ich! (...) Sie müssen ein echter Altruist oder besser auf deutsch: ein sehr gütiger Mensch sein, daß Sie mir soviel Zeit und geistige Energie widmen! Ihre langen Briefe sind kleine Abhandlungen, druckreif in der Form und höchst inhalts- und gedankenreich. Und was Sie aussprechen – und nicht einmal in eigener, sondern in fremder Sache! – ist immer neu und eigen, weitab von der Phrase, erwachsen aus persönlichen Erfahrungen und Beobachtungen. (...)

Seien Sie meinetwegen ganz unbesorgt! Mein Ehrgeiz ist nie in Richtung auf »Carriere« gegangen, aus dem einfachen Grunde, weil ich nach meiner eigenen Überzeugung ungeeignet bin zur Leitung einer Schule. Ich würde mich höchst unglücklich fühlen als Ober-Studiendirektor, habe daher auch abgelehnt, als man mir einmal eine solche Stellung anbot. Also in dieser Hinsicht kann man – resp. die Behörde – mir nichts anhaben, weil ich von ihr nichts will und erwarte. Ich bin nur Lehrer und will auch nichts anderes sein. Als Lehrer aber wird man mich schwerlich stören und behelligen. Ein Versuch, mich zu reglementieren, würde mit einer Blamage für die Behörde endigen, das glaube ich bestimmt. Meine Schüler, auch die jüdischen 12 unter 18 Oberprimanern! – nehmen auch jetzt meine Partei in diesem Streit, den der alberne Stänker Müller[1] (so schildert man ihn mir) aus dem Gehege der Fachpresse an die Öffentlichkeit gebracht hat: sie hielten mir am ersten Schultag nach den Ferien den schönen Artikel in der Z. V. Zeitung entgegen und wünschten eine Aussprache. Da habe ich ihnen meine Antwort im Dschl.-Blatt[2] vorgelesen und die ganze Sache gründlich mit ihnen besprochen, und das Resultat war, daß sie mich ermächtigten, in der Z. V. Zeitung zu erklären, daß sie mir in »den fraglichen Punkten zwar nicht durchweg zustimmten« (einige stimmten sogar meiner »Begründung« zu), mir aber meine Äußerungen nicht verübelten und in ihrem Vertrauen zu mir sich dadurch nicht erschüttert fühlten! Ob die saubere Judenzeitung meine Erwiderung drucken wird, ist freilich noch nicht ausgemacht. Ich weiß auch noch nicht, ob die D. A. Z.[3], für die ich einen Artikel in der Angelegenheit verfaßt habe, die

Courage haben wird, ihn zu drucken, ich hoffe es aber. Mit diesem Artikel werden Sie zufrieden sein, wenn ich auch Ihren Rat nicht ganz habe befolgen können. Ihre Argumente und Ratschläge haben mich zwar, wie ich Ihnen schrieb, erschüttert, aber sie stoßen auf einen Instinkt oder ein Gefühl in mir, daß sie doch nicht zum Schweigen bringen können. *Gegen* seinen Instinkt soll man nicht handeln, auch nicht reden oder schreiben. Das ist beinahe, wie wenn man gegen sein Gewissen schreibt. Das Gewissen ist ja auch nicht Vernunft, Verstand, Intellekt, sondern etwas Tieferes, wie immer man sich seine Entstehung erklären mag. Mein Denken und Reden in solchen Dingen der Wertwelt ist immer nur die Bewußtmachung und nachträgliche Begründung von Gefühlen oder Instinkten gewesen und bisher habe ich's nie bereut, so verfahren zu sein. Auch hier sagt mir mein Instinkt: es kann nicht gleichgültig sein für die verständnisvolle Nachgestaltung eines Reichs Vergangenheit, ob ich dazu wirkliche *Lebens*beziehungen habe, ob ich mich irgendwie dazurechnen kann oder nicht. Der Römer betrachtet die Trümmer auf dem Forum oder liest Livius mit wesentlich anderen Empfindungen als wir. Und die deutschen Juden stehen unserer Vorzeit noch nicht einmal so gegenüber wie wir der römischen, englischen oder russischen: hat der deutsche Jude auch nur noch eine Spur jüdischen Nationalstolzes (er hat's, er hat ziemlich viel sogar, sonst würde nicht die ganze Judenschaft schreien, wenn man *einem* Juden auf den Fuß tritt), so *kann* er unsere deutsche Geschichte bis zur Emanzipation der Juden nur mit erheblichem Ressentiment nacherleben; denn es ist eine Geschichte seiner Unterdrückung und Mißachtung. So wenig der Durchschnittsdeutsche (nicht im schlechten Sinn) Napoleon und Foch französisch sehen und empfinden kann, so wenig *kann* ein Durchschnittsjude das deutsche Reich alter und neuerer Zeit, unsere ganze Entwicklung und ihre künstlerischen Zeugnisse und Erzeugnisse mit dem Hochgefühl und der tiefen Liebe nacherleben, die uns unsere Altertümer zu Heiligtümern macht oder wenigstens machen kann. Dieses »nicht kann« finde ich auch täglich in der Schule bestätigt. Sie haben eben nicht 50–75% Juden wie wir. Wir, vor allem natürlich die Geschichtslehrer merken zunehmend, daß sie zum großen Teil fast alles in unserer Vergangenheit ablehnen, worauf *wir* stolz sind.

Und das hat eben den höchst begreiflichen Grund, daß *sie* damals unterdrückt waren, nicht mitmachen durften. Wie soll sich ein Jude für Bismarck begeistern wie wir, der die Juden doch so tief verachtet hat! Männer dieser Art und Herkunft sehen ja noch heute im Juden ein im Grunde verächtliches Wesen. Darin aber hat m. E. die Kulturkunde recht, daß im Gefühl die Dinge zusammengehören und zusammenleben, das Staatliche, Gesellschaftliche und die Religion und Kunst.

Denken Sie dem noch einmal nach! Aber beileibe keinen neuen Brief. Sonst brennen mich die »feurigen Kohlen« zu sehr.

Zum Schluß die Anfrage, ob Sie meinen »Thomas Mann«[4] schon besitzen. Wenn nicht, so möchte ich Ihnen ein Exemplar dedizieren, falls Sie dafür Interesse haben. Bitte schreiben Sie mir das gelegentlich ganz offen. Nochmals vielen, vielen Dank für Ihre Briefe! Und herzliche Grüße! Ihr treu ergebener

M. Havenstein

13.

Frankfurt, 20. 1. 1931

L. H. Prof.

Herzlichen Dank für Ihren langen und liebenswürdigen Brief. Machen Sie mich nicht eitel! Wunschgemäß antworte ich diesmal nicht in einem Brief, werde mir den Schluß des Ihrigen durch den Kopf gehen lassen. – Zu meiner Schande muß ich gestehen, daß ich Ihr Buch über Thomas Mann weder gelesen noch mir angeschafft habe; es ist auch hier bei dem Vorsatz geblieben. Wenn Sie also wirklich ein Exemplar übrig haben, bin ich außerordentlich dankbar, wenn Sie es mir schenken wollen. Ich kenne leider wenig von moderner deutscher Erzählungsliteratur – und das meiste, was ich gelesen habe, ist Kitsch oder Schlimmeres (so z. B. ein Roman von Heinrich Mann »Die große Sache«[1], den ich kürzlich überflogen habe – mehr ist dieser Schund nicht wert; welch ein Abstand zwischen den Brüdern!); Th. M. dagegen schätze ich mehr, so weit ich ihn kennengelernt habe. So viel ich mich aus unserem Gespräch in Berlin erinnere, stimmen Sie darin mit mir überein – und wenn nicht, dann gibts eben eine fruchtbare Auseinandersetzung. Gerade in nächster Zeit will ich mit meiner U I die Buddenbrocks behandeln (auf Wunsch der Klasse); da wird mir Ihr Buch treffliche Dienste leisten.

Also nochmals herzlichen Dank im voraus und beste Grüße stets Ihr sehr erg.

Schumann

14.

Frankfurt, 25.2.31

Lieber Herr Professor,

Es wird Zeit, daß ich mich herzlichst bedanke für das schöne Geschenk. Nicht nur in meinem eigenen Namen, sondern zugleich auch in dem meiner Frau und meines Sohnes, die sich gleich mir daran erfreuen. Ja sogar mehr als ich. Denn ich habe einstweilen nur darin blättern können. Die eigentliche Lektüre muß ich mir für ruhigere Zeiten aufsparen. Noch ist das Semester nicht zu Ende, morgen und übermorgen habe ich noch zu lesen, und in nächster Woche ist das Abitur, dann kommt die verwünschte Zeugnisschreiberei und was damit zusammenhängt. (...)

Wie schön wäre es, wenn man sich über das Ganze und über diese und jene Einzelheit einmal und öfter mündlich aussprechen könnte. Aber dazu wirds wohl nicht kommen. In meiner Berliner Angelegenheit[1] ist dieser Tage die Hauptentscheidung gefallen, und zwar gegen mich. Die Fakultät hat beschlossen, die freigewordene Stelle einem Herrn zu geben, der ein ganz anderes Fach vertritt. Damit werden nicht nur meine Zukunftspläne zu Wasser und ist alles, was ich an Kraft, Zeit und Geld aufgewendet habe, so weit ich ein anderes Ziel damit verfolgt habe, umsonst gewesen, auch das Fach, das ich vertrete, verschwindet damit, jedenfalls als ordnungsgemäß vorhandenes Fach, von den preußischen Hochschulen. Es ist freilich nicht ganz ausgeschlossen, daß man doch noch in irgendwelcher Form an mich herantritt. Aber nach der Brutalität, man kann sagen Schamlosigkeit der Schiebung, die hier das Ministerium und die Mehrheit der Fakultät (eine Minderheit erhebt Protest) in trautem Verein »getätigt« haben, glaube ich nicht daran. Und wenn was geschieht, fragt es sich noch sehr, ob man mir Bedingungen bietet, auf die ich eingehen kann. So werden Sie verstehen, daß ich recht niedergeschlagen und verbittert bin. Ich bitte Sie, diese Mitteilungen einstweilen vertraulich zu behandeln.

Mit nochmaligem herzlichem Dank und vielen Grüßen und Empfehlungen Ihr stets ergebener

Schumann

15.

Berlin, 23.3.31

Lieber Herr Kollege,

wie leid tut es mir, daß Ihre schöne Hoffnung sich nicht verwirklicht hat, und daß Sie nun so verbittert und verstimmt sind! Wahrhaftig, ich kann's Ihnen nicht verdenken, daß Sie diesen Unstern nicht segnen. Ich selbst habe dergleichen nicht durchlebt, da ich solche Aspirationen oder Wünsche nie gehabt habe. Aber ich kann Ihnen den Schmerz und Unwillen lebhaft nachfühlen und schimpfe mit Ihnen – im Stillen natürlich – auf die gräßliche Wirtschaft heute, die auch hieran schuld sein mag. (...)

Unseren Gesamtzustand sehe ich immer pessimistischer an, und zwar auch den geistigen. Auf der einen Seite eine intellektualistische Überkultur mit lächerlicher Blindheit und Selbstüberschätzung, auf der anderen eine Ungesittigkeit und Roheit zum Erschrecken; dort ein historistisches Nachleben und Nachgestalten aller Vergangenheit, hier der brutale Wille, alle Überlieferung zu zerschlagen und auf den blutbesprengten Trümmern ganz von vorn anzufangen. Was soll aus dem Kampf dieser Gegensätze herauskommen?

In den nächsten Wochen gehe auch ich auf historischen Wegen: ich fahre übermorgen nach Nordfrankreich, um die dortigen gotischen Kathedralen kennen zu lernen, die mit eigenen Augen zu sehen ich schon lange ein brennendes Verlangen habe. Wie sehr lebt man doch in der Vergangenheit, auch wenn man den Historismus bekämpft!

Seien Sie herzlichst gegrüßt von Ihrem treu ergebenen

M. Havenstein

16.

Berlin, 25.3.32

Lieber Herr Kollege,

es tut mir sehr, sehr leid, daß Sie gegen mich so völlig verstummt sind. Denn ich muß darin ein Zeichen für die Schwere sehen, mit der die große Enttäuschung, die Sie erlebten, Sie getroffen hat. (...)

Seitdem ist es ja mit uns in betrübendem und erschreckendem Maße immer weiter abwärts gegangen[1]: man sieht den Abgrund gähnen, der uns zu verschlingen droht und uns verschlingen wird, wenn nicht ein Wunder geschieht. Was wird aus der einst so breiten bürgerlichen Mitte, die jahrhundertelang unsere Kultur getragen hat? Politisch ist sie fast völlig in den extremen Parteien aufgegangen, deren eine unsere Kultur zu zerstören die Absicht hat, während die andere sie primitivieren will und wird, wenn sie ans Ruder kommt. Was soll dann aus Leuten werden, wie wir sind, die wir mit unserem ganzen Sein in der überlieferten Kultur wurzeln und leben? Es ist, als befänden wir uns auf einer Insel, die immer kleiner wird und in Gefahr ist, eines Tages ganz von den Wellen verschlungen zu werden. Und es ist nicht bloß die ungeistige Umgebung, die sie langsam zerstört, sondern sie scheint auch für sich mehr und mehr zu zerfallen. Wenn man unsere Kirche und Religiosität, unsere Kunst und Dichtung betrachtet, so kann man sich Spenglerischer Gedanken nicht erwehren. Das einzige, was – abgesehen natürlich von der üppig blühenden Naturwissenschaft u. Technik – im heutigen Geistesleben wirklich hervorragend und besser ist als früher, ist die sog. Geisteswissenschaft. Ohne Zweifel ist ein Werk wie Korffs ›Geist der Goethezeit‹[2] in seiner Art großartig und früher undenkbar. Aber Sie wissen – das ist meine persönliche, von sehr wenigen geteilte, von den meisten nicht einmal verstandene Not –, daß ich dieser großartigen Geistprodukte auch nicht froh werden kann, weil sie das, was Leben sein könnte und sein sollte, in bloßen Geist verwandeln, weil sie Goethe und alles, was groß ist und Lebenskräfte birgt, entgegenwärtigen und seine Rolle und rechte Wirkung verscharren.

Und nun stellt sich mir mehr und mehr heraus, daß die gepriesene Schulreform, an der ich selbst in glücklicher ideologischer Blindheit mitgearbeitet habe, ganz anderen Göttern dient, als denen sie eigentlich (jedenfalls nach dem Willen der meisten Reformer) dienen sollte: der Nivellierung der Begabungs- und Rangunterschiede, der Demokratisierung und Utilitarisierung der Bildung, überdies der Verweichlichung und Verzärtelung, also dem Verfall. Es ist jedenfalls schwer, sich gewissen Tatsachen und Erscheinungen gegenüber solcher Gedanken zu erwehren.

Aus diesem Grunde benutze ich auch die sich bietende Gelegenheit aus dem Amt zu scheiden. Ich bin 60 Jahre alt geworden, kann also ohne weiteres in den Ruhestand treten. Das wollte ich auch gleich tun, da man mich indes nicht gleich ganz gehen lassen wollte, hat man mir zunächst ein halbes Jahr Urlaub gegeben und hofft, daß ich noch einmal in den Dienst zurückkehre. Da ja aber die Verhältnisse immer unerfreulicher werden (immer größere Klassen, immer drohendere Zusammenlegungen, immer wachsende Abhängigkeit der Kollegen und Behörden von der Elternschaft resp. vom Ungeist des Utilitarismus, immer größeres Anwachsen der jüdischen Schülerschaft – bei uns! –), so werde ich zu Michaelis wohl endgültig in den Ruhestand treten.

Und nun bitte ich Sie herzlich, mir einmal wieder ein Lebenszeichen zu geben. (...)

Mit herzlichem Gruß und den besten Glückwünschen zum Osterfest. Ihr

M. Havenstein

17.

Frankfurt, 26. 3. 1932

Lieber Herr Professor,

Ich will doch lieber gleich heute Abend mit dem versprochenen Brief anfangen. (...) Das vergangene Jahr war für mich kein leichtes[1]. (...)

So spüre ich am eigenen Leibe den Unsegen der Parteimißwirtschaft, an dem wir kranken. Auch wenn ich von meiner Person absehe: die Zerfahrenheit, die Scharlatanerie des ganzen Systems zeigt sich schon darin, daß man das Mittellatein – ich habe es Ihnen wohl schon früher einmal dargelegt, in derselben Zeit an den preußischen Universitäten nahezu eingehen läßt, wo man es, sei es mit Recht oder Unrecht, in die höheren Schulen eingeführt hat. Ein an sich gewiß kleines, aber höchst typisches Beispiel für die Übereilung (gelinde gesagt), mit der man die gesamte »Schulreform« in Szene gesetzt hat. Die Schulreform! Was sie an gutem gebracht hat, habe ich mir zu Nutze gemacht. Als Ganzes habe ich sie, wie Sie wissen, von Anfang an gehaßt und bekämpft, und ihr Urheber, der Herr Richert[2] – er mag sonst ein braver und wohlmeinender Mann sein – ist mir immer als der »Provisor alles Bösen« im preußischen Schulwesen erschienen (ich glaube, Lagarde hat einst diesen Ausdruck von Johannes Schulze gebraucht[3]). Wollte man sie wirklich durchführen, so war die erste Vorbedingung: kleine Klassen, ausgeruhte Lehrer mit reichlicher Fortbildungsmöglichkeit. Man konnte von vorne herein wissen, daß für beides die Gelder nicht zur Verfügung stehen würden, ja man hatte nicht einmal den Willen, sie zu schaffen. Darum war die Sache von Anfang an zum Scheitern verurteilt, und in der Geschichte der Pädagogik wird dereinst das Urteil über diese Periode vernichtend lauten. Um so vernichtender, je mehr Weihrauch ihren Urhebern und Exponenten voreilig gestreut worden ist. Ich will nur hoffen, daß man dann auch derjenigen ehrend gedenkt, die unerschrocken und unbeirrt immer wieder ihre Stimme gegen diese verlogene Wirtschaft erhoben haben: Ihrer, Webers und Beyers. (Wenn Sie Beyer einmal sehen sollten, sagen Sie ihm bitte, wie sehr wir uns – ich und andere urteilsfähige Kollegen – wieder über seine letzten ausgezeichneten Aufsätze gefreut haben).

Was wird nun werden? Wird man sich endlich besinnen, auch oben im Ministerium, und die Parole ausgeben: Weg mit allen Verstiegenheiten und dilettantischen Experimenten, zurück zur soliden Arbeit? Daß Sie den Mut und die Lust verloren haben, ich kanns Ihnen nicht verdenken. Wie sich die Dinge gestalten, wird meines Erachtens ganz wesentlich davon abhängen, welche Leute die entscheidenden Posten besetzen. Und damit kommen wir auf das politische Gebiet. Wird es in Preußen einen Umschwung geben, und wie wird er sich auswirken im Gebiete des Kultusministeriums und im besonderen in der höheren Schule? Welche Partei wird das Kultusministerium besetzen, und welcher Mann wird an die Stelle kommen? Wieder ein kümmerlicher »Exponent«? Dann freilich weh uns! Dann werden wieder Leute mit fixen Ideen als Referenten berufen, und dann geht die Experimentiererei weiter, nur in anderer Richtung; ein Chaos wird das Ende sein. Und trotz alledem: der gegenwärtige Zustand, wo Herr Heilmann und Herr Christoph König[4] uns regieren und die Direktorenstellen usw. mit Parteibuchinhabern besetzen, ist einfach unerträglich, und *jeder* Wechsel wird da zunächst einmal als Erlösung empfunden werden. Aber die weitere Zukunft liegt ganz dunkel vor uns.

Dabei ist die Sorge um die höhere Schule ja nicht einmal die schwerste. Wo steuern wir überhaupt hin? Die Mittelparteien sind zerrieben – zum großen Teil durch eigene Schuld. Daß die Staatspartei[5] am stärksten zerbröckelt ist, scheint mir sehr bezeichnend: sie ist seit langem – ich sehe es ja täglich an der Frankfurter Zeitung – nichts als ein Anhängsel der sozialdemokratischen Partei, hat ihre geldliche Mißwirtschaft geduldet und das Krippenwesen ebenfalls und von dem letzteren profitiert, so gut es ging. Zum Lohn hat sie verdientermaßen ihren Fußtritt bekommen, wenn man sie nicht mehr brauchte; siehe die Umbesetzung des preußischen Kultusministeriums. Für ganz übel halte ich den Einfluß, den die Wirtschaftspartei mit ihrer Beamtenhetze[6] geübt hat. Die Rechtsunsicherheit, die durch die Gehaltskürzungen entstanden ist, bedeutet eine ganz ungeheure Schädigung. Das Zentrum hält sich aus bekannten Gründen. Auch die Sozialdemokratie steht im wesentlichen noch fest, trotz aller offenkundigen Mißwirtschaft. Hier ernten wir, was das 19. Jahrhundert gesät hat. Das Ressentiment der Arbeiter wirkt eben so stark nach, daß nach wie vor diese Partei als *die* Arbeiterpartei erscheint; damit hängt eng zusammen – wir haben es hier an Bekannten früher gut beobachten können – die starke Organisation nicht nur durch Partei und Gewerkschaften, sondern auch durch Arbeiter-Gesang-, Sportvereine u. dergl. Dagegen können auch alle Skandale (bei Ihnen Sklarek[7], in Frankfurt der Neubau der Ortskrankenkasse[8], die Bauten des Herrn May[9] usw.) nicht viel ausrichten. Was bei den anderen Parteien abbröckelt, wird mechanisch nach rechts und nach links zu den Extremen gezogen. Die Kommunisten halte ich im Augenblick für keine große Gefahr. Und Hitler? Mir ist an seiner Bewegung vieles unsympathisch, allein schon der üble

Radau-Antisemitismus (wie viel Berechtigtes der Antisemitismus hat, weiß ich wohl – gescheite Juden wissen es übrigens auch und geben es ohne weiteres zu); aber ein Gutes und Großes hat die Bewegung auf jeden Fall: in ihr geht der Student mit dem Arbeiter zusammen; das ist in der deutschen Geschichte ein völliges Novum, und es *kann* uns vielleicht zum Heile führen. Ob es geschieht, das wird von den Personen abhängen. Gelangt Hitler in Preußen zur Macht – daß seine Partei die stärkste wird, steht wohl außer Frage – dann kommt es darauf an, ob er an die entscheidenden Stellen statt der sozialistischen Bonzen Leute setzt, die auch nichts weiter sind als Bonzen und Agitatoren, oder solide und fachkundige Arbeiter (Arbeiter natürlich nicht im Sinne von Fabrikarbeiter). Finden wird er die letzteren, wenn er sie sucht. Nach dem Eindruck, den ich habe, gibt es unter den Gebildeten viele, die mit seiner Bewegung sympathisieren, während die Sozialdemokratie es nicht verstanden hat, Gebildete in irgend nennenswerter Zahl zu sich herüberzuziehen. Es fragt sich eben nur, ob er sie suchen wird. Es ist ein Experiment, dem wir entgegengehen. Hoffen wir, daß es gelingt. Es ist unsere *einzige* Hoffnung, wie die Dinge liegen. Daß es so wie bisher in Preußen nicht mehr weiter gehen darf, darüber sind wir wohl einig.

Weil die Hitlerbewegung so viele Gebildete – denken Sie nur an die Studenten! – in sich aufgenommen hat, deswegen weiß ich auch nicht, ob die Gefahr der »Primitivierung« so hoch einzuschätzen ist. Und wäre uns angesichts unserer Überzivilisation ein gewisses Maß von Primitivierung vielleicht ganz gesund? Oder sagen wir besser: eine bestimmte *Art* von Primitivierung? Die Art nämlich, daß wir die Dinge wieder einfach und natürlich zu sehen lernen – etwa ein Kunstwerk oder eine Dichtung rein als solche zu genießen, nicht in ein geistesgeschichtliches Schema einzureihen? Also Abwendung von der verdammten »Kulturkunde« (die als Fachwissenschaft natürlich ihr Recht und ihren Wert behält so gut wie die Geographie oder die Mathematik)! Das ists ja doch eben, wofür wir schon die ganzen Jahre her kämpfen.

(Fortsetzung Ostersonntag) Auch das würde zu dieser Art von »Primitivierung« zu rechnen sein, wenn wir uns in der Schule abwendeten von so verstiegenen Zielen wie »Erziehung der Gesamtpersönlichkeit« und uns schlicht und einfach in erster Linie hinwendeten zu den nächstliegenden Aufgaben jedes einzelnen Faches, sagen wir etwa im Latein oder im Französischen zur Ausbildung der Fähigkeit, einen nicht übermäßig schweren Text im wesentlichen richtig in anständiges Deutsch zu übertragen und analog in den anderen Fächern. Und so könnte es auch in der Wissenschaft nichts schaden, wenn beispielsweise das solide philologische Handwerk wieder mehr zu Ehren käme und das krampfhafte Haschen nach geisteswissenschaftlichen »Synthesen« um jeden Preis eingedämmt würde. Freilich, hier rede ich pro domo. Aber wenn Sie z. B. den Vortrag gehört hätten, den uns neulich hier ein junger Doktor über »das Biedermeier in der Literatur« gehalten hat (ich denke, man wird ihn nächstens in der »Vierteljahrsschrift für Lit.-Wiss. und Geistesgeschichte« zu lesen bekommen), dann würden Sie verstehen, was ich mit »krampfhaftem Haschen« meine; und vermutlich verstehen Sie es auch so.

Aber Sie fürchten ja offenbar eine andere Art der »Primitivierung«: die Abwendung von der Geistigkeit überhaupt. Also das Versinken des Kulturgutes, das *unser* kostbarster Besitz ist, etwa analog dem Versinken des antiken Kulturgutes gegen Ende des Altertums. Ist diese Gefahr wirklich so groß? Sollten wir nicht stärkeres Vertrauen haben zu den unserem Kulturgut innewohnenden Kräften? Und sind wir denn wirklich kulturell so kraftlos, so impotent geworden? Ich bezweifle es, insbesondere wenn ich daran denke, wie es in dieser Beziehung in der zweiten Hälfte des vorigen und noch im Anfang dieses Jahrhunderts bei uns aussah. Wie war es denn noch um 1900 beispielsweise mit Philosophie und Weltanschauung bei den sogenannten »Gebildeten«? Welche Rolle spielten doch damals Haeckel und Ostwald[10]! Und heute? Wenn sich heute einer etwa in unserem Kollegium zu Haeckel bekennen wollte, er würde sich rettungslos blamieren. Und nehmen Sie die Dichtung, etwa die Lyrik der siebziger, achtziger Jahre! Herrschend war doch damals die Butzenscheibenlyrik, und Geibel[11] galt als ein großer Dichter – sind wir nicht seitdem erheblich weiter und höher gekommen? Und auch die »Geisteswissenschaft«, bedeutet nicht auch sie einen Fortschritt? Es ist eben eine Geschichtswissenschaft, und sie geht auf vertiefte Auffassung geschichtlicher Vorgänge. Als solche hat sie ihr gutes Recht und Anspruch auf unseren Dank. Zurückzuweisen ist sie nur wo sie ihre Grenzen überschreitet und ihre Betrachtungsweise als die einzige eines Gebildeten würdige hinstellt – da sollen wir ihr unerschrocken entgegentreten und scharf betonen, daß diese Betrachtungsweise weder die einzige noch auch nur die wesentliche ist. Im übrigen aber sollen wir uns ihrer, meine ich, freuen als eines Zeichens geistiger Regsamkeit unserer Zeit und unseres Volkes.

Alles in allem: ich kann, wie Sie sehen, in Ihren Kulturpessimismus einstweilen nicht einstimmen. Aber freilich, ich frage mich, ob es nicht eigentlich eine Anmaßung ist, diese meine Anschauung der Ihrigen gegenüberzustellen. Wenn ich so Ihren Aufsatz über die Krise in der Literaturwissenschaft[12] noch einmal überfliege, dann muß ich mich ja schämen, wie vieles es gibt, was ich gelesen haben müßte, um wirklich in diesen Dingen mitreden zu dürfen, wie weit Sie mir darin voraus sind. Ich muß im wesentlichen gefühlsmäßig urteilen. Und ich könnte es wohl verstehen, wenn Sie, was ich geschrieben habe, ärgerlich als oberflächliches Gerede in den Papierkorb steckten.

So viel sehen Sie, daß mich der Ärger und die Verbitterung über die mir zuteil gewordene Behandlung noch nicht ganz zum Pessimisten gemacht hat. Davor bewahrt mich schon die Einsicht, wie gut ich es dennoch gegenüber so vielen anderen habe. Es geht mir und den Meinen gut, mein Junge hat eben das Abitur gut bestanden, er tritt demnächst in eine hiesige angesehen Industriefirma als kaufmännischer Lehrling ein; und auch von den vier Töchtern kann ich sagen, daß sie gesund und fröhlich heranwachsen und uns bis jetzt nur Freude und so gut wie gar keine Schwierigkeiten machen; (...) Da muß man schon zufrieden sein, trotz des Druckes, der auf mir lastet wegen der fortdauernden Ungewißheit über meine persönliche Zukunft einerseits und über die allgemeine andererseits. (...)

Stets ihr ganz ergebener

Schumann

18.

Groß-Graditz bei Kreidelwitz
i. Schlesien, 22. 4. 33

Lieber Herr Kollege,

Ihren lieben Brief, für den ich herzlich danke, erhielt ich hierher nachgeschickt aufs Land, wo ich schon ein paar Wochen weile, (...). Die dicken Knospen, die ungeduldig auf die Wärme warten, tun einem förmlich leid, und man leidet mit ihnen. Denn man sehnt sich nach dem »Aufbruch« des Lebens, den der Frühling zu bringen verpflichtet ist.

In gewisser Weise ist aber hier der Frühling schon eingekehrt, und zwar mit der »nationalen Erneuerung«. Mein Schwager, bei dem wir wohnen, bewirtschaftet hier eine Staatsdomäne und konnte, trotzdem er sehr tüchtig und bewährt ist, bisher damit nicht zurechtkommen. Sein Beispiel hat uns seit Jahren den Beweis geführt, daß die deutsche Landwirtschaft unter den gegenwärtigen Umständen (hohe Steuern, Zinsen und Soziallasten und niedrige Preise) nicht rentabel ist. Ihr aufzuhelfen ist daher mit Recht die erste Aufgabe, die die neue Regierung auf wirtschaftlichem Gebiet in Angriff nimmt. Und wiewohl bisher in dieser Regierung noch eigentlich nichts geschehen ist, ist die Stimmung hier gänzlich umgeschlagen. Besitzer und Arbeiter haben Vertrauen zu dem neuen Staat, während sie zu dem alten keines hatten. Daher sind sie arbeits- und unternehmungslustig wie seit Jahren nicht mehr. An meinem Schwager, der nicht Nationalsozialist ist, kann ich den merkwürdigen Wandel alle Tage beobachten. Zur Domäne gehört eine Dampfziegelei, die jahrelang brach lag, da sie für gänzlich unrentabel galt. Niemand wollte sie pachten und das Risiko übernehmen, was für meinen Schwager ein Minus von 3-4000 M. jährlich bedeutete. Nun auf einmal hat sich jemand gefunden, es wird schon jetzt ein wenig gearbeitet und vom 1. Mai an sollen dort 15 Arbeitslose beschäftigt werden. Der neue Ziegler ist überzeugt, daß die Sache gehen wird, und alles ist mit Lust und voller Hoffnung dabei. Solche Eindrücke sind geeignet, einen selbst hoffnungsvoller zu stimmen und die üblen Eindrücke auszuwischen, die man im übrigen in letzter Zeit gehabt hat. Dazu kommen auf der Plus-Seite die überraschenden Erfolge der neuen Regierung bei der Überwindung des Kommunismus und des Partikularismus. Fragen Sie sich nur einmal, wie weit die frühere Regierung gekommen wäre, wenn *sie* diesen Weg beschritten hätte! Sie hätte es nicht wagen dürfen und auch nicht gewagt. Ein Riesengeschrei hätte sich beim ersten Versuch erhoben, ein passiver und aktiver Widerstand, der die Regierung sehr wohl gelähmt haben würde. Und nun sind diese allgemach notwendigen Dinge mit leichter Mühe und Last ohne Widerstand getan worden. Eine Regierung muß eben stark sein, um ein Programm durchführen zu können. Die Macht hat eine ungeheure suggestive Wirkung. Sie wirft die allermeisten Menschen einfach um, und man kann ihnen nicht einmal den Vorwurf daraus machen, daß sie sich umwerfen lassen. Denn die allermeisten sind immer Mitläufer, wie in einer Herde. Derer, die eine eigene Meinung haben, sind schließlich immer nur wenige. Und ist das nicht im Grunde gut so und in der Ordnung? Wenn man freilich jetzt Kollegen und andere Gebildete, die ihrem *Wesen* nach liberal sind, plötzlich, allzuplötzlich umlernen, dem Liberalismus abschwören und Nationalsozialisten werden sieht, so kann man sich eines bitteren Gefühls und Verachtung und Enttäuschung nicht erwehren. Sie werden ja in dieser Hinsicht auch Ihre Erfahrungen gemacht haben. Freilich muß man sich angesichts solcher Erfahrungen gerechterweise auch wieder sagen: die meisten Kollegen sind eben auch Herde und Masse, und man kann daher keine geistige Selbständigkeit und Treue gegen sich selbst von ihnen verlangen oder erwarten. Der Charakter wächst nur bei Wenigen in den Geist und das Denken hinein. Man nennt diese Wenigen »geistige Persönlichkeiten«. Kann man diesen total dem Dutzend- und Durchschnittskollegen zurechnen?

Über Beyers[1] Nazitum habe ich mich ein wenig gewundert. Was ich von ihm gelernt und an ihm geschätzt habe, ist die tiefe Einsicht in die rationalistische Abwegigkeit alles Kommandierens und Anordnens in der Sphäre des Irrationalen, des Wertlebens, des Kulturellen im engeren Sinne. Und wer macht sich unbedenklicher dieser Sünde schuldig als die Nationalsozialisten, z.B. Krieck[2], die durch ihre Organisierungskünste (in Wahrheit handelt es sich um Mechanisierung!) eine neue Kultur glauben schaffen zu können! Wenn hier irgendeiner, so müßte hier eigentlich Beyer warnen und protestieren. Und nun macht er mit! Ich verstehe das nicht recht, habe auch jene Broschüre nicht gelesen. – Unsere Freundschaft ist vor einem Jahr zu Bruch gekommen. Wenn ich Ihnen gelegentlich einmal erzähle, wie es dazu gekommen ist, werden Sie an Beyers Charakter auch zweifelhaft werden. Er hat mir bei einer gewissen Gelegenheit ein gänzlich unbegründetes und mir noch heute kaum verständliches, kränkendes Mißtrauen gezeigt, das ich ihm nicht verzeihen konnte. Mein Urteil über seine Begabung und seinen Geist wird dadurch freilich nicht berührt, wie sich denn in meinem Aufsatz über ihn und Schönbrunn, den ich nach unserem Bruch geschrieben habe, gewiß auch keine Spur von Verstimmung gegen ihn zeigt: die Kritik, die ich darin zuletzt an ihm übe, habe ich wiederholt im Gespräch ihm ins Gesicht hinein geübt. So freue auch ich mich, daß ein solcher Kopf jetzt im P. S. K.[3] ist. Er wird da vielleicht manche Torheit und Flachheit verhüten.

Über Gelhard[4] habe ich mich gefreut und mich gleich mit ihm in Verbindung gesetzt. Er singt unser Lied mit etwas anderer Klangfarbe – viel politischer klingt es bei ihm –, aber es ist doch *unser* Lied, und wir müssen ihm daher zustimmen und miteinstimmen. Ich habe selbst einen längeren Aufsatz für's Philologenblatt geschrieben – »Deutsche Erziehung als Problem« – der zuletzt auf Gelhard Bezug nimmt und den alten Kampfruf erneuert. Ich habe auch an Grebe[5] geschrieben und ihn gebeten, wieder mitzumachen, und ich wende mich auch an Sie mit der Frage, ob Sie nicht Lust haben, sich im Phil. Blatt oder sonstwo an dem erneuten Kampf gegen die Kulturkunde zu beteiligen. Grebe hat mir geschrieben, daß er schon an einer Schrift arbeite, die das Wesen, die Methoden und Möglichkeiten der Geisteswissenschaften behandelt und in einer Ablehnung der Kulturkunde ausläuft. Darüber bin ich hoch erfreut, denn Grebe hat eine Art, diese Dinge streng wissenschaftlich zu ergründen und zu formulieren, die auch den anspruchsvollen Lesern imponieren muß. Wie würde es mich freuen, wenn auch Sie Ihre wissenschaftliche Begabung und Schulung einmal dieser Sache dienstbar machen würden, die doch auch *Ihre* Sache ist. Haben Sie Schöns Erwiderung im Philologenblatt[6] gelesen? Sicherlich wird Gelhard selber antworten. Aber hätten Sie nicht auch Lust, von Ihrem unpolitischen oder überpolitischen

Standpunkt aus zu zeigen, daß dieser Schön trotz aller seiner Gescheitheit gar nicht weiß, worum es sich eigentlich handelt? Jedenfalls ist jetzt die Zeit gekommen, wo der Kampf mit mehr Aussicht als bisher geführt werden kann; jetzt, wo eine Bewegung zur Macht gelangt ist, der an der Betrachtung nichts, an der Tat dagegen alles liegt; die sich kühnlich vermißt, nicht nur eine neue Ordnung unseres greifbaren Daseins – einen neuen Staat und eine neue Wirtschaft – zu schaffen, sondern auch eine neue Kultur. Mir hat Gelhards Aufsatz und die Lektüre der nationalistischen Literatur die Augen für diese Aussicht geöffnet. Ich bin seit Wochen damit beschäftigt, die Bücher der Männer zu lesen, auf die sich der Nationalismus beruft, wenn er den Anspruch erhebt, eine *Kultur*bewegung zu sein, als die Kolbenheyer, Zoff, Wiechert, von Salomon[7] usw. (es ist eine ganze kleine Heerschar bereits) und ich muß sagen, daß wir *kein* Recht haben, diesen Anspruch glatt abzuweisen. Diese Dichter *sind* etwas, unzweifelhaft, sie sind viel mehr, als ich glaubte, und sie bilden bei aller zum Teil sehr starken und witzigen Besonderheit eine Gemeinschaft, die sich von den anderen, also den Th. u. Heinrich Mann, Werfel, Zweig[8] etc. gegenüber deutlich abhebt und ihnen an Bedeutung, Gewicht und Wucht mindestens gewachsen ist. Diese Erkenntnis hat mich über die primitivistischen Gefahren, von denen ich Ihnen damals schrieb, doch einigermaßen beruhigt. Ich sage mir: eine Bewegung, an der Leute wie Hans Grimm (den kennen Sie doch gewiß), Kolbenheyer, Paul Ernst, Hans Zoff[9] und zwei Dutzend andere, z. T. hochintelligente Leute beteiligt sind, *kann* nicht zu einer Versimpelung und Primitivierung unserer Kultur führen, auch wenn es zunächst so aussieht. Und wenn sie uns gar von der Kulturkunde und dem Historismus (in meinem Sinne) befreit, so müssen wir sie sogar begrüßen und eine Vergröberung in Kauf nehmen, die der Nationalsozialismus zunächst ohne Zweifel bringen wird; Politisierung ist ja immer Vergröberung. Wir dürfen uns jedenfalls nicht verstimmt und abwartend abseits stellen, sondern müssen bemüht sein, die Bewegung zu vergeistigen und gewisse Werte, die uns heilig sind, zu retten. Kriecks Stellung zu den Klassikern ist ganz abwegig: er verkennt durchaus deren Überzeitlichkeit. Sie werden ein paar Sätze darüber in einem langen Aufsatz lesen, den ich für die

»Erziehung« geschrieben habe, und in dem ich bezeichnenderweise manches streichen mußte, weil Litt und Flitner[10] fürchteten, das Blatt würde wegen dieser Sätze verboten werden! Was sagen Sie dazu? Aber die Herren haben ja eine Angst. So schlimm wird's gar nicht sein, – nach den Reden Hitlers und Goebbels an die auswärtige Presse zu urteilen. – Überdies ist ja Krieck nicht der neue Kultusminister geworden, was er, wie ich höre, erwartet hatte. Es wird alles nicht so heiß gegessen werden, wie es gekocht wird. Auch die Entrechtung der Juden, die gewiß schlimm ist – in dieser Form – wird sich auf die Dauer nicht durchführen lassen, weil sie ja auf Ideologie beruht und uns die ganze zivilisierte Welt zu Feinden macht. In gewissen Grenzen ist sie – darüber sind wir ja wohl einig – berechtigt, ja notwendig.

Ich glaube und hoffe überhaupt, daß die nationalsozialistischen Heißsporne bald mehr und mehr lernen werden, daß »hart im Raum sich die Sachen stoßen«. Und vielleicht übt auf die Dauer auch nach außen hin die größere Stärke des Staates ihre stille, psychologische Wirkung. Hindenburg, Neurath, Papen und Blomberg[11] – das ist mein Trost – werden außenpolitische Dummheiten verhindern, und so gelingt es uns doch vielleicht, durch die »Gefahrenzone« hindurchzukommen, in der wir uns jetzt zweifellos befinden.

In Summa: ich bin jetzt weniger besorgt, als ich vorher war – im Gegensatz zu Ihnen. Natürlich könnte ich außer den antisemitischen Maßnahmen noch manche andere nennen, was mir am neuen Wesen nicht gefällt. Aber der Raum reicht dazu nicht aus. Und diesen Passiven stehen Aktiva gegenüber, die sie am Ende ausgleichen. Übrigens könnten Sie nicht jetzt hinsichtlich Ihrer Professur eher etwas erreichen als vorher? Geben Sie Ihre Sache nicht auf, lieber Herr Kollege, und stellen Sie sich nicht grollend abseits, sondern helfen Sie erhalten, was der Radikalismus wegwerfen will, und helfen Sie, etwas Erhaltenswertes aufbauen.

Mit herzlichen Grüßen und den besten Wünschen für Ihr Ergehen und Befinden, Ihr treu ergebener

M. Havenstein

19.

Frankfurt, 11. 5. 33

Lieber Herr Professor,

Nur ein paar Zeilen! Wollte ich alles schreiben, was ich schreiben möchte, es würden viele Bogen werden. Dazu fehlt mir einfach die Zeit. Darum nur einen herzlichen Dank für Ihren langen Brief und zugleich für Ihren Aufsatz im Philologenblatt. Ihr Brief hat, neben anderem dazu beigetragen, meine bedrückte Seele zu erleichtern und aufzurichten, insbesondere was Sie mir geschrieben haben über die Belebung der Hoffnung in der Landwirtschaft und über den Wert des Schrifttums der neuen Bewegung. Ich will aber nicht verschweigen, daß in der Zwischenzeit auch anderes geschehen ist, was mich von neuem niedergebeugt hat, ein Ereignis z. B. wie die Wahl Kriecks zum Rector magnificus meiner Universität[1] unter dem Druck der Straße, will sagen der urteilslosen Studentenschaft und der in ihrer Masse kaum weniger urteilsfähigen jüngeren Dozentenschaft, dann die Sätze der Berliner Studenten wider den undeutschen Geist, die Zuchtlosigkeit, die sich in diesen Einzelaktionen der Studenten gegen gesetzlich zugelassene »nichtarische« Lehrer und Studenten zeigte und die mir, ich will es offen sagen, mit anderen Zuchtlosigkeiten zusammen, wie sie tagtäglich zu Dutzenden vorkamen und vorkommen, zeitweise den großen Tag von Potsdam als eine jämmerliche Komödie erscheinen ließen – denn Potsdam, das heißt doch erstens Zucht und unbedingter Gehorsam gegenüber Gesetz und Befehl und zweitens: »Ja, wenn kein Kammergericht wäre!«[2] – und anderes mehr. Ich will weiter nicht verschweigen, daß mich vom Nationalsozialismus, so dankbar ich seine großen Leistungen anerkenne, so sehr ich bereit bin, sehr vieles, was geschieht und mir nicht paßt der augenblicklichen Lage und der Erregung des Augenblicks zugute zu halten, daß mich dennoch von dieser Bewegung eine tiefe weltanschauliche Kluft trennt, so lange er seinen Glauben aufbaut auf die Rasse, das heißt auf die Materie und nicht auf den Geist. Dagegen wehre ich mich auch als ein Mann der Wissenschaft mit allen Fasern meines Wesens. Es ist, wie Sie selbst sagen, ein »großer Aberglaube«, propagiert von engstirnigen, fanatischen Skribenten wie Herrn Dinter[3], dieser Glaube, wie er, allen Ausnahmen und Sicherungen zum Trotz,

z. B. in dem Beamtengesetz zugrunde liegt: daß auch die geringste Beimischung jüdischen Blutes einen Menschen ohne weiteres zu einer minderwertigen Kreatur mache und erst recht ihm ohne weiteres sein Deutschtum nehme. Die einfachsten Tatsachen müßten ihn widerlegen für jeden, der sehen *will;* so habe ich gestern gehört, daß Wilhelm Steinhausen, der berühmte Maler[4], eine jüdische Mutter gehabt hat! Da ist eine Kluft, über die ich innerlich nicht hinwegkann, ohne vor mir selber zum Lumpen zu werden, mag man mich auch äußerlich zehnmal »gleichschalten«. Es geht mir dabei gar nicht um die Juden, sondern um uns Deutsche selbst; wir zerstören mit einem solchen Glauben das Beste, was wir haben.

Nun noch etliche Worte zu Ihrem Aufsatz[5]. Ich glaube, sehr viele, und nicht die Schlechtesten, werden Ihnen dankbar sein für die tapferen Worte, die Sie gefunden haben vor allem zur Verteidigung des guten und echten deutschen Liberalismus, auch des Geistes, der in unserer höheren Schule geherrscht hat und, wie Sie richtig sagen, im Grunde auch noch herrscht. Daß ich auch jedes Wort unterschreibe, was Sie über die Deutschkunde sagen, wissen Sie längst. Was brauche ich zu diesem Thema noch besonders zu sagen? (...) Höchstens könnte ich über Sie noch hinausgehen und ausführen, daß ich im Grunde von *bewußter* Erziehung überhaupt nicht sonderlich viel halte, um so mehr von der Erziehung, die der Erzieher unbewußt und ungewollt leistet durch sein Wesen, sein Tun und sein Beispiel. Hätten wir als Eltern und Lehrer lauter Männer und Frauen, von denen jedes dem Idealbild deutschen Wesens, wie Sie es entwerfen, gemäß seinen Anlagen und Kräften nahekommt oder doch nahezukommen sich redlich bemüht – es brauchte in der Familie wie in der Schule kein Wort, jedenfalls kein absichtlich erzieherisch gemeintes Wort über Deutschtum und deutsches Wesen usw. gesprochen zu werden. Ja, solche *Worte* können höchstens schaden. Seltsam, nicht wahr, ein solcher, sagen wir einmal, Irrationalismus bei einem Manne der Wissenschaft? Und doch wieder nicht seltsam, meine ich. Beides zusammen, strenge Wissenschaftlichkeit auf dem Gebiete der Betrachtung, das andere auf dem des Lebens und der Tat, es ergänzt sich gegenseitig, wird sich auch im einzelnen gegenseitig befruchten. Sie werden das nicht ablehnen. Ich bin, wie ich sehe, unbewußt in ähnliche Gedankengänge hineingekommen, wie sie in einem Teile Ihres Aufsatzes wiedergegeben sind.

Gefaßt müssen Sie wohl darauf sein, daß Sie auch Widerspruch finden. Von deutschkundlicher Seite gewiß. Aber auch die Ausführungen über den Liberalismus (von der Bemerkung über den »groben Rasseaberglauben« ganz zu schweigen) werden den Primitiven schlecht zusagen, die nun einmal nur in ganz groben Kategorien denken und daher Liberalismus von Liberalismus nicht scheiden können – und auch gar nicht wollen. Ich selbst möchte eine leise Kritik nur üben an der Bemerkung über das Undeutsche des Absolutismus. Um meine Kritik zu begründen, müßte ich weiter ausholen; vielleicht komme ich, wenn Sies interessiert, ein ander Mal dazu.

Sehr nachdenklich hat mich gestimmt, was Sie über Beyer schreiben. Seine Broschüren hat mir der Buchhändler immer noch nicht geschickt. Sie scheinen vergriffen zu sein. Ich bin sehr gespannt auf die Lösung des Rätsels, wie dieser Saul unter die Propheten kommt. (...)

Ihr stets ergebener

Schumann

20.

Frankfurt, 13.5.1933

Lieber Herr Professor,

Was ich noch fragen wollte: Was halten Sie eigentlich von Th. Manns »Bekenntnissen des Hochstaplers Felix Krull«? Ich habe sie erst kürzlich durch einen meiner Hörer, einen jungen Privatgelehrten, kennengelernt und festgestellt, daß keiner von den vielen Kollegen und sonstigen Bekannten, die ich danach fragte, etwas davon wußte. Sie waren mir alle dankbar, daß ich ihnen die Bekanntschaft vermittelte. Ich wäre Ihnen dankbar, wenn Sie mir gelegentlich (gelegentlich!) in Kürze ihr Urteil darüber mitteilen wollten.

Th. M. ist ja nun auch hie und da auf den Index gesetzt und den Flammen überantwortet worden. Eine Übertreibung, die ich weit entfernt bin, tragisch zu nehmen. So etwas rückt sich binnen kurzem von selber zurecht.

Herzliche Grüße

Ihr Schumann

21.

Frankfurt, 3.6.1933

Lieber Herr Professor,

(...) Wie es jetzt an der Universität zugeht, dafür nur ein Beispiel: Als ich vorgestern morgens um 8 Uhr meine Übungen halten wollte, fehlten alle bis auf zwei. Die anderen waren unter Androhung disziplinarischer Ahndung zu einer Wehrsportübung befohlen[1]. Weder die Herren Studenten, die diese Einrichtung in der Hand haben, noch der Rektor hatte es für nötig gehalten, den betroffenen Dozenten davon eine Mitteilung zu machen und sie aufzufordern, ihre Vorlesung zu verlegen. So wird der Grundsatz in die Praxis umgesetzt, daß erst die körperliche Ausbildung komme, dann der Charakter und erst ganz zuletzt das Wissen. Eine Kleinigkeit gewiß, aber doch bezeichnend; und Sie werden verstehen, daß ich eine recht skeptische Meinung habe von den jungen Leuten, die ewig reden von Pflicht und Zucht und dann ihre Lehrer derart nichtachtend behandeln.

Sehr beschäftigt uns jetzt die kirchliche Frage. Vorhin las ich den Brief des Herrn Hossenfelder an D. Kapler[2] mit der kaum verhüllten Drohung, im Gottesdienst Skandalszenen aufzuführen, wofern man sich erdreisten sollte, des »Pastors D. von Bodelschwingh« zu gedenken. Wenn so etwas in der evangelischen Kirche möglich ist, wenn solche Gesellen sich sogar als *die* deutschen Christen betrachten und aufspielen – ist das nicht geradezu wieder »zum Katholischwerden«? Hier in Frankfurt haben sich die »Deutschen Christen« auch schon allerhand geleistet. So hat neulich eine Pfarrfrau, die Gattin eines der Hauptagitatoren, an zwei Tagen hintereinander die katholische Flurprozession in Oberrad in übelster Weise gestört, worüber auch in protestantischen Kreisen die Empörung allgemein ist.

(...)

Mit den besten Wünschen für Ihre Kur und herzlichen Pfingstgrüßen an Ihre verehrte Gattin und Sie selber von meiner Frau und mir

Ihr ergebener

Schumann

22.

Frankfurt, 11. 2. 1934

Lieber Herr Professor,

Ob ich heute noch weit komme mit meinem Brief, weiß ich nicht, es ist schon elf Uhr. Aber anfangen will ich wenigstens.

Ich habe jetzt noch mehr zu tun als früher. Am 4. Januar wurde ich angerufen und erhielt die Mitteilung, ich sollte die Leitung der Schule übernehmen. Das kam ganz aus heiterem Himmel. Nun trage ich diese Last schon über fünf Wochen, und es ist wirklich eine Last gewesen. Selbst das Schwerste, was einem Direktor begegnen kann, ist mir nicht erspart geblieben: ein Schülerselbstmord. Noch dazu eines Oberprimaners. Erlassen Sie mir das Nähere. Nur so viel: die Schule war in den letzten dreiviertel Jahren ziemlich aus den Fugen geraten, und besonders in der O I hatte sich ein Geist der Widersetzlichkeit und sogar der Sabotage breitgemacht, der mir die größten Schwierigkeiten machte. Jetzt ist Ruhe – um teuren Preis. Präsident Sondag[1] war selbst hier, er hat mein Vorgehen in allem und jedem gebilligt und gedeckt. Ich werde mein Amt bis zum Herbst beibehalten müssen. Es wird nun, so hoffe ich, leichter gehen. Arbeit gibts freilich nach wie vor genug. Morgens immer um 8 Uhr in der Schule, und Mittagessen, wenn überhaupt, dann erst so um 4 Uhr herum. 15 Stunden Unterricht, manchmal noch Vertretungen, dazu Bezirksseminar, Kolleg, wissenschaftliche Prüfungskommission – hoffentlich haltens die Nerven auf die Dauer aus. Der Schlaf ist knapp gewesen in diesen Wochen, aber allemal sehr fest, und das ist eigentlich die Hauptsache. Ich freue mich schon auf die Osterferien, da will ich auf ein paar Tage mit der Frau in die Rhön. Im übrigen will ich nicht abstreiten, daß mir das Dirigieren einige Freude macht.

20. Februar

Wirklich bin ich am 11. nicht weit gekommen, und in der letzten Woche kam mir vor allem die Steuererklärung dazwischen. So gibts immer was Neues, wenn man denkt, man könnte mal ein bißchen verpusten. Bin gespannt, ob ich den Brief heute zu Ende bringe, will mich bemühen, meine Schwatzlust einzudämmen. Ohnehin gibts allerhand Dinge, über die ich wohl mündlich liebend gerne mit Ihnen sprechen möchte, aber schriftlich –

das hat so seinen Haken, teils dieserhalb, teils außerdem. Sie wissen schon, was ich meine. Ganz werde ichs freilich wohl nicht lassen können.

Ich schrieb also oben, daß mir das Dirigieren doch einigen Spaß macht. Es liegt mir besser, als ich selber gedacht hätte. Und es geht auch, so weit ich das beurteilen kann, ganz gut. Besser jedenfalls als vorher in den ersten dreiviertel Jahren dieses Schuljahres, wo ein älterer Studienrat das Regiment führte, der buchstäblich bei bestem Willen der Aufgabe nicht gewachsen war; vielleicht auch besser als unter Majer-Leonhard[2], der seine ausgezeichneten Eigenschaften hatte, aber doch auch viel Unheil angerichtet hat (nicht zuletzt für sich selber) durch seine Vielgeschäftigkeit einerseits, seinen Mangel an Takt und Fingerspitzengefühl andererseits. (...) Er ist »in das Amt eines Studienrats versetzt«, wie so mancher andere, u. a. unser gemeinsamer Freund Schönbrunn und der Potsdamer Oberstudiendirektor[3], Müller hieß er ja wohl, der seinerzeit an Ihnen sein Mütchen kühlen wollte. Da ist sicherlich im einzelnen mancher Mißgriff der berüchtigten »vierzehn Jahre« wieder gutgemacht worden. Auch der Oberstudienrat, der damals die schlecht stilisierte Erwiderung gegen Sie ins Philologenblatt setzte[4], der Name fällt mir im Augenblick nicht ein, ist von seinem Schicksal ereilt worden, was schwerlich ein Schade ist. Jetzt geht an unserer Schule alles erheblich ruhiger und gleichmäßiger zu. Die Last trage ich. Die Schüler glaube ich jetzt so ziemlich in der Hand zu haben. Die lange Verwilderung wirkt freilich noch mitunter nach, aber damit werde ich schon fertig, in aller Ruhe und Freundlichkeit, so weit es irgend geht, doch ohne mir auf der Nase herumtanzen zu lassen. Das Kollegium steht geschlossen hinter mir, wenigstens der alte Stamm. Schwierigkeiten gibts mit einigen Herren, die von anderen Schulen uns als Ersatz überwiesen worden sind – es ist nun einmal menschlich, daß ein Direktor, wenn an seiner Schule Lehrkräfte überzählig werden, nicht gerade die allerbesten abstößt. Da kommen dann Klagen von Schülern und Eltern. Und der Direktor muß eingreifen und einrenken und ausgleichen, so weit es möglich ist, und weiterhin versuchen, zum nächstmöglichen Termin seinerseits diesen unerwünschten Zuwachs wieder loszuwerden. Ich kann an meiner Schule keinen Deutschlehrer brauchen, der in Obersekunda den jungen Leuten Webers »Dreizehnlinden«[5] vorsetzt, auch keinen Geschichtslehrer, der sich von Hermann Wirth[6] und ähnlichen Propheten begaukeln läßt – und das ist nicht einmal das Schlimmste. Im übrigen behandle ich auch diese Dinge mit aller Seelenruhe, zumal ich weiß, daß ich darin sowohl an Sondag wie auch an Stadtrat Keller[7] einen Rückhalt habe, falls es etwa einmal einen wirklichen »Krach« geben sollte.

Im Bezirksseminar habe ich jetzt einen Lehrgang im Deutschen. Die Sache macht mir mehr Freude, als ich gedacht hatte, und ich hoffe, daß ich Gutes wirken kann, grimmiger Antihistorist, der ich nach wie vor bin. Zwölf junge Leute ständig in diesem Sinne beeinflußt – wenn nur bei dem einen oder anderen etwas davon hängen bleibt, so ist immerhin etwas geschafft.

Die Universität hat mir meine Lehrauftragsvergütung gestrichen, von wegen Doppelverdienertum. Folge: ich habe mein Dienstmädchen abgeschafft. Schönes Beispiel, wie bei wohlgemeinten Verordnungen genau das Gegenteil herauskommen kann: mit den paar Groschen, die die Universität an mir spart, kann dort herzlich wenig angefangen werden; aber ein Arbeitsplatz für Hausangestellte ist verloren gegangen. Dabei hatten wir das Mädchen eben aus sozialen Gründen gehalten, nötig hatten wir es nicht; meine Frau macht seitdem den ganzen Haushalt wieder allein. Übrigens schrieb ich damals an den Kurator: ich hätte mich an den Geldern von der Universität nicht etwa bereichert, sondern meine Ausgaben für Reisen, Photographien, Bücher, Zeitschriften usw. davon bezahlt. Und meine Wissenschaft würde ohnehin schlecht behandelt; man solle sich nicht wundern, wenn wir wenigen Vertreter des Faches Hoffnung, Mut und Lust gänzlich verlören. Antwort: die Vertretung meines Faches sei ja wünschenswert, aber das Wünschenswerte müsse zur Zeit hinter dem Notwendigen zurücktreten, man würde volles Verständnis haben, wenn ich den Lehrauftrag zurückgäbe. Der Kurator war bis vor kurzem noch Amtsrichter irgendwo im Westerwald, wie er zu seinem jetzigen Amt gekommen ist, können Sie sich denken. Legts zu dem Übrigen![8]

(...)

Ein gewisses Buch[9], über das wir uns bei Ihrer Anwesenheit hier unterhalten haben und das Sie damals als ein Produkt der Halbbildung bezeichneten, habe ich mir seitdem angeschafft und Ihr Urteil nur zu sehr bestätigt gefunden. Gelesen habe ich es nicht, es ist mir zu qualvoll, mich durch so etwas durchzuarbeiten, wo ich fast Schritt für Schritt widersprechen muß, weil alles entweder unerträglich trivial ist oder grundfalsch oder bestenfalls halbwahr infolge mangelhafter Bildung des Verfassers, mag dieser auch ein noch so genialer Mensch sein, der in seinem *Handeln* oft, vielleicht meist intuitiv das Rechte trifft – der freilich mitunter auch sehr gründlich und verhängnisvoll danebenhaut. Auch darin werden wir wohl einer Meinung sein.

(...)

Nun will ich aber Schluß machen, es ist schon wieder halb eins geworden. Lassen Sie bald einmal etwas von sich hören, wenns auch nur eine Postkarte ist.

Mit herzlichen Grüßen von Haus zu Haus

Ihr stets ergebener

Schumann

23.

Frankfurt, 5.5.1934

Lieber Herr Professor,

(...) Sie schreiben, Sie könnten nun zurücktreten. Daß Sie den Wunsch haben, verstehe ich. Sie waren all die Zeit über die vox clamantis in deserto[1], davon wird man schließlich müde. Indes ich fürchte, Sie werden noch weiter auf dem Posten bleiben müssen. Grebe hat die Entscheidungsschlacht eröffnet[2], aber sie ist noch längst nicht gewonnen. Im Gegenteil, in die Front der Gegner ist jetzt einer eingetreten, der viel mächtiger und darum gefährlicher ist als die anderen zusammengenommen: Alfred Rosenberg[3]. Da wird Grebe solche Bundesgenossen wie Sie auch weiter bitter nötig haben.

Und die anderen Kulturregisseure, die großen und die kleinen, werden auch nicht ohne weiteres kapitulieren. Die kleinen am allerwenigsten, diejenigen, die »den Starkstrom der Zeit in ihr kleines Maschinchen leiten« – als zum Beispiel unser gemeinsamer Freund Johann Georg Sprengel[4]. Mit dem habe ich vor ein paar Wochen wieder einmal die Klinge gekreuzt. Es handelte sich – in einer Sitzung der »Gesellschaft für deutsche Bildung« – um das Thema »Volkskunde in der höheren Schule«, und ich warnte wieder einmal davor, »Volksverbundenheit« u. dergl. *machen* zu wollen, rational machen zu wollen durch Verbreitung von »Kunde«, durch Heranzüchtung »kleiner Germanisten«. Worauf Spr. etwas empfindlich erwiderte, es sei doch merkwürdig, daß eben diese Wendung ihm erst vor kurzem von einer anderen Seite, nämlich von Ihnen, entgegengehalten worden sei. Merkwürdig ist das ja nun eben nicht; daß ich die seinerzeit von Ihnen so glücklich geprägte und jetzt wiederholte Wendung auch meinerseits gebrauchte, beruht doch gerade darauf, daß er uns immer wieder dazu herausfordert, gegen sein Alexandrinertum anzukämpfen. Freilich, so weit er selbst in Frage kommt, ist dieser Kampf völlig nutzlos. (...) Jene Sitzung war auch sonst sehr interessant. Die Haare wären Ihnen zu Berge gestiegen, wenn Sie hätten hören müssen, wie eine zweifellos sehr gescheite Dozentin der Pädagogischen Akademie allen Ernstes berichtete, wie sie dort mit Lehrerstudenten ländlicher Herkunft eine regelrechte »Spinnstube« inszeniert hätten. Es versteht sich, daß ich auch da mit meiner Kritik nicht zurückgehalten habe. Summa summarum: ich habe wieder einmal den Hecht im Karpfenteich gespielt, wie ich das in den kleinen Kreisen, in denen ich wirken kann, all die Jahre über getan habe und weiter tun werde. (...)

Mir selbst geht es ganz gut. Ich spiele weiter Direktor, habe mich, glaube ich, ganz leidlich, besser als ich früher dachte, in diese Rolle hineingefunden (die alte Geschichte von dem Verstand, der mit dem Amte kommt) und bin nur gespannt, wie lange man mich auf diesem Posten beläßt (bis zum Herbst sicher) und welcher tüchtige P. G.[5] mich alsdann ablösen wird. Angenehm ist die Arbeit nicht allezeit, mitunter sogar höllisch unangenehm. Aber man lernt eine Menge dabei. Und es ist, wie gesagt, jetzt auch ruhiger geworden – pourvu que cela dure. In den letzten Wochen des vorigen Schuljahres habe ich mein Mittagessen allemal erst im Laufe des Spätnachmittags oder des Abends bekommen, oft nicht einmal Zeit gefunden, mein Frühstücksbrot zu essen, so jagte ein Geschäft das andere. Jetzt ist meine nächste Sorge die Feier des »Muttertags« am nächsten Samstag. Wie sehr mir dergleichen gegen den Strich geht, können Sie mir sicher nachfühlen. Aber ich fürchte, die geforderte Ansprache bleibt mal wieder, wie so oft, auf mir hängen, weil unter den Kollegen schlechterdings niemand dafür paßt. Ich ja auch nicht, denn es soll ja die »kinderreiche Familie« gefeiert werden, und ich kann doch nicht gut meine eigene Ware anpreisen! Und dennoch ists immer noch weniger lächerlich, als wenn ich die Aufgabe einem Junggesellen übertrage oder einem Kollegen, der im Laufe einer langen Ehe einen einzigen Sprößling in die Welt gesetzt hat. In solche Verlegenheiten bringt einen der grüne Tisch. Darin hat sich also auch im Dritten Reich nichts geändert, und es war ja auch gar nicht zu erwarten.

In der Hoffnung, daß Sie und Ihre verehrte Gattin sich wohl befinden, grüße ich Sie herzlich, zugleich im Namen meiner Frau.

Ihr stets ergebener
Schumann

24.

Wiessee a. Tegernsee, 8. 5. 1934

Lieber Herr Kollege,

soeben habe ich hier, wo ich seit dem 20sten April Jod-Schwefelbäder nehme, um der Arterienverkalkung und der von ihr ausgehenden Vertrottelung entgegenzuarbeiten, Ihren lieben Brief vom 5. Mai erhalten, und nun muß ich Ihnen natürlich sogleich antworten, um Ihnen vor allem zu bestätigen, daß von irgendeiner Verstimmung meinerseits gegen Sie gar keine Rede sein kann. Wenn ich so lange Zeit auf Ihren vorletzten Brief nicht geantwortet habe, so hatte das seine Ursache ganz und gar nicht in Ihrem Briefe, den ich, wie alle Ihre Briefe, mit lebhafter Anteilnahme gelesen habe. Es lag vielmehr nur daran, daß ich lange Zeit innerlich sehr stark von anderen Dingen in Anspruch genommen war und daß ich gewisse Dinge, die ich Ihnen zu schreiben mich trotzdem sehr gedrängt fühlte, nicht schreiben durfte. Sie wissen ja, wie schrecklich beengt man heute als Korrespondent ist. Wenn diese Schranken nicht wären, würde ich

Ihnen sogleich einen meterlangen Brief schreiben und mir die Seele ein wenig entlasten, die von Unmut und Sorge, von Schmerz und Skrupeln übervoll ist, ganz wie im vorigen Jahr, wo ich Sie besuchte, oder noch viel mehr. Denn vieles, was man damals befürchtete, hat sich inzwischen schon verwirklicht. Diesmal kann ich aber leider nicht zu Ihnen kommen, weil meine Einnahmen sich inzwischen verringert haben und ich jetzt mit den Meinen sehr haushalten muß. Seit 10 Monaten habe ich mit Schriftstellerei so gut wie nichts verdient, und mein Ruhegehalt beträgt nach allen Abzügen nur gegen 400 Mk. monatlich. Und ich muß im Oktober einen Neffen ins Haus nehmen, der in Berlin Medizin studieren will. Aus der von mir so sehr gewünschten Aussprache mit Ihnen und Grebe wird also diesmal nichts werden, – sehr zu meinem Leidwesen. Denn eine solche Aussprache, die einen den fast allgemeinen Consensus intelligentium et fortium fühlen läßt, hat etwas sehr tröstendes und beglückendes.

Lieber Herr Kollege, wenn mich an Ihrem Briefe irgend etwas befremdet hatte, so würde ich Ihnen das sogleich geschrieben haben. Gerade dann hätte ich *nicht* geschwiegen. *So* stehe ich zu Ihnen.

Ihre Erfahrungen als stellvertretender Direktor haben mich sehr interessiert, und ich wünschte nur, wie Sie innerlich in diese neue Stellung hineinwachsen, so betraute man Sie nun auch dauernd damit. Aber das ist wohl leider ausgeschlossen. Entscheidend ist ja jetzt nicht die Tüchtigkeit, sondern das Parteibuch, – als wie in ...zeit. J'accuse!

Daß Sie über Grebes Buch so dächten wie ich, stand mir fest, seit ich es gelesen. Sie werden auch gleich mir nicht geglaubt haben, wie Grebe selbst es getan zu haben scheint, er könnte damit bei den heutigen Machthabern Gnade und Anerkennung finden. Ich begreife nicht recht, wie Grebe darauf nur einen Augenblick geglaubt haben kann. Vor einem Jahr konnte man das noch für möglich halten. Da war es noch nicht entschieden, wohin sich der Aktivismus der Bewegung neigen würde, zu uns, den echten Nietzschejüngern, oder zu den Deutschkundlern. Aber inzwischen ist in aller Stille darüber die Entscheidung gefallen. Bezeichnend dafür ist Gelhards[1] Auftreten im Philologenblatt: vor einem Jahr kämpfte er tapfer, wenn auch ein wenig rüpelhaft, in unserem Sinne gegen die Kulturkunde und den Historismus. Aber nun ist er verstummt. Vermutlich hat man ihm, der ja Nationalsozialist war, den Befehl gegeben, zu schweigen und keinen Zwiespalt in die neuen Erziehungstendenzen hineinzutragen. Hier wie überall wird doch eine ganz fassadenhafte, wesentlich verbale ›Einheit‹ angestrebt und erzwungen. Dazu kommt, daß die Deutschkundlerei dem Nationalsozialismus in gewisser Hinsicht ja auch tatsächlich sehr nahe steht. In anderer Hinsicht freilich wieder gar nicht. Als ich meinen kleinen Kampf gegen den jüdischen Geist in der Höheren Schule führte, in dem Sie mich durchaus verstanden, ohne mir in jeder Beziehung zuzustimmen, damals, wo ich, wie gewöhnlich, sehr allein stand und der Unterstützung sehr bedürftig war, hat mich Sprengel und die ›Gesellschaft für deutsche Bildung‹ völlig im Stich gelassen, was ich ihr nicht vergessen habe. Ich wollte damals nichts weiter als den Raum für einen Aufsatz in der Zeitschrift für den Lehrer, um mich gegen die niedrigen Angriffe der Gegner zu verteidigen und meine Sache in aller Ruhe und Objektivität zu führen. Aber auch das schlug man mir ab. Sprengel schrieb mir, mit der Judenfrage hätten sie nichts zu tun.

Wenn man gemein genug dazu wäre, würde man diese schöne Geschichte jetzt einmal öffentlich erzählen, – um so einen Keil zu treiben zwischen die Deutschkundler und die nationalsozialistischen Machthaber. Aber man ist nicht so gemein. Es ist ja auch gut zu verstehen, daß die Deutschkundler eifrig bemüht sind, ihren Kahn an das Staatsschiff unserer Tage anzuhängen. Sie stimmen ja auch beide darin überein, daß man Deutschtum fabrizieren kann. Als ich dies, ganz wie jetzt Grebe, 1926 in Weimar bestritt, benahmen sich die Deutschkundler ungefähr so, wie sich die Nationalsozialisten benehmen würden, wenn jemand jetzt meine damalige Rede öffentlich halten würde: sie fielen grob und ohne jedes Verständnis für meine Gedankengänge über mich her.

Grebe wird es genauso gehen, das habe ich ihm eben selbst geschrieben. Was ist denn das nationalsozialistische Programm anderes als eine, in gewisser Weise zu bewundernde (hinsichtlich ihrer Überzeugtheit und Energie!) Kulturregie? Es ist, um es auf meine Weise zu sagen, ein aktiv gewordener, ein tätiger, aufbauender Historismus, gegen den der Historismus der Herren Richert[2] und Genossen eine Harmlosigkeit war.

Doch ich muß aufhören. Wir haben hier in unserer Bauernstube nur einen Tisch, und der soll zum Abendessen gedeckt werden.

(...)

Mit herzlichen Grüßen, auch an Ihre verehrte Gattin bin ich Ihr getreuer

M. Havenstein

25.

Frankfurt, 10. 5. 1934

Lieber Herr Professor,

(...) Ihr Brief klingt nicht freudig. Kein Wunder. Die Gründe liegen auf der Hand. Schreiben darf man nicht darüber. Wer weiß, in welche Hände ein Brief geraten könnte. Darum bedaure ich es sehr, daß Sie nicht wie voriges Jahr in der Lage sind, bei Ihrer Rückkehr den Weg über Frankfurt zu machen. Wäre es nicht doch möglich? Kosten würde Sie der Aufenthalt hier kaum etwas. Das Haus Kaiser-Sigmundstr. 63 ist klein, aber die Frau Schumann hat ein fabelhaftes Talent, beliebige Menschenmengen darin unterzubringen. Ein ruhigeres und behaglicheres Schlafzimmer wie das meiner beiden ältesten Töchter, über meinem Arbeitszimmer, nach dem Garten zu, gibt es kaum. Und wie schön ist unser Garten jetzt, um Pfingsten herum werden schon die Rosen in voller Blüte stehen. Hübsche Spaziergänge gibts ganz in der Nähe und erst recht, wenn man ein bißchen mit der Straßenbahn hinausfährt. Sie wissen ja gar nicht, wie hübsch und behaglich es sich auf der Terrasse der »Schönen Aussicht« in Berkersheim sitzt, zumal gegen Abend, wenn hinter dem Taunus – man überschaut die ganze Kette –, vielleicht gerade hinter dem Feldbergturm, die Sonne untergeht und dann so allmählich in den Dörfern die Lichter angezündet werden. Dazu hat der Wirt – vom Frankfurter Nationalgetränk abgesehen, – einen wundervollen alten Pfälzer im Keller; ich warte schon lange auf eine würdige Gelegenheit, um mit gutem Gewissen einmal wieder eine oder etliche Flaschen davon bestellen zu können. Sie sehen, ich male mir schon Einzelheiten aus. Aber wir können nachmittags und abends auch bei uns sehr behaglich beisammensitzen und uns ausschwatzen. Grebe wird natürlich herüberbestellt, etwa auch Weinstock, so dies opportun erscheint. Bleiben können Sie, so lange Sie Lust haben. Zeit haben Sie ja doch, in Berlin erwartet Sie doch niemand. Also überlegen Sie sichs noch einmal, ob sich nicht auf dem Grunde der Reisekasse doch noch ein Zwanzigmarkschein findet, der Ihnen den Umweg ermöglicht.

Was Grebe betrifft, so haben Sie ganz richtig gesehen, daß er Anstoß erregen würde. Er schrieb mir dieser Tage u. a.: mit seinem bisher guten Verhältnis zu Krieck sei es aus, dieser habe sich ihm gegenüber sehr wenig schön benommen. Näheres weiß ich noch nicht. Es wundert mich gar nicht. Aus meinem abfälligen Urteil über diesen Herrn habe ich auch Grebe gegenüber nie ein Hehl gemacht. Er geht ja nun nach Heidelberg. Was ein Urteil hat, ist froh, daß wir ihn los sind. Aber laut sagen darf es niemand. Offiziell werden dicke Tränen geweint.

(...)

Nun Schluß. Ich muß jetzt endlich darangehen, mir zu überlegen, was ich übermorgen am Muttertag den Buben sagen kann. So kurz wie möglich und so nüchtern und unsentimental wie möglich, das wird das Beste und Wirksamste sein.

Mit herzlichen Grüßen von Haus zu Haus

Ihr stets ergebener

Schumann

26.

Frankfurt, 26. 5. 1934

Lieber Herr Professor,

Es wird Zeit, daß ich mich daran mache, die versprochene Kritik Ihrer Novellen[1] zu Papier zu bringen. (...)

Der Besuch ist nun weg – leider muß ich sagen: Gott sei Dank. Früher vertrugen wir uns sehr gut, auch politisch, bis Anfang vorigen Jahres; seitdem klappt es nicht mehr, und damit wir uns nicht in die Haare geraten, wird dieses Gesprächsthema ängstlich gemieden; das ist geradezu qualvoll. (...)

Stark empfunden habe ich bei Ihren Geschichten ein allgemeines Problem, das mich schon öfters beschäftigt hat: den

Widerspruch zwischen der natürlichen Scheu gerade feiner besaiteter Menschen, andere in ihr Herz blicken zu lassen, und dem Drange des Künstlers, innerlich und äußerlich Erlebtes nicht bloß zu gestalten, sondern auch einem größeren Publikum darzubieten. (...)

Es ließe sich noch viel über den ganzen Gegenstand sagen, aber das bespricht sich besser mündlich. Und so wiederholen wir denn unsere Einladung hierher. Das Beste wäre Sie quartierten sich bei uns ein. Unseren Töchtern würde das nicht viel ausmachen, und Sie brauchten dann nicht abends, wenn wir vielleicht im besten Zuge der Unterhaltung sind, nach Ihrem Hotel aufzubrechen. (...)

Sehr würde ich mich natürlich freuen, mich bei dieser Gelegenheit auch über andere Dinge mit Ihnen aussprechen zu können. Sie schreiben von Litts[2] »kritischer« Haltung. Die meinige wäre mit diesem Beiwort nur sehr ungenügend bezeichnet. Vielleicht wären Sie entsetzt, wenn Sie mich reden hörten.

Grebe werde ich mir vornehmen. Er wird wohl dieser Tage wieder einmal herkommen. Einstweilen halten Sie ihm zugute, erstens daß er ein wenig weltfremd ist und zweitens daß er äußerlich stark mit der Bewegung verknüpft ist. Das gibt Konflikte der Pflichten, und da sucht er halt vor seinem eigenen Gewissen eine Rechtfertigung.

Nun will ich aber schließen. Heut morgen hat die Schule wieder angefangen, gleich mit allerhand wenig erfreulichen Erlebnissen. (...)

Ihr stets ergebener

Schumann

27.

Blankenburg a. Harz, 27. 5. 1934

Lieber Herr Kollege,

(...) Spengler in München habe ich leider nicht getroffen, wohl aber einen der Beck'schen Verleger, der mir allerlei interessantes erzählt hat. In Leipzig war ich 2½ Stunden bei Litt und erfuhr, was ich mir gedacht hatte, daß er wie alle Leute seiner Art genau so denkt wie ich, eher noch kritischer. Er klagte aber besonders über die Feigheit der meisten Amtsgenossen, die auch da keinen Widerspruch wagten, wo sie ihn sich ohne Schaden leisten konnten: wie gerne würde ich Ihnen davon mehr erzählen.

Über Grebe bin ich sehr enttäuscht. Er beruft sich auf den ›gemeinen Mann‹, dem der ganze Nationalsozialismus ein ›schlichtes‹ Tun sei. Natürlich, was erst denn der von Kulturkunde und Kulturregie! Aber die Führer! Sie treiben doch Kulturregie und Volkstumsmache wie noch nie.

Seien Sie mit Ihrer Frau Gemahlin herzlichst gegrüßt von

Ihrem M. Havenstein

28.

Frankfurt, 19. 7. 1934

Lieber Herr Professor,

Verzeihen Sie, daß ich so lange nicht geschrieben habe. Allein teils hatte ich keine Zeit, teils war ich von dem politischen Geschehen dieser Zeit und seinen Nachwirkungen[1] derart innerlich in Anspruch genommen, derart abgespannt und innerlich elend, daß ich mich nicht zum Briefschreiben aufschwingen konnte. Heute haben wir Ferien bekommen, da soll mein erstes sein, die Schuld an Sie wenigstens etwas abzutragen. Viel wirds freilich nicht werden. Ich habe auch dazu nicht die Zeit und auch die innere Sammlung aufgebracht, an Hand Ihrer Darlegungen das bewußte Buch[2] noch einmal durchzugehen. Vielen Dank jedenfalls, daß Sie mir so ausführlich geschrieben haben. Das ist ja nun freilich ein ziemliches Trümmerfeld, und mir tut der arme Grebe leid. Wenn jemand, der ihm wohlgesinnt ist, ihm so viel am Zeuge zu flicken hat, wie wirds ihm dann erst gehen, wenn er anderen in die Hände fällt, die er zum Teil selber zum Kampfe herausgefordert hat? Ich habe schmerzlich erkannt, daß ich beim Mitreden über diese Dinge noch viel vorsichtiger sein muß als ich es ohnehin schon bin. Der Schuster soll bei seinem Leisten bleiben.

Ganz freilich kann und will ich es doch nicht lassen, mir auch über solche Dinge meine Gedanken zu machen. Was Grebes Buch trotz allem seinen Wert gibt, das ist die ernsthafte, solide Arbeit, die da geleistet ist in Zergliederung und Aufhellung der Begriffe usw. Und wenn er positivistisch ist, so meine ich, daß ein gesunder Positivismus auch seine Rechte hat, ja ganz unentbehrlich ist, damit das Denken immer wieder auf die wohlgegründete, dauernde Erde zurückgeführt wird. (...)

Wie stehts mit Ihren eigenen Sachen? Sie schreiben nichts darüber. Wie ich auf die politischen Ereignisse der letzten Wochen reagiert habe, ist eingangs angedeutet – und solche Andeutung ist ja fast schon zu viel, wenn man nicht Gefahr laufen will, sich selbst und Frau und Kinder unglücklich zu machen. Übrigens ist die Stimmung hier fast in allen Kreisen, mit denen wir in Berührung kommen, die gleiche. Aber über dergleichen Dinge kann man sich ja heutzutage in Deutschland nur mündlich unterhalten, auf freiem Feld, wenn niemand in Hörweite ist, oder im sorgfältig verschlossenen Zimmer.

Weinstock habe ich zu seinem letzten Aufsatz[3], den er mir geschickt hat, geschrieben, mit dem Positiven darin könne ich nicht mit, ich hielte mich daher an das Negative, die Warnung vor der Gesinnungszüchtung. Übrigens so klug Weinstock ist, er sollte doch wissen, daß es besser für ihn wäre, sich jetzt zurückzuhalten und nicht zu starke Beflissenheit an den Tag zu legen. (...)

29.

Blankenburg a. Harz, 22. 7. 1934

Lieber Herr Kollege,

auf Ihren lieben Brief antworte ich Ihnen umgehend, damit Sie sich nicht um sein Schicksal zu sorgen brauchen. Zunächst: Ihre kritischen Bemerkungen zu Grebes Buch (...) treffen den Nagel auf den Kopf und zeigen wieder einmal, wie sehr Sie befugt und befähigt sind, über philosophische Probleme mitzureden. (...) Also Weinstocks Artikel haben Sie genauso beurteilt wie ich. Mich hat er geradezu befremdet. Ich glaube, Weinstock wird es noch einmal bereuen, daß er sich heute nicht entschiedener gezeigt hat. Für echten Geist und Charakter ist diese Zeit eine große Probe, wie der Weltkrieg für Tapferkeit und Mannhaftigkeit. Wehe dem der die Prüfung nicht besteht.

Wir sind beide durchaus einig, daran habe ich keinen Zweifel, und ich fühle mich Ihnen dadurch enger verbunden als je. Es geht jetzt noch um mehr als Kulturkunde und Historismus; es geht um die höchsten Ideale, die wie die Sterne am Himmel stehen und über den Völkern und Ländern leuchten.

Herr ›Immerschon‹, – ja, das ist sehr bezeichnend. Solche Herr Immerschon gibt es heute viele.

(...)

Mit herzlichen Grüßen an Sie beide, auch von meiner Frau bin ich Ihr treu ergebener

M. Havenstein

30.

Berlin, 26. 8. 1934

Lieber Herr Kollege,

Ihren lieben Brief vom 15ten habe ich verspätet erhalten, weil ich bei einem alten Freund in Swinemünde war, wohin mir die Post nicht nachgesandt wurde. Ich habe aber gleich gestern Herrn Lipphardt meine ›Dichtung in der Schule‹[1] geschickt. Übrigens sind die 3 000 Exemplare, die gedruckt waren so ziemlich ausverkauft, und eine Neubearbeitung war geplant, die ich gern in der Weise ausgeführt hätte, daß ich mehr Beispiele gegeben, überhaupt das Positive mehr herausgekehrt hätte. Nun ist daran nicht mehr zu denken, obwohl das Buch mit seinem Aktivismus und Überhistorismus und seiner Betonung des Deutschtümlichen den heute herrschenden Tendenzen ja keineswegs widerspricht. Aber alles, was ich wünschte, erstrebte und empfahl, ist heute so übersteigert, verzerrt und vergröbert, daß ich es durchaus nicht mehr wollen und gutheißen kann. Meine ganze Tonart paßt nicht in die Gegenwart hinein. Was heute über pädagogische Dinge gelesen und geschrieben wird, ist alles für den Lautsprecher im Sportpalast gedacht. Ein leises, stilles Denken scheint es überhaupt kaum noch zu geben. Es gibt nur noch Geschrei und – Geflüster, die ›geflüsterte Zeitung‹ wie die Baseler Nachrichten es nennen.

Nein, so eifrig, wie ich früher über deutsche Bildung gedacht und geschrieben habe, – heute kann ich es nicht mehr. Ich will und mag nicht verwechselt werden. Mein Instrument ist die Geige. Pauke, Trommel und Trompete kann ich nicht spielen.

Wenn ich mich nicht gänzlich zur Ruhe setzen soll, auf die Feierabendbank vorm Hause oder in den Lehnstuhl am Ofen, so bleibt mir nur eine Tätigkeit, die mit dem Tag und seinem Treiben nicht das mindeste zu schaffen hat. Ich hoffte, eine solche Arbeit[2] gefunden zu haben, Sie wissen es, und war getrost und glücklich in dieser Hoffnung. Aber es war wohl eine Selbsttäuschung. Der Rausch ist von mir gewichen und kommt, wie es scheint, nicht wieder.

Trotzdem bin ich natürlich froh, nicht mehr im Schuldienst zu stehen. Der Zwang zur Heuchelei, der heute herrscht, wäre mir unerträglich, und ich bedauere jeden von Herzen, der ihn aushalten muß. Es gibt solche Individualisten, in Swinemünde habe ich eben zwei Exemplare aus nächster Nähe 8 Tage lang betrachtet. Aber die sagen zu allem Ja, äußerlich und innerlich, – weil sie nicht leiden wollen. Sie hängen nur ganz äußerlich und peripherisch mit dem Ganzen zusammen und passen sich ihm daher leicht an. Sie wissen nichts von all dem Fragwürdigen und wollen auch nichts davon wissen, um nicht in ihrem Behagen gestört zu werden.

(...)

Mit herzlichen Grüßen von Haus zu Haus Ihr getreuer

M. Havenstein

P. S. Schade, daß Sie auch in der Sommerfrische keine rechte Ruhe und Ablenkung gefunden haben! Nächstes Mal gehen Sie doch nach Blankenburg am Harz zu meiner Schwägerin! Da können Sie volle Pension für 3 M. pro Person bekommen oder Logis für 2,50 und dafür haben Sie zwei Zimmer, ein Schlafzimmer mit 2 Betten, und daneben ein wunderschönes Wohn- und Arbeitszimmer. Und der herrlichste Wald duftet in die Fenster hinein.

Der 19te VIII.[3] war für mich keine Frage. Ich bedaure sehr, daß nicht mehr Leute den Mut zum Nein gehabt haben. Nicht um dem Ausland eine Freude zu bereiten, wahrlich nicht, sondern um unseren Diktatoren einen Anstoß zum Nachdenken und zum Einlenken zu geben. Schon die 13 Prozent Neinsager wirken in dieser Richtung. Sie haben es wohl gelesen. Wie hätten nun gar 20 Prozent gewirkt! Und es sind ja jetzt mindestens 20 Prozent, die innerlich nicht mitmachen! Aber leider sind die meisten auch innerlich zu unfrei und ängstlich, um selbst ganz im Geheimen ihre Meinung zu sagen. Die Reklame und Propaganda war ja auch freilich von der Art, daß man schon ziemlich fest und selbständig sein mußte, um ihr nicht zu erliegen. Ach Gott, für unsereinen ist's eine schwere Zeit! Man fühlt immer den Stein auf dem Herzen und kann ihn nicht abwälzen. Ich glaube, er ist schon darauf festgewachsen. Wie unlöslich ist man doch an Deutschland gebunden! Wir sollen Individualisten sein!! Aber würden und könnten wir dann so unter einem Schicksal leiden, das uns als Privatmenschen fast gar nicht berührt. Bei mir ist's ja so.

31.

Frankfurt, 12.4.1935

Lieber Herr Professor,

Haben Sie vielen herzlichen Dank für Ihren langen Brief! Ich will Ihnen gestehen, daß ich schon lange sehnsüchtig danach ausgeschaut habe. Dies soll beileibe kein Vorwurf sein – wie käme ich dazu? Ich selber habe ja das letzte Mal glaube ich noch länger auf mich warten lassen, und überhaupt wollen wir uns dergleichen doch nicht nachrechnen. Indes man hat derzeit mehr denn sonst das Bedürfnis nach Gedankenaustausch mit Gleichgesinnten. Seltsam traf es sich, daß ich beim Ordnen meiner Regale, was mal wieder sehr nötig geworden war, gerade gestern und vorgestern über meine Sammlung Ihrer Aufsätze geraten bin und z. B. den über »Zweierlei Historismus«[1] von neuem aufmerksam gelesen habe. Übrigens nicht ohne mir bewußt zu werden, daß ich gewissermaßen auch zu denen gehöre, die sich dem »positivistischen Historismus« ergeben haben. Aber ich habe da ein gutes Gewissen. Daß ich kein königlicher Bauherr bin, weiß ich. Indes die Könige brauchen nicht nur Kärrner, sondern auch geschickte Bauleute und Steinmetzen, die vor allem sauber und gewissenhaft arbeiten. Und gerade auf dem Gebiet mittelalterlicher Geschichte und Literaturgeschichte und so weiter blüht das Pfuschertum ganz besonders. Was dabei herauskommt, wenn »Könige« oder solche, die es sein möchten, derart unsolide bearbeitetes Material in ihre Bauten einfügen, sehen Sie an dem Unsinn, der heutzutage über Meister Eckhart[2] verbreitet wird. Überdies wissen Sie ja von jeher, daß ich mir durchaus darüber im klaren bin, wo diese

Dinge hingehören und wo nicht, z. B., mit geringen Ausnahmen, nicht in die Schule. Nebenbei bemerkt, haben diese Studien ihren ganz eigenen Reiz. Zumal wenn man, wie ich, sie unmittelbar an der Quelle betreibt und die »würdgen Pergamente« selber aufschlägt.

Leider bin ich dazu schon lange nicht mehr gekommen. Denn ich bin immer noch Direktor und muß fürchten, daß es noch eine ganze Weile dauert, bis diese Last von mir genommen wird. Es scheint ja allerdings, als hätte man sich inzwischen auf einen Kandidaten für den Posten geeinigt, der allen beteiligten Instanzen – Staat, Stadt und Partei – leidlich genehm ist. Aber alle derartigen Entscheidungen gehen heutzutage durch die Reichskanzlei, und damit ist die Bank, auf die solche Dinge geschoben zu werden pflegen, noch um ein erkleckliches Stück verlängert. Mich solls gar nicht wundern, wenn ich übers Jahr noch auf meinem direktorialen Stuhle sitze. Ich habe mich schon im voraus ganz damit abgefunden. Daß bei den maßgebenden Stellen offensichtlich niemals im geringsten der Gedanke auftaucht, man könne mich ja doch schließlich dauernd auf besagtem Stuhle sitzen lassen, kränkt mich längst nicht mehr. »Ich laß mirs halt gefallen, man richtets mir nicht anders an wie meinen Brüdern allen.« Übrigens ist noch sehr die Frage, ob ich Ja sagen würde, wenn man mich fragte. Daß ich auch das leisten kann, wenns verlangt wird, glaube ich hinlänglich gezeigt zu haben. Aber meine Neigung richtet sich viel, viel mehr auf jene stille Gelehrtenarbeit, von der ich oben sprach. Und vielleicht erwerbe ich mir doch mit meiner jetzigen Tätigkeit, gerade weil ich nicht besonders dafür bezahlt werde, so etwas wie einen moralischen Anspruch darauf, späterhin für meine wissenschaftlichen Arbeiten etwas mehr die Hände frei zu bekommen. Doch hege ich auch in dieser Hinsicht keineswegs übertriebene Erwartungen.

Dies sind meine Gedanken und Gefühle, soweit ich selbst in Frage komme. Im allgemeinen teile ich natürlich völlig Ihre Meinung über die gegenwärtige Art der Besetzung von Stellen, insbesondere »gehobenen« Stellen. Früher, lange vor dem 30. Januar 1933, las ich dafür einmal den treffenden Ausdruck »legale Korruption«. Und wer hat sich darüber mehr entrüstet als die jetzigen Machthaber? Aber das Wort vom Splitter und

Balken im Auge ist heute ebenso vergessen wie andere Gebote der christlichen Ethik. Wie ja denn überhaupt, das wird mit jedem Tag klarer, das Christentum in Deutschland in schwerstem Kampf um sein Dasein steht.

Selbstverständlich teile ich auch Ihre Bedenken bezüglich der äußeren Politik. Ist es z. B. nötig, daß wir ausgerechnet in dieser Zeit die Schweizer durch die Berthold-Jakob-Affäre[3] in übelster Weise vor den Kopf stoßen und uns wieder einmal – siehe Havenstein, »Vornehmheit und Tüchtigkeit«[4] – als die internationalen Rüpel und Proleten produzieren?

Sie haben schon recht, wenn man mit Leuten unserer Kreise spricht, stellt man fast immer Einigkeit in all diesen Dingen fest. Man hört auch viel Kritik aus anderen Kreisen. Aber ich glaube, die Zahl derer, die mitmachen, ist in der Tat viel größer. Die geben allenfalls zu, daß auch ihnen dies und jenes nicht paßt, z. B. das Bonzentum, aber sie meinen, das müsse man eben in Kauf nehmen. Die große Masse sieht nicht und kann nicht sehen, was an Werten zerstört wird. Auch die Jugend hat weitgehend kein Gefühl dafür. Und wir sind in unserer ablehnenden Haltung geschwächt nicht bloß durch das Gefühl fast völliger Ohnmacht, sondern auch dadurch, daß wir manches von ganzem Herzen bejahen und begrüßen, wie insbesondere die Wiederherstellung der allgemeinen Wehrpflicht.

Es ließe sich noch viel, viel darüber schreiben. Aber wir sind uns ja ohnehin einig. Ich will lieber noch etwas Persönliches berichten. Mein Junge fühlt sich weiter recht wohl beim Militär, obwohl es ihm nicht leicht fällt (er hat von seinem Vater die Schwerfälligkeit und Vergeßlichkeit geerbt, und beides hat ihm offenbar manchen Streich gespielt); natürlich ist er jetzt doppelt stolz, weil er »zu den Preußen« gegangen ist, ehe ein Muß dahinter stand. Er war gerade hier, als die bewußte Nachricht kam[5]. Neulich hatte er einmal ein paar Tage länger Urlaub, da hat er auch seinen alten S. A.-Sturm besucht und dem Exerzieren mit dem vollen Überlegenheitsgefühl des Kriegsknechts vom Metier zugesehen.

Von den Töchtern haben die beiden ältesten die Reifeprüfung bestanden, beide sogar mit Gut. Die ältere ist bei Auffarth (der mit dem Verlag Diesterweg verbundenen Sortimentsbuchhandlung) als Lehrmädchen eingetreten, die andere will im Herbst mit dem Bruder zusammen anfangen Physik zu studieren und wartet auf ihre Einberufung zum Arbeitsdienst. Zwischendurch sind beide zum Schilaufen in den Alpen gewesen.

Von meiner Frau und mir ist nicht viel zu schreiben. Ferien habe ich nicht, muß Unterrichtsverteilung und Stundenplan machen, und der Universitätsbetrieb hat ja auch schon wieder angefangen. Hinaus werden wir kaum kommen, höchstens einmal, wenns Wetter besser wird, einen Tag in den Taunus oder auch an die Bergstraße.

(...)

Nochmals recht vielen Dank für den Brief und herzliche Grüße und Wünsche für Ihre Pläne neuen Produzierens, die Grüße natürlich auch an Ihre Gattin von meiner Frau und mir

Ihr stets ergebener

Schumann

13.4. Nachtrag. Eben lese ich in der Frankfurter Zeitung (die ich so töricht bin, immer noch zu halten) von einem Prozeß in Rostock[6]. Da sind zu einem katholischen Prälaten ein Student und zwei Studentinnen gekommen, haben sich ihm vorgestellt als Katholiken, die in Gewissensnöte geraten seien, und ihn dann hinterher wegen wirklicher oder angeblicher politisch verfänglicher Äußerungen denunziert. Wenn das wahr ist – und ich nehme an, daß gerade die Frankfurter Zeitung sich schwer hüten wird, über solche Geschehnisse etwas zu schreiben, was sie nicht unbedingt verantworten kann – dann ist es das Erschütterndste, was ich seit langem gelesen habe. »Keimt ein Glaube neu, wird oft Lieb und Treu wie ein böses Unkraut ausgerauft.«[7] Das wissen wir. Aber dies hier geht denn doch noch weit darüber hinaus. Freilich, folgerichtig ist es. Gut und sittlich gerechtfertigt ist, was dem Volk (oder der Rasse) nützt. Das ist die Ethik, die jetzt an die Stelle der christlichen treten soll. Daß der Zweck die Mittel heiligt, gehört zu den obersten Grundsätzen. Was dann aus unserem Volke wird, selbst wenn es an äußerer Macht dabei zunehmen sollte, wissen wir. »Was hülfe es dem Menschen ...«[8].

Haben Sie eigentlich seinerzeit die Fastnachtsnummer der Münchener Neuesten Nachrichten gelesen? Da stand erstaunlich viel Kritik darin; ich wundere mich, daß man so etwas durchgelassen hat. Das Bissigste war die Ankündigung eines *Trauer*spiels »Weh dem, der nicht lügt«[9]. Eigentlich ist ja der Gegenstand zum Scherzen zu ernst.

Aber, wie gesagt, in dieser Weise könnte ich noch viele Seiten weiterschreiben. Aber ich will lieber schließen und Ihnen einen recht schönen Palmsonntag wünschen. Bei uns blühen Aprikosen und Pfirsiche, und der Kirschbaum schickt sich an nachzufolgen.

Nochmals herzliche Grüße

Ihr

Schumann

32.

Berlin, 16. 4. 1935

Lieber Herr Kollege,

mehr als ein Vierteljahr ist vergangen, seitdem Sie mir Ihren letzten lieben Brief schrieben. Soviel Zeit haben wir früher nicht über einer Antwort vergehen lassen. Das beweist unter anderem, wie viel besser dem Menschen das aktive Verhalten bekommt, als das passive. Damals kämpften wir miteinander für eine gute Sache, jetzt leiden wir miteinander durch eine Sache, die zwar ihre guten Seiten hat, deren schlechte Seiten man aber so viel stärker empfindet, daß sie im Bewußtsein vorherrschen und daß man eine psychische Anstrengung nötig hat, um die guten sich bewußt zu machen und anzuerkennen. Überdies sind die allerbesten so geartet, daß sie um den äußeren Bestand Deutschlands bangen lassen. Die Wiedereinführung der allgemeinen Wehrpflicht[1] und die festere Haltung in der Forderung unserer ›Gleichberechtigung‹ sind gewiß Dinge, die unsereinen wahrhaft und tief erfreuen könnten, wenn sie uns nicht mit einer furchtbaren Gefahr bedrohten, – einer Gefahr, der wir zuversichtlicher entgegensehen und entgegengehen würden, wenn wir unserer Regierung mehr staatsmännische Einsicht und diplomatisches Geschick zutrauten. Da bei mir dieses Zutrauen sehr gering ist, so bin ich sehr besorgt um unsere Zukunft. Die Verlautbarungen von jenseits unserer Grenzen sind nicht danach angetan, diese Sorgen zu verscheuchen. Daß man sich nun plötzlich wieder auf Ludendorff[2] besinnt und ihn heranzuziehen sucht, beweist ja auch etwas, wird jedenfalls in den Ländern unserer alten und neuen Feinde als Beweis für den Ernst der Lage, ja für unsere angeblichen Kriegsabsichten angesehen werden.

Ihr lieber Brief, den Sie nun freilich vergessen haben werden, während ich ihn soeben wieder gelesen habe, macht mir wieder fühlbar, wie sehr wir in allem Wesentlichen übereinstimmen. Und diese beinahe restlose Übereinstimmung in Ja und Nein gegenüber dem heutigen, die sich fast überall im Verkehr mit geistig gearteten Menschen alsbald herausstellt, ist geeignet, einen über die aufgezwungene Passivität ein wenig zu trösten. Man hat heute mehr socios malorum[3], als man jemals gehabt hat, und das ist immerhin etwas. Es weckt ja doch die Hoffnung, daß die große Schar dieser innerlich Verbundenen oder Verbündeten, so machtlos sie öffentlich ist, im Stillen doch auf eine Gesundung der Verhältnisse hinwirken wird. Es wird ihnen auch so gehen wie mir: man macht diese Erfahrung der Übereinstimmung in Ja und Nein so häufig, daß man sich schließlich fragt: ja, wo sind denn nun eigentlich nun diese unbedingten Jasager und Heilrufer, die die Säle bei Versammlungen und die Straßen und Plätze bei Festen und Besuchen füllen und nach außen hin den Eindruck erwecken, das ganze Volk stehe in blindem Glauben und Gehorsam hinter der Regierung und ausgenommen seien nur ein paar unverbesserliche ›Nörgler und Kritikaster‹? Ja, wo sitzen sie eigentlich? Vermutlich auf guten Stellen und Posten, auf die man ja nur die unbedingten Jasager bringt, auch wenn sie noch so ungeeignet und unwissend sind. Und dies ist wohl der allerschlimmste der Fehler, die man heute macht und an denen man eigensinnig festhält. In 2¼ Jahren hätte man m. E. lernen können, daß die gewaltsame Identifizierung von Partei und Staat dem Staat und Volk zum Unheil gereicht. Mussolini hat es in kürzerer Zeit gelernt. Aber nach allem was ich erfahre und selber sehe, versteift man sich bei uns immer mehr auf diese unheilvolle Praxis, und der unfähigen in leitenden Stellen werden immer mehr. Der Hauptgrund dieses schwer begreiflichen Mißverhaltens wird in der geistigen Struktur der führenden Kräfte liegen. Sie sind eben – im Unterschied von dem Realpolitiker Mussolini – Fanatiker, und man weiß ja, ein Fanatiker lernt nichts, – gerade das macht ihn zum Fanatiker, daß er unbelehrbar ist. Man müßte ja doch sonst da oben merken, wohin dies Verfahren führt. Man huldigt da eben ganz dem verhängnisvollen Wahn, daß man eine neue seelische Gesamthaltung nach einem Programm durch Zwang und Gesinnungsmache ›schaffen‹ könne. In Wahrheit korrumpiert man das Volk auf diese Weise im Kern, indem man es der Echtheit und Redlichkeit beraubt. Dieser Schaden ist nicht zu berechnen, aber wie alles Unberechenbare besonders gefährlich. Leider erlebt man auch in dieser Hinsicht Überraschungen, peinliche und schmerzliche Überraschungen, wenn man ein Rohr, daß man trotz gewisser Schwankungen für widerstandsfähig gehalten hat, doch zusammenstürzen sieht; oder wenn man merkt, wie ein bisher leidlich ehrlicher Mensch zum Selbstbetrüger wird und sich selbst Sand in die Augen streut, um gewisse Dinge nicht mehr zu sehen.

Ja, lieber Herr Kollege, es ist ein Trost, daß man sich mit zahllosen anderen gescheiten und charaktervollen Deutschen jetzt enger verbunden fühlt als früher, aber es ist doch nur ein schwacher Trost, das empfindet man, sobald man von diesen Dingen redet oder schreibt und dadurch gezwungen ist, sich die Dinge lebhaft zu vergegenwärtigen. Denn ein rechter Mensch sucht ja nicht Genossen im Leiden, sondern Genossen im Tun. Uns aber sind nicht nur die Hände gebunden, sondern auch die Mäuler gestopft. Daran kann man nicht denken, ohne vor Schmerz und Ingrimm aufzustöhnen.

Sie meinen, ich hätte es besser als Sie als Ruheständler, und das ist in mancher Hinsicht gewiß richtig, und ich möchte nicht mit Ihnen tauschen, empfinde auch ein tiefes Mitleid mit Ihnen, ein ingrimmiges Mitleid, weil Sie etwas ganz, ganz anderes verdienen, als was Ihnen nun – als zweite große Enttäuschung nach dem Fehlschlag in Berlin – zu teil wird. Ich darf Ihnen das sagen, ohne als Schmeichler zu erscheinen. Ich sage es auch nur, weil Ihr Fall ein schlagendes Beispiel für die Verkehrtheit des heutigen Verfahrens ist, und weil es mich drängt, meiner Empörung darüber Ausdruck zu geben. Sie sind ja in guter, in bester, in allerbester Gesellschaft mit dem, was Sie erfahren, und das kann Sie immerhin ein wenig trösten. Aber mich empört es, wenn nicht einmal ein Mann wie Sie, ein politisch absolut unverdächtiger, urdeutscher und deutschgesinnter Mann, das Musterbild eines deutschen Familienvaters – jeder Hauch von Verfall und Zersetzung ist Ihrem Hause fern – ein Beamter von höchstem Fleiß und strengster Gewissenhaftigkeit und Gelehrsamkeit, also eine Zierde unseres Standes nach den alten Maßstäben (vor der Industrialisierung oder wie ich es nennen soll), also mich empört es, wenn ein Mann wie Sie, der den Idealen des Nationalsozialismus, so weit sie gut sind, in seltenem Maße entspricht, der sie lebt und verwirklicht, wenn auch ein solcher Mann nicht für voll gilt und mit der Arbeit des Direktoriats belastet und ausgenutzt wird, um eines Tages einem Kollegen zu weichen, der alle Ihre Vorzüge nicht besitzt, dafür aber zur Partei gehört. Es wäre ganz unerträglich, wenn nicht – um mich so auszudrücken – die Tugend ihren Lohn in sich trüge. Aber das ist ja nun doch so, und diese schlichte Tatsache, deren Gewicht der Mensch ohne Tugend, ohne sittliche Grundrichtung absolut nicht begreift, ist das Fundament unseres Glaubens an Gott, wenn Sie wollen, unserer Welt- und Lebensbejahung trotz allem. Man braucht sich nur einmal zu fragen, ob man mit einem Opportunisten tauschen möchte, und man wird um die Antwort nicht verlegen sein. (...)

Nun habe ich von uns noch gar nichts geschrieben, und Sie werden doch wissen wollen, wie es uns geht. Es ist auch nicht viel zu sagen, denn unser ganz zur Betrachtung verurteiltes Dasein verläuft so gleichmäßig und ohne besondere Erlebnisse. Körperlich geht es uns beiden leidlich. Anfang Mai fahren wir wieder ins Bad nach Wiessee, bleiben dann noch mit einigen Freunden und Verwandten ein paar Wochen in Oberstdorf und erleben endlich noch einen Monat in Blankenburg a. Harz, wo wir bei einer Schwägerin sehr billig wohnen. Gar zu gern hätte ich statt des geraden Weges über München den Umweg über Marburg und Frankfurt gewählt, um dann auch Sie zu besuchen, aber der Umweg verteuert leider die Reise zu sehr.

Meine Tätigkeit bestand monatelang nur im Lesen. Ich habe vor allem mehrere große Geschichtswerke gelesen, so die Deutsche Geschichte von Treitschke, die Weltgeschichte von Delbrück und das glänzende Werk von H. Oncken ›Das Deutsche Reich. Die Vorgeschichte des Weltkrieges‹, das ich Ihnen aufs Wärmste empfehlen kann[4]. Natürlich eine streng wissenschaftliche, durch ihre Bezwingung der Stoffmassen imponierende Arbeit, überdies eine schlagende Widerlegung der Kriegsschuldlüge. H. O. hätte m. E. für diese Leistung einen Staatspreis verdient und einen Dank der Regierung. Statt dessen hat man ihn, wie Sie wohl wissen, abgesetzt, und – Schmeling[5] hat die Belobigung erhalten.

Natürlich habe ich von so gehaltvoller Lektüre viel gehabt, aber ganz wohl ist mir doch erst, wenn ich das Gelernte und Aufgenommene in eigener Arbeit verwerten kann. Wer einmal den Reiz eigenen Produzierens kennengelernt hat, den verlangt es auch mit 63 Jahren noch danach. Es hat sich kürzlich in mir auch wieder etwas geregt, alte Sachen wollen weiter wachsen, und neue Keime kommen heran. Seitdem ist mir wieder anders zumute als vorher. Leichter, froher und unternehmender. Aber ich will nicht gackern, ehe das Ei gelegt ist, weiß auch noch nicht, ob es nicht ein Windei wird.

So, nun seien Sie mit den Ihrigen, vor allem Ihrer verehrten Frau Gemahlin, herzlichst gegrüßt, auch von meiner Frau, und schreiben Sie mal wieder Ihrem treu ergebenen

M. Havenstein

Von Weinstocks ›Polis‹[6] schrieb ich Ihnen gerne ein paar Seiten. Ich wünschte, W. würde Kultusminister. Hundertmal besser wäre er als Rust[7]. Aber es ist leider ausgeschlossen, daß man eine solche Kraft heranzieht und richtig verwertet. Und das ist eben der größte Jammer. – Übrigens habe ich gegen die ›Polis‹ viele Einwände. Idee und Wirklichkeit stehen hier in allzu krassem Gegensatz. An das Perikleische Athen erinnert mich unser Staat garnicht, viel, viel mehr an Sparta, an das späte Rom, an Preußen unter Friedrich W. I. und an – Byzanz! – und wieviel Amerikanismus ist darin. Aber alle Parallelen sind falsch u. irreführend. Wir müssen weiter und dürfen nicht verlieren, was wir besaßen.

33.

Berlin, 12. 8. 1935

Lieber Herr Kollege,

(...)[1] Ihnen möchte ich aus meinen Erfahrungen der letzten Jahre eines sagen: freuen Sie sich – trotz allem – daß Sie eine ordentliche d. h. gemeinnützige Tätigkeit haben und lebendig und mit sichtbarem Erfolg wirken können! Bloß Zuschauer zu sein, hat mich nie gelockt, oder doch, gelockt hat es mich auch, aber ich meinte immer, es sei nicht recht und gut, so zu leben. Und nun bin ich verdammt, am Strom zu stehen und zu sehen, wie er sich daherwälzt, ohne einen Finger rühren zu können. Nicht einmal ein Aufsätzchen kann man nun schreiben, wenn man nicht gewillt oder imstande ist, zu schmeicheln oder hohle Redensarten zu machen!

O Gott, was ist aus der deutschen Sprache geworden, die, wie Th. Mann mir so hübsch schrieb, geschaffen ist ›der Körper der Wahrheit zu sein.‹

Gewiß, ganz abseits, am Nil, in Alexandrien[2], kann man noch ehrlich reden und schreiben. Aber nach Alexandrien vermag ich nicht zu gehen.

(...)

Daß Sie auf jeden Fall, nach all Ihrer Vertretungsarbeit und Bewährtheit – nicht Direktor werden ist ein schlimmes Symptom für die Zeit und ihre Gebrechen. Wenn man Sie dann wenigstens gebührend entlastete. Scheuen Sie sich nur nicht, hier energische Forderungen zu stellen.

›Legale Korruption‹[3] ist gut. Aber was ist heute legal? Verträgt sich das Führerprinzip mit Gesetzlichkeit? Lesen Sie doch mal Schillers ›Don Carlos‹ III. Akt, 10. Szene v. 3217-3235! ›bescheiden verhüllt es sich in ewige Gesetze.‹[4] Aber folgt man dem hohen Vorbilde?

Was sagen Sie zu Weinstocks ›Polis‹?[5] Fein geschrieben und großzügig gedacht, – aber Schönfärberei nach hinten und vorn. Wenn wirklich dieses Ideal in Athen realisiert war, (W. vergißt die 100 000 Sklaven und manches andere noch) wie kann man glauben, daß dieses Ideal das Ideal unserer Zeit ist, geschweige, daß es jetzt verwirklicht werde!? Viel näher liegt dann doch Sparta oder Rom. W. weiß das wohl auch, aber er tut so als ob und glaubt, damit zu wirken. Worin er sich – nach den bisherigen Erfahrungen zu urteilen – völlig irrt. Wir mögen tun, was wir wollen – uns anpassen und einfügen, abseits stehen und schweigen oder ›meckern‹ und nörgeln – es ist ganz gleichgültig: die anderen gehen doch ihren Weg weiter, ganz unbeirrt und unbelehrbar, auch große Mißerfolge und allgemeine Verstimmung machen sie nicht kopfscheu, sie werden dadurch nur hitziger und lauter – Beispiel von heute: Julius Streicher.[6] Die Ursachen liegen in den Großhirnen, an die niemand heran kann.

O, was könnte ich Ihnen alles erzählen? Stundenlang! Aber es würde Ihre Stimmung nicht verbessern.

Zu Ihren Kindern beglückwünsche ich Sie herzlich! Mögen Sie beide immer mehr Freude an Ihnen erleben.

Seien Sie herzlich gegrüßt, auch von meiner Frau und schreiben Sie mal wieder an Ihren treu ergebenen

M. Havenstein

34.

Frankfurt, 16. 8. 1935

Lieber Herr Professor,

(...) Ja, ich habe manchmal überlegt, woran es denn liegen möchte, daß ich von Ihnen gar nichts hörte und daß die Zeit vorüberging, in der wir Ihren so sehr erwünschten Besuch hier hätten erwarten können. Daß aus diesem auch dieses Jahr nichts geworden ist, bedauere ich besonders. Man hat sich so viel zu sagen – zu *sagen*, weil mans nicht gut schreiben kann.

Ich bin mein Direktorat seit Mitte Mai los. Gerade am 11. Mai bekam ich die Mitteilung, daß der neue Herr ernannt sei – es war der Tag meines 25jährigen Doktorjubiläums; genau 25 Jahre nachdem man mich des Doktorhutes würdig befunden hatte, wurde mir bescheinigt, daß ich als Direktor im Dritten Reich denn doch auf die Dauer nicht zu brauchen sei. Nun, ich wußte das ja schon lange, habs mit Humor aufgenommen, und eine Flasche Rüdesheimer haben wir drauf getrunken. Der neue Direktor, Silomon,[1] ist gerade kein sehr großes Licht, aber er ist ein anständiger Mensch, natürlich PG, ohne das wird hier in Frankfurt und wohl auch anderwärts niemand nichts, aber offenbar ehrlich überzeugt, obwohl auch nur »Märzveilchen«[2] – unter allen Kandidaten für den Posten, die uns so nach und nach genannt wurden, (ich habe ja in meiner Amtszeit ab und zu ein wenig hinter die Kulissen gesehen) weitaus der annehmbarste. Mir gegenüber hat er sich sehr nett bisher benommen, ich bin überhaupt mit allen Ehren verabschiedet worden und kann mich in dieser Hinsicht nicht beklagen. Auch habe ich bis jetzt meine geringere Stundenzahl beibehalten, was immerhin eine gewisse Entschädigung bedeutet. Aber wie es nun nach Ferienende damit wird, das weiß ich nicht.

Die Ferien waren sehr lang, aber sie sind nur zu rasch herumgegangen. Verreist waren wir nicht, im Gegenteil, wir hatten einen Besuch nach dem anderen, insbesondere auch von englischen Freunden. Ein Engländer ist immer noch da. Ab und zu sind wir doch einmal ausgeflogen, zweimal war ich in Marburg, einmal mit meiner Frau zu Rad bis nach Seligenstadt am Main, wo Einhart, der Biograph Karls des Großen (das darf man ja jetzt wieder sagen)[3] begraben liegt, ein hübsches altes Nest, u. a. mit Resten einer romanischen Kaiserpfalz, vorher kamen wir durch Groß-Steinheim, schräg gegenüber von Hanau, das das reine Schmuckkästchen wäre, wenn die alten Häuser ein bißchen hergerichtet würden – so gibts hier in der Umgebung noch gar manches. Ein ander Mal waren wir zu Fuß im Nordspessart, sind nach der Karte gelaufen durch herrliche Gegend, kaum einem Menschen begegnet außer in dem um so überfüllteren Heigenbrücken. Es ist tröstlich, daß es selbst in unserer Zeit noch solche einsamen Gegenden gibt.

Sonst habe ich friedlich über Büchern und Papieren und alten Handschriften gesessen. Nebenbei habe ich auch versucht, meinen »Ahnenpaß«[4] zu vervollständigen, bis zu meinen Ururgroßeltern einschließlich. Ich tat es hauptsächlich der Kinder wegen, die das einmal brauchen könnten, da ja die Anforderungen in dieser Richtung z. T. noch verschärft worden sind (wie ich darüber denke, brauche ich Ihnen nicht auseinanderzusetzen); aber es war auch an sich ganz interessant, zu sehen, »woher du kommen sis«, aus welchen Gegenden und aus welchen Ständen. Z. B. habe ich früher nie gewußt, daß ich auch hugenottische Vorfahren habe. Andere waren Bergleute in Freiberg in Sachsen, ein anderer Leineweber im Erzgebirge, ein anderer Buchdrucker in Leipzig usw. Die Schumanns selbst sind eine alte Pastoren- und Philologenfamilie. Leider erfährt man kaum mehr als die trockenen Daten.

Von den Kindern ist der Junge eben auf Urlaub hier. Er war auf dem Truppenübungsplatz Heuberg. Das Soldatenleben macht ihm nach wie vor große Freude, aber dabei bleiben mag er doch nicht. Die zweite der Töchter ist im Arbeitsdienst in einem Dorf südlich von Kassel, hat sehr schwer, eigentlich zu schwer zu arbeiten, fühlt sich aber doch sehr wohl dabei.

Ich glaube wohl, daß das, was Sie mir zu erzählen haben würden, meine Stimmung nicht verbessern würde. Die meine ist dieselbe wie früher, sie unterscheidet sich nicht von der Ihrigen, und man trifft sie oft, zumal in unseren Kreisen. Wir passen in unsere Zeit nicht mehr hinein. Damit werden wir uns wohl abfinden müssen. Die Jugend und die Wehrmacht sind weitgehend für die neue Zeit gewonnen. Das habe ich verschiedentlich in letzter Zeit erfahren. Auch mein Sohn steht jetzt *ganz* in diesem Lager. »Gewiß, es ist manches nicht so wie es sein sollte, aber wenn wir erst an die Reihe kommen, bringen wir das in Ordnung«. Zu machen ist dagegen nichts. Versucht haben wir es hinreichend, aber erfolglos. Der alte Gegensatz der Generationen! Zu gute halten muß man der Jugend, daß sie normale Zeiten nie gekannt hat und nicht das Gefühl wie wir haben kann für Werte, die zugrunde gerichtet werden.

(...)

Nun wünsche ich Ihnen von Herzen weiter gute Besserung und, wenns möglich ist, völlige Heilung von Ihren Beschwerden, zunächst noch recht schöne sonnige Wochen in Blankenburg.

Mit herzlichen Grüßen von Haus zu Haus

Ihr stets ergebener

Schumann

35.

Berlin, 16. 10. 1935

Lieber Herr Kollege,

damit Sie nicht glauben, es geht mir wieder schlecht, muß ich endlich einmal wieder schreiben und auf Ihren lieben Brief vom 16. 8. antworten. Daß ich es nicht schon eher getan habe, liegt an einem Satz Ihres Briefes, der mich betrübt und stark zum Widerspruch gereizt hat. ›Der alte Gegensatz der Generationen!‹ schreiben Sie, nachdem Sie von der Einstellung Ihres Sohnes berichtet haben. Die in die Tiefe gehende Resignation, die diese Wendung bekundet, zu bekämpfen, hat es mich schon mehrfach gedrängt, und ich habe zwei lange Briefe an Sie niedergeschrieben, einen schon im September und einen neuen vor kurzem, in denen ich die in jener Wendung zum Ausdruck kommende Beurteilung unserer inneren Situation zu entkräften suchte, habe aber diese Briefe nicht abgeschickt, weil ich Sie und mich selbst nicht gefährden wollte. Ich will auch jetzt eine dritte eingehende Erörterung der Frage unterlassen und mich auf die Erklärung beschränken, daß ich bei aller heute unerläßlichen, weil erzwungenen Resigniertheit diese Resignation nicht mitmachen kann. Denn mit der Anschauung, es handele sich um das Schicksal eines Generationenwechsels, verzichten wir nicht nur auf den Einspruch gegen falsche, inhumane, zu Korruption und Barbarisierung führende Dinge, die man heute tut, sondern auch auf das *Recht* zu diesem Einspruch. Wenn ich glaubte, es handele sich bei meinem Gegensatz zum Gegenwärtigen um den von jung und alt, lebensfrisch und verbraucht, zukunftsträchtig und abgelebt, und nicht um den Gegensatz von vernünftig und unvernünftig, gut und schlimm, recht und unrecht, vornehm und gemein, so würde ich alsbald auch innerlich beiseite treten, mich geistig ins Altersheim begeben und ruhig, auch innerlich ruhig geschehen lassen, was geschehen soll und muß.

Aber so liegt die Sache m. E. eben durchaus nicht. Die Stimme der unreifen, urteilslosen Jugend wird mich so wenig anderen Sinnes machen, wie die unzweifelhaften Erfolge der Neuen auf gewissen Gebieten. Erfolge, die ich selbst mit hellem Jubel begrüßen würde, wenn sie nicht, wie wir jetzt jeden Tag erleben müssen, die Folge hätten, den ›doktrinären Fanatismus‹ (Papen) der Partei immermehr zu stärken und zu entbinden, und Maßnahmen zu veranlassen, die schlimm sind und nicht zum Guten führen können. Der Schaden, der aus ihnen erwächst, wird nicht so sichtbar wie die unleugbaren Erfolge, zumal alles geschieht, um diese bekannt zu machen, jenen aber den Blicken der Menge zu entziehen; ein Beispiel dafür ist, daß an all den prachtvollen Villen und Grundstücken, die die ›Bonzen‹ in meiner unmittelbaren Nähe bewohnen (ich könnte Ihnen auf einem einstündigen Spaziergang mehrere zeigen), sämtlich ohne Namensschild sind. Aber da die Schäden nicht sichtbar werden, sind sie um so schlimmer und wiegen, wenn dem Unwesen nicht bald gesteuert wird, jene Erfolge am Ende auf.

Denn was im Finstern schleicht und nicht an den Tag kommt, breitet sich um so ungestörter und schneller aus.

Und abgesehen von dem Rassenwahn, der sich nun erst ganz ausrast, fließt alles Übel aus der einen Quelle, daß das Staatsoberhaupt zugleich Parteiführer ist und bleibt. Alles hätte gut werden können, wenn Hitler am 30. 1. 33 das braune Hemd ausgezogen und gesagt hätte, jetzt gäbe es für ihn keine Parteien mehr, sondern nur noch Deutsche, wie Wilhelm II. beim Kriegsbeginn. Daß er es nicht getan hat, hat Deutschland an seiner eigenen Sache großen Schaden getan, der aber noch heute leicht zu verringern wäre, wenn das Band zwischen Staat und Partei nach und nach gelockert würde, wie wir es erwartet und erhofft haben. Leider aber ist davon nicht die Rede, sondern immerfort nur vom Gegenteil. Man versteift sich immer mehr auf den unsinnigen Versuch, das Deutschtum in die Partei aufgehen zu lassen statt umgekehrt. Das heißt, man will eine große Kiste in eine kleine hineinstecken. Daß das unmöglich ist, leuchtet ein – leider nicht den maßgebenden Leuten –, es muß dabei entweder die große oder die kleine Kiste entzwei gehen.

Doch genug, sonst kann ich auch diesen Brief nicht abschikken.

Übrigens glaube ich, Sie denken wie ich und ich habe jene Wendung mißverstanden. Sie wollten damit wohl nur den Gegensatz feststellen, der nun auch in Ihrem Haus und Heim besteht, ohne aber daraus die Konsequenzen zu ziehen, die ich hier daraus ableite.

Was Sie über Ihren neuen Direktor schreiben, freut mich für Sie. Man ist ja heute in solchen Sachen sehr bescheiden geworden. Man ist zufrieden, wenn man einigermaßen anständig behandelt und nicht geradezu vor den Kopf gestoßen wird.

Was Carolum Magnum anlangt, so hat ihn ja nun der maßgebendste Mann – seine Aussprüche sind so infallibel, wie nur irgendeine Eingebung des Heiligen Geistes in der Bibel – in aller Form rehabilitiert in seiner ›großen‹ Rede über die Entwicklung des Deutschtums. Wer mag ihn da inspiriert haben? Am Ende die 8 Professoren, die gemeinsam das Büchlein ›Karl d. Gr. oder Charlemagne?‹ (ein tarnender Titel!) bei Mittler und Sohn herausgegeben haben?[1] Kennen Sie es? (...)

Mit Familienforschung fange ich auch an mich zu beschäftigen und es ist wirklich eine ganz gute Sache, – ein Blümchen an dem neuen Wege.

A propos Weinstock – kennen Sie sein neues Buch?[2] Vortrefflich geschrieben, höchst konzentriert, reif und klug. So wie er hier das Politische faßt, kann man es sich gefallen lassen. Auch sonst kann man ihm fast überall zustimmen und sich zugleich über seine Formulierungen freuen, – er hat nicht bloß Wissen und Geschick, sondern auch Geist. Ich wünschte, er würde Kultusminister, ganz im Ernst. Ich kenne keinen, der es heute besser machen könnte. Mein Widerspruch gegen ihn regt sich erst im 2ten Teil gegen die berühmte ›Einheit‹ der Kultur und gegen das humanistische Gymnasium als einzig wahre Bildungs- und Ausleseanstalt. Wenn ich 20 oder auch nur 10 Jahre jünger wäre, würde ich das deutsche Gymnasium seinem im Grunde stark reaktionären Ideal gegenüberstellen. Aber was hat's heute für einen Zweck, sich um diese Dinge zu bemühen, die ja doch ohne uns und gegen uns entschieden werden? Auch Weinstock wird nichts erreichen, schon weil er nicht die heute allein wirksame Tonart hat.

Mir geht's körperlich ganz leidlich, auch meiner Frau. Ich arbeite auch wieder allerlei. Davon ein andermal.

Seien Sie beide herzlich gegrüßt von uns beiden! Und schreiben Sie mal wieder Ihrem treu ergebenen

M. Havenstein

36.

Frankfurt, 18. 10. 1935

Lieber Herr Professor,

Am Montag früh rücke ich mit meiner Oberprima zu einem der neu eingerichteten »nationalpolitischen Lehrgänge« in die Jugendherberge zu Camp am Rhein ab, um dort bis zum 2. November zu bleiben. Vorher gibts noch viel zu tun, ich weiß kaum, wie ich mit allem fertig werden soll. Aber ich möchte Ihnen doch auf Ihren Brief, für den ich herzlich danke, wenigstens ein paar Worte schreiben.

Ich denke nicht daran, *innerlich* zu resignieren! Vielmehr stimme ich Ihnen in allem zu, was Sie schreiben über den Gegensatz zwischen uns und den anderen. Ich halte fest an den alten Begriffen und Grundsätzen von Treu und Glauben, von Anstand und Ritterlichkeit und Wahrhaftigkeit und was sonst noch hinzugehört, und lehne leidenschaftlich ab den Grundsatz »Gut ist, was dem deutschen Volke nützt« und seine unheimlichen Konsequenzen. Auch das Gute, was die neue Zeit gebracht hat, macht mich darin nicht irre. Sittliche Verwilderung des deutschen Volkes ist ein zu teurer Preis dafür, von allem anderen abgesehen. »Was hülfe es dem Menschen, so er die ganze Welt gewönne und nähme doch Schaden an seiner Seele« gilt auch für Völker.

Also meine Resignation ist nur eine äußerliche. Auf uns Alte hört ein großer Teil der Jugend nicht mehr, und wir können sie nicht dazu zwingen. Es bleibt nichts übrig, als sie selbst ausprobieren zu lassen, wie weit sie mit den neuen Grundsätzen kommt. Ich hoffe, daß sie noch rechtzeitig zur Einsicht kommt, einstweilen aber ist der Gegensatz da, und der alte Streit der Generationen hat, gerade in meiner Familie, darin seine Ausprägung gefunden. Mehr habe ich nicht sagen wollen, und es tut mir sehr leid, daß ich mich so mißverständlich ausgedrückt habe. Hoffentlich sind wir uns jetzt einig.

Montag gehts also nach Camp. Hoffentlich wirds eine erfreuliche Zeit. Wenn ich mit meinen Jungen, die ich größtenteils schon von Sexta her kenne, allein dort wäre, wärs mir lieber gewesen. So werden wir mit der Prima des Weilburger Gymnasiums zusammengesteckt und durcheinandergewürfelt. Das ist Grundsatz. Aber der Kollege, der die Weilburger führt und der die Lagerleitung übernehmen wird, ist ein verständiger Mann, nach dem Eindruck jedenfalls, den ich in zwei Unterredungen von ihm gewonnen habe, er wird keine Gesinnungszüchtung treiben, das ist mir die Hauptsache, und für den unerläßlichen und ausdrücklich befohlenen Verkehr mit den örtlichen Parteiinstanzen, Hitlerjugend usw., ist er als S. A. Mann geeigneter als ich; ich bin heilfroh, daß mir das abgenommen wird. Die äußeren Unbequemlichkeiten nehme ich gern in Kauf, es ist mir sogar sehr gut, mich einmal kasteien und auf Dinge wie das Pfeifchen und das warme Bad jeden Morgen verzichten zu müssen. Also hoffen wir das Beste! Herauskommen wird nichts dabei als eine schöne Erinnerung – gemeint ists ja ganz anders. Ich berichte Ihnen später davon.

Weinstocks Buch mag gut sein oder nicht, ich begreife ihn nach wie vor nicht, daß er nicht den Mund hält.

(...)

Mit herzlichen Grüßen von Haus zu Haus

Ihr stets ergebener

Schumann

37.

Frankfurt, 21. 1. 1936

Lieber Herr Professor,

Neben mir lauern die 25 heute geschriebenen Abiturientenaufsätze, zu denen überdies übermorgen noch 26 lateinische Arbeiten kommen werden. Aber ich will rasch vorher noch kurz ein paar Briefe schreiben. Sonst bleiben die wieder liegen, wie das bei mir leider nur zu oft vorkommt.

Ich danke Ihnen recht herzlich für Ihre Besprechung des Weinstockschen Buches und noch mehr für Ihre Karte. Das Buch kenne ich nicht. Aber ich verstehe Weinstock sehr gut, daß er mit Ihrer Besprechung zufrieden ist, er hat allen Grund dazu. Daß Sie nicht mit allem einverstanden sein würden, mußte er doch voraussehen. In der Frage der Bedeutung und Notwendigkeit des fremdsprachlichen Unterrichts stehe ich mehr auf seiner als auf Ihrer Seite. Ihre Schrift, die Sie anführen, kenne ich, ich glaube sogar, Sie haben sie mir selbst geschenkt. Überzeugt hat sie mich nicht. Aber es ist ein zu weites Feld, als daß ich heute darauf eingehen könnte. Nur so viel: was wollen Sie an die Stelle setzen, wenn die Sprachen (natürlich vor allem in puncto Stundenzahl) an die Peripherie gerückt werden?

Ich soll Ihnen vom Camp berichten; verzeihen Sie, daß es nicht schon längst geschehen ist. Ja, wir waren also dort etwa 10 oder 11 Tage Ende Oktober in der Jugendherberge, 29 Oberprimaner von uns mit einem Referendar und mir, dazu 17 Primaner des Staatlichen Gymnasiums zu Weilburg mit einem Studienrat, einem Assessor und einem Referendar. Die Lagerleitung übernahm der Weilburger Studienrat. Er hat die Sache so vernünftig wie möglich angefangen und herausgeholt, was herauszuholen war. Wanderungen, Besichtigungen, Geländeübungen, Sport und dergleichen. Keine weltanschauliche Schulung oder Ähnliches. Ein paar Vorträge von Ortseingesessenen über wirtschaftliche Verhältnisse der Gegend. Einmal ein Werbeabend für die Jugendherbergen mit dem dortigen BDM und der Hitlerjugend zusammen, zwecks Bekundung der Volksgemeinschaft. Musikvorträge, Sprechchöre, Lieder – manches recht hübsch, anderes für mich schwer erträglich; das Beste war, daß die Jungen nachher ausgiebig tanzen konnten. Das Schönste waren die Wanderungen. Das Allerschönste aber die Weinlese im Bopparder Hamm. Aufbruch tief in der Nacht, Fahrt über den Rhein bei Mondschein, gegen Morgen stieg der Nebel auf, wir standen unten am Rhein, froren gewaltig, sahen zu, wie die Sonne mit dem Nebel kämpfte und schließlich siegte – und dann im Weinberg die Lese in fröhlicher Gesellschaft, in strahlendem Sonnenschein, tief unten der Strom und die Schiffe, weiter Blick über die schöne herbstliche Landschaft, dazwischen wurde fleißig gelesen, bergauf, zuletzt ganz steil, seinen Lohn nahm man sich selbst, herrlich süß waren die Trauben, und zu Mittag gabs ein Glas Wein – noch nie hat mir Wein so herrlich geschmeckt wie dort. Anstrengend war die Sache, man mußte sich gehörig bücken, und ich war nachher so steif, daß ich gebückt gehen mußte wie ein altes Mütterchen. Aber schön wars doch, ich werde den Tag nie vergessen, und zugleich war es etwas, was wirklich Sinn hatte: hier gab sich wirklich für die Jungen die Volksverbundenheit von selbst. Sie arbeiteten hier mit und bekamen einen Begriff von der mühseligen Tätigkeit des Winzers. Und die Winzer hatten auch ihren Spaß an den Jungen. Erst waren sie nämlich sehr abweisend, sie dachten natürlich, wir wollten bloß zusehen und Trauben naschen; dann, als sie sahen, daß wir wirklich halfen, wurden sie sehr freundlich, und am nächsten Tag – wo die zweite Hälfte des Lagers ausrückte – wurden mehr Jungen angefordert, als zur Verfügung standen.

Das hatte also Sinn. Wir alle haben auch wohl deshalb die Weinlese als den Höhepunkt unseres dortigen Daseins empfunden. Sonst? Die Jungen nannten das Unternehmen »nationalpolitischer Leerlauf« (statt Lehrgang); das gibt doch zu denken. Es wäre wenigstens eine schöne gemeinsame verspätete Sommerfrische gewesen, wenn wir besseres Essen bekommen hätten. Darüber wurde, und mit Recht, andauernd geklagt, und es verdarb erheblich die Stimmung. Es störte auch das Zusammensein mit den Weilburgern. Wir Kollegen haben uns glänzend vertragen. Aber die Jungen waren zu verschieden. Unsere Großstädter, in erster Linie geistig interessiert, die Weilburger großenteils nicht nur aus der Kleinstadt, sondern aus ganz einfachen bäuerlichen Verhältnissen, geistige Interessen ziemlich gleich Null, nur Sport, Alkohol, Nikotin und die Weiblichkeit. Fast die ganze Zeit gingen die beiden Gruppen nebeneinander her, erst gegen Schluß kam so etwas wie eine Annäherung zustande. Aber da ging man schon wieder auseinander.

Für mich war viel Schönes dabei. Aber es war auch anstrengend und entbehrungsreich und auch nicht ohne Ärger. Auch meine Jungen haben sich nicht in allem so verhalten, wie ichs von ihnen erwartet hatte. Aber ich glaube, was mich am meisten gestört hat, war das Zusammensein mit den Fremden. Ich habe vom ersten Tage an die Tage und zuletzt die Stunden gezählt, bis die Sache zu Ende sein würde. Dabei habe ich alles selber bezahlen dürfen! Welchem anderen Stande mutet man das zu? Das Gute hat das Unternehmen gehabt, daß ich wenigstens nicht zu einem der »Umschulungskurse« für Lehrer kommandiert worden bin, die in unserer Provinz stattgefunden haben. Die meisten, die sie mitgemacht haben, schildern sie als rechten Leerlauf; sonst sei es recht nett gewesen, man habe sich trefflich vertragen und manchen vergnügten Schoppen miteinander getrunken. Ich habe von Camp für absehbare Zeit genug und gehe in ein solches Lager, sei es für Schüler oder für Lehrer, nur wenn ich unbedingt muß.

Seitdem bin ich wieder in den Schulbetrieb eingespannt. Und ich hätte doch so gerne mehr Zeit frei für die Tätigkeit, an der mein Herz hängt und für die ich auch am besten geeignet bin. Sonst habe ichs ja ganz gut. Mit dem Direktor vertrage ich mich nach wie vor, er ist nicht eben ein Mann von Geist, wenn er Reden hält, ists peinlich zuzuhören, aber er ist, wie ich Ihnen ja schon schrieb, ein anständiger Mensch, ehrlich überzeugt, aber kein Fanatiker, und gibt sich große Mühe. Anderen Schulen hier, die mit neuen Oberhirten beglückt worden sind, gehts schlechter als uns. Ein Freund von mir sagte mir neulich: Bisher habe ich nicht gewußt, was Haß ist; jetzt weiß ichs. Freilich fehlt da auch manchmal, oder sogar in der Regel, der Männerstolz vor Königsthronen alias die Zivilcourage. Aber wo ist die überhaupt in Deutschland zu finden?

Sonst irgend etwas in dieser Richtung zu schreiben ist zwecklos, wir verstehen uns ja ohnehin.

Die Familie ist seit Anfang November wieder beisammen. Der Junge und die zweite der Töchter studieren zusammen Mathematik und Physik; es ist für uns immer wieder ein wahres Vergnügen zuzusehen, wie einig und vergnügt sie zusammen über ihren Aufgaben sitzen. Auch sonst ist das Zusammensein mit dem Jungen recht erträglich. Er ist nach seinem recht ehrenvollen Abschied vom Militär – er ist als Gefreiter und sogar, trotz Brille, mit der Schießauszeichnung entlassen worden – zuerst einige Zeit in Erfurt bei meinem Bruder gewesen, vor dem er großen Respekt hat und der ungefähr so steht wie ich. Der hat ihm manches gesagt, was ihm nützlich gewesen ist, und außerdem sieht er selbst so manches, was faul ist.

Die beiden jüngsten Kinder habe ich wegen hochgradiger Blutarmut auf 6 Wochen in den Schwarzwald nach Königsfeld schicken müssen. Leider haben sie dort dasselbe erbärmliche Wetter wie wir hier, ewig Regen. Wir hoffen, daß es sich noch bessert, damit die Sache Zweck hat.

Sonst ist bei uns alles wohl. Ich wünsche Ihnen herzlich, daß Sie Ihren Katarrh endlich loswerden und wieder richtig schlafen können. Überhaupt wünsche ich, wenn auch sehr post festum, Ihnen und Ihrer verehrten Gattin herzlich alles Gute für 1936. Es wäre sehr schön, wenn dieses Jahr uns ein Wiedersehen brächte, d. h. wenn Ihre Reisepläne sich so einrichten ließen, denn wir werden schwerlich zu größeren Reisen kommen.

Mit herzlichen Grüßen von Haus zu Haus

Ihr stets ergebener

Schumann

38.

Berlin, 14. 2. 1936

Lieber Herr Kollege,

mit der Antwort auf Ihren letzten, lieben Brief vom 21. Januar habe ich gewartet, bis mein Aufsatz über Egoismus und Altruismus[1] heraus war, den ich Ihnen senden wollte und hiermit sende. Ich hoffe, Sie haben ein wenig Freude an dieser Arbeit, die ich lange mit mir herumgetragen habe, und ersehen daraus, was Sie für ein Altruist sind. –

Daß Sie meinen Ausführungen über den Bildungswert altsprachlichen Übersetzens – hinüber und herüber – und über die Grenzen unseres Verständnisses altsprachlicher Dichtungen nicht zustimmen, kann ich mir einfach nicht denken. Auch jetzt noch – nach über 16 Jahren – halte ich meine ganz aus Erfahrung und Beobachtung erwachsene und mit aller möglichen, durchaus leidenschaftlichen Besonnenheit geführte Argumentation nicht nur für unwiderlegt – niemand hat etwas stichhaltiges dagegen vorgebracht –, sondern auch für unwiderleglich. Wer weiß, was ein Gedicht ist, was zuletzt ein wirkliches Sprachkunstwerk von einem noch so feinen und schönen Machwerk unterscheidet, der muß mir eigentlich zugeben, daß dieses letzte und eigentlich entscheidende und unterscheidende in Gedichten einer toten Sprache für uns nicht faßbar ist. Aber – das ist die Sache – man will das nicht wissen, um nicht in seinen Lieblingsmeinungen und seiner Arbeit gestört zu werden; man denkt meinen Gedanken nicht wirklich nach, man vergröbert und übertreibt sie und lehnt sie dann – mit Recht – ab. Eben erst habe ich das bei einem sehr gescheiten Freunde wieder erlebt, der mir kritisch über meine Andeutungen und Ausführungen schrieb und dem ich dann in mühseligen Berichtigungen zeigen mußte, daß ich das gar nicht behauptet habe, was er mir indizierte oder imputierte.

Glauben Sie nicht, daß ich mich damit bei Ihnen über Sie beklagen will! Ich denke nicht daran. Ich stelle nur etwas fest, was ich schon oft in meinem Leben festzustellen Gelegenheit hatte. Aber ich bin mit meinen 64 Jahren und nicht mehr allzu weit ab vom Grabe – seine Nähe wird mir schon fühlbar und wirkt auf meine Beurteilung der Lebensdinge, zumal meines Lebens ein – über das leidenschaftliche Verlangen von einstmals hinaus, andere Menschen zu meinen Meinungen bekehren zu wollen, auch wenn sie mit ihnen gar nichts anfangen können. Nein, es hat's ja jeder redliche Mensch schwer genug, zumal heute sich selber treu zu bleiben, auf seinem Acker zu säen und zu ernten. Wie könnte ich da verlangen oder auch nur wünschen, daß er sich ernsthaft mit Gedanken beschäftigt und auseinandersetzt, die ihm die Kraft und Freudigkeit zu seiner Arbeit nicht mehren, sondern nur mindern können!

Auch Weinstock geht auf diesen Punkt mit keinem Worte ein. Wohlweislich. Wenn er's täte, würde er womöglich unsicher werden. Und wozu wäre das gut, da er von seinem Wege ja doch nicht abgehen kann?

Ich habe ja auch in meiner Anzeige selbst erklärt, daß mir meine einstigen Ziele zweifelhaft geworden sind. Warum, konnte ich freilich nicht sagen. Aber Sie wissen es ja, und Weinstock – er ist doch ein famoser Kerl! – weiß es auch, daß mir heute ein humanistisches Gymnasium ältesten Stiles noch zehnmal lieber ist als eine deutsche Oberschule allerneuesten Gepräges.

Und da sind wir wieder bei dem Thema, das einen unablässig beschäftigt, weil es sich einem unablässig aufdrängt. Und hier bin ich noch so leidenschaftlich und unduldsam wie noch vor 20 Jahren in fast allen meinen Überzeugungen. Und hier will ich auch nicht anders sein. Wie sollte man dem Despotismus gegenüber liberal sein können und der ungeheuerlichsten Unduldsamkeit duldsam begegnen!?

Ich habe inzwischen allerlei Bücher gelesen, die das neue Rußland zum Gegenstand haben, und habe dabei viel gelernt – auch für uns und unsere Zeit. Kennen Sie die Bücher der Alexandra Rachmanowa[2]? Sie hat 4 geschrieben, und die letzten, die Dichtungen sein wollen, sind herzlich schwach, – das kann sie nicht. Aber die ersten beiden (1. Studenten, Liebe, Tscheka und Tod und 2. Ehen im roten Sturm, beide nach Tagebuchaufzeichnungen gemacht) habe ich mit größtem Interesse und Gewinn gelesen. Manche Parallelen sind auffallend. Und dann las ich Dwingers erste Bücher[3], die seine Erlebnisse in Rußland darstellen, und zwar gut, farbig und eindrucksvoll darstellen, und kann auch sie Ihnen sehr empfehlen, wenn Sie sie noch nicht kennen und jetzt Muße dazu haben: 1. Die Armeen hinter Stacheldraht 2. Zwischen Weiß und Rot. Ich sehe daraus, wie auch aus dem ersten Buch der Rachmanowa, daß der General Koltschak[4] eine wahrhaft tragische Gestalt ist, ein Mann, der es verdiente, von einem großen Tragiker auf die Bretter gebracht zu werden. Sein Schicksal, von dem ich kaum etwas wußte, hat mich sehr ergriffen.

Für Ihre Schilderungen aus Camp nehmen Sie meinen herzlichsten Dank! (...) Mein Gott, ein Vater von 4 Kindern ist ja auch in gewisser Weise stets im ›Lager‹ und braucht nicht erst zu echtem Gemeinschaftsverhalten erzogen zu werden.

Aber man will heute verkehrterweise die weitesten Gemeinschaftskreise dicht um das Zentrum ziehen! Man preist die Familie mit Worten, aber man zerstört sie durch Verordnungen, die ihr die Kinder und wohl gar auch die Eltern und ihren Verband, den natürlichsten, den es gibt, lockern. Darüber hätte ich in meinem Aufsatz liebend gerne auch ein Sprüchlein gesagt, aber dergleichen kann man ja heute nicht für den Druck, sondern nur für den – Rotstift schreiben.

Vielen Dank auch für Ihre Mitteilungen aus Schule und Haus. Vor allem freut es mich, daß Sie mit der neuen Leitung relativ zufrieden sind – nicht allen ist das beschieden, o Nein! – und daß Ihr Herr Sohn sich so ausgezeichnet hat und sich Ihrem Standpunkt wieder zu nähern anfängt. An meinem Neffen, der schon 1½ Jahre bei uns wohnt, als stud. med. beobachte ich dasselbe. Und das Wichtigste sind die Erfahrungen an der niedergehenden Universität. Und nun leben Sie wohl u. seien Sie mit Ihrer Frau Gemahlin herzlichst gegrüßt von Ihrem treu ergebenen M. Havenstein

Kennen Sie die Rede, die E. Wiechert[5] (ostpreußischer Dichter vornehmsten Gepräges) vor Münchener Studenten gehalten hat? Ein Labetrunk, sage ich Ihnen. Ich habe eine Abschrift. Wollen Sie sie lesen? Sie müssen sie mir nur bald wieder schikken und einige Mühe an die Entzifferung wenden, denn sie ist eigentlich nur für mich.

39.

Frankfurt, 30. 3. 1936

Hochverehrter, lieber Herr Professor,

(...) Ich sitze tief in der Arbeit, erstens in der Vorbereitung für meine Vorlesung und zweitens im Aufarbeiten von allerhand Dingen, die nur zu lange schon liegen geblieben sind. Und was einem sonst noch alles im Kopf herumgeht, brauche ich Ihnen nicht zu sagen. Nur so viel für heute, daß Ihr Buch[1] ganz gewiß zum mindesten einer sehr ernsthaften Auseinandersetzung wert ist. Ich habe es an Weinstock geschickt, der es noch nicht kannte und gern kennen lernen wollte. Übrigens soll ich Sie von ihm grüßen und Ihnen vertraulich mitteilen, daß sein letztes Buch vor etlichen Wochen verboten und beschlagnahmt worden ist. Er hofft aber, daß es wieder freigegeben wird. Und das hat mit seiner Besprechung der Meister Krieck getan. Da haben Sie wieder ein schönes Beispiel für Unduldsamkeit. Es ist beinahe so, als sähe man das Ideal darin, alle 67 Millionen in all ihrem Fühlen und Denken einander völlig gleich zu machen. Oder ist »beinahe« schon zu zaghaft ausgedrückt? Das Vorbild der katholischen Kirche drängt sich einem immer wieder auf.

Sie schreiben von Ihrer ausgebreiteten Lektüre. Ich habe für Schulzwecke eine große Zahl von Velhagenbändchen[2] zu begutachten, auch so eine Arbeit, die schon seit Monaten liegt und die endlich einmal fertig gemacht werden muß. Von dem vielen, was aus neuerer Literatur dabei ist, sagt mir persönlich kaum etwas zu. Ich lege freilich auch einen sehr strengen Maßstab an. Und ich habe meinen eigenen ausgeprägten Geschmack, glaube vor allem ein gutes Gefühl dafür zu haben, was echt ist und was Mache und Krampf oder wie man es nennen will. Dwinger kenne ich wohl, habe mich aber noch nicht entschließen können, seine Sachen ganz zu lesen, obwohl ich es gerade jetzt sehr leicht hätte, mir alles zu besorgen, was ich haben will. Was ich gelesen habe, war gut, aber gar zu quälend und niederdrückend. Es ist eine Art Feigheit, ich weiß es, wenn man dem aus dem Wege geht. Aber die Nerven sind ohnehin angespannt genug. Über dies habe ich immer ein schlechtes Gewissen, wenn ich ein dickeres Buch lese. Ich habe meine Zeit für andere Dinge nötig: man dient nicht umsonst zweien Herren. Von Wiecherts Rede habe ich auch sonst gehört. Wenn Sie sie mir einmal schicken wollten, wäre ich dankbar. Freilich werde ich von vorne herein mit dem Gefühl drangehen: Was nützt es denn, wenn einer mal so etwas sagt? Die Kreise, in die es dringt, sind beschränkt und ganz und gar machtlos, und der es sagt, sagt nicht zum zweiten Mal dergleichen, dafür wird prompt gesorgt. Ich kenne von Wiechert nur die Hirtennovelle[3], kann nicht sagen, daß sie mir sonderlich zugesagt hätte. Aber schicken Sie mir doch bitte die Rede.

Der Traum, den ich früher einmal geträumt habe, Ihnen räumlich näher zu rücken, ist nun endgültig zerronnen. Ich habe dieser Tage erfahren, daß man an 5-6 Universitäten eine Art mittellateinischer Lektorate einrichten will. Für Berlin ist ein (übrigens sehr tüchtiger und ungemein fleißiger) jüngerer Mann bestimmt. Frankfurt ist nicht unter diesen Universitäten. Es scheint, daß man an mir, dem »alten Kämpfer« auf diesem Gebiet, ganz vorübergehen wird. Nun, ich kann es nicht leugnen, ich gehöre auch zu den »Gestrigen und Vorgestrigen«, und man will junge Leute haben mit einwandfreier Gesinnung, wie sie z. B. besagter junger Gelehrte in Berlin in seinen letzten Veröffentlichungen bereits deutlich genug bekundet hat (übrigens sicher durchaus ehrlich). Zwar ist jetzt hier in der Provinz eine Aktion im Gang, um mich etwas im Unterricht zu entlasten; ich verspreche mir aber wenig davon. Auch der Antrag der hiesigen Fakultät auf Erteilung des Professortitels an mich liegt schon seit über 11 Monaten im Ministerium, und ich bin völlig darauf gefaßt, daß man mir selbst dieses kümmerliche Douceur für meine Arbeit dauernd versagt. Legts zu dem Übrigen. Bitte dies alles einstweilen vertraulich zu behandeln.

Der Frühling ist da, in unserem Garten blühen Aprikosen und Pfirsiche, die Reisezeit rückt näher – ich wiederhole dringend unsere Einladung. Wie schön wäre es, wenn man sich einmal gründlich und ungehemmt alles von der Seele reden könnte!

Mit herzlichen Grüßen von Haus zu Haus

Ihr stets ergebener

Schumann

40.

Berlin, 8. 5. 1936

Lieber Herr Kollege,

(...) Heute ist die echte Deutsche Bildung in Gefahr, und zwar von Seiten derer, die sie immerfort im Munde führen. Und eines der besten Bollwerke gegen diese Zerstörer wider Willen ist heute – das humanistische Gymnasium. Ich könnte meinen eigenen Idealen keinen schlechteren Dienst tun, als wenn ich meine – vergessene – Schrift an den Völkischen Beobachter[1] schickte und ihn darauf aufmerksam machte, daß hier die deutsche höhere Schule der Zukunft theoretisch begründet wird. Man würde sich meine Beweisführung gewiß zunutze machen, aber man würde sie auf eine Art verwenden, die ich gänzlich ablehne.

Was Schule und Bildung anlangt, so hat für mich der gegenwärtige Verlauf der Dinge überhaupt etwas Tragisches, wenn das hohe Wort hier statthaft ist. Fast all mein Tun und Trachten in den letzten Jahren meiner Amtstätigkeit war auf Bekämpfung eines alexandrinischen Bildungsbetriebs gerichtet, der Bildung mit Kulturkunde verwechselte und sich, anstatt die Gegenwart und Zukunft aufzubauen, darauf beschränkte, die Vergangenheit zu studieren, nachzuzeichnen und in Formeln zu bringen. Das ist nun vorbei oder sehr eingeschränkt. Man ist heute sehr willig und bereit, eine neue Kultur aufzubauen und läßt sich bei dieser Arbeit durch keine historischen Bedenken stören, da man an seine Sache glaubt. Alles so, wie ich es wollte und herbeiwünschte, und doch so ganz anders. Nun zerstört man mit dem Überflüssigen und Verkehrten auch das Notwendige und Richtige, verwechselt Drill mit Erziehung, Abrichtung mit Bildung, Kadavergehorsam mit Charakter und bedroht die deutsche Geisteskultur mit einem schlimmen Niedergang. Vielleicht ist das in ein paar Jahren schon anders, vielleicht ist die Kraft des Deutschen Geistes und Wesens überhaupt nicht zu brechen und zu schwächen – sie hat ja schon manchen Gewalten getrotzt –, aber man bangt und zittert doch um sie und ballt die Faust – leider nur in der Tasche – gegen die, die sie so vergewaltigen und bedrohen.

Daß Weinstocks tapferes und schönes Buch verboten ist, nimmt mich nicht wunder, hat mich aber doch tief geschmerzt und empört. Wenn nicht einmal das ertragen und erduldet wird, was ist dann noch zu hoffen!? Bitte, grüßen Sie Weinstock, wenn Sie ihn sehen, und versichern Sie ihn meiner aufrichtigen Anteilnahme. Ja, ja, Weinstock und Krieck, das ist ein ungleiches Gespann, – wie bei ›Pegasus im Joch‹[2] der Vogel und der Ochs! Sie erinnern sich wohl.

Also Sie haben moderne Lektüre für die Schule zu prüfen und finden wenig nach Ihrem Geschmack. Darüber erführe ich gerne Genaueres. Denn Ihr Urteil schätze ich ja, und Modernes habe ich in letzter Zeit viel gelesen. Manche der neueren Dichter kenne ich so gut, daß ich über ihren Wert und Rang eine feste Meinung habe. Darf ich einige nennen? Kolbenheyer, Hanns Johst, E. Wiechert, v. Mechow, Waggerl, W. Schäfer, H. Carossa, v. Zeiseler (›Weras Ende‹, Langenbücherei), Sillanpää (ein Finne, der prachtvolle Romane geschrieben hat), J. Ponten – sind alles echte Poeten[3], die immer zwischen den Grenzen der Trivialität und der Gesuchtheit bleiben und etwas Schlechtes schwerlich schreiben können. Auch Dwinger habe ich – aus ›Zwischen Weiß und Rot‹ sehr schätzen gelernt. Er ist auch ein Kerl. Es gibt natürlich ein Heer von Skribenten und Reimeschmieden, die überhaupt nicht wissen, was Poesie ist. So wie ein anderer Herr nicht weiß, was Bildung ist.

(...) Wir wollen im nächsten Jahr, wo wir keine Badekur machen, auf 4-5 Wochen nach Italien, mit ein paar Verwandten und Freunden zusammen, und dafür müssen wir sparen.

Wer weiß freilich, wie es dann bei uns und Italien aussieht? Aber auf Ruinen kann man keine Pläne bauen, und man hofft ja auch immer, wiewohl Schachts Kaltstellung[4], von der ja alles tuschelt und die man ja auch aus seinem Verstummen erschließen muß, einem bange machen kann. Heil Deutschland!

Seien Sie mit den Ihren gegrüßt, auch von meiner Frau! Ihr getreuer

M. Havenstein

41.

Berlin, 25. 11. 1936

Lieber Herr Kollege,

(...) Nehmen Sie zunächst meinen Glückwunsch zum Professorentitel.[1] Ich weiß Ihre Genugtuung darüber voll zu begreifen. Ich habe vor rund 20 Jahren selbst erfahren, daß man keinen Grund hat, solche Etikettierungen zu verachten. Wer nicht gänzlich abseits lebt oder wer nicht über eine äußere Erscheinung verfügt, die alle Titel überflüssig macht, dem tut ein gutklingender Titel die angenehmsten Dienste: er wird von unbekannten Menschen oft achtungsvoller und zuvorkommender behandelt als sonst, und das ist für jeden etwas wert, der kein Diogenes ist. Und Professor ist bei uns immer noch ein gutklingender Titel, dem man viel zu danken hat. Und Ihr Professor – das kommt dazu – ist mehr als ein Titel, den nach einer bestimmten Staatsdienstzeit jeder Unbescholtene erhält und erhielt, er ist eine Auszeichnung für Besondere, das Mittelmaß weit überragende Dienste und Leistungen, eine Auszeichnung, auf die Sie Anspruch hatten. Und daß Sie sie jetzt, sogar jetzt, erhielten, beweist, wie unabweisbar Ihr Anspruch war.

(...)

Houston Stewart Chamberlain[2] – übrigens (ich las neulich mal wieder in einem seiner Werke) in seinem Judenhaß und Rassenwahn ein echter Vater des Nationalsozialismus – hat einmal behauptet, zur Arbeit des Historikers gehörte mehr Phantasie als zu der des Dichters, und wenn das auch natürlich in dieser, allzu undifferenzierten Form (die Phantasie hat, wie alles Geistige, nicht nur Stufen, sondern auch Arten der Betätigung) falsch ist, so steckt doch etwas Wahres darin. Die immer noch landläufige Meinung, die Kunst und Wissenschaft allzu stark trennt, bedarf ohne Zweifel einer Korrektur, wie sie übrigens unsere Psychologie längst vollzogen hat.

Man erlebt es ja immer wieder, daß begabte Menschen, die Jahrzehnte lang mit allem Ernst und Eifer etwas Anderes getrieben haben, wozu sie ihr Leben hinleitete und drängte, plötzlich, wenn das Leben sie freimacht, anfangen zu dichten. Ich denke dabei an Gertrud Bäumer[3], die sich jetzt als wirkliche Dichterin entpuppt hat. Und drei Genies kenne ich sehr genau, die ohne Zweifel große Poeten hätten werden können und also im Grunde waren, wenn sie nicht zu anderen Tätigkeiten schicksalhaft und unwiderstehlich berufen und gezwungen gewesen wären: Nietzsche, der größte von ihnen, dann Kierkegaard, endlich Friedrich Naumann[4]. Kierkegaard[5] hat Sachen geschrieben, die ich soeben gelesen habe, und die eine solche dichterische Gestaltungs- und Sprachkraft verraten, daß mir daneben das neueste Werk von Ernst Wiechert[6], das doch nicht schlecht ist, durchaus schwächlich und dünn erschien. Und von Naumann kenne ich Briefe, die einen poetischen Zauber haben, wie wenige Briefe berühmter Dichter. Übrigens schleicht sich auch in seinen Schriften immerfort die Poesie ein und guckt den Leser zwischen den Zeilen süß und lockend mit ihren Träumeraugen an.

Auch Max Weber[7] kann ich nennen. Ich kenne Briefe von ihm aus Schottland, die viel dichterischer sind als Fontanes schottische Reiseschilderungen. Ich bin überzeugt, Max Weber und Naumann hätten jederzeit herrliche Novellen schreiben können, wenn sie nicht Dinge zu tun gehabt hätten, die ihnen wichtiger waren.

(...)

Was Sie von Ihren Reisen erzählen, hat mich lebhaft interessiert, (...) Donauwörth, Landshut etc. sind herrlich, viel schöner, weil viel unverschandelter als unsere schönsten norddeutschen Städte aus älterer Zeit. Vor allem die Barockzeit hat beinahe ganz Süddeutschland aufs Schönste mit Bauten geschmückt. Es gibt dort überall, auch in kleinen, sonst unscheinbaren Orten, Kirchen, die einen katholisch machen könnten, so schön sind sie.

Daß im übrigen überall derselbe Jammer ist, ist leider Gottes nur zu wahr. Und kein Fünkchen Aussicht auf einen Wandel. (...)

Wir waren 8 Tage in Berchtesgaden, das über die Maßen schön ist, und dann wieder 4 Wochen in Wiessee. Seien Sie mit Ihrer verehrten Frau Gemahlin herzlichst gegrüßt von Ihrem treu ergebenen

M. Havenstein

Was macht der tapfere und kluge Weinstock? Ist sein Buch immer noch verboten?

42.

Berlin, 3.2.1937

Lieber Herr Kollege,

(...) In summa: ich beglückwünsche Sie zu Ihrer Arbeit, die, wenn man alles bedenkt, besser und angenehmer ist als manch andere, die man auf den ersten Blick höher zu schätzen geneigt ist. Unsere Arbeit ist immer unsere Geliebte. Insofern ist jeder echte Mann eine Art Bigamist, jedenfalls nicht so treu in der Ehe, wie die Frau es gewöhnlich und normalerweise ist. Der Mann kann und darf nicht so ausschließlich seiner Frau gehören wie die Frau ihm. Er hat eine Sache, die liebt er neben ihr, und er widmet ihr weit mehr Zeit und Kräfte, oft auch mehr Leidenschaft, als seiner Frau. Daraus erwachsen bekanntermaßen immer wieder tiefe Konflikte, es ist ein Quell, dem reichlich Tragik entspringt. (...)

Also zurück zu Ihrem Brief, dem ich folgen wollte. Wann werden denn Ihre Carmina[1] nun fertig, die Röslein alle gepflückt und in einen Strauß gebunden sein, daß man sich auch einmal daran freuen kann?

Daß Sie an der Universität mit Ihren Carminibus Zuhörer haben, ist in der Tat alles mögliche. Ich weiß ja einigermaßen, wie das heute ist. Und dann hat doch das Thema selbst ganz geringe »Attraktions«Kraft. (...)

Nun ein paar Worte über unsere gemeinsamen überpersönlichen Sorgen. Sie schreiben, Sie sind im Ganzen ruhiger. Das kann ich von mir nicht sagen. Wenn meine rein geistige, körperlose Geliebte bei mir weilt, dann entfleucht sie mir alle Sorgen, das versteht sie besser, als es die schönste Geliebte aus Fleisch und Blut könnte. Aber sie ist nicht immer da. Und sobald sie mich verläßt, dann dringen diese häßlichen Dinge heran und bedrängen mich sehr. Die Kriegsgefahr scheint augenblicklich beschworen zu sein. Wir können ja auch keinen Krieg führen, weil wir – wissen Sie das – kein Iridium und Nickel und auch zu wenig Kupfer im Land haben und außerhalb auch nichts zu kaufen kriegen, weil die Engländer uns die Vorräte wegkaufen, – in Schweden und Finnland haben sie es z. B. so gemacht. Mir hatte es schon ein Wirtschaftsgespräch gesagt, und dann las ich es in der Zeitung. Wenn jetzt Krieg käme, würden wir gleich zu Anfang ungefähr so dastehen, wie vor 19 Jahren am Ende des Weltkrieges. Das riesigste Heer, ohne die zur Kriegsführung auf längere Zeit – und er dauert auch jetzt längere Zeit, Beweis: Spanien – unerläßlichen Rohstoffe, das ist wie ein Auto ohne Benzin: fahren kann man damit nicht. Mir werden darüber Dinge berichtet, die ich dem Papier nicht anvertrauen will.

Die Tonart des süddeutschen Gauleiters, von der Meiser[2] in seiner Kanzelabkündigung Proben gab, ist mir aus anderen Berichten genugsam bekannt. Überhaupt geht der Kampf gegen Kirche und Christentum unentwegt weiter. Und leider Gottes ist er nicht erfolglos. Wenn auch die Pfarrer zum größeren Teil nicht nachgeben, ihre Gemeinden schrumpfen doch zusammen. Bei der Menge sind eben die ungeistigen, materiellen Machtmittel, mit denen die Kirche angegriffen und gleichsam unterminiert wird, doch sehr wirksam. Einer nach dem anderen fällt ab, und die Kinder nun gar, die in der neuen Luft von klein auf aufwachsen, woher sollen sie die innere Widerstandskraft gegen alles das törichte Zeug nehmen, das man ihnen als ausgemachte Wahrheit eintrichtert! Meine Eindrücke sind in dieser Hinsicht wenig aussichtsreich. Die zur Weltanschauung gemachte Rasse und Nation – das hat kürzlich Eden in seiner Rede als das Deutschland Isolierende bezeichnet[3], und Hitler hat an ihm vorbeigeredet, denn daß wir uns wirtschaftlich und überhaupt nicht isolieren wollen, weiß natürlich jedes Kind in England, was Eden behauptet hat, ist nur eben, daß wir uns durch unseren Rassenaberglauben (Wahrheit: Antisemitismus) tatsächlich isolieren – also diese neue, auf Blut und Rasse gegründete Weltanschauung ist so faßlich und eingängig, wie sie oberflächlich und töricht ist, und leuchtet daher der Jugend ein, vor allem wenn sie nicht von Hause her etwas Besseres kennt, etwas Tieferes, Wahreres, Komplizierteres. Ich kenne Beispiele von ganz intelligenten jungen Leuten, bei denen die Schulung mit ihrer billigen Dialektik (ich würde das gerne ausführen, aber es würde zu weit führen) so erfolgreich gewesen ist, daß ihnen die Dogmatik, die sie gelernt haben, nicht mehr auszureden ist. Das ginge nur durch eine längere Beeinflussung, wie sie z. B. mein jetzt seit 2 Jahren bei uns lebender Neffe, stud. med. beinahe ohne besondere Bemühungen unsererseits erfährt. Es hat aber auch bei ihm beinahe 2 Jahre gedauert, bis er zur Einsicht kam.

Nein, mich beunruhigt gerade dies ganz besonders. Diese Fabrik des neuen deutschen Menschen arbeitet unablässig und mit höchster Zielbewußtheit, und sie hat da am meisten Erfolg, wo sie am wenigsten Lärm macht. Wenn man in Heidelberg über Krieck lacht[4], so will das m. E. nicht viel sagen. Die Sache geht doch immer vorwärts. Was dabei herauskommt, ist grauenhaft, ohne Zweifel. Aber wenn man glaubt, daß die ganze Geschichte deshalb zuletzt mißlingen werde, so dürfte das am Ende jener Gefühlsglaube sein, den Nietzsche als einen Aberglauben an die Vernunft im Weltgeschehen so grimmig verspottet hat. Wir sehen ja auch an unserem östlichen Nachbarn, wie lange sich die aberwitzigsten Ideologien halten können, wenn hinter ihnen eine skrupellose Macht und Gewalt steht.

Ja, das mit Frau Simpson und dem englischen König[5] war köstlich, da haben Sie recht. Was Sie mir aus dem Tempo[6] abschreiben, ist fein, und ich danke Ihnen noch besonders dafür. Überhaupt, es gäbe ja so viel zu lachen, wenn – man innerlich nicht so beteiligt wäre. So kann man aber höchstens so lachen wie Georg Friedrich Jünger in jenem Gedicht[7]. Wissen Sie, mich beunruhigt schon die Tatsache ganz tief, daß man dies ekelhafte Maulheldentum, das Jünger da gebührend und m. E. meisterhaft verzeichnet, weithin schon gar nicht mehr übel nimmt, sondern womöglich geschickt findet und also eher lobt als tadelt. Welche Gesunkenheit des Geschmacks erreicht diese Tatsache! Und der Geschmack ist etwas eminent Sittliches! Es wäre sehr oberflächlich zu glauben, im Geschmack käme nicht unser ganzes Menschsein zum Ausdruck.

Dann Chamberlain[8] und der ganze Dilettantismus. Aber was Sie darüber schreiben, ist so ausgezeichnet, auch in der Formulierung, daß ich dazu nur zu sagen brauche: ich stimme von ganzem Herzen bei. Psychologisch-politische Kurpfuscherei – ganz richtig, das ist es. Daher auch manches Richtige, ganz wie bei der Kurpfuscherei, und im Ganzen doch eben unmöglich für unsereinen. Spengler dürfen Sie freilich nicht zu diesem genus omne rechnen[9]: er ist nicht verrannt und besessen wie Chamberlain etc., sein Grundgedanke ist eine geniale Idee, eine Vision oder Intuition großen Stils. Daher muß man ihm sein unausbleibliches Dilettantentum zu gute halten. Aber Herrn Chamberlain gebe ich Ihnen willig preis. Auf ihn trifft Ihre Kennzeichnung des Dilettantismus zu. Denn seine Hauptidee ist eben schon wahnhaft, klein und niedrig, ein verruchtes hohles Zeug. Jetzt erst, wo man sie praktisch durchzuführen sucht, ist mir das ganz klar geworden.

Den Huizinga[10] würde ich natürlich gerne lesen, aber nur unkastriert. Und man sagte mir, in den neuen Auflagen sei er kastriert, gerade das, um dessentwillen man ihn lesen will, ist getilgt. Haben Sie die erste Auflage ohne die Kürzungen?

Th. Mann – ja, das ist auch ein Kapitel! Ich las neulich mal wieder ein Zauberbergkapitel, das aus dem 2. Bande, über das Grammophon, das Hans Castorp so eifrig bedient – ich habe jetzt auch ein Grammophon und freue mich daran wie Hans Castorp. Hier kann ich das Programm machen, das ist das Gute daran. – Und ich war wieder geradezu bezaubert von der Kunst der Darstellung. Es ist eine Sprachkunst, die etwa der musikalischen Sprache von Richard Strauß zu vergleichen ist: unendlich raffiniert und nur für Kenner ganz verständlich, für diese aber ein erlesener Genuß. Daß dieser große deutsche Sprachmeister in seinem Vaterland nun nicht mehr erscheinen darf – man hat auch hier seine Werke – so weit sie erfaßbar waren, vernichtet! – Nun, das spricht doch wohl mehr gegen das Dritte Reich als gegen ihn. So weitherzig und großzügig, um diesen Mann zu ertragen, könnte es doch immerhin sein. Es ist ja auch nicht zweifelhaft, daß er sich, wie eben G. Hauptmann[11], ganz ruhig verhalten würde, wenn er in seiner Heimat bleiben dürfte.[12]

Die Schule – ja, was sagen Sie denn zur A. Hitler-Schule, die inzwischen auf dem Papier fertig geworden ist[13], ohne daß Rust dabei überhaupt genannt ist? Sie sehen, wie systematisch und konsequent man vorgeht, um den alten Geist bis auf den letzten Grund auszubeuten. Wissen Sie, daß im M. K.[14] gestanden hat, die Auswahl für diese Schule und auf ihr erfolge *nicht nur* nach körperlichen Maßstäben. Und die skalpierte Höhere Schule, auf der das intelligente Mädel, von dem Sie schreiben, ein Jahr länger geschult wird als die dummen Jungen! Aber auf ›Bildung‹ kommt es doch eben nicht nur an.

So, nun habe ich mein Programm durchgeführt und Ihnen einen ordentlichen Antwortbrief geschrieben! Lang genug ist er jedenfalls geworden. Nun schreiben Sie bald mal wieder, wenn auch nur kurz (...) Ihrem Sie und Ihre Frau Gemahlin, auch von meiner Frau herzlich grüßenden und getreuen

M. Havenstein

43.

Berlin, 8. 5. 1937

Lieber Herr Kollege,

nein, ›ungehalten‹ bin ich ganz und gar nicht gewesen, weil Sie mich etwas länger haben auf Antwort warten lassen. Ich weiß ja, was Sie alles zu leisten haben, und daß Sie keine Ihrer vielen Pflichten leicht nehmen. (...) Sie bemühen sich in Ihrem letzten Brief[1], Kunst und Wissenschaft hinsichtlich der Begabungsvoraussetzungen einander möglichst nahe zu rücken.

Und selbstverständlich gebe ich zu – und tat es immer –, daß sie einander viel näher stehen, als man lange Zeit geglaubt hat. Für alle wirklich produktive Arbeit gilt der Spruch, daß das ›Höchste frei von den Göttern herabkommt‹. Das Beste daran ist ›Charisma‹, Gnade, Geschenk, Talent, Einfall, Intuition, oder wie man's nennen mag. Auf alles dies aber muß man warten. (...)

Also nochmals, so sehr ich mich über Ihre Briefe freue, weil sie ein so beträchtliches Niveau haben, so bitte ich Sie doch nochmals, sich nie zu einem Brief an mich gedrängt oder verpflichtet zu fühlen, schon damit das Niveau Ihrer Briefe nicht sinkt. Wobei ich von mir selbst auf andere schließe. Denn ich bin einfach nicht imstande, ohne inneres Getriebensein, einen auch nur leidlichen Brief zu schreiben. Nur ein lahmes, trockenes, unzusammenhängendes Zeug bringe ich dann aufs Papier, dessen ich mich selber schäme.

Über Coriolan[2] denke ich wie Sie. Ich kenne aber das herrliche Stück, die Tragödie des Aristokraten-Stolzes, der keine Zugeständnisse machen kann, ich kenne es nicht so gut wie Sie. Meine besonderen Lieblinge unter den 36 Dramen sind seit meinen Primanertagen Macbeth, Hamlet, Romeo und Julia und Julius Cäsar. Aber Coriolan ist ihnen ebenbürtig, daran ist kein Zweifel. Und heute versteht man die trotzige Größe dieses Verächters der Massenseele besser als je.

(...)

Habe ich Ihnen gesagt, daß ich an G. F. Jünger[3] geschrieben habe und auch eine sehr nette und kluge Antwort erhalten habe? Er führt darin besonders aus, daß er es schwer habe, für seinen Inhalt eine Form zu finden, – was man ihm gewiß nicht bestreiten wird. Denn es ist ein neuer Inhalt, das empfinde ich sehr stark. Diese Art Dichtung hebt sich deutlich ab von dem allermeisten, was heute geboten wird, und es ist durchaus kein aufgewärmter Klassizismus. Dieses Allermeiste ist nämlich im Grunde reaktionär, schaut zurück und will zurück, in die Urzeit oder irgendeine Vorzeit, aus der Stadt aufs Land, aus der Zivilisation in die Kultur (oder Barbarei?) aus dem Geist in den Instinkt oder die Seele (im Sinne Klages[4]), aus der Einsamkeit des Persönlichen zum Herdenhaften. Gerade die besten heute – Knut Hamsun[5] und seine Nachfolger – sind heute so eingestellt, weisen keinen Weg in die Zukunft, keinen Weg, meine ich, der vorwärts führt und doch nicht hinab, wie Nietzsche es wollte und im größten Stil verkündigte. Wie wenige sind es, die ihm, der das Kinderland suchte, nicht das Vaterland, wie wenige sind es, die ihm darin folgen. Zu diesen wenigen aber gehören die Gebrüder Jünger, auch Ernst[6], der Stoßtruppführer, der mit 20 Jahren den pour le mérite erhielt, an den ich neulich auch geschrieben habe, ohne bisher eine Antwort bekommen zu haben. Woraus hoffentlich nicht zu schließen ist, daß an jenem Gerücht[7], von dem Sie schrieben, etwas Wahres ist.

Doch ich bin auf dem besten Wege, eine Abhandlung zu schreiben, eine zweite, denn eine habe ich im Anschluß an Ihre erregenden Bemerkungen über die antiken Metra in unserer Dichtung schon geschrieben, und diese zweite – über den Geist der gegenwärtigen deutschen Literatur – würde noch viel umfangreicher werden als die erste und dabei auch viel mehr Stückwerk als sie. Nein, ich will und muß mir das im Brief an Sie ebenso verkneifen wie in der Öffentlichkeit, in der ich gerne das Thema behandeln würde, was aber leider ganz unmöglich ist, wie alles, was ich schreiben möchte, – außer den harmlosen Traum- und Erinnerungsbildern, die ich aufzeichne, weil ich das Schreiben nicht lassen kann.

Oh, wie hat es mich gefreut, was Sie mir von Ihren Assessoren erzählen! Solche Dinge lassen einen wieder Mut und Hoffnung fassen.

Als Gegengabe teile ich Ihnen mit, daß sich hier kürzlich bei einem Generalappell aller Medizinstudenten – im ganzen mindestens 3000 – gezeigt hat, daß der alte trotzige Freiheitssinn beim jungen Volk doch noch nicht ausgestorben ist. Die Studenten sind empört über das unaufhörliche Reglementieren, das sie nicht bloß viel Geld und Zeit kostet (sie müssen Beiträge zahlen, Blätter halten, allen möglichen Dienst tun, Versammlungen mitmachen etc.), sondern sie auch bei der Arbeit stört und ihnen beinahe jede Freiheit nimmt. Dem haben sie in dieser Riesenversammlung einen jugendlich lärmenden Ausdruck gegeben und die Redner, darunter ein hohes Tier, kaum zu Wort kommen lassen, so haben sie beinahe unaufhörlich gescharrt, gepfiffen und gezischt. Ich weiß es von einem Teilnehmer, der erschrocken war über die Sache, es ist also nicht übertrieben.

Dahin hat's man nun bei der Studentenschaft gebracht, die anfangs so voller Eifer für den Nationalsozialismus war. Man verrechnete sich schließlich doch wohl in puncto: Wesen der deutschen Menschen. Im übrigen die Kirche, die B. K.[8] – die andere ist ja ein politischer Verband! Sie haben mit allem recht, was Sie darüber schreiben. Ich gehöre nicht dazu, wie Sie, – ich kann es wirklich nicht als alter Nietzscheaner, aber selbst Nietzsches, des ›Antichristen‹ Sympathie würde heute zweifellos auf Seiten der Niemöller und Genossen sein, und meine ist es natürlich auch. Meine Freude über die hier bewiesene Tapferkeit und Treue ist so groß, daß ich aufrichtig bedauere, nur mit dem Herzen dabei sein zu können und nicht auch mit der Tat. Ich verfolge aber den Gang der Dinge, so gut ich kann, erfahre von Bekannten, die zur B. K. gehören, auch wohl das Meiste, auch, was Sie mir von Darmstadt schrieben, erfuhr ich bald darauf noch genauer von einer Bekenntnischristin und freute mich dessen. Es ist ja auch wirklich aller Ehren wert.

Wie jämmerlich haben demgegenüber Justiz und Universität versagt! Auch darin haben Sie vollkommen recht. Natürlich hat's die Kirche insofern leichter, als sie ›Volk‹ hinter sich hat. Jeder Pfarrer, der von seiner Gemeinde geachtet und geliebt wird, hat nicht irgendeine Menge von einzelnen hinter sich – wie etwa der Lehrer –, sondern ein Ganzes. Menschen aller Klassen, Berufe, Geschlechter und Altersstufen, also eben ›Volk‹ und das gibt ihm einer Regierung gegenüber, die den Willen des ›Volkes‹ zu vollstrecken trachtet, immerhin ein Gewicht, das allen anderen Berufsständen fehlt.

Trotzdem hätte die Universität und auch die Justiz wahrlich mehr tun und auch mehr erreichen können. Es gibt Professoren, sehr angesehene, die das selber zu mir gesagt haben.

Übrigens wundere ich mich doch, daß nach Ihrer Meinung die Dozentenschaft – so schreiben Sie – nicht dulden würde, daß Sie ihr Fach führend vertreten würden. Ist denn die Dozentenschaft schon so weit umgewandelt, daß sie, und nicht bloß Rektor und Dekane, die vorgeschriebene Einstellung fordern[9]? Das habe ich bisher nicht geglaubt. In den Schulen, den höheren, ist es doch, soviel ich weiß, noch nicht so. Sollte die alma mater unterwürfiger und liebedienerischer sein als die höhere Schule?

Was Sie von Ihrer Frau Schwester erzählen ist ebenso typisch wie betrübend. Im engeren Kreise der Familie ist mir dergleichen erspart geblieben. Aber mit einem früheren Freund und Kollegen habe ich dieselbe Erfahrung gemacht. Das Ergebnis unserer Reibungen ist: wir sehen uns nur noch alle Monate, wiewohl wir im selben Haus wohnen, und reden nur noch vom Wetter, von unserem körperlichen Befinden und von Dichtern, die schon lange tot sind.

Es freut mich, daß Sie dem genialen Spengler Gerechtigkeit widerfahren lassen. Er ist ein Dilettant vom Schlage Herders und Nietzsches, – Nietzsche ist freilich nach meiner Ansicht bei weitem der Größte von den dreien. Ich hatte ihn eine Zeitlang ein wenig aus den Augen gelassen, aber nun ragt er wieder vor mir auf, wie ein Alpengipfel, den eine Wolke umschleiert und dann wieder freigibt. Von ihm werden wir noch viel zu nehmen und zu lesen haben. Davon könnte ich viele Seiten schreiben. Aber ich will nun schließen und nur noch sagen, daß ich jetzt H. Taines berühmte Geschichte der Entstehung des modernen Frankreichs[10] lese, und zwar mit größtem Gewinn und Genuß. Trotz aller Unterschiede sind die Parallelen geradezu erstaunlich. Das Werk ist wie eine Scheinwerferbeleuchtung für das, was wir erleben. Die deutsche Übereinstimmung liegt in der Mentalität der Führer und ihres blindgläubigen Anhangs. Hier scheint wirklich eine geheime Gesetzlichkeit zu walten, die aber auch ganz gut zu begreifen ist. Man könnte nach Taine und den neueren Parallelen eine Psychologie des revolutionären Menschen schreiben. Alles war schon 1789 da: der Doktrinarismus (den nimmt T. besonders aufs Korn), die Halbbildung, die Sie so gut gekennzeichnet haben, die ständige Selbstbeweihräucherung, die ungeheure Blindheit gegen die Wahrhaftigkeit des Programms und den angerichteten Schaden, das jähe Umschlagen aus dem Willen zur Befreiung des Volkes in den zur Knechtung, die Volksbeglückung durch Gewalt und Totschlag usw. Wenn Sie hier wären, würde ich Ihnen ein paar Seiten vorlesen, die man, wenn sie heute geschrieben, ohne Zweifel für einen historisch getarnten boshaften Angriff auf die Gegenwart halten würde. Man hat das ja gewußt, aus Unterricht und Lektüre, aber so deutlich habe ichs wenigstens nie gesehen wie in dieser Beleuchtung.

Nun seien Sie mit Ihrer Frau Gemahlin herzlichst gegrüßt, und wenn es Sie treibt, schreiben Sie mal wieder Ihrem treu ergebenen

M. Havenstein

(...)

44.

Bad Wiessee a. Tegernsee (Bayern), 29. 5. 1937

Lieber Herr Kollege,

seit etwa 14 Tagen sind wir nun hier und haben fast den ganzen Tag mit unserem Körper zu tun um ihn in Ordnung zu bringen und seinen Verfall aufzuhalten. Leider unterstützt uns das Wetter bei diesem Bemühen bisher nicht im mindesten – es ist dauernd kalt und regnerisch, und Phöbus ist doch mit seinen Strahlen der beste Heiland, für den Körper gewiß, aber auch für die Seele. Wir schauen jeden Tag sehnsüchtiger nach der Sonne aus, aber sie läßt sich nicht blicken. Und die Wolken, die die Berge verhüllen und das Licht aus der Höhe nicht zu uns durchlassen, sie verdüstern auch das Gemüt. Daher kann ich auch meinen Versuch, Ihnen gut zuzureden und Sie zu trösten und zu ermutigen, jetzt nicht fortsetzen, zumal Sie in Ihrem Brief alles das hervorgehoben haben, was auch mir am Geschehen des Tages mißfällt. Ich sehe aus Ihren Zeilen, daß wir ganz eines Sinnes sind. Über den Absolutismus werden wir uns gewiß auch leicht verständigen, wenn wir Gelegenheit haben, eingehend über ihn zu sprechen. Meine Sätze gegen ihn richten sich gegen die geradezu knechtselig anmutende Verherrlichung des Despotismus, die heute üblich ist. Im übrigen sind Ihre Befürchtungen und Ablehnungen auch die meinen. Es gehören zu der ›Bewegung‹ zwar auch ziemlich viele bedeutende und hochintelligente Leute, und das ist mir eine gewisse Beruhigung. Aber diese sind leider nicht maßgebend. Die Herrschaft hat bisher jedenfalls jener Geist oder Ungeist, den man in Massenversammlungen hochgezogen hat, der daher auch ein Massengeist ist, – primitiv also, voll groben Wahnglaubens, materialistisch (Sie haben ganz recht!), anmaßlich, ohne jede Selbstkritik und zu Brutalitäten geneigt. Das Gute liegt in den beiden Bestrebungen, die der Bewegung den Namen geben – national und sozial –; was Hitler sagt und will, um die soziale Frage zu lösen und sie so zu lösen, daß dabei die ›Nation‹ gewinnt, ist ebenso vortrefflich wie seine jüngste Rede im Reichstag, über die man sich doch nur freuen kann. Aber leider ist mit diesem Guten und Notwendigen zuviel Schlimmes und Schändliches verbunden. Ich will darüber nichts mehr sagen, wir sind ja einig darüber. Auch ich habe in meinem Kreise vieles Trauriges und Empörendes erlebt, was durch den nationalsozialistischen Rasseglauben verursacht worden ist. So überzeugt ich bin von der Macht des ›Blutes‹ – welcher biologisch ein wenig Unterrichtete kann sie leugnen? – diesen Naturalismus in der Auffassung des Volkes lehne ich durchaus ab und würde ihn ganz anders bekämpfen, als ich es jetzt tue, wenn dies nur möglich wäre. Aber ich habe es schon selbst erfahren, wie unfrei die Presse heute ist: ein für die ›Erziehung‹ geschriebener Aufsatz, der ursprünglich den Titel hatte ›Über Liberalismus und Fortschritt, ein Rettungsversuch‹, der im Aprilheft erscheinen sollte, ist immer noch nicht heraus, weil die Herausgeber (Spranger, Litt, Nohl etc.) fürchten, das Blatt würde seinetwegen verboten werden, obwohl ich alles mögliche darin – zunächst den heute ›unmöglichen‹ Titel – habe ändern oder streichen müssen. Auch in dem Philologen-Blatt Aufsatz habe ich einiges ändern müssen. Wenn Sie jetzt etwas von mir lesen, denken Sie bitte immer daran, daß es durch die heute nötige Zensur stark beschnitten und umgestaltet ist.

Was mir am meisten mißfällt, mich oft erbost und quält, ist nächst dem antisemitischen Rasseaberglauben, die Personalpolitik der Nazis, schon Feierei vor der wahren Leistung, die Entfesselung der unerzogenen und ungebildeten Jugend (vor allem an den Universitäten) und die Unterdrückung der Wahrheit. Ich habe große, große Zweifel, ob eine gute Sache, die mit solchen Fehlern und Gebrechen behaftet ist, schließlich zum guten führen wird. Und ich vergaß eben noch, was mich am meisten verdrießt: daß das ›Bürgertum‹ das ›gebildete‹, das Hitler so tief verachtet, und das er in seinem Buch aufs gröbste beschimpft hat, nun zum großen Teil vor ihm auf dem Bauch kriecht. Dieser Anblick kann einem wahrlich Übelkeit erregen.

Thomas Manns ›Felix Krull‹[1] ist ein Fragment, das mir immer mißfallen hat, da es Dinge, die man m. E. nur satirisch behandeln sollte, mit Humor behandelt. Das ist der Thomas Mann, den ich nicht mag u. den ich in meinem Buch[2] scharf kritisiert habe, der Th. M. ohne Ethos, der das Schlechte, Gemeine, Niedrige ulkig und mit liebevollem Verständnis bewitzelt. Ich kenne aber gute Deutsche, die auch an dieser Arbeit Thomas Manns reine Freude gehabt haben. Wenn die Studenten dieses Werkchen öffentlich verbrennen, so ist das jedenfalls ein lächerlicher Unfug. Wenn sie Dummheiten machen müssen, sollten sie lieber Laternen ausdrehen. Seien Sie herzlichst gegrüßt von Ihrem

Martin Havenstein

45.

Berlin, 8. 12. 1938

Lieber Herr Kollege,

haben Sie herzlichen Dank für diesen lieben wahrhaft freundschaftlichen Brief, dessen schnelle Abfassung einem verstimmenden, die Arbeit und den Schlaf störenden Ereignis ich zu verdanken habe, wie es mir selber nur zu gut bekannt ist. Ich frage mich oft, ob man nicht unduldsam ist, wie die anderen, die fanatischen Doktrinäre, wenn man sich über ein Andersdenken bei unseren Nächsten so ereifert und erbost. Aber ich verneine die Frage, weil wir es ja doch eben nicht machen wie die anderen, die über den Andersdenkenden den Stab brechen und ihn zu vernichten trachten, sondern zwischen dem Menschen und seiner politischen Einstellung unterscheiden, ihn gelten lassen und – wie Sie es in Ihrem besonderen Fall tun – sogar hoch bewerten, trotzdem er mit dem Haufen geht, zu dem er eigentlich nicht gehört. Und da sieht man den inneren Zusammenhang zwischen Liberalismus und Duldsamkeit und Humanität, mit dem Glauben an Sterne heißt das, die über alle Staats- und Völkergrenzen hinleuchten und sich nicht nationalisieren und politisieren lassen. Nein, wir werden an Menschen, die wir als gut erkannt haben, nicht irre, wenn sie – nach unserer Meinung – politische Irrwege gehen. Innerlichst und zutiefst bleiben sie, was sie sind, welcher Staatsform und Politik sie auch huldigen mögen. Es gibt ja so viele Einflüsse und Bindungen, die den Menschen hier- oder dorthin ziehen: sein innerstes Wesen wird dadurch kaum berührt. Das Moralische liegt eben tiefer.

Ich bringe es, wenn ich mich besinne, jederzeit fertig, und Sie selbst werden es genausogut fertig bringen, selbst meine politischen Todfeinde moralisch objektiv – nach ihrer Gesinnung – und also gerecht zu beurteilen. Aber umgehen könnte ich nicht mit ihnen, das nicht. Und darin liegt das Schmerzliche. Ich habe es in allen möglichen Abstufungen erlebt, wie man einander fremd wird, wenn man hier einer unerwarteten Gegnerschaft begegnet. Es kommt darauf an, welche Breite und Tiefe die Beziehung hatte, und ob man aufeinander angewiesen ist oder nicht. Mit einem Vetter, Theologieprofessor em., hatte ich nur eine oberflächliche Beziehung; das Band zerriß schon nach der ersten Aussprache, die unsere Gegnerschaft an den Tag brachte. Mit einem im selben Haus wohnenden, sehr schätzenswerten Kollegen und Freunde dagegen verkehrte ich noch Jahre lang, zuerst heftig streitend, aber allmählich mehr und mehr verstummend, endlich einander aus dem Wege gehend. Ich habe dabei erprobt, daß das Herumgehen um das heiße Eisen, das einem immer wieder empfohlen wird, nichts hilft. Hat das Schweigen einmal Platz gegriffen, so frißt es sich weiter und breitet sich zuletzt über das gesamte innere Leben hin aus, so daß man schließlich nur noch Höflichkeiten austauscht. Was man sich gerne erspart.

Das Urteil über den Fahnenwechsel hängt ja übrigens selbstverständlich von dem Motiv ab, das sich meistens freilich versteckt. Kommt man dahinter, daß es zu 75 Prozent Feigheit ist, so ist der Fall erledigt.

Schmerzlich ist es immer, und man erlebt diesen Schmerz ziemlich häufig. Man wird einsamer, ohne Zweifel. Dafür freilich gewinnen die Beziehungen, die nicht in die Brüche gehen, an Wärme und Tiefe. Manch einen, den man nicht für so charaktervoll gehalten hatte, lernt man nun erst recht kennen und schätzen.

Bei Ihnen ist auch ein Ausgleich erfolgt, und die Enttäuschung mit der Schwägerin wird – das kann ich wohl annehmen – überkompensiert durch den Meinungswechsel des Herrn Sohnes. Die Gegensätzlichkeit wird ja um so störender und schmerzlicher empfunden, je näher man einander ist und je enger man aneinandergekettet ist. Ich beglückwünsche Sie daher von Herzen zur Wiederherstellung der einstigen Konsonanz.

Sie sprechen sehr treffend von den Unterschieden im innenpolitischen Verhalten der ›totalitären‹ Staaten. Das Zusammenhalten bei uns ist in der Tat sehr erstaunlich, wenn man zum Vergleich nach Osten blickt. Ebenso die Verwertung der Intelligenz – statt ihrer Vernichtung. Hier aber gibt es, wie Sie auch schon sagen, Grenzen, die einerseits das Programm zieht, andererseits die Charakterhaftigkeit der einzelnen Personen. Man muß aber sagen, daß sich bisher das Programm weit fester und unnachgiebiger erwiesen hat als die Charaktere. Wird eines – gar nicht fernen – Tages die Probe durch die Forderung eines offenen Bekenntnisses gemacht (diese Forderung erscheint im Rahmen der doktrinären Ideologie ganz natürlich), so werden diese Probe, bei der es um Tod und Leben geht, ganz wenige bestehen. (...)

Was Shakespeare anlangt, so haben Sie natürlich recht, wenn Sie sich heute mehr an die Königsdramen als an den Hamlet erinnert fühlen, der ja schließlich weniger eine politische als eine menschliche Tragödie ist, ein Charakter-Drama, wie man früher – nach Lessing – unterschied, das größte und tiefste aller Charakterdramen. Mir kommt der Hamlet so oft in den Sinn, weil ich ihn über alles liebe und seit meinen Obersekundartagen zu einem großen Teil auswendig weiß. Die Szenen, an die Sie erinnerten (aus Richard III. u. Heinrich VI.), habe ich nachgelesen und höchst beziehungsreich gefunden. Ja, so beurteilen Volksschullehrer die wahre Bildung, und so macht man einen Parlamentsbeschluß oder die Resolution einer Volksversammlung. Man kann aber auch an Julius Caesar denken, vor allem an die Antoniusrede, dieses unübertreffliche Meister- und Musterstück einer demagogischen Rede. Ich habe sie im Unterricht wiederholt genau zergliedert, um die einzelnen demagogischen Tricks deutlich zu machen, und finde daher diese Tricks in allen Reden wieder, die den Zweck haben, öffentliche Meinungen zu machen.

Geht es Ihnen vielleicht auch in diesem Punkte wie mir? Ich habe mich in jüngeren Jahren um hohe Politik so gut wie gar nicht gekümmert, und darum ist mir ihr Wesen eigentlich nie recht nahe gekommen und faßbar geworden. Denn es ist nicht wahr, daß man das Leben aus Büchern kennen lernen kann. Das Leben kommentiert sie erst, sonst bleibt es bei Worten oder blassen Bildern. Jetzt werden mir die Bilder zu Wirklichkeiten, jetzt erst. Wenigstens kommt es mir so vor, als begriffe ich erst jetzt die Weltgeschichte. Und sie ist furchtbar. Sie war wohl immer so, man hat sie nur nicht gekannt. Man hat sie immer noch – bei allem Willen zur Wahrheit – viel zu optimistisch beurteilt.

Zum Schluß danke ich Ihnen herzlich für Ihr wahrhaft freundschaftliches Zureden in Bezug auf meine literarische Tätigkeit, die Sie so viel günstiger beurteilen, als ich geglaubt habe. Da Sie zu den redlichen Menschen gehören, die ich kennengelernt habe, zu denen, die wie Nietzsche sagt, ›noch im Kopf ihr Gewissen haben‹, und daher auch in rein geistigen Angelegenheiten einfach nicht im Stande sind, ›falsch Zeugnis zu reden wider oder für ihren Nächsten‹, so hat mich Ihr Urteil getröstet und gestärkt und mir innerlich wohlgetan, – es war wie eine kühle Salbe an gewissen wunden Stellen in mir, an die nicht leicht heranzukommen ist. Ich habe die gute Wirkung eine ganze Zeit lang gemerkt. (...)

Überhaupt, es gibt so viele, die heute viel, viel Schweres zu leiden und zu ertragen haben. An sie muß man denken, wenn man, wie ein Kind, mit sich selbst Mitleid hat. Wenn man ihnen nur helfen könnte!!

Seien Sie mit Ihrer Frau Gemahlin herzlichst von meiner Frau und Ihrem treu ergebenen M. Havenstein gegrüßt

46.

Frankfurt, 10. 3. 1940

Lieber Herr Professor,

Eigentlich stecke ich tief in der Arbeit, habe u. a. mal wieder Korrekturbogen erhalten, die mir mehr zu schaffen machen als ich zuerst annahm, auch Briefschulden habe ich genug, aber arbeiten mag ich nicht mehr, es ist schon gleich Mitternacht, und die Briefschulden an andere mögen nun auch noch einen Tag oder mehr liegen bleiben; ich habe doch das Bedürfnis, Ihnen auf Ihren heutigen Brief wenigstens ein paar Worte zu schreiben oder doch zum mindesten damit anzufangen. Als ich Ihren Brief las, für den ich herzlich danke, da ist mir wieder zum Bewußtsein gekommen, was mir die ganze Zeit bewußt gewesen ist, wie gut wir es doch in dieser ganzen Zeit gehabt haben. Vor allem hatten wir immer reichlich Kohlen und Koks im Keller, das Haus war andauernd schön warm, höchstens daß einmal das eine oder andere Zimmer kalt blieb, wenn ein scharfer Wind unmittelbar drauf blies; aber das kommt zu anderen Zeiten auch vor und ist leicht zu ertragen. Ja auch das warme Bad, an das ich gewöhnt bin, habe ich so gut wie nie zu vermissen brauchen. Und mein Amtszimmer in der Schule ist auch allezeit schön warm gewesen. Ebensowenig darf ich mich über Ernährungsschwierigkeiten beklagen. Im Keller lagen und liegen reichlich Kartoffeln, das ist allein schon viel wert, und frisches Gemüse, Salat u. dergl. gabs immer wieder einmal. Damit haben Sie doch sicher auch Ihre Not gehabt, nach allem, was man sonst gerade auch aus Berlin gehört hat. Aber nicht nur aus Berlin und nicht nur von alten Leuten. Vor kurzem schrieb z. B. ein junger Kollege aus Frankenberg an der Eder an die Hildegard, der er zur Verlobung gratulierte, einen Brief, der sich ganz ähnlich las wie der Ihrige. Und auch hier in Frankfurt haben es lange nicht alle Leute so gut gehabt wie wir. So haben wir wochenlang einen jungen Freund unserer Familie, der mit Gisela und Hedwig zusammen in der Metallgesellschaft tätig ist, bei uns beherbergt, weil bei ihm schlecht geheizt, die Wasserleitung eingefroren war usw. Und mit Kartoffeln hat meine Frau auch manches Mal anderen ausgeholfen. Die Schulen wurden gegen Mitte Januar geschlossen. Geheizt blieben nur diejenigen, in denen Militär, Ernährungsämter u. dergl. untergebracht sind, und auch die natürlich nur zum Teil. Ich habe aber trotzdem den Betrieb wenigstens für die Oberklassen bald wieder aufgenommen, da sich herausstellte, daß doch noch einige Räume ohne Mehraufwand an Kohlen zu heizen waren. Seit einigen Wochen habe ich dann die Schule mit anderen Schulen teilen müssen. Eine davon bin ich dieser Tage glücklich wieder losgeworden, die andere ist noch drin. Und dabei mußte das Abitur mit allen Schikanen regelrecht durchgeführt werden. Nur um das Turnabitur haben wir uns glücklich herumdrücken können, weil die Turnhalle nicht geheizt werden durfte. Wir haben erfahren, daß vom Ministerium ein Erlaß nach Kassel gekommen ist, wonach das Abitur auf den deutschen Aufsatz im Schriftlichen beschränkt werden sollte. Der Erlaß ist aber so spät eingetroffen, daß Kassel ihn gar nicht weiter gegeben hat, weil überall das Schriftliche schon vorbei war oder im Gange war. Ist das nicht bezeichnend für unsere Zustände? Einer unserer Oberschulräte sagte mir vor ein paar Tagen dem Sinne nach: Mir wirds zu dumm, ich habs jetzt auch durchgesetzt, daß ich zum Militär komme. Und ein anderer Oberschulrat hat einem der hiesigen Direktoren – ich weiß es von diesem selbst – auf die Mitteilung, er werde nun auch wohl bald einberufen werden, gesagt: Da gratuliere ich Ihnen, Herr Kollege, und ich kondoliere Ihrem Nachfolger. Und wenn man den Eindruck hätte, daß den hohen Herrschaften wirklich die Arbeit über den Kopf wüchse! Dann wollte man schon Nachsicht üben. Aber Sie glauben nicht, für welchen, entschuldigen Sie den Ausdruck, Mist man da oben immer noch Zeit hat. Da muß das Ministerium Richtlinien herausbringen über die Pflege des Luftfahrtgedankens in der Schule. Bekommen habe ich sie bis jetzt noch nicht, aber ein Auszug stand neulich in der Frankfurter Zeitung. Danach soll besagter Gedanke u. a. im Zeichen- und Kunstunterricht gepflegt werden, und zwar, indem man die Darstellung des Fliegens auf berühmten Gemälden betrachtet, z. B. den auferstehenden Christus oder die Sixtinische Madonna. Sie werdens nicht glauben. Es glaubts keiner, ders nicht schwarz auf weiß sieht. Ich kanns Ihnen aber schwarz auf weiß zeigen. Ähnlich kriegten wir neulich einen dicken Packen Papiere von unserer vorgesetzten Behörde in Kassel über wehrgeistige Erziehung, für alle Fächer ausgearbeitet, selbst für den Gartenbau in der Mädchenschule. Natürlich gleich hinterher strenge Ermahnungen betreffend Papierersparnis. So vertreibt man sich in den höheren Regionen die Zeit, und da kommt man nicht dazu, uns zum Beispiel zu sagen, wie wir es dies Jahr eigentlich mit den Zeugnissen und mit der Versetzung handhaben sollen. Jedenfalls warte ich noch immer auf diesbezügliche Anweisungen. Es ist manchmal um die Wände hochzugehen. Und es wäre gar nicht auszuhalten, wenns nicht so etwas gäbe wie Galgenhumor und wenn nicht die hohen Behörden selbst durch solche Verfügungen wie die obige über die Ausschlachtung der Sixtinischen Madonna für den Luftfahrtgedanken zu gründlicher Erheiterung beitrügen. Nur daß man freilich in solchen Fällen doch auch die Blamage mit empfindet, daß so etwas in einem deutschen Kultusministerium ausgebrütet wird.

So, da bin ich richtig ins Schwatzen gekommen. Aber es schadet wohl nichts. Es sind natürlich Kleinigkeiten, ich weiß es sehr gut, aber es sind doch auch ganz nette Illustrationen zur allgemeinen Lage.

Sonst geht es uns eigentlich bis jetzt recht gut, wie ich ja schon dargelegt habe. An leiblichen Genüssen vermisse ich nur den Kaffee. Das Pfeifchen glüht vom Morgen bis zum Abend. Tobak aufzutreiben fängt freilich auch schon an schwerzufallen, der große Ausverkauf macht sich auch auf diesem Gebiet bemerkbar, aber für einige Zeit habe ich mir Vorräte angesammelt, und wenn die verbraucht sind, dann muß man halt auch darauf verzichten. Das sind ja kleine, ganz kleine Sorgen.

Im übrigen sind diese Zeiten ja sogar Glückszeiten für uns. Drei Töchter im Laufe eines halben Jahres zu verloben und eine davon zu verheiraten, ist für einen Familienvater eine angenehme Sache, und in den Glückwunschschreiben kehrt das Gleichnis von den warmen Semmeln immer wieder. Mitunter ist auch die Rede vom »geräumten Lager« – dies besonders zeitgemäß. Ja, und nun sind die Töchter wetteifernd darauf bedacht, das Bankkonto des Vaters herabzudrücken und ihm – ganz erwünschte – Gelegenheit zu geben, Papier in Ware zu verwandeln. Es ist ihnen zum Glück gelungen, noch hie und da, hier und in Mannheim, Möbelhandlungen ausfindig zu machen, wo noch etwas zu haben ist. Es wäre alles ganz schön und gut, wenn nicht all das andere wäre und die große Sorge, was wird. Mir gehts wie Ihnen, ich kanns auch nicht lassen, die Zeitung zu lesen, allerdings nur die Frankfurter und ziemlich oft italienische Blätter.[1] Sonstige deutsche Zeitungen oder auch der Rundfunk mit dem ewigen Gemisch von Verlogenheit und Proletenhaftigkeit sind auch für mich ungenießbar. Aber weitaus der größte Teil des Volkes ist darauf angewiesen. Da braucht man sich nicht zu wundern, wie viele das Zeug nachschwätzen. Es gibt aber auch manche andere, und das ist ein Trost. Was nun wird, wer will das sagen? Was man so hört, widerspricht sich dauernd. Es bleibt nur übrig, in den Tag hinein zu leben und in dumpfer Ergebung auf sich zu nehmen, was dann kommt.

Sohn und Schwiegersohn liegen immer noch in Ruhe, letzterer in Trier, ersterer in der Nähe von Trier. Er war für 14 Tage hier, kam gerade recht zur Verlobungsfeier und hat sich scheints recht wohl zu Hause gefühlt. Freilich stellte sich gleich am ersten Tage heraus, daß es besser sei, gewisse naheliegende Themen nicht zu berühren. Da hat sich also leider nichts Wesentliches geändert. Das muß man tragen und hoffen, daß die Zeit eine Wandlung bringt und den Blinden die Augen aufmacht. Freilich werden wir, wenns überhaupt dazu kommt, einen bösen Preis dafür zahlen müssen. Übrigens ist Hildegards Bräutigam seit ein paar Tagen auch eingezogen.

Nun will ich aber schließen. Sehr inhaltsreich ist der Brief nicht, ich habe eben drauflos geschwatzt, aber zu mehr langt die Zeit nicht und die geistigen Kräfte, und auf gewisse Dinge kann man ja auch nicht gut näher eingehen, und im übrigen sind wir darüber sowieso einer Meinung. Ich wünsche Ihnen nun von Herzen, daß die schwerste Zeit für Sie überstanden ist und daß Sie Ihre Reisepläne einigermaßen ausführen können. Ich darf an so etwas gar nicht denken. Mir graust, wenn ich an das denke, was mir in nächster Zeit bevorsteht: Unterrichtsverteilung, Stundenpläne und dergleichen. Ich warte aber ab, bis ich genau weiß, wie viele von den jungen Kollegen ich noch nächstes Jahr behalte.

Nun aber endgültig Schluß, ich muß ins Bett. Mit herzlichen Grüßen und Wünschen von Haus zu Haus

Ihr stets treu ergebener

Schumann

47.

Frankfurt, 2. 12. 1940

Lieber Herr Professor,

Für heute nur ein paar Zeilen. Ich will Ihnen den Aufsatz von Beyer zurückschicken, den Sie ja möglichst bald wieder haben wollen. Ich hatte ihn schon – flüchtig – gelesen, da ich mir die Zeitschrift halte, in der er erschienen ist; es ist die Zeitschrift des NSLB (wissen Sie übrigens, was das heißt? »Nicken! Schweigen! Lächeln! Bezahlen!) »Der deutsche Erzieher«[1]; er wirkt in der Makulatur, die da gewöhnlich gedruckt wird, wie der Schwan unter Krähen. Warum ich ihn erst nur flüchtig gelesen hatte, werden Sie fragen? Je nun, weils doch keinen Zweck hat, so etwas zu sagen. Die, die es lesen sollten, lesens ja doch nicht. Zweck hat so etwas nur für den, der es geschrieben hat, dieweil er mit solchem Tun salvavit animam suam[2]. Etwa auch für den, dem dergleichen Lektüre eine »grimmige Freude« bereitet. Aber geschafft, geändert wird durch solche Aufsätze praktisch gar nichts. »Legts zu dem Übrigen.« Recht hat er im übrigen schon. Die Schule, und gerade die höhere, ist eine Art Mädchen für alles geworden. Beispiele könnte ich aus unserem täglichen Dasein genug bringen, muß Sie aber auf ein ander Mal vertrösten. Heute langt die Zeit nicht. Eines Tages werden wir die Quittung bekommen, zunächst vermutlich rein praktisch, indem unsere Ingenieure usw. ins Hintertreffen geraten, weil sie einfach nichts mehr können, was sich dann für unsere Industrie verhängnisvoll auswirken wird. Aber das kann lange dauern. Denn einstweilen ist noch viel Substanz da, von der wir zehren können. So ganz leergetrunken ist das Faß doch noch nicht. Wenn erst einmal der Sieg errungen ist, das Dritte Reich Europa, so weit es nicht den Russen zufällt, dazu Afrika und ein großes Stück von Asien unumschränkt beherrscht unter der Devise Oderint dum metuant[3], dann wird man auch im Inneren erst richtig zielbewußt drangehen, auszurotten, was aus früheren »liberalistischen« Zeiten (das ist ja das Schlagwort, mit dem man jeden Widerspruch totmacht) vorhanden ist, und dazu gehört auch die höhere Schule und die Universität oder genauer das, was von beiden noch übrig ist. An die Stelle werden dann treten die Nationalpolitischen Erziehungsanstalten und Adolf-Hitler-Schulen[4] einerseits und Fachhochschulen andererseits. »Einsatzbereitschaft« und »Härte« wird einziges Erziehungs-, praktische Brauchbarkeit einziges Bildungsideal sein, es wird ein Volk von Soldaten und Technikern werden (und Parteifunktionären natürlich; die wird man nach beiden Richtungen ausbilden), kurzum ein Staatswesen, gegen das wirklich, mit Karl Moor zu reden, »Sparta ein Nonnenkloster gewesen ist«. Für alles, was aus Athen kommt, ist darin kein Platz mehr (allenfalls zu einer Art Scheindekoration wird man dergleichen noch brauchen können), ganz zu schweigen natürlich von dem, was mit dem Christentum irgendwie zusammenhängt. Sie haben schon recht, was unsereiner so im einzelnen noch erreicht und wirkt, um Substanz zu erhalten und weiterzugeben, ist bedeutungslos gegenüber diesen mächtigen und mit imponierender Folgerichtigkeit sich früher oder später durchsetzenden Tendenzen. Und dennoch bleibt einem ja gar nichts anderes übrig, als so zu handeln – sozusagen umgekehrt wie Mephisto, der im großen nichts vernichten kann und es deshalb im kleinen versucht. Und ein Schimmer von Hoffnung ist ja schließlich auch noch da, daß jene zerstörenden Tendenzen (denn auch für Sie werden es doch zerstörende sein) sich auf die Dauer nicht oder nicht ganz werden durchsetzen können. Dann kann an dem kleinen Feuerchen, das man mit unterhalten und geschürt hat, sich vielleicht späterhin wieder ein großes Feuer entzünden. Vielleicht? Wann? Wie? Das wissen wir nicht. Handeln wir einstweilen, »als ob«! (...)

Für heute muß ich schließen. Morgen habe ich Kolleg, und dazu muß ich noch einen Text abtippen, das ist immer eine lästige Sache, aber es geht nicht anders. Und in der Schule habe ich auch allerhand Sorgen: den besten Gaul hat man mir aus dem Stall geholt, will sagen der tüchtigste der jüngeren Kollegen wird morgen zum Militär einrücken, ein anderer Kollege ist krank, dazu sind jetzt die Anmeldungen für die neue Sexta, und heute morgen floß der Strom ziemlich kümmerlich, was mir einige Sorgen macht; aber es kann sich ja noch ändern.

Nochmals herzlichen Dank für Ihre Sendungen! Mit allen guten Wünschen und Grüßen für Sie beide von meiner Frau und mir

Ihr stets ergebener

Schumann

48.

Frankfurt, 10. 12. 1940

Lieber Herr Professor,

(...) Wenn Sie so erschrocken sind von dem Bilde, das ich Ihnen gezeichnet habe von den Zuständen, die unser warten im Falle, daß alles gut geht – was würden Sie erst sagen, wenn ich ausmalen wollte, was voraussichtlich werden wird, wenns etwa *nicht* gut geht? Wenn die Engländer trotz allem doch durchhalten und den längeren Atem haben? Wenn uns die Puste ausgeht z. B. in puncto Petroleum, ohne das nun einmal ein moderner Krieg nicht zu führen ist? Wenn wir dann eingeklemmt sitzen zwischen den Engländern auf der einen und demjenigen auf der anderen Seite, der schon bisher bei der ganzen Geschichte, wie Sie ja auch schreiben, der tertius gaudens gewesen ist[1] – von denjenigen, den Kleineren ganz abgesehen, die wir bisher überrannt haben und unter eisernem Druck halten und die dann Luft bekommen würden? Was dann kommt, wenn ich das ausmalen wollte, das ergäbe ein kaum erfreulicheres Bild. Meine einzige Hoffnung – daß sie herzlich schwach ist, weiß ich – ist die auf irgend ein Wunder, das es uns ermöglicht, zwischen Scylla und Charybdis[2] durchzukommen.

Daß Sie gewisse Leute immer noch nicht ganz ernst nehmen können, verstehe ich schon. Aber falsch ist es doch. Davon, daß man sie nicht ernst genug genommen hat, davon kommt es ja her, daß alles so geworden ist. Niemand hat sich einen Begriff gemacht von der ungeheuren und unerschöpflichen, vulkanischen Energie, die in ihnen lebt, niemand entfernt geahnt, daß es menschenmöglich sei, den Machiavellismus[3], den Grundsatz, daß der Zweck das Mittel heiligt, derart bis in die letzten Konsequenzen durchzuführen, daß ein Cesare Borgia[4] daneben harmlos erscheint; man muß schon auf den sallustischen Jugurtha[5] oder auf Geiserich[6] zurückgehen (haben Sie die Charakteristik bei Capelle gelesen?), um so etwas in der Weltgeschichte wieder anzutreffen. Daß man sie nicht ernst genug genommen hat, mag auch zusammenhängen mit ihrer Schauspielerei – denn geniale Schauspieler sind sie auch, vor allem verstehen sie es, sich die Maske vorzubinden, auf die das *deutsche* Volk unweigerlich hereinfällt: die des Biedermanns. Darum hat gerade diese Eigenschaft ihnen die allerbesten Dienste geleistet. (...)

Genug für heute. Nur noch eins: neulich las ich einmal in der Frankfurter Zeitung ein Wort zitiert, ich weiß leider nicht mehr woher, das mir großen Eindruck gemacht hat: Alles, was überhaupt wert sei gesagt zu werden, sei im wesentlichen schon gesagt von den Vorsokratikern einerseits, in der Bergpredigt andererseits. Kennen Sie das und wissen Sie, woher es stammt?

Mit nochmaligem herzlichen Dank und schönsten Grüßen von Haus zu Haus

Ihr stets ergebener

Schumann

49.

Der Oberpräsident Kassel, den 11. Dezember 1940
der Provinz Hessen-Nassau
– Abt. für höh. Schulwesen –
Min. 1252.

Abschrift

Der Reichsminister Berlin W 8, den 29. November 1940
für Wissenschaft, Erziehung
und Volksbildung

E II a 2276.
Zu meinem Runderlaß vom 17. Dezember 1937 – E II a 3396 – über Gebrauch von Schreibheften im Unterricht. (Deutsch WissErziehgVolksbildg. 1938 Seite 14.) hier: Schildchen auf den Schreibheften.

In Ziffer 8 des genannten Erlasses ist bestimmt worden, daß der Umschlag der Schreibhefte ein *gelbgraues* Schildchen zu tragen hat. Diese Farbtönung ist nach der Normung der Farbpapiere nicht mehr vorhanden. Ich bestimme daher, daß fortan der Umschlag des Schreibheftes ein *graues* Schildchen trägt. (Farbtafel Nr. 193 der Vereinigung Holzhaltig – holzfrei).

Der vorhandene Bestand an gelbgrauen Schreibheftschildchen ist aufzubrauchen.

Im Auftrage
gez. Frank

An die Herren Oberpräsidenten – Abt. für höh. Schulwesen –.
Abschrift zur Kenntnis und Beachtung.

In Vertretung Beglaubigt
gez. Kölling (gez.) Wehr
Reg.-Sekr.

An sämtliche Schulen *meines Amtsbereichs.*

Frankfurt, 14. 12. 1940

Lieber Herr Professor,

Gestern erhielt ich obigen Ministerial-Erlaß, der so schön ist, daß ich ein paar Abschriften davon gemacht habe. Man könnte darüber lachen, wenns nicht zum Weinen wäre. Nebenbei bemerkt, geht die ganze Geschichte uns gar nichts an. Denn Schreibunterricht gibts ja an der höheren Schule nicht mehr. Wers nicht schwarz auf weiß sieht, glaubts nicht, daß so etwas überhaupt möglich ist, selbst im Heimatlande der Pedanterie – und nun gar in dieser Zeit eines Krieges, bei dem es, populär gesprochen, »um die Wurscht geht«, in einer Zeit, wo wir alle paar Tage Verfügungen bekommen, entweder wegen Papierersparnis oder wegen Intensivierung der Altpapier-Erfassung. Aber obige Abschrift ist wörtlich genau!

(...)

Nun, was sagen Sie zu den neuesten italienischen Heeresberichten[2]. Wenn Sie die Frankfurter Zeitung hielten, würde ich ferner fragen: ... und zu den Nachrichten von der *inneren* Front in Italien? (Denn dergleichen lesen Sie schwerlich anderswo als in der Fr. Ztg.). Daraus ergibt sich, daß die Engländer auch diese innere Front heftig attackieren – und nicht ohne Wirkung. Ich halte es nicht ganz für ausgeschlossen, daß man da etliche Überraschungen erlebt. Aber freilich, so zäh die Engländer sind – Herr Mussolini ist es auch.

Schluß für heute mit herzlichen Grüßen auch an Ihre verehrte Gattin Ihr

Schumann

50.

Frankfurt, 14. 2. 1941

Lieber Herr Professor,

Nur ein Viertelstündchen! Eigentlich habe ich *gar* keine Zeit, sitze tief, tief in Arbeiten aller Art; die schulmeisterlichen, direktorialen und professoralen Pflichten häufen sich gerade eben besonders stark. Aber ich will Sie doch nicht gar zu lange ohne eine Antwort lassen auf Ihren freundlichen Brief vom 3. d. M., der mich sehr gefreut hat. Viel Neues habe ich auch nicht zu schreiben. Ich bin zur Zeit Strohwitwer. Meine Frau ist in Marburg, um ihre schwer erkrankte 87jährige Mutter zu pflegen. Ich nutze die Zeit aus, indem ich erheblich über Mitternacht hinaus zu arbeiten pflege. Die Töchter schimpfen zwar kräftig in Vertretung der Mutter, aber es hilft ihnen nichts.

Es freut mich sehr, daß Sie schöne und vor allem auch warme Tage in Berlin gehabt haben. Und gar zu gern möchte ich einmal zu Ihnen kommen und mir von Ihnen erzählen lassen, was Ihnen von kundigen Thebanern[1] berichtet worden ist. Denn hier hört man doch gar wenig, wie es *wirklich* in der Welt aussieht. So schlau ist man ja, daß man sie nicht durch die Brille sieht, die uns Herr J. G.[2] samt seinen Trabanten tagtäglich aufsetzt. Aber darüber hinaus tappt man doch weitgehend im Dunkeln, und Sie haben ganz recht, wenn Sie sagen, daß man sich des Urteils über die Zukunft enthalten soll. Nur so viel kann man prophezeien: arg aufregende Zeiten wirds geben und allerhand Überraschungen. Frankreich und Spanien? Balkan? England? Hongkong und Singapur? Oder alles auf einmal? Möglich ist alles. Und möglich ist auch, daß alles für Deutschland gut ausgeht. Daß wir die Pause stark ausgenutzt haben, glaube ich ohne weiteres.

(...)

Wir freuen uns hier der ersten Vorfrühlingstage. Vorhin war ich im Garten, und wahrhaftig, da gucken schon drei winzig kleine rote Köpfchen aus der Erde: der Rhabarber regt sich. Bei Ihnen wirds damit noch gute Weile haben. Aber hoffentlich hat das Frieren aufgehört.

(...)

Herzliche Grüße auch an Ihre verehrte Gattin

Ihr stets ergebener

Schumann

51.

Frankfurt, 12. 5. 1941

Lieber Herr Professor,

Irgendwo bei Goethe habe ich gelesen, leider weiß ich nicht mehr wo: »Jeder macht gern Proselyten«. Und so freue ich mich sehr, daß meine alte Vorliebe für den Koriolan[1] bei Ihnen so viel Verständnis gefunden hat. Diese Vorliebe geht bei mir übrigens in meine Obersekundanerzeit zurück. Damals bekamen wir im Deutschen einen Kandidaten, Studienreferendar würden wir heut sagen, der es glänzend mit uns verstand. Der nahm das Stück mit uns durch. (...) Wenn ich lese, daß Koriolan eine Schuld auf sich lädt, weil er »*zu* stolz« ist, dann sage ich: »O du Philister!« Denn das Wesentliche hat so jemand gar nicht kapiert. Gewiß, man kann den Koriolan als die Tragödie des Stolzes bezeichnen. Aber noch viel mehr ist er die Tragödie der Ehrlichkeit. Koriolan ist der Mann, der nicht lügen kann. Er läßt sich wohl hie und da von Respektspersonen wie seinem alten Menenius oder gar seiner Mutter dazu bereden. Aber es gelingt ihm jedesmal jämmerlich schlecht, so schlecht, daß die Angelogenen das als eine Beleidigung auffassen und seine Feinde ihm so das Wasser abgraben können. Mundus vult decipi, ergo decipiatur[2], das ist die tief pessimistische Weisheit des Koriolan. Wer, wie Koriolan, innerlich so adlig ist, daß ihm jegliche Lüge zum Ekel wird, der kommt unter die Räder. Drittens ist der Koriolan die Tragödie des *großen* Menschen, gegen den sich verbünden die Trägheit und Gedankenlosigkeit der Masse, die Feigheit derer, die eigentlich zu ihm gehören, und dazu der Haß und der Neid und die rasende Eifersucht derjenigen, die er in den Schatten stellt: die Tribunen einerseits, Aufidius andererseits. Und dennoch würde er mit allem fertig werden, wenn er nicht ein Mensch bliebe und in seiner furchtbaren Vereinzelung Momente der Schwäche hätte: er gewinnt es nicht über sich, seinen Plan der Vernichtung der Gegner und derer, die ihn feige im Stiche gelassen haben, bis zum letzten durchzuführen, und das gibt Aufidius die Waffe gegen ihn in die Hand.

Ich kenne in der Literatur nur eine Gestalt, die sich dem Koriolan an die Seite stellen kann, und das ist der Schimmelreiter[3]. Denken Sie einmal darüber nach, lesen Sie aber am besten vorher die Novelle noch einmal genau durch, dann wird Ihnen eine Fülle überraschender Parallelen aufgehen. Für mich gehört auch der Schimmelreiter unter die Gipfel der Weltliteratur.

(...)

Sed de his hactenus[4]. Mein Brief vom Februar war nicht mein letztes Lebenszeichen, ich hatte auch zu Ostern wenigstens eine Karte geschickt, und Sie hatten ebenfalls mit einer Karte darauf geantwortet. Es freut mich allemal, wenn ich sehe, daß auch andere Leute vergeßlich sind. Ich selbst mache leider von diesem Privileg des Professors reichlich Gebrauch.

Sie klagen über den späten und kalten Frühling. Ja, bei uns hier war er auch bisher nichts als ein »grün angestrichener Winter«. Es blüht zwar alles herrlich, und meist scheint sogar die Sonne. Aber es ist auch hier immer noch schön kalt. Wie weit wir hier, im Garten Deutschlands, Ihnen voraus sind, ist mir aus Ihren Mitteilungen wieder einmal klar geworden. Bei uns hat fast alles Obst schon abgeblüht, nur die Äpfel sind gerade eben dran. Ende dieser Woche wird wohl der Flieder aufbrechen und bald auch die Kastanien. Dann zeigt sich Frankfurt von seiner besten Seite.

Nur freilich, zu rechtem Genuß kommt man nicht. Seien Sie froh, daß Sie in einem kleinen Nest sitzen, wo sich schwerlich ja ein Flieger hin verirren wird. Wir haben in letzter Woche wieder zweimal nächtlichen Besuch gehabt. Es war ziemlich harmlos, gar nicht zu vergleichen mit dem, was Hamburg, Bremen, Wilhelmshaven, Kiel und Emden durchzumachen haben[5]. Trotzdem redet Frankfurt kaum von etwas anderem. Die Tatsache ist eben da, daß unsere deutschen Angriffe auf England schwerlich noch eine wesentliche Steigerung erfahren werden und daß die Engländer sich damit abgefunden haben und sich nicht dadurch haben klein kriegen lassen, daß bei uns aber die Engländer jetzt erst richtig anfangen und daß, je mehr die amerikanische Hilfe richtig in Gang kommt, die Wucht der Angriffe sich immer weiter steigern wird. Dazu dann die Rede vom vorigen Sonntag[6], die allenthalben die Menschen vor den Kopf gestoßen hat mit dem Hinweis, daß wir auch 1942 unseren Vorsprung behalten müßten – also gehts 1941 noch nicht zu Ende! Demgegenüber hat der Feldzug im Südosten so gut wie gar keinen Eindruck gemacht. Das hat man nach den Erfolgen in Polen und im Westen so hingenommen, als könne es nicht anders sein. Über Rußland weiß man nur, daß starke Truppenmassen dort an der Grenze angehäuft sind. Ferner, daß die Russen versucht haben, uns im Südosten Knüppel zwischen die Beine zu werfen. Sie haben den Bulgaren ihre Mißstimmung über deren Beitritt zum Dreimächtepakt zum Ausdruck gebracht, und sie haben mit den Serben, kurz ehe es dort losging, noch einen Freundschaftsvertrag geschlossen[7]. Aber das Dritte Reich hat sich nicht daran gekehrt, und siehe da, die Russen haben sich nicht gemuckst und damit den Beweis geliefert, daß die Spekulation auf ihre Schwäche vollkommen richtig war. Ich nehme einstweilen an, daß man die Armee dort im Osten stehen läßt gewissermaßen als vorgehaltenen Revolver: Liefert brav weiter, oder ...! Daß, *wenn* wir einrücken, in wenigen Wochen das ganze Land oder wenigstens die Ukraine und das weitere Land bis zu den kaukasischen Erdölquellen einschließlich in unserer Hand ist, daran habe ich gar keinen Zweifel. Möglich ist auch somit allerhand, und man hört von diesem und jenem munkeln: Einmarsch in Spanien und Portugal, Angriff auf Gibraltar, Angriff auf Ägypten; Angriff auf die Türkei – Angriff auf England selbst. Aber niemand weiß etwas Gewisses. Um so gewisser ist, daß die Amerikaner immer unverhüllter in den Krieg eintreten und die Engländer materiell und moralisch stärken.

Eine niedliche Geschichte ist mir heute morgen in meiner 4. Klasse passiert. Schluß des 2. Buches vom Bellum Gallicum: His rebus gestis, tota Gallia pacata usw[8]. Ich erkläre den Ausdruck pacare »befrieden« für »unterwerfen« als typisch römisch. Meldet sich der kleine X.: »Ja, aber bei uns heißt es doch auch: die Befriedung Norwegens macht weitere Fortschritte!« Was soll man da machen?

Es ist halb zwölf durch. Nur noch ein paar Worte. Unser Sohn hatte Nachurlaub bekommen bis 15. Mai, hat fleißig an seiner Doktorarbeit geschafft, fertig bekommen hat er sie freilich nicht. Übermorgen wird er also wieder abrücken. In der Universität 6 Hörer, fast nur Mädchen, heut Mittag waren es nur Mädchen, das reine Töchterpensionat. Den meisten geht es so. Sonst sitze ich an wissenschaftlichen Arbeiten, hauptsächlich Handschriften-Untersuchungen – Sie würden sich an den Kopf fassen, wenn Sie mir über die Schulter sähen, wie man nur auf solche Quisquilien[9] so viel Zeit und Arbeitskraft verschwenden kann. Aber man muß es schon, wenn man festen Boden unter den Füßen haben will. Es kommt nur darauf an, daß man dabei das Große nicht aus den Augen verliert, sondern im Gegenteil, gerade um des Großen willen der mühseligen und, das dürfen Sie mir glauben, auch für unsereinen mitunter herzlich langweiligen Kleinarbeit nicht aus dem Wege geht.

(...)

Gute Nacht! Mit herzlichen Grüßen von Haus zu Haus

Ihr stets ergebener

Schumann

52.

Frankfurt, 4. 8. 1941

Lieber Herr Professor,

Eben habe ich eine größere Arbeit fertiggemacht, die mich viel länger aufgehalten hat, als ich dachte und als ich wollte und als mir lieb ist. Aber ich war sozusagen besessen davon und wollte nun einmal das Ding zum Abschluß bringen. Übrigens seien Sie froh, daß Sie es nicht zu lesen brauchen, es wäre schon gar nichts für Sie; lauter wissenschaftliche Klein- und Kleinstarbeit, Untersuchungen über Schreibgebrauch, Orthographie, Interpunktion usw. einer einzigen Handschrift, der Pariser Handschrift des Waltharius[1], eine Bestandsaufnahme sozusagen alles dessen, was an dieser einen Handschrift zu beobachten ist. Ich glaube es ist die erste Arbeit, die so etwas derart bis ins Einzelne und ins Kleinste durchgeführt hat. Darum war die Sache auch so schwierig. Weniger das Feststellen der Einzelheiten als das Zusammenstellen und Ordnen. Und dann die sprachlich saubere Formulierung des Textes. Es handelt sich sozusagen um wissenschaftliche Präzisionsarbeit und um Verfeinerung ihrer Methoden. Dem Text kommt das nachher zu gute. Im großen ganzen bleibt der ja derselbe. Aber im einzelnen sind im Laufe der Überlieferung eben doch allerhand Dinge geändert worden, oft sind Feinheiten verloren gegangen, sozusagen übermalt, und diese Übermalung trägt unsereins nun behutsam ab, so daß das Ursprüngliche wieder in alter Frische leuchten kann. Und das kommt gerade dem Leser zugute, der ein literarisches Werk nicht bloß als Ganzes auf sich wirken läßt, sondern, vorausgesetzt daß das Werk es lohnt, sich liebevoll auch in die Einzelheiten vertieft. Und gerade der Waltharius lohnt es durchaus. Ich habe ihn eben wieder in Übungen behandelt. Ich bin weit entfernt, ihn unter die »großen« Werke zu rechnen wie etwa, um im Mittelalter zu bleiben, das Nibelungenlied oder den Parcival. Aber es ist ein ganz prächtiges Stück, das ist mir immer klarer geworden, je mehr ich in die Einzelheiten gegangen bin, von einer derartigen Geschlossenheit des Aufbaus und vor allem einer solchen Lebenswahrheit in der Schilderung der Geschehnisse und in der Charakteristik der Personen, von einer derartigen Selbständigkeit der Gestaltung bei aller Anlehnung an Vorbilder, daß man immer wieder erstaunt und immer größeren Respekt vor dem unbekannten Dichter bekommt. Sie sehen aus diesem Loblied jedenfalls, daß ich in der Flut philologischen Kleinkrams nicht ersaufe und daß dieser für mich nicht Selbstzweck ist, sondern Mittel zum Zweck, nicht als Herr, sondern als Diener. Ich weiß nicht, ob ich Ihnen schon einmal das Wort mitgeteilt habe, daß der alte Wilhelm Meyer, neben Traube und Winterfeld[2] einer der Begründer unserer mittellateinischen Wissenschaft, einmal geschrieben hat: »Der Handschriften suchende und vergleichende Philologe ist der beste Freund des Dichters.« Dieses Wort steht als Motto über meiner ganzen Arbeit. Wie wahr es ist, das habe ich auch bei der Arbeit an den Carmina Burana wieder und wieder erlebt; ich wähle absichtlich diesen Ausdruck, der mir für gewöhnlich zu schade ist. Wie manches hübsche oder meinetwegen auch bloß interessante Gedicht habe ich da erst wieder richtig lesbar und verständlich gemacht! Und zwar unter strengster Vermeidung alles Glättens und Schönens, so groß auch dazu die Versuchung ist, wie Sie sich wohl denken können. Dazu gehört erstens eine solide Kenntnis des Handwerks und Beherrschung seiner Methoden; zweitens aber die Fähigkeit, sich in das Werk und in den Dichter hineinzuversetzen. Auf die Gefahr hin Sie zu langweilen, will ich Ihnen ein kleines Beispiel hersetzen, ein ganz kleines, mit Absicht. Da steht in einem Vers des Waltharius die Form *noscens*. Eine Handschrift aber, eben die Pariser, hat *gnoscens*. Das ist ein Archaismus. Für Archaismen hat aber der Dichter eine besondere Vorliebe, wie ich aus vielen anderen Beispielen nachweisen kann. Es ist eine Eigentümlichkeit seines Stils, und wer *noscens* in den Text setzt, verwischt damit an dieser Stelle sozusagen die Farbe. Es ist gerade so, als wollte man bei Mörike in der Zeile »Herr, schicke, was du willt« das »willt«, auch eine archaische Form, die der Dichter beileibe nicht, wie der Philister meinen könnte, dem Reim auf »quillt« zuliebe eingesetzt hat, durch »willst« ersetzen. Gewiß, der Inhalt des Gedichtes bliebe dann ganz genau derselbe. Aber von der stilistischen Eigenart dieses Gedichtes wäre damit etwas sehr Wesentliches zerstört. So will ich also auch im Waltharius an der bewußten Stelle *gnoscens* einsetzen, weil ich diese Lesart für die echte halte. Aber so ohne weiteres darf ich das nicht. Denn alle anderen Handschriften haben ja die Alltagsform *noscens*. Da muß ich dann nachweisen, daß gerade die Pariser Handschrift besonderes Vertrauen verdient, daß die anderen auch sonst derartige Feinheiten nicht verstanden haben usw.; und ein solcher Beweis ist nicht leicht zu führen. Es sind die verschiedensten Dinge, die dabei zu berücksichtigen sind. Wird ein Text aber auf diese Weise berichtigt, d. h. die ursprüngliche Fassung so weit es irgend mit unseren Mitteln möglich ist wiederhergestellt, dann hat nachher den Vorteil davon gerade derjenige Leser, der sich am stärksten auch in die Einzelheiten versenkt und sie sozusagen feinschmeckerisch zu würdigen weiß. Und eben für diese Sorte von Lesern schreibt doch der Dichter oder Schriftsteller in erster Linie. Wenn sich meine Forschungen mitunter scheinbar in Quisquilien[3] verlieren; es ist alles nur scheinbar, an winzigen Kleinigkeiten kann mitunter Großes hängen, und manchmal fällt mir das schöne alte Wort ein: Ein Nagel hält ein Eisen, ein Eisen ein Roß, ein Roß einen Mann, ein Mann eine Burg, eine Burg ein Land.

So, da bin ich richtig ins Schwatzen gekommen, ganz gegen meinen Willen. Denn eigentlich wollte ich bloß wieder einmal ein Lebenszeichen geben und mich erkundigen, wie es bei Ihnen geht. Viel schöner noch wäre es, wenn man sich mündlich einmal aussprechen könnte. Aber dazu wird es so bald schwerlich kommen. Wir haben keine Lust zu reisen, aus den verschiedensten Gründen. Eben hörte ich von unten ein Kind quäken. Aber es ist Musik in meinen Ohren; seit ein paar Stunden steht unten der Kinderwagen, meine Frau hat heute unsere Gisela aus dem Krankenhaus abgeholt, die uns am 25.7. mit dem ersten Enkelkind, einem gesunden, sehr kräftigen Mädchen beschenkt hat. Es war eine sehr schwere Geburt, aber jetzt ist alles in bester Ordnung. Mutter und Kind bleiben fürs erste bei uns. Das ist mir besonders um meiner Frau willen lieb. Es bringt sie auf andere Gedanken. Nicht als ob sie den Kopf hängen ließe. Aber es ist doch sehr schwer, von einer Post zur anderen vergeblich auf Nachricht zu warten. Unser Sohn ist in der Ukraine. Die bisher letzte Nachricht ist vom 15.7. Wohl aber stand in der Frankfurter Zeitung am Samstag die Todesanzeige seines Kompaniechefs, der am 22. gefallen ist. Es hilft nichts, die Sorge muß eben getragen werden. Viele andere haben es ja noch viel schwerer als wir; unsere 3 Schwiegersöhne sind wenigstens alle im Lande. Gleichwohl, es ist der einzige Sohn, und die Sorge ist viel größer als vor einem Jahr; der Krieg gegen die Franzosen war doch, gegen den Russenkrieg gehalten, der reine militärische Spaziergang. Und wann und wie wird das enden? Mitunter scheint es doch, als hätte man sich bezüglich der Schwierigkeiten und der Dauer eines Krieges gegen Rußland einigermaßen verrechnet. Was ich über die Bemühungen denke, diesem Kriege Kreuzzugscharakter zu geben, brauche ich Ihnen nicht zu schreiben. Denn Sie wissen es ohnehin, und Sie denken darüber genau so wie ich. Man ist ja allerhand gewöhnt. Aber als ich neulich in der Frankfurter Zeitung einen Artikel aus der »Deutschen diplomatisch-politischen Information« las, also einem offiziösen Organ, worin es, dem Sinne nach, hieß: »Auch die *kirchlichen* Gemeinschaften wissen, daß dort an der riesigen Front im Osten auch ihre Sache verteidigt wird«, da ist mir denn doch, berlinisch gesprochen, »die Spucke weggeblieben«. Aber dem deutschen Publikum, jedenfalls einem großen Teile gerade auch des sogenannten »gebildeten« Publikums, darf man schlechthin *alles* bieten, denn es glaubt *alles.*

Die Ferien sind schon mehr als zur Hälfte herum. Ich habe fast nur gearbeitet, und es wartet neue Arbeit auf mich, mehr als genug. In einer Beziehung ist es gut, daß man seine Arbeit hat. Sonst gehen die Gedanken doch immer nur in der einen Richtung. Auch das ist ein Grund, weswegen wir nicht in irgend eine Sommerfrische gegangen sind. Wir wollen auch zu Hause sein, wenn Nachrichten kommen, seien es gute oder schlechte. Und nebenbei, die schönen Pfirsiche und Aprikosen, die jetzt in unserem Garten anfangen reif zu werden, wollen wir selber essen – zum Teil auch einmachen, denn mit dem Obst ist es nicht üppig bestellt in diesem Jahre. Wohl dem, der selbst welches hat; zu kaufen gibts nicht viel. Fliegerbesuch haben wir von Zeit zu Zeit. Aber großen Schaden haben sie bisher noch nicht angerichtet. Nach den amtlichen Berichten zu urteilen, sind diese Fliegerangriffe ja überhaupt eine Kette von Bagatellen. Aber man hört doch von Zeit zu Zeit so allerhand, wie es in Köln, Münster, Emden, Bremen, Kiel usw. zugegangen ist und zugeht. Seien Sie froh, daß Sie vermutlich doch nur sehr ausnahmsweise solchen Besuch empfangen werden, wenn überhaupt sich in Ihre Gegend einmal einer verirrt.

Haben Sie in Ihrer Gegend eigentlich den großen Sturm erlebt, an einem Sonntag, ich glaube vor drei Wochen? Hier hat er toll gehaust. In unserem Stadtwald hat er 200 000 bis 250 000 Bäume gefällt, so stand dieser Tage in der Zeitung zu lesen, das 5-6fache des jährlichen Einschlags! Übermannsdicke Bäume, auch in Alleen in unserer Gegend, umgeknickt wie Streichhölzer. In unserem Garten ist der schönste, dick voll hängende Ast aus unserem Eierpflaumenbaum herausgebrochen worden. Sonst ist bei uns zum Glück nichts von Bedeutung geschehen. Aber wir haben, obwohl wir doch nun auch beide über die 50 sind, noch nie etwas Derartiges erlebt.

So, und nun, wenn Sie Zeit und Lust haben, schreiben Sie auch einmal wieder, wie es Ihnen beiden geht und vielleicht auch dies und jenes von dem, was Sie auf Ihrer Reise zu Theodor Litt[4] und anderen erfahren haben. Soweit sichs schreiben läßt, versteht sich.

Mit herzlichen Grüßen von Haus zu Haus

Ihr stets ergebener

Schumann

53.

Frankfurt, 22. 11. 1941

Lieber Herr Professor,

Wieder einmal auf ein kurzes Lebenszeichen und die Frage, wie es Ihnen geht und ob Sie genug Kohlen und Kartoffeln im Keller haben.

Mir selbst geht es körperlich recht gut. Seelisch sind wir wesentlich entlastet, seit der Sohn aus der Ukraine, die er zwei Monate lang genossen hat, wieder zurück ist und voraussichtlich dauernd im Lande bleibt. Er ist angestellt bei der Torpedo-

Versuchsanstalt in Gotenhafen. Daß ich, als er wiederkam, die älteste Flasche hervorholte, die seit Jahrzehnten im Keller auf eine ganz besondere Gelegenheit wartete, werden Sie gewiß verstehen.

Unsere beiden ältesten Töchter haben uns in den letzten Monaten mit Enkelkindern versorgt. Ende Juli die zweite mit einer Enkelin, Ende September lieferte die älteste den Enkel nach. Im ersteren Falle haben wir schwere Sorgen ausgestanden, schon die Geburt war sehr schwer, dann kamen allerhand Komplikationen, es brauchte etwa anderthalb Monate, bis sie endgültig aus dem Krankenhaus entlassen wurde. Aber jetzt ist sie ganz wieder in Ordnung und sieht aus wie ein junges Mädchen. Bei der anderen Tochter ist alles normal verlaufen. Die beiden Kinder gedeihen prächtig und machen uns viel Freude. Die Gisela mit der kleinen Irmgard ist allerdings bei den Schwiegereltern in Idar im Hunsrück; dort ist der Jüngste in Rußland gefallen, und die Kleine ist nun Trost und Sonnenschein, zumal es sich um ein besonders fröhliches und niedliches Kind handelt. Uns geht es also für diese Zeiten außergewöhnlich gut, und so ertragen wir auch allerhand Unbequemlichkeiten ohne großes Murren, wie z. B. soeben die Herrichtung unseres Kellers zum Luftschutzraum, was natürlich für meine Frau viel Arbeit und viel Schmutz gebracht hat. Aber gerade heute sind die beide Italiener, die den Umbau gemacht haben, fertig geworden, eben habe ich meinen Wein wieder eingeräumt, der für die Zeit natürlich nach oben gewandert war. Kohlen haben wir reichlich. Aber mit den Kartoffeln sieht es hier recht windig aus. Zwei Zentner haben wir im Keller und dürfen eigentlich nicht einmal im Kleinverkauf welche kriegen, ehe diese zwei Zentner völlig aufgebraucht sind. Was sind das für Zustände und Aussichten!

In der Schule habe ich doch allmählich meine Not. Bisher war das Lessing-Gymnasium so etwas wie eine Insel. Aber in letzter Zeit fange ich an zu befürchten, daß mir die Verwilderung der Jugend und die daraus sich ergebende Nervosität der Lehrer doch schließlich über den Kopf wachsen. Es passieren Lausbubenstreiche, die früher bei uns nicht vorgekommen sind, und zweimal ist in diesen letzten Tagen trotz meiner dringenden Bitten und Abmahnungen Kollegen die Hand ausgerutscht.

Und mit dem Können der Jungen fängt es auch an betrüblich auszusehen. Universität, Wehrmacht usw. klagen ja auch entsprechend. Wie man in den oberen Regionen des Schulwesens dazu steht, mögen Sie aus einer Kleinigkeit ersehen: das Abitur hat man vereinfacht (worüber sich an sich reden läßt; es bringt auch für mich als Lehrer und Direktor etliche Erleichterungen, die ich mir gerne gefallen lasse) – aber bei den Leibesübungen ist nichts vereinfacht worden. Nicht umsonst paradieren die jetzt auf den Zeugnissen an erster Stelle; Religionslehre einstweilen noch an letzter, bald verschwindet sie ganz und wird auf besondere Formulare verwiesen, die jetzt neu gedruckt werden. Rechnen Sie sich aus, wie viele Millionen Formulare man da im Jahre braucht. Und das in einer Zeit solcher Papiernot, daß hier in Frankfurt weder Briefpapier noch Umschläge zu kaufen sind. Über solche Dinge könnte ich Ihnen noch viel erzählen. Natürlich sinds Kleinigkeiten. Aber sie summieren sich wie Mosaiksteinchen zu einem sehr eindeutigen Gesamtbild. Und wenn man das täglich vor sich hat, dann könnte man beinahe ein wenig skeptisch werden gegenüber gewissen Dementis zu gewissen Behauptungen gewisser ausländischer hochgestellter Personen. Und gegenüber Dementis überhaupt.

Was mögen Sie wohl zu der Gesamtlage sagen besonders im Osten? Tritt nicht das Bild des riesenhaft vergrößerten Sparta, das ich Ihnen seinerzeit einmal gezeichnet habe, immer deutlicher heraus? Spartiaten, Periöken, Heloten[1].

(...)

Nun Schluß, ich muß an die Arbeit. Nochmals: wie geht es Ihnen? Postkarte genügt.

Herzliche Grüße Ihnen beiden

stets Ihr

Schumann

54.

Frankfurt, 31.12.1941

Lieber Herr Professor,

Den versprochenen Neujahrsbrief kriegen Sie nicht mehr rechtzeitig. Ich habs nicht schaffen können. Es gab zu viel Abhaltung in der vergangenen Woche. Wir haben nicht nur Weihnachten hinter uns, sondern auch die Taufe des Enkels mit dem zugehörigen Besuch und den Verpflichtungen diesem gegenüber. So bitte ich zu verzeihen, wenn dieser Brief post festum eintrifft.

Aber anfangen will ich doch wenigstens heute abend noch. Ich habe soeben neue Zuversicht in mein trostbedürftiges Herz flößen lassen[1], habe mir wieder einmal klar machen lassen, daß der Jude an allem Malheur schuld ist, er und seine Knechte, die Rüstungs-Großverdiener Roosevelt und Churchill; daß demnächst an der Ostfront die Fronten erstarren werden und es dann von neuem dort losgehen wird, bis der jüdische Vernichtungswille endgültig gebrochen ist undsoweiter. Und ich frohlocke schon im voraus über die vielen neuen glänzenden Siege, die noch dazu um vieles glänzender sein werden als die von 1941, in demselben Maße, wie die Führung durch den größten Feldherrn aller Zeiten, ein einmaliges Genie, sich überlegen erweisen wird der durch bloße Durchschnitts-Militärs wie Brauchitsch und Halder[2].

Ja, nicht wahr, das waren erbauliche Nachrichten, die die letzten Wochen gebracht haben? Vielleicht sind darüber doch dem einen oder anderen die Augen aufgegangen, der sie bisher sich hat verkleistern lassen oder sie selbst fest zugemacht hat. Aber viele werden das nicht sein. Die bisher gläubig gewesen sind, werden sich auch durch kleine Rückschläge nicht irre machen lassen. Wir anderen sehen ja nur unheimlich näher kommen, was wir schon längst haben kommen sehen.

Aber ich will von diesem Thema abbrechen. Es führt ja doch zu nichts, und wir sind ohnehin einig.

(...)[3]

So, nun muß ich aber erst einmal hinunter zu meiner Familie, um die letzten Stunden mit ihr zusammen zuzubringen. Gute Nacht für heute. Im neuen Jahre Fortsetzung.

Nun ist der erste Tag des neuen Jahres schon fast vorüber. Ich habe ihn zum großen Teil damit zugebracht, meine Papiere zu ordnen, wozu ich die Reihe von Monaten nicht gekommen war. (...)

Sie meinen, in der Waltharius-Handschrift, über die ich geschrieben habe, könnten die Archaismen auf größerem Alter der Handschrift beruhen. Nein, so einfach liegen die Dinge nicht. Auch Hrotsvith von Gandersheim[4] z. B. im 10. Jahrhundert prunkt gerne mit Archaismen. Derartige Pedanterien sind typisch mittelalterlich. Man lernte das Latein eben nicht von der Mutter, sondern in der Schule. Und man wies gerne seinen Schulsack vor. Das gehört nun einmal zum Stil. Übrigens Erbe der Spätantike, und die hat es wieder von den Alexandrinern.

Daß Sie von neueren, heute noch voll lebendigen Dichtern mehr gepackt werden als von alten, verstehe ich sehr gut. Aber ich darf wohl annehmen, daß Sie Shakespeare zu den neueren rechnen, um nur diesen einen Namen zu nennen. Und auch darin werden wir wohl einig sein, daß es auch in alten Dichtungen wenigstens einzelne Stellen gibt, die uns noch heute ganz unmittelbar lebendig sind. Ich denke etwa an Homer und da besonders an Szenen wie Hektors Abschied von Andromache.

Den Roman von Benrath »Galla Placidia«[5] kenne ich nicht, habe auch gar keine Lust, dergleichen zu lesen; nach Ihrer Kritik noch weniger als vorher.

Bei Galla Placidia fällt mir Ravenna ein und ein köstliches Erlebnis, das ich hatte, als ich vor nunmehr fast 3 Jahren dort war. Wir saßen abends in der Halle des Hotels und blätterten in den aufgelegten Zeitungen usw. Darin war auch eine Fremdenverkehrszeitschrift, und darin stieß ich auf einen Bericht, den eine Anzahl Herrschaften von der Ordensburg Crössinsee[6] der Stadt abgestattet hatten (wahrscheinlich galt der Besuch hauptsächlich dem Grabmahl Theoderichs). Was hatte man ihnen als Gastgeschenk verehrt? Eine getreue Nachbildung einer der Mosaiken aus San Apollinare nuovo[7] – und ausgesucht hatte man: Christus und die Samariterin. Also ausgerechnet die Szene, in der das Wort fällt: »Das Heil kommt von den Juden«! Wir fragten uns: Ist das unsagbar naiv oder unsagbar raffiniert?

Und noch etwas anderes fiel mir ein. Erinnern Sie sich noch an Herrn Wilhelm Kube[8], ehemaliger Gauleiter und Oberpräsidenten der Provinz Mark Brandenburg? Er verschwand 1936 sang- und klanglos, aus Gründen, die offenbar sehr triftig gewesen sind. Dieser Mann hat sich auch als Dichter betätigt. Er hat ein Drama »Totila« geschrieben, und es hat sich richtig ein Studienrat gefunden, Mauermann hieß er, glaube ich, der es als Schulausgabe herausbrachte. Ich hatte es einmal zu besprechen (aber nicht für die Öffentlichkeit) und habe es damals – als Herr Kube noch in vollem Glanze dastand – mit aller Entschiedenheit abgelehnt. Für unsereinen war es nur als Bierzeitung zu brauchen. Sie kennen ja den »Kampf um Rom«[9], dieses Entzükken aller Tertianer und aller, die es ewig bleiben. Aber gemessen an der kindlich plumpen Idealisierung der Germanenhelden und Heldinnen bei Kube ist der gute Felix Dahn ein krasser Realist. Es tut mir immer wieder leid, daß ich mir das Rezensionsexemplar nicht als Kuriosum zurückbehalten habe. Ich wurde daran erinnert, als ich vor etlichen Wochen las, daß der Herr Gauleiter Kube die Leitung eines der großen Bezirke erhalten hat, in die das eroberte Rußland unter oberster Aufsicht von Herrn Reichsminister Rosenberg[10] eingeteilt worden ist.

Was Sie über »Dichten« der Künstler im weitesten Sinne schreiben, hat ganz meinen Beifall. Nur verstehe ich Sie recht, leiten Sie das Wort »dichten« von »dicht« ab? Das stimmt nicht; »dichten« ist ein altes Lehnwort, es ist lat. dictare.

Wie ist es denn mit Ihren Jugenderinnerungen geworden? Vermutlich hats mit der Papierbewilligung nicht geklappt? (...)

Die Freude am Erfolg kenne ich auch. Nicht bloß bei der Schriftstellerei, sondern überhaupt. Ich weiß z. B., welchen Auftrieb es einem gibt, wenn alte Schüler oder auch Eltern einem sagen oder einen auch bloß durch Anhänglichkeit merken lassen, daß man ihnen etwas gegeben hat.

Fortsetzung 2/1. Eine andere Art von Freude, die auch gar nicht zu verachten ist, müssen Sie jetzt haben, wenn im Ofen das Feuer so recht behaglich prasselt und Sie sich sagen dürfen: Das Holz habe ich selber hergeschleppt. Wir haben Zentralheizung, und man ist reichlich verwöhnt dadurch. Aber so ein rechter Ofen ist an sich etwas viel Behaglicheres, zumal ein Kachelofen. Ich weiß das aus unserer vorigen Wohnung und ganz besonders aus der Zeit nach dem vorigen Kriege, als die Bergleute streikten und wir mit Holz heizen mußten. Selbst aus dem Walde geholt habe ich das zwar nicht, aber ich habe die dicken Klötze im Keller selbst gespalten. Das war auch eine gehörige Arbeit, aber sie hat mir sicher auch körperlich sehr gut getan bei meiner sitzenden Lebensweise. Noch mehr liebe ich den Kamin. Aber es ist doch schlimm, daß es auch mit der Heizung wieder stellenweise übel bestellt ist nach Ihrer Mitteilung z. B. in Berlin. Und doch hat man es immer noch gut. Und man wollte alle Entbehrungen und Einschränkungen dieser Art willig tragen, wenn nicht all das andere wäre.

(...)

Sie schreiben von jungen Leuten, die an diesem Kriege innerlich zerbrochen sind. Auch ich kenne etliche erschütternde Beispiele dieser Art. Besonders der Krieg in Rußland ist ja furchtbar und beinah noch mehr, was sich dort hinter der Front vollzieht. Wie soll das enden? Die Aussichten für das neue Jahr sind nicht eben rosig. Im besten Falle zunächst »Erstarrung« der russischen Front und dann erneuter Angriff unter neuen Opfern. »Man kann nur noch auf ein Wunder hoffen« sagte mir dieser Tage ein Vater, bei dem ich mich telephonisch nach seinem Sohne erkundigte, der vor Rostow liegt. Zwei scheinbar belanglose Einzelheiten, die dieser Tage in der Frankfurter Zeitung zu lesen waren, haben mir besonders zu denken gegeben: die Sprecher des japanischen Ober- und Unterhauses sind durch neue Leute ersetzt worden; und Mussolini hat den Sekretär der Faschistischen Partei, dazu den Vizesekretär und den Landwirtschaftsminister ebenfalls »abgelöst«; zum Parteisekretär hat er seinen bisherigen Studentenführer gemacht, einen Jüngling von 26 Jahren, von dem die Zeitung harmlos sagte, er sehe aus wie ein Zwanzigjähriger! Denken Sie aber ja nicht, ich erwartete in absehbarer Zeit eine Änderung unseres Verhältnisses zu Italien. So dumm bin ich nicht. Das ist nun wirklich alles einkalkuliert und die entsprechenden Vorsichtsmaßregeln schon seit geraumer Zeit getroffen.

Und nun hätte ich doch eins um ein Haar vergessen: Ihnen nachträglich herzlich zum 70. Geburtstag zu gratulieren. Ich wünsche mir nur selbst etwas Gutes, wenn ich die Hoffnung ausspreche, daß sich das neue Lebens-Jahrzehnt in seinem weiteren Verlauf minder bedrücklich gestaltet als der Anfang gewesen ist und zugleich, daß wir noch recht lange mit einander verbunden bleiben.

Zunächst aber möge das neue Jahr 1942 Ihnen und Ihrer verehrten Gattin so viel Gutes und Erfreuliches bringen, wie es unter den gegenwärtigen Umständen nur denkbar ist!

Mit den herzlichsten Grüßen von Haus zu Haus

Ihr verehrungsvoll ergebener

Schumann

55.

Frankfurt, 21. 3. 1942

Lieber Herr Professor,

(...) Die japanischen Erfolge[1] haben mich natürlich zuerst ebenso überrascht wie Sie. Aber ich urteile doch seit einiger Zeit erheblich nüchterner darüber. Wenn man sich die riesigen Räume ansieht und bedenkt, wie winzig das Häuflein Weißer in diesen Gebieten gewesen ist, daß die Japaner dagegen ihre Millionen kriegserprobter Truppen einsetzen können, daß sie auch vor allem die Luftherrschaft haben, dem muß, meine ich, alles recht begreiflich erscheinen. Unbegreiflich höchstens die Dummheiten, die auf der Gegenseite gemacht worden sind, wie vor allem die Sorglosigkeit der Amerikaner auf Hawai. Die Anfangserfolge, die die Gelben dadurch gehabt haben, wirken natürlich lange nach. Aber ich habe das bestimmte Gefühl, daß auch dort die Bäume nicht in den Himmel wachsen. Die Entscheidung fällt nicht dort, und wenn die Japaner auch ganz Australien noch in ihre Hand bekommen sollten, die Entscheidung fällt in den nächsten Monaten in Rußland. So weit glaube ich im Prophezeien gehen zu dürfen. Mittlerweile sind ja bei uns die Rationen gekürzt worden. Das wird manchem zu denken gegeben haben.

Verzeihen Sie, wenn ich jetzt abbreche. Wir haben heut Abitur gehabt, es wird Zeit, daß ich ins Bett komme. Morgen früh soll der Brief auf die Post. (...)

Von uns nur so viel, daß wir gut durch den Winter gekommen sind. Es war auch hier barbarisch kalt, aber wir haben es immer mindestens leidlich warm im Hause gehabt und sogar jeden Morgen warmes Bad oder Dusche. Und Kartoffeln haben wir auch einigermaßen genug. Es geht uns in Deutschland ja immer noch ganz ordentlich, wenn man beispielsweise erfährt, wie es in Griechenland aussieht. Der Sohn war eben auf Urlaub hier (zwischendurch allerdings in Vorarlberg), die Schwiegersöhne sind auch alle noch im Lande, und die beiden Enkel gedeihen, meist unter unseren Augen, in wünschenswertester Weise. Ich selbst bin seit Mitte Januar das Direktoriat los, da mein Chef wiedergekommen ist. Die 5 Wochen Kohlenferien habe ich schön für meine eigenen Arbeiten verwenden können. Eigentlich wollte mich die Stadt in ein Lebensmittelbüro stekken. Aber ich habe dem Schulamt durch meinen Chef klar machen lassen, daß man mir dies kleine Douceur für die 2¼ Jahre Direktorat denn doch wohl gönnen dürfe, und das hat man ja denn auch sofort eingesehen.

Schreiben Sie bald einmal wieder, wenns auch nur eine Karte ist; denn Sie werden in B. anderes zu tun haben.

Es grüßt herzlich

Ihr sehr ergebener

Schumann

56.

Frankfurt, 6. 5. 1942

Lieber Herr Professor,

(...) Für die tiefe Niedergedrücktheit der Stimmung Ihres Briefes, besonders des Eingangs, habe ich vollstes Verständnis. Es wird wohl den meisten denkenden Menschen in Deutschland ähnlich gehen wie Ihnen. Bei uns liegt die Sache insofern günstiger, als wir hier immerhin schon seit geraumer Zeit Frühling haben. Trotz des kalten Ostwindes blühten und blühen hier besonders die Obstbäume ganz herrlich, unser Garten ist eine wahre Pracht. Und seit heute ist es nun endlich auch wärmer geworden. Immer wieder bin ich hinausgegangen und habe den Bienen zugesehen, die endlich wieder sichtbar geworden waren und endlich ihre Pflicht taten an unserem Reineclaudenbaum, der diesmal, was Blütenfülle angeht, den Rekord aufgestellt hat. Dem Obst bei uns hat der Winter merkwürdig wenig getan. Nur der schöne Aprikosenbaum scheint einen Knacks bekommen zu haben. Aber das Aprikosenspalier trägt schon zentimeterlange Früchte. Ja, in diesen Dingen sind wir hier im Garten Deutschlands Ihnen voraus. Hoffentlich ist es nun auch bei Ihnen wärmer geworden. Das macht doch schon viel aus für Wohlbefinden und Stimmung. Freilich; die großen Sorgen bleiben. Was wird? Die nächsten Monate werden entscheidend werden. Gelingt nicht ein überwältigend großer Schlag, gleichviel wo, dann wird unsere Lage noch kritischer, als sie angesichts der Lebensmittellage und anderer Schwierigkeiten ohnehin schon ist. Ihr Verwandter hat sicher nicht ohne stärkste Berechtigung gesagt: Im Herbst muß der Krieg zu Ende sein. Wie man das erreichen will, weiß ich nicht. Aber daß man es versuchen wird, erwarte ich bestimmt. Es bleibt ja gar nichts anderes übrig. Weiterwursteln, uns auf die Defensive, auf die Behauptung des bisher Gewonnenen beschränken können wir nicht – dann verhungern wir einfach. Also wird man es mit einem ungeheuren Ausfall aus der belagerten Festung versuchen, die wir trotz allem darstellen. Nach welcher Richtung? Wie gesagt, das weiß ich nicht. Und daß er uns wirklich auf die Dauer Luft schafft, bezweifle ich. Aber daß er wieder viel, sehr viel Blut kosten wird, ist sicher. Damit, daß er uns auf die Dauer wesentlich besser stellt und das Ende herbeiführt, scheint man ja nicht einmal an alleroberster Stelle zu rechnen, denn man hat uns ja sehr deutlich gesagt, daß zwar unsere Leute es nächstes Jahr in Rußland besser haben sollen als im vergangenen Winter, daß sie aber eben noch in Rußland stehen werden.

Für uns hier im Westen kommt zu allem noch die Sorge wegen der Fliegerangriffe. Die beiden letzten Nächte hats wieder Alarm gegeben. Wir sind ruhig im Bett liegen geblieben, denn Frankfurt wird bisher merkwürdig geschont. Aber wir wissen, daß sich das jede Nacht radikal ändern kann. In Köln z. B. muß es fürchterlich aussehen. Seien Sie froh, daß Sie wenigstens in dieser Hinsicht einigermaßen ruhig sein können.

Eigentlich wollte ich für heute Schluß machen, es ist schon Mitternacht vorbei, und ich bin ziemlich müde. Aber eben kommt meine Frau herein und verkündet, daß der Rundfunk schweigt, also Luftgefahr besteht. Also stecke ich mir das Pfeifchen wieder an (daß ich in dieser Hinsicht noch leidlich dran bin, ist ein großer Trost für mich) und schreibe weiter, bis die Sirenen anfangen zu tuten. Dann muß ich freilich aufhören, denn die Nachbarn brauchen nicht zu merken, daß ich immer noch an der Maschine sitze, statt vorschriftsmäßig in den Keller zu steigen. Übrigens habe ich nicht allzuviel mehr zu schreiben.

Mir selbst geht es im allgemeinen recht gut. Seit Ostern habe ich wieder meine frühere Entlastung auf 11 Wochenstunden und einen sehr angenehmen Stundenplan, behalte also reichlich Zeit für meine wissenschaftlichen Arbeiten übrig und kann allerhand aufarbeiten und abstoßen, was zum Teil schon sehr lange liegen geblieben war. An der Universität mache ich mirs für dieses Semester noch bequem, begnüge mich mit einer Stunde Übungen; erst im nächsten Semester will ich sehen, ob ich daneben wieder ein zwei- oder dreistündiges Kolleg lese. Mit dem Besuch kann ich zufrieden sein. 7 Hörer, die regelmäßig kommen, das ist für mein Fach und für diese Zeiten sehr erfreulich. Aber die Zeit vergeht schnell, so rasch, wie ich noch vor ein paar Wochen dachte, komme ich nicht vorwärts. Immerhin, ich bin wesentlich besser dran als in den letzten Jahren. Dazu dann die große Freude an den beiden Enkeln, die zwar mit ihren Müttern jetzt in deren eigenen Wohnungen hausen, aber die Großeltern alle paar Tage besuchen. Und beides sind ausgesprochene Prachtexemplare. Und die kleine Irmgard hat für den Großvater eine sehr deutliche Vorliebe. Da kann selbst die eigene Mutter nicht heranreichen. Sie ist beinahe (oder wirklich?) eifersüchtig auf mich. Merkwürdig, wie solche kleine Wesen – die Irmgard ist 9½ Monate alt – schon ganz bestimmte Sympathien haben und äußern. Dabei habe ich gar nichts getan, wodurch ich sie besonders hätte für mich gewinnen können. Aber Sie werden es verstehen, daß der Großvater jedesmal sogleich alles stehen und liegen läßt, wenn die Kleine wieder mal zu Besuch kommt. Jetzt denkt auch die dritte der Töchter stark ans Heiraten. Es fehlt nur noch die Wohnung. Ja, es wäre alles schön und gut, wenn nur nicht all das andere wäre. Da kommt heute morgen einer der Jungen aus meiner Klasse zu mir und teilt mir mit, daß sein Vater verhaftet worden sei. Er ist Diplom-Handelslehrer und hat, wie mir der Sohn sagte, im Unterricht vom Christentum gesprochen und das Christentum verteidigt, und einer der liebenswerten Schüler hat ihn verpetzt. Erst vor einigen Monaten hatte ich einen ähnlichen Fall, auch in meiner Klasse. Da war es ein Pfarrer, sehr tüchtiger Mann, früher deutsch-nationaler Reichstagsabgeordneter. Einige Wochen hat man ihn festgehalten, dann hat man ihn laufen lassen. Ganz nichtige Kleinigkeit als Vorwand.

Und eben tuten wirklich die Sirenen. Also Schluß, ich wußte ohnehin nichts mehr zu schreiben. Morgen füge ich noch ein paar Zeilen hinzu, die Ihnen berichten, wie es uns in der Nacht ergangen ist.

7.5. Mit dem Alarm ist es gegangen wie gewöhnlich: erst minutenlanges Schießen der Abwehr, dann alles still, bis zur Entwarnung. Aber wer mag heute wohl wieder drangekommen sein? Und wann trifft es uns hier einmal ernstlich?

(...)

57.

Frankfurt, 14. 6. 1942

Lieber Herr Professor,

Eine besondere Veranlassung zum Schreiben liegt nicht vor. Aber ich wollte mich doch wieder einmal erkundigen, wie es bei Ihnen geht. Was macht Ihrer beider Gesundheit? Mittlerweile ist ja der Frühling und sogar schon der Sommer sicher auch bei Ihnen eingekehrt. Hoffentlich höre ich, daß er geholfen hat, wenigstens die körperliche, vielleicht auch die geistige Spannkraft bei Ihnen zu heben. Wie steht es bei Ihnen mit der Ernährung?

Von uns ist nicht viel Neues zu melden. Unser Haus ist ziemlich leer geworden. Der Sohn ist in Gotenhafen, wo er sich anscheinend recht gut eingearbeitet und sich eine Stellung geschaffen hat. Die beiden ältesten Töchter haben ja so wie so ihre eigenen Wohnungen, kamen aber öfter mit den Kindern zu uns. Aber seit etlichen Wochen sind beide mit den Kleinen für etliche Monate bei den Männern in Schleswig-Holstein. So haben wir derzeit nur noch zwei Kinder, und am Mittwoch fährt nun auch die Jüngste zum Ernteeinsatz in die Gegend von Gelnhausen; es ist zum Glück nicht weit, mit dem Rad werde ich sie bequem in etwa 3 Stunden erreichen können. Dann sind wir mit der Hedwig allein. Die Enkel sind unsere große Freude; aber ich war doch heilfroh, als auch die Gisela mit ihrer kleinen

Irmgard abgerückt war. Sie können sich denken, warum ich froh war. Vor 14 Tagen war der große Angriff auf Köln[1]. Es ist ja genug geschehen, um das, was dort geschehen ist, zu vertuschen und zu verharmlosen. Aber wir haben genug gehört, unter anderem von einer Schwägerin, die dort wohnt und die gleich danach auf unsere Einladung mit ihren beiden Kindern zu uns kam. Unmittelbar waren sie zwar verschont geblieben, aber meine Schwägerin mußte ihrer Nerven wegen einmal für ein paar Tage heraus aus der Stadt. Die Innenstadt hat besonders gelitten, unter anderem sind außer dem Dom und St. Kunibert alle die schönen alten Kirchen verbrannt oder eingestürzt. Gestern erhielten wir noch einen Brief von Freunden aus Köln: in den Trümmern brennt es immer noch. Da können Sie sich denken, daß wir ständig unter dem Gedanken leben: wann kommen wir dran? Nun sind freilich die Herrschaften drüben miserable Psychologen: wenn sie schon solche Sachen unternahmen, dann mußten sie das erst tun, wenn sie in der Lage waren, es pausenlos ein paar Wochen hintereinander gegen die größeren und bekannteren Städte des Westens fortzusetzen. So aber verpufft der Eindruck zwar nicht, dafür hat es hier im Westen zu sehr wie eine Bombe eingeschlagen; aber er wird doch sehr merklich abgeschwächt. Wir hier in Frankfurt haben seit mehreren Wochen nicht einmal einen Alarm gehabt. Immerhin: jede Nacht kann es uns genau so gehen wie Köln.

Es bleibt nichts übrig, als weiter in den Tag hineinzuleben, als ob sonst alles in der Ordnung wäre. Wir freuen uns an unserem Garten und daß wir doch wenigstens ein bißchen Salat und Gemüse und Obst voraussichtlich bekommen werden, und ich sitze über meinen Büchern, Papieren und Photographien und arbeite so allmählich allerhand auf, so lange ich noch die günstigen Arbeitsbedingungen habe wie zur Zeit. Denn ich muß sehr fürchten, daß die Entlastung um die Hälfte der Wochenstunden, die mir die Universität vom Minister besorgt hat, nach den Ferien, also Mitte August, wieder aufhört, weil kein Vertreter zu beschaffen ist. Und die Stadt besteht darauf, daß ihr ein Vertreter gestellt wird. Notabene dieselbe Stadt, der die Universität zur Hälfte gehört und deren Oberbürgermeister der Vorsitzende des Kuratoriums ist. Aber das »Ressort« Schule »wahrt seine Belange«. Indes daran bin ich nun schon seit Jahrzehnten gewöhnt. Wenn ich einer wäre, mit dem man irgend nach außen hin Reklame machen könnte – ja, dann wäre es etwas ganz anderes. Am »Musischen Gymnasium«[2] sind Kollegen, die kriegsverwendungsfähig sind und nicht eingezogen werden dürfen. Dafür ist es aber auch das Musische Gymnasium, eigenste Schöpfung autotatou[3]; das gibt seine Konzerte und macht Konzertreisen, über die dann ellenlang in den Zeitungen geschwelgt wird und womit man seine kulturelle Höhe und kulturelle Interessiertheit immer wieder »unter Beweis« stellt. Darüber und über Verwandtes ließe sich viel sagen. Es gehört in das große Kapitel von »Sein« und »Scheinen«, das schwerlich jemals so aktuell gewesen ist wie in unserer Zeit. Übrigens durchaus nicht erst, seit das Dritte Reich besteht.

Und sonst ließe sich auch gar viel erörtern. Aber eben nicht schriftlich. Ich könnte Ihnen z. B. erzählen von der Rede, die ein »Gauschulungswalter« vorigen Sommer beim »Kreisappell« des NSLB[4] gehalten hat; ich habe sie mir Spaßes halber angehört und bin reichlich auf meine Kosten gekommen. Nicht daß ich viel Neues gehört hätte. Aber die Rede (über die Erziehung des deutschen Volkes zum Führervolk) gab so einen hübschen zusammenfassenden Einblick in die Mentalität der Unentwegten. Es ist doch etwas zu Schönes und Bequemes um die billige Halbbildung, auf der sie beruht.

Gute Nacht! Lassen Sie einmal wieder von sich hören. Es braucht ja nur eine Karte zu sein.

Herzliche Grüße von Haus zu Haus

Ihr stets ergebener
Schumann

58.

Blankenburg/Harz, 18. 6. 1942

Lieber Herr Kollege,

ja, nun ist der Frühling auch hierher gelangt, aber eigentlich erst am 1. Juni, – vorher war es immer noch kühl und unfreundlich – und dem Frühling folgte der Sommer auf den Fersen, so warm wurde es, und so schnell wurde es grün und blühend, – aber es hat nur genau acht Tage gedauert. Am Sonntag, den 7. kam ein Gewitter, dem wie gewöhnlich ein Wetterumschlag folgte. Seitdem kommt der Wind aus Westen, es regnet viel und ist so kühl, daß wir uns haben entschließen müssen, ein Zimmer unten und oben wieder zu heizen. Es sieht nun so aus, als sollte es wieder so werden, wie im vorigen Jahre, wo der Frühling überhaupt ausblieb und der Sommer nur drei Wochen lang war. Es ist wirklich seltsam und könnte zu metaphysischen Folgerungen verführen (denn sie sind trotz allem falsch, – das Wetter hat nur physische Ursachen), daß wir nun seit Kriegsbeginn die denkbar ungünstigste Wetterlage haben, die dem gewöhnlichen, sozusagen normalen, diametral entgegengesetzt ist: das günstige (im großen und ganzen betrachtet) und normale (ebenfalls nur im großen und ganzen) ist bei uns, daß der Wind und also das Wetter im Winter vorwiegend vom Ozean, also von Westen kommt, im Sommer dagegen von Osten und seinen ungeheuren Landmassen. Das ergibt milde Winter und warme Sommer. Nun haben wir es dreimal hintereinander (das ist bestimmt ganz ungewöhnlich) umgekehrt gehabt: im Winter monatelang Ostwind (Nordostwind meist) und infolgedessen sibirische Kälte, im Sommer fast immer Westwind und also kühles, regnerisches Wetter. Ein konstantes Hoch im Osten, über Rußland, bringt im Sommer Wärme, im Winter Kälte, umgekehrt ein Hoch über England und dem Ozean. Leider, der Westen und Osten wirkt zusammen, um uns das Leben und Gedeihen zu erschweren. Es ist wirklich eine Versuchung, daraus hyperphysische Schlüsse zu ziehen. Die Leute beschränken sich freilich meist darauf, eine neue Eiszeit zu prophezeien, was natürlich laienhaftes Gefasel ist.

Daß ich Ihren lieben Brief vom 6. oder 9. Mai nicht eher beantwortet habe, liegt wesentlich an meiner Schreibunlust, die ihrerseits auf einer gewissen Erschöpftheit beruht, deren mannigfache Ursachen (alle Dinge haben ja ein ganzes Wurzelgeflecht von Ursachen) Ihnen ja nicht unbekannt sind. Es macht mir jetzt fast immer eine fühlbare und ärgerliche Mühe, die Feder zu ergreifen und leserlich zu schreiben. Auch der Gedankenablauf stockt, beim Reden, wie beim Schreiben, es fließt nicht mehr so wie früher, sondern es tröpfelt, und dies verringert die Lust und den Trieb zu schreiben schon erheblich. Es wäre wohl ein ganzes Teil anders, wenn man Kaffee hätte, diesen herrlichen Trank, dessen geheime und erstaunliche Wunderkraft man erst erkennt, wenn man in die Jahre kommt und sie nötig hat. Aber man würde auch frischer und kräftiger sein, wenn man mehr Fleisch und Fett und Zucker zu essen bekäme. Wir waren soeben 10 Tage lang in dem reizenden Stolberg, weil meine Frau sich einmal ausruhen mußte – hier gibt es für sie ja keinen Ruhetag –, wo wir nach sechsstündiger Fahrt viermal umsteigen, Stolberg ist von hier in Luftlinie nur etwa vier Meilen weit entfernt, in einem gastlichen Gästeheim ein ganz gutes Quartier fanden; wir hatten ein nettes Zimmer mit entzückender Aussicht, und es gab reichlich zu essen. Aber – das ist mir dabei klar geworden – dieses »reichlich« gilt nur für jüngere Leute, deren noch voll kräftiger Organismus die Speisen voll auszunutzen versteht und sozusagen die Quantität in Qualität umsetzen kann. Das kann ein altersschwacher, bereits hinsterbender Leib (wir sterben ja, recht betrachtet, Jahre oder Jahrzehntelang) aber nicht mehr, er braucht weniger, aber konzentriertere, gehaltvollere Kost, als sie heute geboten werden kann. Und so erklärt es sich, daß die alten Leute heute fast allesamt zusammenschrumpfen und hinsterben.

Das schlimmste ist und bleibt aber für mich, wie ich nun einmal bin, die Weltlage und der Mangel einer mir gemäßen, erfolgreichen Tätigkeit. Nun ist auch die Deutsche Rundschau[1], für die ich zuletzt schrieb, verboten und der tapfere Herausgeber (ein alter Marineoffizier!) verhaftet worden. Und alle meine anderweitigen Versuche sind gescheitert und würden zum Scheitern verurteilt sein, wenn ich sie nicht unterließe. Die Lähmung, die dadurch bewirkt wird, können Sie als ein mitten in mancherlei erfolgreicher Arbeit stehender Mann vielleicht nicht ganz ermessen. Aber es ist eben so: der Mensch unterscheidet sich vom Tier wesentlich dadurch, daß er nicht bloß wie dieses getrieben, sondern auch gezogen wird, durch Ziele und Zwecke. Fehlen ihm die, so daß er auf Triebe angewiesen ist, so verliert er ein gut Teil seiner produktiven Kraft, das soll aber keine Klage sein – es ist Schicksal und mir mit Vielen gemeinsam – sondern nur eine Erklärung meiner Schreibunlust und eine Entschuldigung, daß ich Ihnen erst heute antworte.

Ihren Briefen merkt man keinerlei Geschwächtheit an. Wie immer war mir Ihr Brief von Anfang Mai und auch der vom 14. Juni eine Freude und Erfrischung, für die ich Ihnen herzlich danke. Daß ich bei meinem Aufsatz[2] an Druck gar nicht gedacht habe, ist klar; ich habe ihn nur für Sie und ein paar andere gleich oder ähnlich Denkende geschrieben. Eine Debatte über diese Fragen ist heute absolut ausgeschlossen. So problematisch das alles in der Wirklichkeit ist, heute ist es erledigt, durch Machtspruch. Dereinst war uns ein rechter Erfolg auch nicht beschieden, aber man konnte wenigstens seine Meinung sagen, auch öffentlich, und seinen Unmut einigermaßen abreagieren. Gefahr lief man nicht mit einer solchen Kritik. Von mir kann ich sagen, daß mich die Behörde am alleranständigsten behandelt hat, als ich ihr am stärksten opponierte.

(...)

Sie kennzeichnen die heutige Lage wieder aufs knappste und doch nahezu erschöpfend. Ich denke genau wie Sie. Inzwischen hat sich mancherlei ereignet, was anderen sehr bedeutsam und hoffnungsweckend erscheint. Aber ich glaube nicht, daß es entscheidend sein wird. Wie schade, daß man sich darüber nicht einmal aussprechen kann. Es wäre unendlich viel zu sagen. Ihre Befürchtungen hinsichtlich eines Bombardements sind mir fragwürdig. Sie sagen selbst, man habe Frankfurt bisher merkwürdig geschont. Gibt es nicht Gründe für diese Merkwürdigkeit? Dieselben Gründe, um derentwillen München bisher verschont geblieben ist?

Daß es in Köln so schlimm war und auch die herrliche Gereons- u. Apostelkirche zerstört sind, wußte ich nicht und schmerzt mich tief. Noch schlimmer war es aber wohl in Rostock. Ein dort wohnhafter alter Kollege schrieb mir, daß dort von ca. 2400 Häusern nur noch ca. 400 stünden und also fast die ganze Stadt ein qualmender, stinkender Trümmerhaufen sei.

Falls das erwartete Bombardement doch eintreten sollte, schreiben Sie mir doch, bitte gleich ein paar Zeilen! Zum Glück wohnen Sie ja in der Peripherie der Stadt, da pflegt es nicht so schlimm zu sein, wie im Zentrum!

Es ist eine furchtbare Zeit! Wehe dem Menschen, der sie herbeigeführt hat!

(...)

Ihr M. Havenstein

59.

Frankfurt, 21. 6. 1942

Lieber Herr Professor,

Eigentlich hätte ich viel anderes zu tun, vor allem auch andere Briefe zu schreiben. Aber ich will Ihnen doch, wenn auch nur kurz, herzlich danken für Ihren ausführlichen Brief. Sie meinen, ich könne mich nur schwer in Ihre geistige und seelische Verfassung hineindenken, als ein Mann, der »in mancherlei erfolgreicher Arbeit« stehe. Letzteres ist ja richtig. Es ist die wissenschaftliche Tätigkeit einerseits, die Schule andererseits. Immerhin, Sie wissen ja auch, wie kümmerlich der äußere Erfolg ist, den ich bisher davon getragen habe. Ich überschätze mich ganz gewiß nicht und weiß, daß ich kein Mommsen oder Wilamowitz[1] bin. Aber was ich bisher durch meine wissenschaftliche Arbeit äußerlich erreicht habe, ist ein bißchen gar wenig. Und nicht selten packt einen dann doch das Gefühl, daß man am liebsten den ganzen Krempel nehmen und in die Ecke schmeißen möchte. Natürlich folgt man diesem Gefühl nicht. Die Sache, in deren Dienst man sich nun einmal gestellt hat, hält einen doch in ihrem Bann. Und ich weiß auch, daß meine Arbeit Bestand haben wird. Mir sind, seit ich, wie das derzeit Mode ist, meine Ahnentafel aufgestellt habe, so allerhand Gedanken darüber gekommen. So weit ich die Geschichte meiner Familie überschauen kann: ich werde der erste sein, dessen Andenken nicht schon ein oder zwei Generationen später erlischt. Ich darf getrost sagen, daß besonders die Arbeit, die ich auf meinem speziellsten Gebiet geleistet habe, die Geschichte der mittelalterlichen lateinischen Literatur und insbesondere der Dichtung, eine dauernde Grundlage der Forschung bleiben wird, auf Jahrzehnte hinaus. Wenn es künftig überhaupt noch eine Wissenschaft geben wird, dann wird man sich auch immer wieder mit dem Mittelalter befassen, ganz besonders mit dem für die politische wie vor allem für die Kultur- und Geistesgeschichte so ungeheuer bedeutsamen Zeitraum vom Ende des 11. bis etwa zur Mitte des 13. Jahrunderts. Und wer sich damit beschäftigt, wird die Carmina Burana als eines der wichtigsten und eigenartigsten Kulturdenkmäler heranziehen müssen – und dieses Denkmal erst richtig zugänglich gemacht zu haben; das Verdienst wird er mir nicht abstreiten können. Mindestens wird er sich mit mir auseinandersetzen müssen, (...) Daß sub specie aeternitatis[2] dieser Erfolg nichts ist, weiß ich. Aber er hilft mir je länger je besser darüber hinweg, daß ich äußerlich gesehen, in der wissenschaftlichen Welt am Katzentischchen sitzen bleibe.

Noch beschränkter ist der Kreis, auf den ich als Lehrer wirke. Ich sage ausdrücklich: als Lehrer und nicht, wie es heute beliebt ist: als Erzieher. Das Erziehen fällt von selbst beim Lehren ab. In der Hauptsache sind wir Lehrer, Schulmeister. Nun ist uns das Lehren ja heutzutage sehr erschwert; übrigens nicht erst, seit das Dritte Reich besteht, aber seit dessen Reformen noch mehr als vorher. Latein – das Fach, in dem ich jetzt hauptsächlich unterrichte – ist eine schwere Sprache; was kann ich da viel erreichen mit vier Stunden in der Woche vom dritten Schuljahr ab, und in der obersten Klasse sinds gar nur drei? Und wie viel fällt noch aus davon! Und trotzdem, man schafft doch etwas, und es macht schon Freude, zu sehen, wie beim Übersetzen aus dem Caesar oder Sallust[3] vor allem die gescheiteren Schüler unmerklich – mitunter mache ich es ihnen auch an einem besonders deutlichen Beispiel klar – die beiden wichtigsten Bestandteile geistigen Arbeitens lernen: das Achten auf die Einzelheiten und die Solidität und Sauberkeit in deren Behandlung und das Überschauen des näheren und weiteren Zusammenhangs. Das ist schon ein Stück Erziehung, und wahrlich ein sehr wichtiges.

Andere Erziehungsmöglichkeiten hat man als Klassenlehrer und erst recht als Direktor. Vor etwa einem Jahre gabs einmal einen großen Krach zwischen unserem Zeichenlehrer und meiner Klasse. Oder besser, weniger einen einzelnen Krach als eine ständige Opposition gegen einen Mann, mit dem sie sich sonst im allgemeinen ebenso gut vertrugen, wie er der Gegenstand ihrer Heiterkeit war. Ich ging der Sache auf den Grund, was ziemlich schwer hielt, aber schließlich kriegte ichs doch heraus. Die Klasse hatte sich empört über Ungerechtigkeit gegen *einen* ihrer Mitschüler. Der war nämlich ein Halbarier oder Viertelsarier, und der Lehrer, der ihn nicht leiden konnte, hatte darauf des öfteren im Unterricht angespielt. Die Klasse nahm geschlossen für den Mitschüler Partei. Und dabei sind sie doch alle in der Hitlerjugend. Das war *meine* Erziehung – übrigens ohne daß ich je zu den Schülern *ein Wort* über diese Dinge verloren hätte – ebenso wie die Tatsache, daß eben jener Mitschüler einer der drei selbstgewählten Vertrauensleute ist. Darauf bilde ich mir etwas ein. Freilich habe ich diese Klasse seit Sexta, nunmehr über 5 Jahre, fest in der Hand.

Und ebenso bilde ich mir etwas ein auf die Abschiedsrede, die vor drei Monaten der Sprecher der Abiturienten hielt. Es war den jungen Leuten freigestellt worden, ob sie überhaupt etwas sagen wollten. Sie wünschten es aber ausdrücklich. Der Sprecher – auch selbstgewählt – fing an mit »Justum et tenacem propositi virum«[4] und bedankte sich bei seinen Lehrern im Namen seiner Kameraden, auch derjenigen, die schon vorher zum Militär abgegangen waren – er las eine Stelle aus einem Feldpostbrief vor – weniger für das, was sie bei ihnen gelernt hätten, als für das, was sie menschlich von ihnen gehabt hätten, und daß sie Männer gewesen seien, »die sich nicht einschüchtern ließen von Masse und Gewalt«. Von diesem Lob kann ich mit gutem Gewissen ein gut Teil für mich in Anspruch nehmen. Denn ich war in den vorhergehenden Jahren der Direktor gewesen, und ich glaube sagen zu dürfen, nicht bloß äußerlich.

Ja, ums noch einmal zu sagen, Sie haben schon recht, wenn Sie von erfolgreicher Arbeit bei mir sprechen. Aber deswegen kann ich mich doch sehr gut in Ihre Lage und Stimmung hineinversetzen. Wer weiß, vielleicht kommen auch für Sie noch einmal bessere Zeiten.

Einstweilen freilich sieht es nicht so aus. Für jemand, der so denkt wie Sie und ich – und es gibt deren viele – ist die Lage überhaupt qualvoll. Siegen wir, dann geht sofort der Kampf gegen den »inneren Feind« los oder besser gesagt, er geht weiter, denn im Gange ist er ja längst und durch den Krieg nicht etwa abgeschwächt, sondern gesteigert worden; und ich weiß sehr gut, daß ich dann rücksichtslos auf die Straße gesetzt werde, wenn ich mich nicht völlig ducke, vor allem aus der Kirche austrete. Daß dies das Schicksal aller Beamten sein wird, die so handeln, ist schon vor fünfviertel Jahren hier in einer Amtswalterversammlung kipp und klar verkündet worden. Ich habe den Bericht darüber von einem völlig zuverlässigen Kollegen erhalten, der diese Versammlung selbst mitgemacht hat. Es gibt Leute, die meinen, wenn erst mal unsere Leute aus dem Felde zurückkommen, würden sie sich dergleichen und anderes nicht mehr gefallen lassen. Wer so denkt, ist in meinen Augen ein Baby. Als ob die regierenden Herrschaften diese Stimmungen nicht genau kennten und beizeiten ihre Vorbereitungen träfen, um jeden Widerstand von vorneherein zu ersticken! Wenn wir aber nicht siegen – und die Einzelerfolge[5] bei Kertsch und Sewastopol und Tobruk erinnern mich einstweilen nur verzweifelt an das Frühjahr 1918 – dann wirds auch schlimm für uns. In der Frankfurter Zeitung stand dieser Tage ein Artikel mit der Überschrift »Eden für einen Vergeltungsfrieden«. Darin wurde berichtet von einer Verhandlung im Unterhaus. Ein Abgeordneter hatte angefragt, ob die Regierung Kenntnis habe von den Gewalttaten der Deutschen in Polen, unter anderem von der Ermordung und Verschleppung polnischer Professoren. Allein aus Lemberg seien vor 11 Monaten 60 Professoren spurlos verschwunden. Er beantrage, nach dem Sieg der Alliierten zur Vergeltung sämtliche deutsche Universitätsprofessoren und Geopolitiker für längere Zeit ins Gefängnis zu stecken. Eden hat erwidert: ja, die Regierung habe dergleichen Mitteilung erhalten, und er verweise auf eine frühere Erklärung Churchills, daß die Vergeltung für begangene Gewalttaten eines der wichtigsten Kriegsziele sei. Daß solche Gewalttaten vorgekommen sind und noch vorkommen, wußten wir hier schon aus Berichten von Urlaubern und dergl. Das Bemerkenswerte an dem Artikel der Frankfurter Zeitung war, daß hier in einer deutschen Zeitung Nachrichten über Gewalttaten wiedergegeben wurden, ohne daß man sie als »Greuelmärchen« entrüstet abgestritten hätte; und ich und andere halten es gar nicht für unmöglich, daß in dieser Veröffentlichung eine ganz bestimmte Absicht liegt: Warnung an bestimmte Kreise: Seht, das steht euch bevor, wenn ihr uns den Krieg verlieren laßt. Im übrigen sind in der Tat diese Gewalttaten, um einen vergleichsweise milden Ausdruck zu gebrauchen, ein ganz besonders schlimmes Kapitel. Im Inneren richten sie sich gegen die Juden. Hier aus Frankfurt sind im Laufe der letzten Monate schon mehrere Transporte verladen worden. Die kommen nach Polen ins Ghetto, und dort... Es sind aber immer noch viele hier. Und es geht die Rede, deswegen würden wir von den Engländern so glimpflich behandelt. Ich bezweifle, daß es wahr ist. Meinten Sie das mit Ihrer Andeutung in Ihrem Brief?

Im übrigen muß es in Köln kaum weniger trostlos aussehen

als in Rostock. Ich schreibe Ihnen eine Stelle aus einem Brief meiner inzwischen dorthin zurückgekehrten Schwägerin vom 14. d. M. ab: »... ich bin entsetzt, wie es in der Innenstadt doch aussieht. Weit schlimmer, als ich mir gedacht hatte. Was ich bei den ersten Gängen sah, war nur ein Bruchteil von dem, was passiert ist. Es ist unvorstellbar, wie man das alles wieder aufbauen will. Vorläufig wird überall noch gesprengt und aufgeräumt, die Schutthaufen liegen auf den Straßen wie damals die Schneeberge, selbst als Fußgänger kommt man oft kaum weiter ... die bekannte Kirche in der Kupfergasse mit der schwarzen Muttergottes – ich bin nur selten vorbeigegangen, ohne für einen Augenblick hineinzugehen – alles ausgebrannt und erledigt. Die Wut kann einen packen, wenn man das sieht. Ebenfalls wenn man die Todesanzeigen liest, und man fragt sich immer wieder: wie konnte das geschehen ...« Nun, uns in Frankfurt kann dasselbe geschehen, heute Nacht noch. Wir sind auf das Schlimmste gefaßt. Sollte etwas geschehen, so sorgen Sie sich nicht um uns, wenn Sie nicht gleich Nachricht bekommen. Schreiben will ich gern. Aber ob das Schreiben aus Frankfurt dann herausgelassen wird, das ist mir zweifelhaft. Als meine Schwägerin eine Woche nach dem Unglück in Köln bei uns war und von hier aus ihre eigenen Verwandten in der Wesergegend anrief, kam die Antwort: Gott sei Dank, daß wir endlich von euch hören! Dabei hatte sie gleich dorthin geschrieben. Ja, so wirds gemacht. Was propagandaschädlich ist, wird mindestens verharmlost; wenns geht, wird es vertuscht, verheimlicht, unterdrückt. Alles sehr geschickt – pourvu que cela dure. Hier im Westen jedenfalls hat sich, was in Köln passiert ist, trotz allem schon sehr rasch und gründlich herumgesprochen.

Sie richten Ihre Verwünschungen gegen *einen* Mann. In meinen Augen sind viel schwerer belastet die, die die Verantwortung dafür tragen, daß dieser Mann an die Macht gekommen ist. Denn der Mann selbst *glaubt* wirklich an sich und seine Sache, und daß es sein heiliges Recht ist, sie zum Siege zu führen und alles mit allen Mitteln zu zerschmettern, was sich dem entgegensetzt, und daß jeder, der ihm dabei in den Weg tritt, drinnen oder draußen, ein Narr ist oder ein Schuft oder beides. Und desgleichen sind mir viel widerwärtiger noch als die Leute, die jene Gewalttaten begehen, die bequemen Spießernaturen, die achselzuckend daran vorübergehen: na ja, das ist nun einmal der Krieg, und es sind auch sonst in der Weltgeschichte schon allerhand Schlechtigkeiten passiert und was dergleichen Platitüden mehr sind. In der Geschichte vom barmherzigen Samariter spielen die verächtlichste Rolle nicht die, die den Mann auf dem Wege nach Jericho ausgeraubt und halb tot geschlagen haben, sondern der Priester und der Levit, die an ihm vorübergehen, als ginge es sie nichts an – zweifellos im bürgerlichen Leben sehr reputierliche Leute. Solche Priester und Leviten gibts viel im deutschen Volke. Ich könnte Ihnen erzählen von einer heftigen Auseinandersetzung zwischen meiner Frau und mir einerseits, einem sehr frommen orthodoxen protestantischen Pastor andererseits, der es sozusagen für seine religiöse Pflicht hielt, alles erstens zu glauben und zweitens zu billigen und zu verteidigen, was die ihm von Gott verordnete Obrigkeit und insbesondere ER, der Gottgesandte, ihm vorerzählt und was sie tut. Daß es ein lutherischer war, versteht sich. Bis zu einem gewissen Grade kann da Dummheit entschuldigen. Aber es gibt ein altes Sprichwort, daß Dummheit eine Gottesgabe ist, der Mensch sie aber nicht mißbrauchen darf.

So, nun will ich aber abbrechen. Der Brief ist ohnehin viel länger geworden, als ich eigentlich vor hatte. Und es steht auch viel mehr drin, als eigentlich heutzutage in einem Brief stehen darf. Aber man muß auch einmal etwas wagen.

Gute Nacht! Es ist ein Viertel nach elf, und ich will nun doch ins Bett gehen. Zu warten, bis man sagen kann: heute kommen »sie« nicht mehr, habe ich keine Lust. Das wären noch etwa zwei Stunden. Das Wetter ist herrlich. Hoffentlich hat es inzwischen auch bei Ihnen den Regen und die elende Kälte abgelöst. Übrigens ist das Wetter uns im Anfang dieses Krieges, erst in Polen und nachher auch in Frankreich, ausgesprochen günstig gewesen. Aber sonst haben sie schon recht in dieser Hinsicht.

Nochmals: gute Nacht! Wir grüßen Sie beide mit allen guten Wünschen.

Ihr
Schumann

60.

Blankenburg, 23.6.1942

Lieber Herr Kollege,

auf diesen Brief muß ich Ihnen denn doch wieder unumgänglich antworten, schon um Ihnen mitzuteilen, daß er in meine Hände gelangt ist. Ich danke es Ihnen besonders und weiß es zu schätzen, daß Sie nicht so ängstlich sind wie manch anderer meiner Korrespondenten, sondern einmal ein paar Sätze riskieren, die gefährlich werden können, Ihnen selbst wie mir. Das ist nun wieder etwas zum Vorlesen für meine hiesigen Freunde, die Sie schon kennen und an Ihren gedrungenen und ins Schwarze treffenden Formulierungen immer Freude gehabt haben. So schrecklich und todernst die Dinge sind: sie beim rechten Namen zu nennen oder genannt zu hören, bereitet doch eine Genugtuung, als ob das Wort mehr wäre und mehr vermöchte, als es – jedenfalls in unserem Falle – vermag und ist. In gewisser Weise ist es ja auch eine Tat, schon sofern es ein Wagnis in sich schließt, aber eben auch als geistige Bewältigung sehr komplexer Erscheinungen, und – auch das erklärt die befriedigende Wirkung – es bezeugt und schafft eine Gemeinschaft – jenes solamen miseris Vergils[1] und hat außerdem den stillen Wert einer kleinen, freilich sehr harmlosen Rache. (...)

In der Sache sind wir wieder vollkommen einig. Auch ich bin mir völlig klar über das, was in den beiden denkbaren Fällen geschehen wird. Ich kann daher weder das eine noch das andere herbeiwünschen. Gegen jenes Gewäsch, das wir uns victoria parta[2] dies oder jenes nicht gefallen lassen würden – wir, d. h. die heimkehrenden Truppen (so habe ich immer gehört) – ereifre ich mich genauso wie Sie (Sie nennen es babyhaft, ich pflege Idiotie zu sagen, es ist aber meist unverbesserliche Selbstbetrügerei) und erwarte demgemäß, daß man uns, den bisher Gebildeten, irgendwie die Pistole auf die Brust setzen wird, für welchen Schall es ja aber Stricke, Wasser und ähnliche Auskunftsmittel gibt, – ich glaube sogar, daß es mit dem Endsiege nicht so rasch gehen wird, daß man uns schon während des Krieges eine klare und entschiedene confessio abverlangen wird. Dann gebe uns der Weltgeist die nötige Stärke. Sie kennen ja wohl die Vorgänge in Münster[3], – nun, wenn das während des Krieges geschehen ist, was wird dann nach dem Kriege geschehen! –

Was Sie für den entgegengesetzten Fall – nach jenen Auslassungen der Frankfurter Zeitungen vermuten, vermute ich nunmehr auch, nachdem ich anfangs vor dem Eintreten der bekannten Weißglut, ein anderes, gerechteres und klügeres Verfahren für möglich gehalten habe. Man wird dann von einer allgemeinen Verschuldung reden, und fast alle werden büßen müssen, – die Excepti[4] verstehen sich von selbst. Duldung, wird man sagen, ist Verschuldung, auch bei denen, denen die Hände gebunden waren. Und bei sehr, sehr vielen ist der Reim ja auch am Platze, wie Sie selbst das Geschehen lassen, das Ja-sagen, Kopfnicken und Mitmachen ja auch schwer verurteilen. Da kommt es freilich immer auf den einzelnen Fall an. Auch ich lernte in Stolberg einen Pfarrer kennen, einen 78-jährigen, milden, freundlichen und humorvollen Mann, der sich viel geneigter zum Ja zeigte, als zum Nein und der mir doch gefiel, weil mich das Ganze seines Menschentums sympatisch berührte, – er ist eben gar kein kritischer Kopf, kein Grübler und Richter, sondern ein wohlwollender Täter, so geartet, daß er aus jedem Haufen Spreu instinktmäßig die paar Getreidekörner heraussucht, die darin sind, nicht richtet und auch nicht klagt. Solche Menschen muß man schon gelten lassen, besonders wenn sie den anders gearteten, wie ich es bin, ihrerseits gelten lassen. Er hörte meine Gegenmeinung ruhig an, gab mir halb und halb recht, litt aber sichtlich die ihm so angetane Gewalt, den Zwang zur Kritik, und veranlaßte mich dadurch, einzulenken und ihn in Ruhe zu lassen. – So gibt es zahllose andere Mitläufer, die ich nicht verurteilen kann. Den allermeisten fehlt ja die innere Selbständigkeit, um der Suggestion nicht zu erliegen, und wenn ich mir die zum großen Teil ganz gutartigen Leutchen ansehe, die alles glauben, alles entschuldigen usw., so kann ich mich über sie nicht entrüsten, weil sie nun einmal wünschen, geführt und beherrscht zu werden, und garnicht anders können als gehorchen, und zwar blind.

Das Gleichnis vom barmherzigen Samariter legen Sie doch wohl nicht ganz treffend aus, weil darin auf die Räuber gar nicht reflektiert wird. Aber daß es noch viel schlimmer, nämlich böse und teuflisch ist, einen Menschen zu berauben und halb tot zu schlagen, als ihm nicht zu helfen, das ist hier doch als selbstverständlich vorausgesetzt.

Im übrigen ist es sehr schwer, das Maß einer moralischen Verschuldung festzustellen, gesetzt, daß man auf der Höhe oder in der Tiefe der christlichen Moral – der Gesinnungsmoral – bleiben und nicht in die vorchristliche grobe Tatmoral zurückfallen will. Nur wo man die Motive wirklich kennt, hat man ein Recht zu urteilen. Aber in wieviel Fällen kennt man sie? Das Gewöhnliche im Leben ist, daß man in der Leidenschaft blind drauf los zu urteilen pflegt und zur Gerechtigkeit nur bei ruhiger Besinnung fähig ist, und dann in 99 von 100 Fällen sein non liquet[5] spricht. Darum nun ist ein Hauptgebot der Gesinnungsmoral: richtet nicht!

Übrigens bleiben Sie selbst in der Beurteilung des einen Mannes durchaus auf der Höhe, indem Sie ihm die bona fides[6] zubilligen. Ich habe da neuerdings gewisse Zweifel, aber vielleicht haben Sie recht. Das tangiert aber mein Urteil nicht, als welches nicht moralisch gemeint war, sondern politisch, und das ist etwas ganz anderes. Moralisch hochstehende Herrscher und Machthaber haben sich oft politisch schwer versündigt und unermeßlichen Schaden angerichtet, moralisch sehr anfechtbare dagegen haben segensreich regiert. In der Politik gilt nur der äußere Erfolg, in der Moral nur die meist garnicht feststellbare Gesinnung. Es gibt »Gottesgeißeln«, denen man moralisch vielleicht keinen Vorwurf machen könnte, wenn man ihnen ins Herz zu sehen vermöchte. Vielleicht rücke ich hier im Eifer des Unterscheidens das Moralische und Politische allzuweit auseinander, weil ja schließlich im Geistigen alles irgendwie zusammenhängt und der Moralist auch ein politischer Faktor ist, und gar kein unbeträchtlicher – was alle echten Politiker wissen, nur eben nicht die doktrinären Fanatiker und Utopisten, auch wenn sie sich noch so realpolitisch gerieren. Diese sind die Gefährlichsten und Schrecklichsten aller Menschen (»allein der schrecklichste der Schrecken, das ist...«)[7], auch wenn, nein, gerade weil sie es gut meinen und aus Überzeugung handeln. Insofern also halte ich mein Urteil über den einen Mann aufrecht, und ich muß gestehen, daß mich seine moralischen Qualitäten wenig interessieren, da sie auf jeden Fall – so oder so beurteilt – unermeßliches Unheil heraufbeschworen haben.

Ich denke, wir sind zuletzt auch darüber eines Sinnes.

Meine Vermutung, daß man Frankfurt verschonen werde, hat

in der Tat die von Ihnen vermuteten Gründe, an deren motivierende Kraft ich auch weiterhin glaube.

Von jenen Gewalttaten[8] wissen wir auch und noch von vielen anderen. Daß die Frankfurter Zeitung das bringen darf, ist erstaunlich, aber Sie haben wohl mit Ihrer Erklärung auch recht. Mich veranlaßt diese Tatsache, nun auch die Frankfurter Zeitung zu abonnieren. Hoffentlich bekomme ich sie noch. Der Lokalanzeiger, den ich immer noch halte, steht in jeder Hinsicht tief unter der Frankfurter Zeitung.

Ja, das Wetter ist nun auch hier herrlich, weil der Wind nach Nordosten herumgegangen ist. Schade, daß ich Ihnen die Herrlichkeit nicht zeigen kann, die sich im Norden und Süden vor unseren Fenstern hinbreitet oder erhebt! Im Walde ist es so wunderschön, daß einem das Herz schwillt. Sonderbar, daß man sofort der Schönheit weglaufen und in die Welt hinausfahren möchte. Und doch nicht weiß, wohin, das Reisen auch garnicht mehr aushalten kann. Mit siebzig Jahren wird man in diesem Duft und Sonnenschein wieder zum Jüngling!

Endlich: es hat mich herzlich gefreut, daß meine Wendung von Ihrer erfolgreichen Arbeit Sie veranlaßt hat, einmal aus sich herauszugehen und Ihre Erfolge als Lehrer und Gelehrter zu kennzeichnen. In aller Bescheidenheit tun Sie es und doch mit Stolz. Sie sagen kein Wort zuviel, wie Menschen mit schwankendem Selbstgefühl (zu denen ich selbst gehöre) zu tun pflegen, wenn sie in Hochstimmung sind, davon bin ich ohne weiteres überzeugt, da ich Sie ja ein wenig kenne. Aber Sie setzen sich auch nicht in falscher Bescheidenheit oder in selbstkritischer Stimmung herab. Es ist schön, was Sie da von dem Sprecher der Abiturienten und sonst aus Ihrer direktorialen Tätigkeit erzählen. Und auch mit der kleinen Unsterblichkeit Ihrer Gelehrtenarbeit haben Sie sicherlich recht. Bleibt die überlieferte Forschung und Wissenschaft bestehen, so bleibt Ihr Beitrag und mit ihm Ihr Name auch bestehen, noch lange. – Bei mir ists anders, weil meine Arbeiten viel individueller waren, nicht so zu einem Ganzen gehörten wie die Ihrigen. Mit Vornehmheit und Tüchtigkeit hatte ich einen guten Erfolg: 9.000 Exemplare sind verkauft worden und zahllose Rezensionen, darunter sehr gute, erschienen damals. Aber nun ist das Werk vergriffen. Nietzsche als Erzieher wird zwar noch immer verkauft, aber jedes Jahr nur noch 10 bis 20 Exemplare[9]. Alles andere ist mit der Zeit hingesunken. (...)

M. Havenstein

61.

Frankfurt, 24. 8. 1942

Lieber Herr Professor,

Ein ausführlicher Brief an Sie steht seit langem auf meinem Programm. Aber heute wirds dazu wohl nicht mehr langen. Es ist schon 11 Uhr, draußen eine wundervolle Vollmondnacht – (...) Aber wir warten darauf, ob wir heute nacht wieder Besuch bekommen. Daß die Engländer letzte Nacht hier waren, haben Sie aus dem heutigen Heeresbericht ersehen, und ich habe Ihnen ja versprochen, daß ich Ihnen gleich mitteilen wollte, wie es uns dabei ergangen wäre. Das geschieht also hiermit. Nun, allzuschlimm war es nicht. Wir haben Köln gesehen und können vergleichen. Demgegenüber ist jedenfalls das, was die Herrschaften hier in Frankfurt angerichtet haben, geradezu kümmerlich. Wir selbst sind ganz verschont geblieben. Aber unsere älteste Tochter, Hildegard, wird Augen machen, wenn sie morgen früh mit ihrem Mann und ihrem Söhnchen hier ankommt, mit denen sie bisher in Schleswig-Holstein war. Sie wollten drei Wochen Urlaub hier in ihrer eigenen Wohnung verleben (bezeichnend für die verrückten Verhältnisse, unter denen wir leben, daß jemand zum Urlaub mit Frau und Kind nach Hause fährt, ohne geradezu Soldat zu sein), und sie wird nun erfahren, daß in ihrer Wohnung, die etwa 12 Minuten von der unseren entfernt liegt, die Fensterscheiben entzwei sind und vor allem, daß sie gar nicht hinein darf, denn es liegt ein Blindgänger in der Nähe, und alle Häuser in der Nachbarschaft sind geräumt. Es war immerhin der schwerste Angriff, den wir bisher hier gehabt haben. Aber die Abwehr war augenscheinlich sehr stark (im Gegensatz zu Saarbrücken und Mainz, wo nach übereinstimmenden Berichten gar keine oder so gut wie keine Flak vorhanden gewesen ist und infolgedessen die Engländer im Tiefflug haben angreifen können; die Schäden sind entsprechend); in die Frankfurter Innenstadt ist überhaupt keine Bombe gefallen, dafür haben sie sich an die Außenbezirke und Nachbarorte gehalten. Die Ortschaften am Taunusrand, Soden, Oberursel, Homburg sollen böse zugerichtet sein. In Frankfurt waren ein paar schwere Brände, etliche Häuser sind zerstört, allerhand Fenster zertrümmert. Aber sonst ist es für diesmal gnädig abgegangen. Für diesmal: denn wir wissen sehr gut, daß das Damoklesschwert weiter über uns hängt und jede Nacht mit größerer Wucht als gestern auf uns heruntersausen kann.

Ja, und dabei wollen wir in dieser Woche eine Hochzeit feiern. Die dritte Tochter, Hedwig, mochte nicht länger hinter den Schwestern zurückbleiben. Zwar hat sie keine Wohnung bekommen, so sehr sie sich auch die Beine danach abgelaufen hat. Aber wir haben den jungen Leuten oben in unserem Hause zwei Zimmer abgetreten, die haben sie sich sehr hübsch eingerichtet und wollen nun fürs erste darin hausen. Heute morgen war schon die standesamtliche Trauung, und deswegen komme ich erst so spät zu diesem Brief. Denn nachmittags kamen Gegenschwäher und Gegenschwäherin – mit Gottfried Keller zu reden, ich weiß sonst keinen Ausdruck für dieses Verhältnis – zu Besuch, und abends wollte uns das junge Paar bei sich oben zu Gaste haben zu ein paar Flaschen guten Weines (der auch allmählich eine immer größere Kostbarkeit wird; mein Weinkeller wird, wenn diese Woche vorbei ist, ziemlich kümmerlich aussehen); zwischendurch haben wir endlich allerhand, so gut es geht, in Sicherheit gebracht, wichtige Papiere, die wertvollsten Bücher aus meiner Bibliothek usf. (das meiste ist untergebracht in einer großen, eigentlich für sommerliche Aufbewahrung von Pelzsachen und dergl. bestimmten Blechtrommel, die wir weitab vom Haus und von anderen Häusern in den Garten gestellt haben, wo also nichts passieren kann, es sei denn, daß ein Volltreffer unmittelbar darauf oder daneben einschlägt); und so habe ich mich erst jetzt ans Schreiben setzen können, und lange wird der Brief auch nicht mehr werden, denn ich bin reichlich müde und kann deswegen nicht mehr, wie ich eigentlich vorhatte, auf Ihren letzten Brief eingehen, das muß ich auf ein ander Mal verschieben. Die Absicht, Ihnen darauf zu erwidern, hatte ich längst, aber es gab so viel anderes zu erledigen, daß ich nicht dazu gekommen bin. Ich bin sehr fleißig gewesen in der Zwischenzeit. Nur ein paar Tage habe ich einmal pausiert. Da sind wir beide eines Montagsmorgens, gegen Ende

Juli, nach Mainz gefahren, dort erst ein wenig durch die Altstadt gebummelt und natürlich vor allem im Dom gewesen; dann haben wir uns auf das Schiffchen gesetzt und sind bei leidlichem Wetter bis Bonn gefahren und, nachdem wir in Bonn einen Besuch gemacht hatten, am späten Abend bei Freunden in einem kaum beschädigten Vorort von Köln eingetroffen. Dort haben wir die nächsten drei Tage zugebracht. Natürlich haben wir uns vor allem die Innenstadt angesehen. Es sieht dort nicht mehr so schlimm aus, wie es zu Anfang ausgesehen haben muß, aber immerhin schlimm genug. Die meisten der schönen alten Kirchen zerstört. St. Martin, St. Gereon, St. Aposteln usw.; aber die Mauern stehen noch überall. Andere haben wenig oder gar nicht gelitten; der Dom ist ganz unbeschädigt. Auch sonst sehr viel Zerstörung. Aber fast nur in der Innenstadt. Alarme hatten wir reichlich. An einem Tage vier am Tage und als Zugabe noch einen in der Nacht. Am Freitag fuhren wir nach Bonn und dann weiter nach Königswinter, halb entschlosen, noch einen Tag zuzugeben, falls es gelingen würde, dort ein leidliches Quartier zu finden. Aber als wir auch dort binnen drei Stunden zwei Alarme hatten, war unser Bedarf gedeckt, und wir setzten uns in den Zug und langten spät in der Nacht hier wieder an. Es war auch gut, denn es war gerade die Nacht, in der Düsseldorf so schwer mitgenommen worden ist (ein Vetter von mir hat restlos alles verloren), wir hätten also sicher im Keller sitzen müssen. Aber der Spaziergang auf den Drachenfels bei herrlichem Wetter und entsprechender Aussicht ist uns eine schöne Erinnerung.

So, nun muß ich wieder abbrechen, ich bin doch zu müde, um weiter zu schreiben. Hoffentlich schlafen wir diesmal ungestört. Übrigens werden wir jetzt statt in unseren Keller in den Bunker gehen, der uns schräg gegenüber gebaut ist. Unser Haus ist dann freilich ganz ungeschützt.

Ein anderes mal, wenn die Hochzeit vorbei ist – die kirchliche Trauung ist am Samstag – schreibe ich weiter.

Einstweilen herzliche Grüße von Haus zu Haus

Ihr stets ergebener

Schumann

62.

Frankfurt, 9.9.1942

Lieber Herr Professor,

Es wird Zeit, daß ich wieder einmal ausführlich schreibe. Die Hochzeit, die wir gefeiert haben, ist vorüber, es war ein sehr schönes, harmonisches, alle Beteiligten erfreuendes und befriedigendes Familienfest – doppelt und dreifach erfreulich in dieser Zeit, deren Ernst sich auch dabei sehr deutlich in Erinnerung brachte. Denn in der Nacht zwischen der kleinen Vorfeier am 28.8. abends und der Trauung am nächsten Morgen gab es einen Alarm, der volle 3½ Stunden dauerte. Zum Glück ist da weiter nichts passiert, ich glaube, es war die Nacht, in der unter anderem München und Nürnberg angegriffen wurden. (...)

Außerdem bin ich wieder ganz in den Schulbetrieb eingespannt. Im vorigen Vierteljahr war ich, wie Sie wissen, entlastet. Aber die Stadt hat sich auf den Standpunkt gestellt, daß sie sich darauf nur einlassen könne, wenn der Staat dafür einen Vertreter liefere. Kassel war dazu nicht in der Lage. Davon habe ich an die Fakultät berichtet. Aber der Herr Rektor hat das nicht an das Ministerium weitergegeben: die Stadt habe ganz recht usw. Da ist mir also wieder einmal deutlich zu Gemüte geführt worden, wie nebensächlich und überflüssig meine Tätigkeit für die Universität ist. Mein erstes Gefühl war: so, jetzt nimmst du den ganzen Bettel: Venia legendi, Lehrauftrag und Professorentitel, und pfefferst ihn postwendend der Universität vor die Füße. Nun, der angebornen Farbe dieser Entschließung ist dann doch die Blässe des Gedankens angekränkelt worden, ich habe es bis jetzt nicht getan, aber aufgeschoben, ist nicht aufgehoben. Wie unerquicklich für mich dieses ewige Sitzen am Katzentischchen ist, das ist mir bei dieser Gelegenheit wieder sehr lebhaft zum Bewußtsein gekommen, und es kann sehr wohl sein, daß ich es einmal endgültig satt bekomme und die Folgerungen daraus ziehe. An Weiterkommen in der akademischen Laufbahn ist für mich sowieso nicht zu denken. In Straßburg hat man vor einiger Zeit eine ordentliche Professur für mein Fach eingerichtet und darauf einen sonst ganz braven Mann berufen, der aber im Vergleich zu mir so gut wie nichts geleistet hat. Mich hat man nicht einmal gefragt. Nun, ich habe mich nicht gewundert. Über solche Dinge entscheidet derzeit in letzter Linie die Partei, man kann sagen: der Blockwart[1]. Und da hat jemand, der sich keinerlei Parteiverdienste erworben hat, keinen Anspruch berücksichtigt zu werden. Wenn dazu etwa noch berichtet werden muß, daß der Mann ab und zu Sonntags beobachtet worden ist, wie er in die Kirche ging, dann ists vollends aus. »Konfessionell gebundene« Leute kann man schon gar nicht gebrauchen. In Straßburg am wenigsten. Ich war insofern auch ganz froh, daß ich nicht in die Lage gekommen bin, mich da entscheiden zu müssen. Ich hätte dorthin nicht gepaßt. Immerhin, es war eine Ohrfeige für mich; und dazu kam nun kurz hinterher diese zweite. So gebe ich denn jetzt wieder meinen vollen Unterricht, vermutlich für immer, solange ich überhaupt noch arbeitsfähig bin. Denn noch einmal um Entlastung zu betteln, das habe ich ein für allemal abgeschworen. Es ist ein Glück, daß ich an der Schule so denkbar angenehme Verhältnisse habe. Ich gebe denn auch meinen Unterricht mit großem Vergnügen, besonders Latein in Klasse 7 und 6, lese aber auch mit Freuden wieder einmal den Archibald Douglas[2] und den Schimmelreiter mit einer gescheiten und interessierten Klasse 5; nur in der Geschichte ärgere ich mich über die Geschichtsklitterung, die ich nach den eingeführten Lehrbüchern verzapfen soll. Aber ich mache schon meine Anmerkungen dazu. So fühle ich mich also im Schulbetrieb recht wohl. Trotzdem ist es natürlich sehr bitter für mich, gerade jetzt dort eingespannt zu sein, wo andere Hochschullehrer noch bis zum 1. Dezember Zeit haben zu völlig ungestörtem wissenschaftlichen Arbeiten; denn an der Forschung hängt nun einmal mein Herz am meisten, ich könnte und möchte da noch gar vieles leisten und darf es nicht. Ich muß mich damit abfinden und mich trösten damit, daß ich es ja sonst so viel besser habe als Millionen anderer, schon dadurch, daß ich einstweilen – einstweilen, denn niemand kann wissen, was noch kommen mag – keinerlei Sorge zu haben brauche um einen näheren Angehörigen an der Front.

Nun muß ich aber doch endlich auf Ihren letzten Brief eingehen. Ja, Sie haben ganz recht, man muß schon unterscheiden. Es gibt gewiß sehr verehrungswürdige Menschen, die nicht so denken wie Sie und ich. Sie unterscheiden politische und moralische Bewertung. Aber gibt es nicht vielleicht noch eine dritte, aus dem unmittelbaren persönlichen Gefühl heraus. Liegt es nicht in der menschlichen Natur, daß jemand, der im Kampfe irgendwelcher Art steht, besonders erbittert ist auf den Bruder oder Freund, der, gleichviel aus welchen Beweggründen, im Lager des Feindes steht, in das er nach meiner festen Überzeugung gar nicht gehört? (...) Ich will Ihnen auch gestehen, daß es mich nicht wenig ärgert, wenn jemand, und gerade jemand, der mir an sich nahe steht, hergelaufenen Scharlatanen das dümmste Zeug glaubt und nachschwätzt, der aber, wenn ich ihm klare Tatsachen unter die Augen halte, das entweder als Greuelmärchen abtut oder es auf alle erdenkliche Weise zu vertuschen und zu beschönigen sucht? Wir haben vor einiger Zeit eine Schwägerin sechs Wochen lang im Hause gehabt, die ihre geistige Nahrung aus Rundfunk und Käseblättchen bezog. Da haben wir diese Spezies gründlich studieren können. Äußerlich haben wir uns sehr gut vertragen. Aber als ich sie zur Bahn gebracht hatte und wieder nach Hause kam, da bin ich doch hingegangen und habe mir, was sonst bei mir eine große Seltenheit ist, einen Schnaps eingeschenkt, einen guten, alten, scharfen, echten Schwarzwälder Kirsch. Und weiter will ich Ihnen gestehen – auf die Gefahr hin, in Ihrer Achtung beträchtlich zu sinken – daß ich mich eines Gefühls ingrimmiger Schadenfreude doch mitunter nicht ganz erwehren kann, wenn ich sehe, wie die edlen Herren vom Herrenklub, Namen will ich nicht nennen, einer nach dem anderen ihren Fußtritt beziehen, die edlen Herren[3], die den guten alten Hindenburg – beiläufig gesagt, die größte Null, die je in der Geschichte einen großen Namen gehabt hat; er hat immer nur schön brav das getan, was ihm von anderen, wie die Bayern sagen, »angeschafft« worden ist – die ihn auf den bewußten Weg geführt haben. Ihm und uns mit, und den müssen wir nun weiter gehen bis zum bitteren Ende.

Was das heißt, das merken wir hier gerade jetzt sehr deutlich. Letzte Nacht hatten wir hier wieder einen ziemlich heftigen Angriff. Uns selbst ist für diesmal nichts geschehen. Im Vergleich zu Köln, Mainz, Saarbrücken usw. hat Frankfurt selbst überhaupt wenig abbekommen, die Innenstadt überhaupt nichts. Aber alles in allem ist doch hier und in der näheren und weiteren Umgebung eine ganze Menge passiert. Und wie soll das nun weitergehen? Haben Sie den Eindruck, daß man im Osten in absehbarer Zeit so weit fertig wird, daß man Kräfte von dort abziehen und zu unserem Schutz nach dem Westen werfen kann? Oder, daß der Unterseebootkrieg die westlichen Feinde wirklich mürbe macht? Daran fange ich erst an zu glauben, wenn England die Brotkarte einführt. So lange müssen wir hier im Westen also den Kopf hinhalten. Und wie lange wird das sein? Und ist es nicht Tatsache, daß die Luftangriffe schon jetzt immer wuchtiger werden? Was steht uns erst bevor, wenn die Amerikaner endlich fertig sind und die Zeit aufgeholt haben, die sie in ihrem Spießertum – wie vor ihnen schon die Engländer – verbummelt haben? Aber das hilft uns alles nichts. Der eiserne Wille, der uns unumschränkt regiert, gibt nicht nach, und wenn im letzten deutschen Dorf der letzte Hühnerstall in Trümmer sinkt. Wie könnte er auch nachgeben? Er kann es doch nicht über sein Gewissen bringen, das deutsche Volk der Führung durch den größten Sohn zu berauben, den ihm die Vorsehung je geschenkt hat. Außerdem geht es bei ihm ganz einfach um Kopf und Kragen; so gelinde wie mit Napoleon würde bei ihm nicht verfahren werden. Und niemand ist da, der sich jenem eisernen Willen entgegenwerfen könnte. Dafür ist ausgiebig gesorgt. Zuletzt noch durch die Neubesetzung des Justizministeriums und durch die dem neuen Minister erteilte Instruktion[4]. Und wenn es jemand doch versuchen sollte, sich aufzulehnen, und wenn er Erfolg haben sollte, dann bedeutete das trotzdem den Zusammenbruch – und der wäre noch viel fürchterlicher als 1918, und wenn er auf solche Weise erfolgte, würde zudem unsere ganze Zukunft vergiftet durch eine Dolchstoßlegende in vermehrter und verbesserter Auflage. Und wenn er sich trotz allen Widerständen durchsetzt – ich meine jenen eisernen Willen, der uns regiert – haben Sie sich schon einmal klargemacht, was es heißen will, wenn er erklärt, er werde aus diesem Kriege als ein »noch viel fanantischerer Nationalsozialist« heimkehren? Erschrecken Sie über meinen Pessimismus? Ich bin dennoch alles andere als ein Kopfhänger.

Aber es ist Mitternacht. Ich will für diesmal schließen und mich – vorerst in den Kleidern – aufs Bett legen. Gute Nacht also mit herzlichen Grüßen von Haus zu Haus

Ihr alt ergebener

Schumann

Die Nacht war ruhig

63.

Blankenburg, 13.9.1942

Lieber Herr Kollege,

(...)Haben Sie Dank für Ihre beiden Briefe, aus denen ich wieder meinen Skatfreunden, die Sie bereits kennen, allerlei vorgelesen habe, und zwar besonders den Schluß des zweiten Briefes, der in gedrängter Form eine Zukunftsprognose – nach den verschiedenen Möglichkeiten des Verlaufs – entwirft, die wahrhaft erschütternd ist, aber den Nagel auf den Kopf trifft. Die Fragen, die Sie da aufwerfen, stelle ich mir und den Meinen fast alle Tage – Anlaß dazu ist ja auch genug vorhanden – und beantworte sie nicht anders als Sie: nachgeben wird man nicht, das ist mir gewiß. Und zwar aus den von Ihnen angegebenen Gründen und aus keinen anderen. Wozu wäre denn auch die SS da, als um jede – sagen wir – Nachgiebigkeit von vornherein unmöglich oder aussichtslos zu machen? Und reicht die Ernährungsdecke nicht für das ganze Volk aus, so mag der Teil des Volkes getrost verhungern, der nicht mehr die Kraft oder – noch schlimmer! – nicht einmal den Willen hat, das neue Staat- und Volksideal verwirklichen zu helfen! Auf ein paar – sagen wir 10 – Millionen solcher Leute kommt es heute, wo es um das Ganze geht, nicht an; es ist sogar gut und innigst zu wünschen, daß sie dahinfahren und durch ihr Verschwinden die Nation als solche entlasten und vereinigen. Ich glaube, Sie verstehen mich.

Nein, ich erschrecke nicht über Ihren Pessimismus, halte Sie auch durchaus nicht für einen Kopfhänger, sondern nur für einen wahrheitsliebenden und klarblickenden Mann, der sich und andere nicht täuschen mag, wie ich selbst. Ich verstehe auch Ihren Zorn auf die Schwachköpfe nur zu gut, die sich in Wahrheit nichts eingestehen wollen, um nicht in ihrem Behagen gestört zu werden. Wir haben eine Person dauernd im Hause, die sich genau so verhält wie die Schwägerin, deren Abreise Sie mit einem starken Schnaps gefeiert haben, und auch mir ist die Gegenwart dieser Person höchst unangenehm und ich muß mich dauernd zusammennehmen, um gegen sie nicht unfreundlich oder gar grob zu werden, setze ihr auch oft auseinander, daß ich allenfalls die einfältigen, blindgläubigen Seelen entschuldigen kann, die so gut wie nichts von der Wahrheit erfahren, es aber nicht verstehen kann, wie sie, die alles mögliche weiß und es mißbilligt, dann doch sich so verhält, als wüßte sie von nichts und als sei alles in schönster Ordnung.

Den 15.9. Soweit kam ich vorgestern nur, dann mußte ich mich einem jungen Freunde[1] widmen, der meinetwegen auf acht Tage hierher gekommen ist, einem sehr jugendlichen Professor des Staatsrechts, der Erstaunliches erzählt, was ich Ihnen gerne wiedererzählen würde, was sich aber nur mündlich machen ließe. Wir haben auf schönen Spaziergängen zum Regenstein und durch den Heidelberg, an dem wir wohnen, endlose Gespräche über die Hauptprobleme der Rechtsphilosophie geführt – Naturrecht und politisches Recht, Verhältnis von Recht und Staat, Begründung des Strafrechts usw. – und dabei die neuen Verordnungen erörtert, deren eigentliche Bedeutung uns so klar ist wie Ihnen. Wie gerne würde ich auch Sie einmal hier durch die Wälder führen und dabei gründlich mit Ihnen austauschen! Aber wir beide werden wohl äußerlich nicht mehr zusammenkommen. Mir fehlt zu einer Reise nach dem Westen – von allem anderen abgesehen – jetzt schon die körperliche Kraft und Ausdauer, und Sie können jetzt nicht die Ihren verlassen, da Ihnen täglich Tod und schweres Ungemach droht.

(...) Ja, Sie sind eben kein Streber, sind es nie gewesen, der Karriere haben Sie nie etwas geopfert, kein Stückchen del intelletto, sondern immer Ihre Meinung gesagt und Opposition gemacht, so weit es anging und Ihnen Ihr Gewissen erlaubte. Früher schadete das nicht viel, mir hat es unter Wilhelm II. sehr wenig geschadet und nach 1918 erst recht nicht. Und bei Ihnen wars nicht anders. Aber jetzt?

Ich habe eben Ortega y Gasset gelesen, den Aufstand der Massen[2], da wird die liberale Demokratie als die beste Staatsform gefeiert, der Liberalismus die äußerste Großmut genannt: es ist das Recht, daß die Majorität der Minorität gibt darum die edelste Losung, die auf dem Planeten erklungen ist... Er verkündet den Entschluß, mit dem Feinde, gar mit dem schwachen Feinde zusammenzuleben... Mit dem Feinde zusammenleben! Mit der Opposition regieren! Ist eine solche Humanität nicht schon fast unbegreiflich? Alles wörtlich so! ...

(...) Für mich gibt es nichts empörenderes, mich mehr aufbringendes als den Gewaltmenschen, ob er nun offen oder heimlich, brutal oder tückisch verfährt, kein Recht achtend, vor nichts zurückschreckend. Diese innerste Empörung ist mir viel empfindlicher als das Gefühl der Geringschätzung gegenüber den Schwächlingen, die mitlaufen und sich mitschuldig machen. Der Haß, der ohnmächtige Haß, den ich nun erst kennenlerne, peinigt mich weit mehr als die Verachtung, die ich immer kannte. Über die Gemeinen – ich glaube, Sie recht zu verstehen – kann ich mich nicht so gar sehr aufregen, weil ich längst weiß, daß die allermeisten Menschen geistig unselbständig sind und gleichsam geborene Mitläufer. Vor der Macht beugen sie sich immer und überall, zumal, wenn sie im Mantel der Legalität aufblüht. Die guten Leute – es sind wirklich viele gute darunter – sind zu anderen Dingen berufen als sich ein Urteil zu bilden über Staat und gelehrte Sachen. Sie fühlen sich dazu garnicht befähigt und erliegen daher völlig der Suggestion, die von der öffentlichen Propaganda (Presse, Rundfunk etc.) ausgeht. Sehr viele haben auch keine Zeit, über das nachzudenken, was, hoch über ihren Köpfen, geschieht.

Ganz anders natürlich die Intellektuellen, die anders könnten und hinter die Kulissen sehen! Mit ihnen mag ich nichts zu tun haben, es mag sein, daß sie eigentlich ein schärferes Urteil verdienen als Hauptverantwortliche zumal diese ehrlichen Idealisten oder sagen wir lieber Ideologen und jedenfalls besessen sind. Indessen – es mag eine Schwäche bei mir sein – diesen gehe ich noch mehr aus dem Weg als jenen, sie erscheinen mir unheimlicher und verabscheuungswürdiger als die Rückgratschwachen, mit denen sich meist doch immerhin reden läßt. Aber freilich, so recht kenne ich weder die einen noch die anderen; vielleicht würde persönliche Bekanntschaft in diesem Punkte umstimmen. Tatsache ist, daß ich den Verkehr mit einstigen »guten Freunden«, die nun anders denken, nicht ertragen kann.

Es wird, bei Lichte betrachtet, wohl kaum ein irgendwie beträchtlicher Unterschied in unserem Empfinden und Urteil sein.

Nun wünsche ich Ihnen gute Tage und ruhige Nächte, Ihnen selbst und Ihrem ganzen Hause. Seien Sie herzlichst gegrüßt, auch von meiner Frau und schreiben Sie einmal wieder – aber etwas vorsichtiger! – Ihrem treu ergebenen

M. Havenstein

64.

Frankfurt, 27.9.1942

Lieber Herr Professor,

Wieder einmal sitze ich tief in ebenso dringenden wie schwierigen Druckkorrekturen, die obendrein nach Italien gehen sollen (für den Druck in den Studi medievali, die mich vor dreiviertel Jahren flehentlich um Beiträge ersucht hatten); ich will aber doch einmal eine Pause einlegen, um wenigstens einiges auf Ihren letzten Brief zu erwidern, der mir wie immer eine große Freude war.

Die Hauptsache ist dies: Sie haben mich ganz überzeugt und bekehrt: das Schlimmste ist doch brutales Verbrechertum, dem Scham und Gewissen gänzlich abhanden gekommen sind: wehe dem, der ihm in die Hände fällt! Dem gegenüber sind alle die anderen Kategorien von Menschen, die Mitläufer, die Nutznießer, die Feiglinge, die Dumm-gläubigen, die Oberflächlichen, die Gemeinde von Laodicea[1] immer noch eher zu ertragen. Ganz so schlimm wie jene anderen werden sie es nie treiben. Ich hatte entschieden übers Ziel hinaus geschossen. Aber ich denke, Sie haben dafür auch Ihrerseits volles Verständnis. Ich habe z.B. da in letzter Zeit, zum Teil auch schon früher, Näheres erfahren, über die Art, wie seinerzeit der beste Mann, den wir seit Bismarck überhaupt gehabt haben – Heinrich Brüning[2] – gestürzt worden ist, welche Motive dabei entscheidend mitgespielt haben, mit welchem leichtfertigen Optimismus dann das verhängnisvolle Bündnis – Sie wissen, welches ich meine – geschlossen worden ist (»Mit den sympathischen jungen Leuten werden wir schon fertig werden« soll der alte Januschauer[3] gesagt haben) und mit welcher, sagen wir einmal, kläglichen Hilflosigkeit man sich alsdann von dem um so zielbewußteren Associé Schritt für Schritt, uneingedenk der übernommenen schweren Verantwortung hat zurückdrängen, hinausdrängen lassen. Wenn man das an seinem geistigen Auge einmal im Zusammenhang vorüberziehen läßt und erwägt, wohin wir durch das Versagen dieser Kreise – vor allem der Generalität – gekommen sind, was alles an wertvollen Menschen, an ehrwürdigen Traditionen, an Werten überhaupt dabei draufgegangen ist und noch draufgeht, dann kann einem schon einmal die Galle ins Blut steigen. Zumal in der gegenwärtigen Situation. Was soll werden? In Rußland geht es nur schrittweise vorwärts; mag auch Stalingrad schließlich noch fallen, wer kann denn noch glauben, daß wir dort vor dem Einbruch des Winters noch weiter kommen, um den Russen den Todesstoß zu versetzen, oder daß wir in diesem Jahre noch Batum oder Baku erreichen? Und dann kommt der Winter, und bis es dort weitergehen kann, vergehen mindestens sechs Monate. In der Zwischenzeit verstärken sich die Amerikaner weiter. Und weiter werden deutsche Städte, besonders hier im Westen, »ausradiert« werden. Augenblicklich haben wir zwar Ruhe, aber doch nur wegen des schlechten Wetters. Sowie es wieder besser wird, werden die Angriffe wieder losgehen, und das Furchtbare ist ja, daß deren Wucht fast jedesmal größer wird. Alle Sieges- und Sondermeldungen über versenkte Bruttoregistertonnen und dergleichen erinnern doch nur zu peinlich an die böse Zeit Frühjahr und Sommer 1918. Nur ist die Lage ungleich verzweifelter als damals. Denn der Träger des damaligen Systems, Ludendorff, konnte ja immer noch das Spiel hinwerfen, wenn er sah, daß es verloren war, und er hat es ja auch getan; er brauchte wenigstens um seinen Kopf nicht bange zu sein. Der Träger des gegenwärtigen Systems kann das nicht. Und er ist in viel ausschließlicherem Sinne der Träger des Systems und des Ganzen überhaupt, als Ludendorff es gewesen ist; *alle* anderen sind an ihm gemessen armselige Schächer. Dazu ist der Haß der Gegner und vor allem der Unterdrückten viel, viel stärker als damals, weil viel Schlimmeres geschehen ist und noch geschieht, welche ungeheure Gefahr die sechs Millionen ausländischer Arbeiter darstellen[4], die wir in Deutschland jetzt schon haben und die jetzt noch vermehrt werden sollen?

Ja, recht gerne würde ich Sie einmal für etliche Tage besuchen und mit Ihnen mündlich Gedanken austauschen und mir dabei von Ihnen Ihre schöne Gegend zeigen lassen. Ich habe den Harz, glaube ich, 1910 einmal kennen gelernt. Seitdem bin ich nicht dort gewesen. Ich habe mir keine Zeit zum Reisen gegönnt. Und ich reise und wandere gern. Jetzt ist es zu spät, mindestens fürs erste. Zwar habe ich augenblicklich 14 Tage Ferien. Von der Stadt aus müßte ich mich irgend einem Bezugscheinbüro oder dergleichen zur Verfügung stellen. Aber ich tue es nicht und berufe mich darauf, daß ich diese 14 Tage brauche, um mich für meine Vorlesungen im Winter vorzubereiten. Ich bin gespannt, ob man mir das gelten läßt. Gefaßt bin ich auf alles. Aber auch wenn es wirkliche Ferien wären – es geht ja doch heute nicht, schon der Lebensmittelfrage wegen.

Sie fragen nach Sprengel und Weinstock. (...) Weinstock ist meines Wissens immer noch draußen, soviel mir bekannt, in Paris. Ich habe ihn zuletzt in der Weihnachtszeit einmal auf der Straße getroffen und kurz mit ihm gesprochen; immerhin so viel, daß ich feststellen konnte: er denkt nicht anders als Sie und ich. Was ja auch nicht zu verwundern ist. (...)

Daß Sie nun auch die Frankfurter Zeitung halten, freut mich sehr. Es steht zwar auch nicht allzuviel mehr drin. Aber immer noch mehr Wichtiges als in den kleinen Käseblättern, und vor allem: der Ton bleibt immer anständig. Sie werden wie ich festgestellt haben, daß die letzten Sonntags-Leitartikel recht kleinlaut geworden sind, wenn auch – das geht ja nun wirklich nicht anders – die fable convenue von der Gewißheit des Endsieges darin weitergeschleppt wird. An der Morgenfeier[5], die heute morgen unter dem Strich abgedruckt war, mit den schönen Gedichten von Herybert Menzel, Gerhard Schumann (so heißt mein Sohn auch, und Sie können sich denken, wie betrübt ich jedesmal bin, daß ich mich nicht rühmen darf, der Erzeuger eines so prominenten Dichters zu sein) undsoweiter werden Sie sich genau so delektiert haben wie ich. Ich möchte bloß wissen, ob der Zeitung der Abdruck octroyiert worden ist oder ob er eine Bosheit darstellt. Gut gemeint, schrecklich gut gemeint, sind diese Gedichte ganz gewiß, auch äußerlich sind sie ganz gut gemacht. Aber wie billig, flach, eintönig ist das alles. Theodor Körner[6] war gewiß kein großer Poet; aber diesen gegenüber war er ein Riese.

28.9. Eben habe ich die Rede des Herrn Reichsaußenministers gelesen[7]. Himmlischer Trost hat sich in mein Herz gesenkt. Was war ich doch für ein jämmerlicher Meckerer! Es ist ja doch alles in Butter: wir haben die Hülle und die Fülle, drüben die Russen pfeifen auf dem letzten Loch, die englischen und amerikanischen Staatsmänner fühlen angesichts der wachsenden Empörung und Enttäuschung ihrer betrogenen Volksgenossen ihr letztes Stündlein nahen und betäuben ihr schlechtes Gewissen mit Phantasien über Bestrafung von Verbrechen, die in Wirklichkeit sie selber begangen haben; die Terrorangriffe auf die Zivilbevölkerung sind gänzlich belanglos und machen uns nur noch härter. Und so weiter.

Von Ortega y Gasset habe ich viel gehört, kenne ihn aber leider noch nicht. Was Sie zitieren, verstärkt den Wunsch, das nachzuholen.

Die Kartoffelernte scheint gut zu sein. Und die Kartoffel ist die pièce de résistance der Ernährung. Fürs erste werden Ihre diesbezüglichen Zukunftsgedanken also noch keine Wirklichkeit werden. Aber daß sie keineswegs Hirngespinste sind, sondern durchaus der »Mentalität« unserer Machthaber entsprechen, daran habe ich keinen Zweifel.

(...)

Ihr stets ergebener

Schumann

65.

Blankenburg, 17. 10. 1942

Lieber Herr Kollege,

(...) Die Frankfurter Zeitung gefällt mir wie Ihnen und aus den selben Gründen. Über jene lyrische Morgenfeier mit den höchst trivialen Gedichten habe ich mich auch gewundert, m. E. ist sie oktroyiert. Ribbentrops Rede ist inzwischen durch die eines anderen Ministers[1] übertroffen worden, der Intellektualismus als Halbbildung deutet – wie schlau – und den Dichtern Vorwürfe macht, daß sie keine Unterhaltungsromane schreiben, wie doch die Klassiker taten. Ob G.[2] wohl den Wilhelm Meister oder den Grünen Heinrich für einen Unterhaltungsroman hält?

Also über das Gleichnis vom Barmherzigen Samariter sind wir nun doch einig, wie auch über brutales Verbrechertum und Rückgratschwäche. Sie ist oft nur Mangel an Format, z. B. bei dem sonst doch höchst achtbaren Hindenburg, der sich ja auch nach Kräften gewehrt hat, als man ihn zum Reichspräsidenten machen wollte. Gewiß, man kann sich erbosen, wenn man die Folgen solcher Schwäche sieht und erlebt. Aber betrachtet man sich die Leute einzeln und genau, ohne Leidenschaft – wie billig – indem man sich in ihre Lage versetzt, so wird aus dem Zornesruf meist ein Seufzer und man sagt mit Hamsun: »Laßt ihn, er ist auch ein Mensch.«

(...)

Die Lage beurteile ich ganz wie Sie. Daß die Festung Europa schwer zu berennen und einzunehmen sein dürfte, glaube ich freilich, aber wird sie eine jahrelange Belagerung aushalten? Jedenfalls nur unter sehr großen Opfern und Blut. Der Mensch lebt ja auch nicht von Brot allein. Jedenfalls verkümmert er mehr und mehr, wenn er viele Jahre an alle dem Mangel leiden muß, was das Leben angenehm und lebenswert macht. Ja, wenn wir das alles nicht kennten, wie die meisten Russen! Aber wir – auch die Arbeiter – sind allzusehr verwöhnt. Lesen Sie Ortega, da werden Sie es prachtvoll formuliert finden!

(...)

M. Havenstein

66.

Frankfurt, 2. 1. 1943

Lieber Herr Professor,

Dies ist nun der erste Brief, den ich im neuen Jahr schreibe. Meinen Glückwunsch habe ich ja schon vorweg geschickt. Hoffentlich hat er Sie beide bei guter Gesundheit angetroffen.

Wir haben Weihnachten und Neujahr so schön und friedlich gefeiert, wie das unter den obwaltenden Verhältnissen nur möglich war. Selbst der Gabentisch war nicht einmal so schlecht besetzt. Und es ist doch in den Läden der mit allem angeblich so vollkommen versorgten Festung Europa fast nichts mehr zu haben. Den Mittelpunkt bildete die kleine Irmgard, (...)

Drei Wochen dauern diesmal die Ferien. Der größte Teil ist schon vergangen, viel zu rasch, mit Briefeschreiben, Besuchen – besonders von alten Schülern – und dergleichen. Nach den Ferien werde ich, wie ich heute morgen hörte, in der Schule einen neuen Oberstudienrat antreffen. Er kommt von einer anderen hiesigen Schule, war früher katholisch, soll jetzt, wie ich glaubwürdig gehört habe, »gottgläubig« sein. Ich kenne ihn nur flüchtig, hatte einmal, vor anderthalb Jahren, ein Gespräch mit ihm, da schimpfte er auf die Juden, die angeblich noch irgend etwas, was damals schon rar war, sich zu beschaffen wüßten. Das ist mir bezeichnend. Was ich persönlich dazu zu sagen habe, können Sie sich denken. Ich habe in den Jahren seit 1934 insgesamt über 3½ Jahre lang die Leitung der Schule gehabt und habe sie, das darf ich sagen, nicht schlecht geleitet. Wenn durchaus dieses neue Amt eingerichtet werden mußte, so stand es *mir* zu. Aber ich bin nicht böse drum, daß man mich übergangen hat. Es ist in diesen Zeiten eine Ehre, übergangen zu werden. (...)

Nun muß ich aber doch endlich auf Ihren letzten Brief eingehen, der, ich sehe es zu meinem Schrecken, schon über zwei Monate alt ist. Dank insbesondere für die reizenden Gedichtchen, die von Walter Harlan und das von Ihnen. (...) Was er für ein Mensch gewesen ist, zeigen die kleinen Züge, die Sie von ihm berichten[1]. Erschütternd sein Ende. Ja, diese Sorte jüdischer Literaten und anderer jüdischer Elemente, die sich in der Öffentlichkeit breit machten und der Öffentlichkeit ihren Willen aufzwangen, die haben wir hier in Frankfurt auch gut gekannt. *Das* waren die schlimmsten Antisemiten. Die haben den Wind gesät. Was aufgegangen ist, war nicht Sturm, sondern Taifun. Sie selbst sitzen aber vermutlich irgendwo im Trockenen, während die vielen, vielen, die anders waren – auch die haben wir hier in Frankfurt gekannt – zum großen Teil, weil sie doch ein gutes Gewissen hatten, im Lande geblieben sind und nun dem Taifun zum Opfer fallen. Dies letztere ist ein sehr böses Kapitel, ich glaube sogar, das allerböseste unserer Zeit; was da geschehen ist und noch geschieht, nicht nur an den Juden, sondern auch an anderen Völkern im Osten, wird uns teuer zu stehen kommen, und es bedeckt den deutschen Namen mit einer Schmach, die die Jahrtausende nicht abwaschen werden. Gestern habe ich erst wieder von einem Kollegen, der ein paar Tage in Polen war, furchtbare Einzelheiten gehört. Wehe uns, wenn dafür die Vergeltung kommt! Und mir scheint, das Schicksal hat schon ein paar Mal vernehmlich an unsere Pforten geklopft. Zuerst vor zwei Monaten bei El Alamein, dann in Marokko und Algier und jetzt auch in Rußland[2]. Wir sind jedenfalls mit sehr wenig Optimismus ins neue Jahr eingetreten. Aber es ist erstaunlich, wie viele Leute sich immer noch blauen Dunst vormachen oder vormachen lassen. Und freilich haben sie insofern recht, als es noch recht lange dauern kann, bis eine wirkliche klare Entscheidung fällt.

(...)

Ihr stets ergebener

Schumann

67.

Blankenburg, 23. 1. 1943

Lieber Herr Kollege,

nehmen Sie unseren besten Dank für Ihre Glückwunschkarte vom 31. Dezember und den lieben Brief vom 2. Januar! Daß wir Ihnen von Herzen gut sind und Ihnen daher nur alles mögliche Gute wünschen, wissen Sie. Leider nur sind die Grenzen dieser Möglichkeit in der Festung Europa sehr eng gezogen. »Entbehren mußt Du, mußt entbehren,« das ist heute wirklich der ewige Gesang, der jedem an die Ohren klingt, und wenn wir darunter nicht so leiden und darüber nicht so klagen wie Faust[1], so liegt es daran, daß wir bescheidener sind als er und das Entsagen gelernt haben. Für einen alten Mann wie mich schickt sich ja auch einzig ein summarischer Verzicht, wie ich ihn in letzter Zeit in meiner unbewußten Tiefe vollzogen haben muß; anders wüßte ich es mir nicht zu erklären, daß ich jetzt, seit etwa einem halben Jahr innerlich ruhiger, zufriedener und arbeitslustiger bin als vorher, während um mich herum doch wahrlich nichts geschehen ist, was eine solche Besserung begründen könnte. Über die Lage denke ich ja ganz wie Sie, habe auch den Schritt des anklopfenden Schicksals, der dura necessitas[2], von der Sie schreiben, sehr deutlich gehört, – an eine irrationale Gerechtigkeit des Weltlaufs glaube ich freilich nicht, die Weltgeschichte ist nicht das Weltgericht, aber immerhin ist die Moral oder die Humanität eine Macht in der Menschenwelt, mit der der Politiker rechnen muß, und wenn er sie dauernd mit Füßen tritt, so reizt und bewaffnet er schließlich die ganze Welt gegen sich und muß ihr zuletzt erliegen; Friedrich der Große hatte recht: Der liebe Gott ist stets bei den stärkeren Bataillonen, aber auf die Dauer sorgt er dafür, daß die stärkeren Bataillone auf seiner Seite sind, d. h. auf der besseren Seite, – so ist die Welt angelegt.

Soeben bekomme ich die Nachricht, daß ein dem Blute nach

entfernter, dem Herzen nach aber mir sehr nahestehender Verwandter, der einzige Sohn seiner Mutter, jungverheiratet und glücklicher Vater eines Jungen, ein sehr tüchtiger, aufopfernder Mensch und ernster Bekenntnisgeist, in Rußland gefallen ist. Ein namenloses Herzeleid für Frau, Mutter und Schwester! Er war Pionier, baute Brücken und Wehr, und war nicht besonders gefährdet. Und nun doch! Ohne Zweifel, im Osten geschieht mehr als wir erfahren. Der Sohn des Hauses, in dem wir wohnen, der einzige meiner schwer erkrankten, im Krankenhaus liegenden Schwägerin, ist bei Stalingrad, bei der Heeresgruppe, die laut dem Heeresbericht von allen Seiten angegriffen wird, schon wochenlang, also eingekesselt. Wenn der, wie ja zu erwarten, auch fällt, so ists mit meiner armen Schwägerin auch aus: das übersteht sie in ihrem sehr geschwächten, sehr leidenden Zustande nicht.

(...)

Heute sinken mir alle wertvollen Dinge im Wert, die dem Bereich des Vergänglichen angehören. Denn wir sind alle mehr oder weniger bedroht durch das heranziehende Schicksal. Wie dies aussehen mag, ob es mehr von Osten oder Westen her bestimmt sein wird, niemand weiß es, aber daß es schrecklich sein wird, das ist gewiß, und am Schrecklichsten vielleicht das, was dem letzten Akt vorausgehen wird, aller Wahrscheinlichkeit nach, – die Peripetie wird schlimmer sein, für unsereinen jedenfalls, als die Katastrophe, – Sie verstehen mich wohl. Es ist ein Wunder, daß man in Erwartung dieses Kommenden überhaupt noch seine sieben Sachen weitertreiben, verhältnismäßig guten Mutes sein und sogar noch manchmal lachen kann. Aber so ist der Mensch! Ein Kriegsberichterstatter erzählte in der Frankfurter, die Sie ja auch wohl lesen – sie bringt manchmal wirklich gutes und auch schönes – vor ein paar Monaten, daß in dem entsetzlich zerschossenen Stalingrad die Russen in jeder Feuerpause aus ihren Erdlöchern ans Licht kämen und daß man die Mädchen singen und lachen und mit den Männern schäkern hörte! –

(...)

Mit herzlichen Grüßen von Haus zu Haus

Ihr getreuer

M. Havenstein

68.

Frankfurt, 25. 1. 1943

Lieber Herr Professor,

Montag ist derzeit mein schwerer Tag: erst 4 Stunden in der Schule, dann eine Stunde Vorlesung, und nachmittags dann noch einmal zwei Stunden in der Universität, Vorlesung und Übungen. Für heute liegt das wieder einmal hinter mir, da darf ich mir eine Güte antun, und das soll geschehen, indem ich ein paar Worte als Antwort auf Ihren Brief schreibe, der mich wie immer herzlich erfreut hat. (...) Aber die Schularbeit macht mir mehr Freude denn je. Das werden Sie heutzutage nicht oft von einem Schulmeister hören. Aber ich gebe mit Vergnügen vor allem meinen Latein-Unterricht, lasse die Herren Sekundaner und Primaner unter anderem feste Horaz auswendig lernen, teils der Spache wegen – sie lernen immerhin allerhand Vokabeln und Grammatisches dazu und festigen ihr Sprachgefühl – teils wegen des Inhaltes. Ich weiß sehr wohl, daß es Dichtungen gibt, die in ganz anderer Weise »zu den Müttern hinabsteigen«; aber es steht auch im Horaz sehr viel Gutes, Beherzigenswertes und zum Nachdenken Anregendes und gerade für die Praxis des Lebens Wichtiges; und vor dem Manne selbst habe ich Respekt. (...) Und noch viel schöner ist die Art, wie dieser Dichter von seinem Vater spricht[1]: für mich ist das eines der erwärmendsten documents humains, die ich kenne. Da gehen dann auch die Buben mit, wenn sie fühlen, daß der Lehrer selber wirkliche Freude hat an den Dingen, die er traktiert. Übrigens behandle ich den Horaz größtenteils per nefas[2], d.h. von Rechtswegen dürfte ich bloß die Römeroden[3] traktieren, nur die stehen auf dem Kanon, sintemalen sie Vaterlandsliebe, »Einsatzbereitschaft« und dergleichen predigen, alle anderen Dinge sind ja im modernen Sparta Allotria. Aber nun gerade! Und ich lasse es drauf ankommen, dafür einmal von oben her eine Zigarre verabreicht zu bekommen. Übrigens glaube ich das nicht einmal, ich habe einen vernünftigen Chef und einen vernünftigen Oberschulrat dazu. Wie ich die kenne, drücken sie mindestens ein Auge zu, wahrscheinlich sind sie sogar im Innern recht sehr damit einverstanden. Das wäre also der Unterricht. Und die Möglichkeiten erzieherischer Einwirkung auf die Jugend ist gerade in dieser Zeit stärker denn je; ich habe davon reichlich Gebrauch gemacht und tue es noch, habe Ihnen davon auch schon geschrieben und Ihnen etliches von den Erfolgen mitgeteilt. Immer wieder spürt man, wie unsinnig der Satz ist, Jugend könne und Jugend wolle nur von Jugend geführt werden. Nein, von Männern will die männliche Jugend geführt sein; es müssen aber Männer sein und keine Streber einerseits, keine Windfahnen und Jammerlappen andererseits. Und dazu muß die Jugend Wohlwollen spüren und natürlich, das ist das Wichtigste, Gerechtigkeit oder doch das Streben nach Gerechtigkeit. Sie verlangt aber nicht, daß sich der Erwachsene gewaltsam jugendlich gebärdet; das hat gerade den entgegengesetzten Erfolg. Das wäre also die Arbeit im weitesten Sinne. Dazu kommt dann der geistige Austausch mit Gleichgesinnten, der mündliche und der schriftliche. Mit wie vielen gescheiten und auch menschlich hochstehenden Menschen hat mich allein die wissenschaftliche Arbeit in ständige Verbindung gebracht! Allein das wäre Entschädigung gewesen für die aufgewandte Mühe. Dazu dann die Verbindung mit gleichgesinnten Kollegen von der Schule und last not least mit ehemaligen Schülern und Schülerinnen! Briefe und Besuche (kostet freilich manches Stündchen); da kommt einer und stellt mir seine junge Frau vor, da schreibt eine alte Schülerin einen Brief voll strahlenden Mutterglücks und legt ein Bildchen ein von dem Töchterchen, ich bin der erste, dem sie es zeigt, selbst die Großeltern kriegens erst zu Weihnachten. Und so weiter. Und zu alledem die eigene Familie, die Freude an den Kindern, die alle das sind, was man »wohlgeraten« nennt, drei Töchter (glücklich im eigentlichen Sinne) verheiratet; und nun gar die Enkel! Ach wie energisch schwingt die kleine Irmgard ihr Pantöffelein, »Opa Amm!« ist ihr drittes Wort, und wie gern beugt man sich *dieser* Tyrannei! Was schiert es mich da, daß man mich nicht zum Oberstudienrat gemacht hat! Was Sie darüber schreiben, von der »Schmach, die *Unwert* schweigendem Verdienst erweist,« usw. ist ganz in meinem Sinne; ich brauche kaum etwas hinzuzufügen. Ja, als damals die großkopferten Herren vom Ministerium und der Berliner Fakultät mir die Sache mit der Professur verpfuschten, hat michs stärker getroffen. Aber diese Leute, Wilamowitz, Norden, Wilhelm Schulze, Becker (der ehemalige Minister)[4], die hatten immerhin ein gewisses Recht zu geistigem Hochmut;

sie würden mich auch heute vermutlich nicht mehr refüsieren (und eigentlich haben sie mich ja auch nicht refüsiert, sie haben nur gemeint, so ein armes bescheidenes Dorfschulmeisterlein kriegten sie billiger). *Jetzt* von den *jetzt* maßgebenden Herrschaften übergangen zu werden, ist, ich schrieb es schon, fast eine Ehre. Nur um meine Arbeit tut es mir leid. Ich habe noch gar viel Werg auf meiner Kunkel und komme nur wenig zum Spinnen.

Freilich, wie lange werden die jetzt maßgebenden Leute noch maßgebend sein? Die Lawine ist im Rutschen, das ist mein – und nicht nur mein bestimmter Eindruck. Die Heeresberichte der letzten vier Tage, die endlich mit dem ewigen Vertuschen und Beschönigen einigermaßen gebrochen haben, sagen genug für den, der sich das Denken noch nicht ganz abgewöhnt hat. »Und morgen ists Geiertag«: am Samstag ist der zehnte Geburtstag des Dritten Reiches.

Wir kriegen in der Schule seit einigen Monaten das monatlich erscheinende Blatt des hiesigen Gau-Propaganda-Rings. In der neuesten Nummer neben anderen hochinteressanten Sachen ein ausführliches Programm für den 29.–31. Januar[5]. Wird man das durchführen? Angesichts der Katastrophe von Stalingrad, die bis dahin doch sicherlich eingetreten sein wird (um nur dies eine zu nennen). Oder sind dafür selbst diese Stirnen nicht eisern genug, wird man das Ganze also abblasen? Erleichtert würde der Entschluß dazu dadurch, daß man so gescheit gewesen ist, jenes Programm wenigstens nicht an die *große* Glocke zu schlagen. Aber man wird sich dazu nur sehr schwer entschließen; die Gründe liegen auf der Hand. Ich bin sehr gespannt. Im übrigen ist das ja nebensächlich. Nebensächlich gegenüber dem Fürchterlichen, was uns allen bevorsteht, wenn die Lawine nun weiter rutscht und zwar, wie das in der Natur der Sache liegt, in immer schnellerem Tempo. Denken Sie allein an die vielen Millionen ausländischer Zwangsarbeiter[6], die wir im Lande haben, während unsere wehrfähigen Männer bis auf einen geringen Rest draußen stehen! Sie freilich werden in allererster Linie jetzt Ihre Gedanken richten auf den nahen Angehörigen, der sich bei der unglücklichen 6. Armee[7] befindet. Entsatz ist unmöglich; der Ehre ist genug und übergenug geschehen – kommt nicht endlich doch eine Kapitulation? Dann wäre doch noch Hoffnung. Ich wünsche Ihnen und uns allen, daß sie in Erfüllung geht.

Gute Nacht für heute! Mit herzlichen Grüßen

Ihr verehrungsvoll ergebener

Schumann

69.

Frankfurt, 20. 6. 43

Lieber Herr Professor,

Eigentlich sollte ich mich fürs morgige Kolleg präparieren und Aufsätze korrigieren. Aber es bedrückt mich mehr und mehr, daß ich seit nunmehr 5 Monaten gar nichts mehr von Ihnen gehört habe; ich mache mir Sorgen wie es Ihnen geht, vor allem gesundheitlich. (...)

Es ist ja unheimlich, wie rasch die Zeit vergeht. Was haben wir alles in diesen 5 Monaten erlebt! Stalingrad und Tunesien und die immer schlimmer werdenden Fliegerangriffe und das Nachlassen der Unterseebooterfolge, um nur das Wichtigste zu nennen. Über alles könnte man eine Menge schreiben. Die Lage war schon zu Anfang des Jahres bedrohlich und sie ist noch erheblich schlechter geworden. Hier ist denn auch die Stimmung entsprechend. Es ist ja auch bei uns hier im Westen besonders begreiflich. Wenn man vom Niederrhein hört, ists mit jedem Male schauerlicher. Wuppertal, Düsseldorf, Dortmund, Bochum usw., es muß überall entsetzlich gewesen sein. Und nun warten wir hier noch mehr als früher, wann wir drankommen. Denn warum sollen wirs besser haben als andere? Und ein Ende ist nicht abzusehen, solange die Italiener bei der Stange bleiben.

Persönlich geht es uns bis jetzt immer noch gut. (...)

Meine Tätigkeit spielt sich jetzt größtenteils im westlichen Vorortgelände bei den »Flakhelfern« ab. Sie haben ja wohl von der merkwürdigen Einrichtung gehört. Die sind zu einem Drittel Soldaten, zu einem Drittel Pennäler und zu einem Drittel Hitlerjungen; das heißt sie tragen die Uniform der Hitlerjugend, genauer der Flieger-HJ, und die HJ hat es von Anfang an so hingestellt, als sei sie eigentlich die Trägerin des Unternehmens. Ich gebe dort 12 Stunden, 4 Deutsch, 2 mal 4 Latein, und zwar ganz gern, erstens der schönen Landschaft wegen (Vorgelände des Taunus), die man allmählich in allen möglichen Stimmungen und Beleuchtungen kennen gelernt hat, zweitens weil die Buben sehr ordentlich und brauchbar sind; sie sind froh, geistige Nahrung zu erhalten. Es ist aber nicht überall so. Meist wird Stein und Bein geklagt über die Interesselosigkeit der Buben und die Nutzlosigkeit des ganzen Betriebes; nicht nur hier, sondern auch anderwärts. In Latein traktiere ich hauptsächlich Horaz; das paßt sehr gut, es läßt sich da so viel Allgemeines anknüpfen und erörtern, dafür sind die Buben gerade dort sehr empfänglich. Im Deutschen lese ich oder spreche ich zu Anfang jeder Stunde ein Gedicht oder auch mehrere, längere und kürzere, in bunter Reihe. Ich kann sehr viel auswendig, und das mache ich hier einmal für die Schule nutzbar. Daran läßt sich auch viel Nützliches darlegen und anknüpfen. Außerdem Räuber, Hermann und Dorothea, Iphigenie; und jetzt soll der Koriolan drankommen, Sie wissen ja, daß das ein Lieblingsstück von mir ist. Es ist jedesmal eine kleine Reise hin und zurück, dreimal in der Woche; aber ich mache es ganz gern, wie gesagt, die anderen Kollegen desgleichen; wohlgemerkt, an unserer Schule.

Eine große Freude hat mir die Heidelberger Akademie der Wissenschaften gemacht durch die Wahl zum ordentlichen Mitglied der philosophisch-historischen Klasse. Es ist eine Ehrung, auf die man sich schon was einbilden kann, und die monatlichen Reisen nach Heidelberg zu den Sitzungen sind eine höchst angenehme Abwechslung. Eine habe ich schon mitgemacht und bin reizend aufgenommen worden.

Nehmen Sie für heute damit vorlieb. Es ist 11 Uhr und ich muß ins Bett. Bitte schreiben Sie mir auch wie es bei Ihnen steht. Mit einer Postkarte bin ich ganz zufrieden.

Mit herzlichen Grüßen von H. z. H.

Ihr stets ergebener

Schumann

70.

Blankenburg, 23.6.1943

Lieber Herr Kollege,

da ist nun also doch einmal ein Brief verloren gegangen. Denn ich weiß es genau, ich habe Ihren Brief von Ende Januar sehr bald nach seinem Eintreffen beantwortet, d.h. vier Wochen mögen hingegangen sein, ehe ich antwortete, und die Antwort war auch nur kurz, weil ich damals sehr niedergedrückt und schreibunlustig war. Der Neffe nämlich, um den wir in jener Zeit bangten, ist Anfang Januar gefallen, nicht bei Stalingrad freilich, sondern am Don-Bogen. Wir erfuhren das im Februar und mußten die traurige Tatsache vor meiner Schwägerin, seiner Mutter, deren Einziger er war, geheimhalten, weil sie todkrank im Krankenhaus lag, seit Weihnachten 1942. Dabei nahmen wir an, daß sie durch die Kur im Krankenhaus zu retten sei. Aber schließlich sagten uns die Ärzte, ihr Leiden sei unheilbar und sie würde wohl nur noch vier bis sechs Wochen leben. Darin haben sie sich geirrt, aber wohl nicht in ihrem Todesurteil überhaupt: sie lebt noch immer, die Arme, bekommt aber täglich zwei bis drei schmerzbetäubende Spritzen, und wird nicht in ihr Heim, zu uns, zurückkehren, sondern sterben, vielleicht bald, vielleicht aber auch erst nach mehreren Monaten. (...)

Trotzdem aber arbeite ich im Stillen an meiner Theodicee[1] weiter. Das Urteil über Welt und Leben darf man sich durch einzelne Erfahrungen und wechselnde Stimmungen nicht diktieren lassen. Auch erfahren wir an uns selber, wie groß die Macht der Gewohnheit ist, wie man allmählich abgestumpft wird gegen Kummer und Sorge und wie das Leben triumphiert über alles gegenwärtige und zu erwartende Ungemach. Mir erzählte ein Freund, der schwer unter der Zeit leidet und meist recht finster blickt, daß er und seine Frau nach dem schweren Bombardement Berlins, das gerade in seinem Stadtteil besonders schrecklich war, mit einem unbeschreiblichen Glücksgefühl den Keller verlassen hätten. Ja, ich habe sogar von Leuten aus dem Rheinland, die in einer Bombennacht alles verloren haben, gehört, daß sie halbnackt durch die zerstörten Straßen gelaufen seien, und zwar keineswegs niedergeschlagen, sondern in heller Freude über ihr gerettetes Leben. So ist der Mensch! Er schimpft auf Welt und Leben und liebt das Leben doch ganz unaussprechlich und beweist damit wider Willen, daß es trotz allem gut ist oder jedenfalls lebenswert. Solche Zeiten, wie wir sie jetzt erleben, machen uns bewußt, wie sehr wir am Leben hängen, trotz allem! Egmont hat recht mit seinem Kreise: »Süßes Leben! Schöne, freundliche Gewohnheit des Daseins und des Wirkens!« Auch Ihr lieber Brief vom 20. Juni ist in dieser Tonart geschrieben, und ich kann wohl auf Ihre Zustimmung rechnen, wenn ich mit meiner Theodicee zustandekomme. Es klingt so schön und ermunternd was Sie da schreiben über Ihre Kinder und Enkel, über Ihren Unterricht bei den Flakhelfern und Ihre Aufnahme in die Heidelberger Akademie der Wissenschaften. Alles das hat mich und meine Frau herzlich gefreut. Wie sehr gönne ich Ihnen die schöne Anerkennung seitens der Akademie! Das ist doch ein Trost in all den Übergehungen, über die Sie sich mit Recht beklagen. Aber Sie kommen über alles solches hinweg, weil Sie innerlich reich sind, Ihren Wert kennen und deshalb nicht geltungsbedürftig sind und – das ist die Hauptsache – das Wirken und Schaffen selbst mehr lieben als die Anerkennung, die es einbringen kann. (...)

Übrigens gebe ich seit Anfang Februar auch wieder Unterricht, nicht in der Schule freilich, was ich ungern tun würde, sondern in einem Damenzirkel, in dem ich alle Donnerstag um halb fünf bis halb sieben Vorträge über Literatur halte, und zwar mit großem Vergnügen. Es sind zwölf Damen, die manchmal noch Gäste mitbringen, alle gebildet und sehr interessiert, übrigens auch Gleichgesinnte, was heute ja sehr wichtig ist. Ich kann da treiben was ich will und wie ich will und muß sagen, daß mir diese Vorträge mehr Freude machen als früher mein Unterricht. Zu ganz reifen Menschen spricht sich doch besser über Literatur als zu Primanern. (...)

Und denken Sie, das Schönste bei diesen Vorträgen ist für mich selber wie für die Damen der Vortrag von Gedichten, mir gehts genau wie Ihnen: ich wußte gar nicht, wieviele Gedichte ich auswendig weiß und wie wirkungsvoll ich sie sprechen kann – in der Schule habe ich es nie gewagt, dabei so ins Zeug zu ziehen, wie es nötig ist, jetzt bin ich unbefangen genug, um meine Lieblingsgedichte ohne alle Scheu zu sprechen, und siehe, es entsteht lebendiges Leben. Wie schön, daß wir uns da so begegnen! Wie freue ich mich auf den Faust I, den ich fast ganz auswendig kenne und also den Damen vorspielen werde, – im Herbst etwa!

Zum Schluß muß ich nun noch Ihrer Sorgen gedenken – hinsichtlich der Bombardierung. Möchten Sie in Frankfurt doch verschont bleiben! Vielleicht gereicht es Ihnen doch ein wenig zum Schutze, daß in Frankfurt einst so viele Juden wohnten. Uns schützt hier, davon bin ich überzeugt, der Herzog[2], der, tausend Schritt von unserer Wohnung, hier in seinem Schlosse wohnt. An Rhein und an der Ruhr ist es jetzt ja furchtbar[3]. Ein früherer Schüler, Studienrat in Barmen, schrieb mir von da, 90% der Häuser seien zerstörtt! Und in Berlin sah ich eine ganze, völlig zerstörte Straße – die Aschaffenburger – ein grausiger Anblick! Schreiben Sie mir doch gleich eine Karte, wenn Frankfurt auch drankommen sollte! Und seien Sie mit Ihrer Frau Gemahlin herzlich gegrüßt von meiner Frau und Ihrem treu ergebenen

M. Havenstein

71.

Frankfurt, 27. 6. 1943

Lieber Herr Professor,

Gestern war ich in Heidelberg, es war wieder ein schöner und interessanter Tag, heute hatten wir zu Mittag und ebenso zum Kaffee Gäste, nun müßte ich eigentlich an die Vorbereitung gehen fürs Kolleg morgen, aber ich habe keine Lust (es geht auch so, und ich habe auch morgen früh noch etwas Zeit) und will lieber wenigstens anfangen, Ihnen zu schreiben. Über Ihren Brief habe ich mich nach der langen Pause doppelt und dreifach gefreut. Denn der eine Brief muß verloren gegangen sein.

Die Nachrichten, die Ihr letzter Brief brachte, waren ja nicht durchweg erfreulich. Ich kann mich in Ihre Lage versetzen. (...)

Wie schön ist es, daß Sie trotz dieser schweren Sorgen so freudig schreiben! Ja, gewiß hängen wir trotz allem am Leben. Sie bringen Beispiele dafür von Leuten, die schwere Bombenangriffe durchgemacht und überstanden haben. Mitgemacht habe ich es zum Glück noch nicht, und vielleicht brauche ich es auch nicht mitzumachen; denn wir haben einen Bunker gerade schräg gegenüber, in den verkriechen wir uns, wenn die Sache bedenklich wird; aber nur dann: wenns Alarm gibt, ziehen wir uns an und postieren uns mit den Luftschutzkoffern vor unserem Haus (daß ich mir dann mein Pfeifchen anstecke, versteht sich von selber); wenns dann anfängt, richtig zu schießen, kommen wir immer noch rechtzeitig in das unsympathische Gebäude hinein. Wegen unseres Lebens brauchen Sie also nicht groß besorgt zu sein, und wir haben auch dafür gesorgt, daß wir, wenn uns unser Haus zerstört wird, nicht so ganz vis-à-vis de rien stehen wie etwa die unglücklichen Opfer des Angriffs auf Barmen, die noch nie einen Angriff gehabt hatten, seelenruhig in ihren Betten liegen blieben und die dann, soweit sie überhaupt mit dem Leben davonkamen (man hört hier von 4000, 6000, 10 000, 12 000, ja 16 000 Toten), in Schlafanzügen und Nachthemden abtransportiert werden mußten. Aber wenn mir mein Häuschen zerstört würde mit allem, was drin ist, das wäre mir doch sehr, sehr bitter, und vor allem meine schöne Bibliothek. Ich glaube, da würde es mir doch sein, als wäre mir wenn auch nicht *der* Lebensnerv, aber doch *ein* Lebensnerv durchgeschnitten. (...)

Derartige Gedankengänge liegen gerade jetzt sehr nahe. Die Angriffe aufs Industriegebiet am Niederrhein und in Westfalen sind hier *das* Gespräch. Und ein Ende ist gar nicht abzusehen. ER gibt nicht nach, kann nicht nachgeben, es wäre gleichbedeutend mit Selbstmord. Niemand ist da, der ihm das Heft aus der Hand nehmen könnte, auch nicht in der Generalität, denn auch da gibt es zu viele, die durch Dick und Dünn mit ihm gehen. Möglich wäre es ohnedies auch nur um den Preis einer neuen und gigantisch vergrößerten Dolchstoßlegende, die unser ganzes künftiges nationales Dasein (so weit von einem solchen überhaupt noch die Rede sein kann) vergiften würde. So gehts denn also so weiter wie bisher, der Mangel an militärischen und politischen Erfolgen wird unentwegt durch Propaganda ersetzt, deren Chef noch zu keiner Zeit so in den Vordergrund getreten ist wie eben jetzt, und eine Stadt nach der anderen wird »ausradiert«. Möglich, daß über kurz oder lang das ohnehin erheblich knisternde italienische Gebälk zusammenstürzt. Aber bis jetzt ist es dem Mann mit dem Nußknackergesicht immer noch gelungen, sein Volk – offenbar mit Hilfe der von Deutschland her gelieferten Korsettstangen – aufrecht zu erhalten[1]. Sollte es doch eines Tages zusammenbrechen, dann freilich wäre die Entscheidung des Krieges da. Denn dann geht nicht nur Italien, sondern auch der Balkan verloren und alle Befestigungen am Brenner usw. von denen man reden hört, helfen dann nichts mehr. Sicher weiß man nur eins: es wird fürchterlich. 1918 war eine sehr harmlose Sache dagegen.

Nun aber Schluß mit der Kanngießerei: Da habe ich Ihnen und Ihrer Gattin zunächst zu danken für die freundlichen Glückwünsche zu der Heidelberger Wahl. Ja, das war eine große Freude für mich, und sie kam zudem völlig überraschend. Erstens ist es eine Ehrung die sich sehen lassen kann. Die berühmte »Goethe-Medaille für Kunst und Wissenschaft« wird von der Regierung verliehen. Und Sie wissen ja, was für merkwürdige Leute sie bekommen haben. In die Akademien wird man von den bisherigen Mitgliedern gewählt, auch heute noch. Der Minister darf zwar die Bestätigung einer Wahl ablehnen, aber er kann keiner Akademie ein Mitglied aufdrängen. Es wird auch noch lange nicht jeder dieser Ehrung teilhaftig. Von den großkopferten Herren Professoren publici ordinarii unserer hiesigen Fakultät z. B. ist einer ordentliches, ein anderer korrespondierendes Mitglied der Berliner Akademie; sonst ist keiner Akademiemitglied. Die werden Augen machen, wenn sie demnächst an der DLZ[2] die Anzeige von meiner Wahl lesen. Insbesondere seine Magnifizenz nach der Stellung, die er im vorigen Jahr angesichts meiner vollständigen Zurückversetzung an die Schule eingenommen hatte. Und so frei von Eitelkeit bin ich doch nicht, daß michs nicht gekitzelt hätte, als ich die Satzung zugeschickt bekam und darin las, es dürften zu Mitgliedern nur »angesehene Gelehrte« gewählt werden. Und zweitens sind die Reisen – die Kosten und Tagegelder bekomme ich – eine angenehme Sache.

Was Sie über die Arbeit und die Freude an der Arbeit schreiben, das unterschreibe ich ganz gewiß; daß sie ihren Lohn in sich trägt und daß dieser Lohn mit das Beste ist, was der Mensch auf der Erde haben kann. *Mit* das Beste: es gibt doch nach meinem Gefühl gleichwertige Freuden, diejenigen meine ich, die sich aus der Verbundenheit mit anderen Menschen ergeben, Freundschaft und Liebe also. Die erstere ergibt sich vielfach eben aus der Arbeit. Ich glaube, ich habe Ihnen schon einmal davon geschrieben, mit wie vielen geistig hochstehenden Menschen ich durch meine wissenschaftliche Tätigkeit nicht nur in sachliche, sondern auch in menschliche Beziehungen getreten bin. Die Freundschaft mit Ihnen, die mir ein besonders kostbares Gut ist, wodurch ist sie anders zustande gekommen als dadurch, daß wir anfingen, unsere Ansichten auszutauschen und uns unserer in allen wesentlichen Dingen immer erneut zu Tage tretenden Übereinstimmungen zu freuen in den Angelegenheiten unseres gemeinsamen Arbeitsgebietes, der Schule und im besonderen des deutschen Unterrichts? Und dann die Liebe zur Frau, zu den Kindern, zu den Enkeln! Wie mich gerade diese letztere in diesen zwei Jahren beglückt hat, habe ich Ihnen auch schon mehrfach geschildert. (...)

Mit allen guten Wünschen und herzlichen Grüßen von Haus zu Haus

Ihr stets ergebener

Schumann

72.

Blankenburg, 30. 7. 1943

Lieber Herr Kollege,

(...) Sie schreiben von den ausradierten Städten, und es ist so, wie Sie schreiben. Wir erfahren hier genug von Leuten, die hierher geflüchtet sind. Haben selbst eine Frau aus Wilhelmshaven im Hause. Von Barmen habe ich genaue Nachricht durch einen früheren Schüler, der dort Studienrat war: jetzt arbeitet er im Rathaus, denn seine Schule ist verbrannt, wie fast alle Barmener Höheren Schulen – den Urlaub hat man ihm gestrichen! Und fast jeder Tag bringt neue, womöglich noch schrecklichere Zerstörung. In Hamburg ists entsetzlich gewesen. Wir haben dort eine hiesige Freundin, die ihre Eltern besuchte, und sind sehr in Sorge um sie – wahrscheinlich ist sie tot. Gestern kam eine Berliner Nichte, die in Warnemünde ihren Urlaub verlebte, dort aber durch einen Bombenangriff vertrieben worden ist und nach einer abenteuerlichen Fahrt hier anlangte; die erzählte horrende Sachen!

Und nun ist in Italien der Faschismus abgetan, Mussolini

entlassen (ohne ein Wort des Dankes) und also die Achse entzwei[1]. Die Bewegung dort steht zwar noch in ihren Anfängen, aber wozu sie führen muß und wird, kann beinahe ein Blinder sehen, wenn er nicht zu den ewig Blinden gehört. Natürlich sucht man die Front zu halten, um das Auseinanderlaufen der Soldaten zu verhindern, um nicht dem Feind ganz ausgeliefert zu sein und sie dahin zu bringen, daß sie sich an den Verhandlungstisch setzen. Dann wird sich zeigen, ob da drüben, auf der Gegenseite, wirkliche Staatsmänner sitzen. Nach meiner Ansicht müssen sie jetzt Großmut üben, Italien nicht nur ganz unbehelligt und frei lassen, sondern ihm auch Tripolis zurückgeben und Tunis schenken! Wenn sie das nicht tun, sind sie kurzsichtige Narren! Freilich, Albanien müssen die Italiener herausgeben.

Die Konsequenzen, die Sie andeuten (Balkan), werden auch kommen, ohne Zweifel. Und wie wird es uns ergehen, die wir die russische Front nur gerade noch halten! Schlimm, quod regem non habemus[2], ja, nicht einmal einen Reichspräsidenten! Man sieht, wohin es führt, wenn man Politik im Rausch macht! (Da wir keinen Arbiter[3] haben, keine höhere Instanz, die einen General autorisieren kann, kann und wird es bei uns nicht gehen wie drüben, nun sine bello civile[4], meine ich. Und wie wird dieser bellum civile werden und ausgehen? Dunkle und schreckliche Fragen!)

(...)

P.S. Halten Sie es für unmöglich, daß ein quidam ex ipso[5] abtritt, wenn das Verderben zunimmt, und einen anderen – keinen seiner Leute – zum Militärdiktator ernennt? Ist er nicht am Ende Idealist genug dazu, ut se ipsum sacrificet pro populo[6], statt umgekehrt. Für ausgeschlossen kann ich das nicht halten. Ich glaube, zur Tragik hat er eher das Zeug als Guglielmus secundus[7], der nicht groß war. Oder ist hier der Wunsch der Vater des Gedankens? Es scheint mir, eine Mischung aus Kleinheit und Größe, – aber vielleicht ist das Große, das ihn ungeheuer viel hat wagen und verantworten lassen, in ihm doch stark genug, um den letzten Schritt zu tun, das ihn vor einem ganz fürchterlichen Ende bewahren würde.

73·

Frankfurt, 2. 8. 1943

Lieber Herr Professor,

(...) So herzlich ich mich wie immer gefreut habe, als ich Ihre Handschrift auf der Adresse las, so sehr mußte ich Sie bedauern, als ich den ersten Teil des Inhalts zur Kenntnis nahm. Ja wirklich, Sie haben doch Pech über Pech[1], und gerade in diesen Zeiten, die doch schon so viel an allgemeinen Sorgen bringen. (...)

Mir ist bei dieser Gelegenheit wieder einmal zum Bewußtsein gekommen, wie gut, ja geradezu idyllisch wir es immer noch haben. Zwar ist es sehr, sehr heiß. Aber dafür schwelgen wir z. B. in Obst: das ist allein schon viel wert. (...)

Im übrigen habe ich Ferien. Leider sind sie schon zu zwei Drittel herum, und ich bin eigentlich nicht recht zu etwas gekommen, jedenfalls nicht zu eigenem Arbeiten, was sonst ja der Inhalt meiner Ferien ist. Erst hatte ich noch Kolleg und Prüfungen, dann war ich wieder mal einen (wunderschönen) Tag in Heidelberg, dann hatten wir eine Woche lang Besuch von einem bombengeschädigten Kollegen-Ehepaar aus Köln; gerade vor einem Jahr waren wir in deren reizend gelegenem und künstlerisch eingerichteten Haus in Köln-Poll zu Besuch gewesen – jetzt ist es zwar nicht zerstört, aber doch recht gehörig verwüstet, fast keine Scheibe mehr ganz, Dach abgedeckt und so weiter. Da haben sich die beiden einmal für eine Woche hier von den Aufregungen und den Anstrengungen des notdürftigen Herrichtens (denn Handwerker sind nicht zu bekommen) hier erholt und vor allem tüchtig ausgeschlafen; denn von Alarmen sind wir hier auch in letzter Zeit fast ganz verschont geblieben, und wenn mal einer kam, dann ging er aus wie das Hornberger Schießen; nur vor ein paar Tagen, vormittags, gabs etwas Knallerei der Flak. Anderer Besuch kam auch. Dann schickt von Zeit zu Zeit der alte Strecker Korrekturbogen zum 6. Bande der Poetae der Monumenta Germaniae[2]; das macht auch viel Arbeit – ja und so ist die Zeit vergangen, ehe man sichs versieht, zumal man natürlich auch in die Zeitung guckt (es ist allerdings gewöhnlich verzweifelt wenig darin zu lesen) und Rundfunk hört. Übrigens vertrete ich auch mal wieder den Direktor. Ich hätte ihm sagen können: Wozu haben Sie den Oberstudienrat, der ist doch gerade zu Ihrer Vertretung da? Aber ich merkte es dem Chef an, daß ihm daran lag, in seiner Abwesenheit die Dinge in *meiner* Hand zu wissen und da »mußte der Derwisch«. Es ist auch, bis jetzt wenigstens, nicht viel Arbeit. Aber etwas immerhin, es summiert sich.

(...)

Ja, und nun die Politik. Heute ists gerade eine Woche her, daß die Nachricht kam von dem Sturz des großen Alliierten im Süden. Damit ist nach meinem bestimmten Empfinden, und ich stehe damit gewiß nicht allein, sozusagen das Eis gebrochen. An der Eisdecke, die über Italien lag, haben die früheren Ereignisse unablässig genagt, vorab die dauernden militärischen Niederlagen. Nun endlich ist sie gesprungen, und das weiß man ja, daß da kein Halten mehr ist. Wie es im einzelnen weiter geht, läßt sich natürlich nicht sagen. Man erfährt ja nichts. Was in unseren Zeitungen seither über die Ereignisse in Italien gestanden hat, ist gleich Null und erschöpft sich fast ganz in den Worten: Der Krieg geht weiter. Mehr braucht das unmündige deutsche Volk von seiner Gouvernante mit dem erneuerten Heidelberger Doktortitel[3] nicht gesagt zu bekommen. Dafür bekommt es ja auch andere, viel wichtigere Nachrichten vorgesetzt, so z. B. daß der neugegründete Birmastaat an England und Amerika den Krieg erklärt hat. Wie die Dinge weitergehen werden, müßte gewiß für jeden klar sein, auch in Deutschland, der nicht zu den »ewig Blinden« gehört. Aber was glauben Sie, wie viele von dieser Kategorie es von denen bei uns gibt! Was glauben Sie, was für blöde, unsagbar blöde Gerüchte umgehen und Anhänger finden! Deswegen wird bei uns, das sehen Sie ja auch voraus, die Sache sich nicht so einfach und sang- und klanglos vollziehen wie in Rom vor einer Woche. Wie das deutsche Heer dem italienischen weit überlegen ist, so übertrifft auch die NSDAP die faschistische Partei unendlich an Kraft, Geschlossenheit und Organisation. Und die SS ist was ganz anderes als die Schwarzhemden. Und einen rè oder was Ähnliches gibts nicht bei uns. Generalfeldmarschälle zwar in rauhen Mengen; aber just die haben sich doch bisher als Männer von einer geradezu erschütternden charakterlichen Impotenz gezeigt, wahrhaftig man kanns kaum anders bezeichnen. Das sind die Männer, die eine Tradition zu hüten hatten, in der unter anderem der Name Yorck[4] verzeichnet steht. Von dieser Seite ist nichts zu erhoffen. Die dritte schwere militärische Niederlage, wie die anderen herbeigeführt durch schlimmsten Dilettantismus, auf gut Deutsch: durch Stümperei und Pfuschertum des sogenannten »größten Feldherrn der Geschichte«, steht unmittelbar bevor; oder glauben Sie, daß das bißchen Brückenkopf, was unsere paar Divisionen noch auf Sizilien halten, länger als einige Tage, im allerbesten Falle ein oder zwei Wochen, gegen die überwältigende Übermacht des Gegners an Menschen und vor allem an Material, besonders an Panzern und noch mehr an Flugzeugen zu behaupten ist? Denn die Italiener, die dort stehen, zählen doch nicht mehr mit. Aber auch das wird jene hochwertigen militärisch-technischen Spezialisten und moralisch-charakterlichen Jammerlappen nicht aufrütteln, sie werden weiter die Hacken zusammenknallen, wenn von besagter Führung die Befehle kommen zum Halten der Stellung bis zur letzten Patrone. Viele sind ja auch ganz einfach Angehörige der herrschenden Partei und auf Gedeih und Verderb mit ihr verbunden. Und so ist es ja überall in der deutschen Oberschicht. Immer wieder fällt mir Hyperions Klagelied über die Deutschen[5] ein: Priester, aber keine Menschen; Ärzte aber keine Menschen undsoweiter. Darum geht es mit uns so rasch nicht zu Ende, und um so fürchterlicher wird das Ende, es muß, leider muß man es sagen, es muß ein fürchterliches Ende werden, sonst gehen den ewig Blinden bei uns die Augen nicht auf; und selbst dann wirds einen nicht zu kleinen Teil geben, der auch dann blind bleibt. Der macht sich dann côute qui côute eine neue Dolchstoßlegende zurecht.

Wie die Gegner mit den Italienern verfahren werden, weiß ich nicht, weiß nur das, daß Winston Churchill bisher nicht Anlaß gegeben hat, ihn für einen kurzsichtigen Narren zu halten. Möglich, daß man den Italienern Tripolis wiedergibt. Aber Tunis kann man den französischen Verbündeten nicht gut wegnehmen. Auf jeden Fall werden wir die Zeche zu zahlen haben, und man wird uns nichts schenken. Und wieder muß man leider Gottes sagen, daß man es den Gegnern nicht verdenken kann, wenn sie ohne Gnade verfahren mit einem Volke, das sich das Recht angemaßt hat, darüber zu entscheiden, ob andere Völker existenzberechtigt sind oder nicht, und sie nötigenfalls auszurotten; das sich dieses Recht nicht nur theoretisch angemaßt hat, sondern es auch in gigantischem Maße in die Praxis umsetzt. Ein solches Volk ganz, ganz klein zu machen, ihm auf Jahrhunderte hinaus, so weit es irgend menschenmöglich ist, jede Kraft zum politischen und militärischen Wiederaufstieg zu nehmen – ja, das ist in meinen Augen geradezu Notwehr. Ja, so weit ist es mit uns gekommen. Und das Schlimmste ist, daß eben nicht nur eine kleine Clique das deutsche Volk versklavt und in seinem Namen wider seinen Willen eine solche furchtbare Politik getrieben hat, sondern daß mindestens sehr weite Kreise begeistert oder doch mindestens wohlwollend mitgegangen sind, andere achselzuckend – »ja gewiß, es ist hart, und es trifft wohl auch Unschuldige, um die tut mirs leid, aber uns ists auch schlecht gegangen, und so gehts nun einmal zu in der Welt, zumal in Kriegszeiten« und so ähnlich – dabei gestanden haben, achselzuckend, innerlich unberührt, ohne wenigstens innere Opposition, Empörung und Abscheu. Fast die einzigen, die darin wirklich eine Ausnahme gemacht haben, waren die christlichen, die *gut* evangelischen und die *gut* katholischen Kreise. Die sind dafür beschimpft oder verhöhnt oder zum mindesten mit Bedauern und Kopfschütteln angesehen worden. Wenn jetzt dem deutschen Volke die Rechnung präsentiert wird, und sie wird präsentiert, dann werden sie den einzigen Posten auf der Habenseite darstellen. Namen wie den Martin Niemöllers[6] und den des Grafen Galen[7] achtet auch der Feind – um so höher, als sie so gut wie allein gestanden haben. Sonst aber – gerade die deutsche Bildungsschicht in den letzten zehneinhalb Jahren, man kann sich nur in Grund und Boden schämen. Da geht ein Mann wie Pinder[8] hin und läßt sich einschalten in unsere amtliche Propaganda gegen die Luftgangster, hält den Engländern eine Vorlesung, sie sollten sich schämen wegen der Zerstörungen in Köln usw. – als wüßte er nicht, daß seinerzeit in London auch St. Paul's beschädigt und die Guild Hall zerstört worden ist, die den Engländern so viel bedeuten wie uns der Kölner Dom und mindestens so viel wie der Gürzenich. Und der Großadmiral Dönitz[9] betet der deutschen Jugend die alten Phrasen vor von der Unüberwindlichkeit des deutschen Soldaten und der Gewißheit des Endsieges, ein halbes Jahr nach Stalingrad, zweieinhalb Monate nach der Katastrophe von Tunis – und acht Tage nach dem Sturz des großen Freundes Benito.

Eben – es ist mittlerweile der 3. August geworden, wieder einmal war die Nacht hier ganz ruhig – lese ich den Eingangsartikel der Frankfurter Zeitung. Nichts als Ermahnung, auszuhalten, die Schicksalsprobe zu bestehen. Wieder einmal ist das Wichtigste für den denkenden Leser das, was *nicht* darin steht. Nicht ein Funke von Hoffnung, keine Vertröstung auf militärische Siege, auf Vergeltung, nichts mehr von den Unterseeboten, die England an der Kehle gepackt hielten undsoweiter. Warum nicht? Es ist doch gar nicht so lange her, daß man uns diese Trostgründe immer von neuem serviert hat? Hat man erfahren, daß das nicht mehr wirkt? Haben unsere oberen Instanzen uns weiter nichts zu sagen? Wie siehts denn überhaupt in diesen oberen Regionen aus? Ist Ihnen nicht aufgefallen, daß die Begrüßungsartikel zu Mussolinis 60. Geburtstag zwar erschienen sind – aber erst am 30. Juli statt am 29. oder einen Tag vorher, wie das doch sonst üblich ist? Wie soll man das erklären? Ich denke so: es war die Parole ausgegeben, den großen Tag – wie würde man ihn noch vor zwei Wochen gefeiert haben! – mit Stillschweigen zu übergehen, dann hat man sich aber doch noch eines anderen besonnen, vielleicht war es eine andere Instanz (Ipsissimus[10] contra Propaganda-Minister??), und darauf erging die Anweisung, jene natürlich längst vorgesehenen Artikel – in zeitgemäßer Bearbeitung doch zu bringen. Jedenfalls scheint mir aus dieser Kleinigkeit hervorzugehen, daß in den oberen Regionen beträchtliche Verwirrung und Unsicherheit herrscht. Daß das »Reich«[11] in letzter Woche den üblichen Leitartikel von Dr. Goebbels nicht gebracht hat, scheint mir in dieselbe Richtung zu weisen. Aber das alles hilft uns nichts. Es wird weitergewurstelt, anders kann man das, was jetzt noch geschehen mag, gar nicht bezeichnen. Sie halten es für möglich, daß Ipsissimus se sacrificat pro populo.[12] Gewiß, man kann nicht wissen, was schließlich doch in einem Menschen steckt, und an Überraschungen ist man ja nachgerade gewöhnt. Aber ich glaube es nicht. Viel wahrscheinlicher, ja so gut wie gewiß ist mir, daß er von dem ganzen deutschen Volke dasselbe verlangen wird, was er von seinen Soldaten in Stalingrad verlangt hat. Er ist ein Fanatiker. Er glaubt an seine Sache und vor allem an sich und wird es – ich schrieb es Ihnen früher schon – nicht über sich gewinnen, das deutsche Volk der Führung durch die größte Persönlichkeit seiner Geschichte zu berauben. Außerdem kämpft er mit dem Rücken gegen die Wand, er weiß ganz genau, daß ihm kein St. Helena bevorsteht, geschweige denn ein Elba, daß es bei ihm buchstäblich um Kopf und Kragen geht. Zuflucht bei Verbündeten könnte er auch nicht finden – es müßte ihm denn möglich sein, irgendwie nach Japan zu entkommen, etwa auf einem Unterseeboot, das ihn an der Südspitze von Afrika an ein japanisches Unterseeboot abgibt. Der Subhas Chandra Bose[13] oder wie er heißt, muß ja auch auf einem solchen Wege nach Tokio gelangt sein. Aber da würde es doch auch nur heißen: Aufgeschoben ist nicht aufgehoben: wenn *er* erst erledigt ist, dann ist die Kapitulation Japans doch nur eine Frage der Zeit, und sehr lange wird diese Zeit nicht einmal sein; eine der ersten Kapitulationsbedingungen würde seine Auslieferung sein. Die Neutralen nehmen ihn ganz gewiß auch nicht. Also wird eben, wie gesagt, weitergewurstelt. Unsere Jungens verbluten sich weiter für ihn in Sizilien und in Rußland, und das deutsche Land wird weiter verheert, bis kein Gebäude mehr übrig ist außer dem Berghof[14] mit seinen Felsenkammern und seinem kostbaren Inhalt; dort werden ihn die Angelsachsen dann ausräuchern müssen. Oder sollte doch im Offizierskorps nicht *alle* Zivilcourage, nicht alles Verantwortungsgefühl ausgestorben sein? Oder – auch das halte ich gar nicht für ausgeschlossen – wirft man wieder einmal das Steuer herum wie im August 1939 und wirft sich den Russen in die Arme? Diesmal müßte es freilich mit ganz anderer Vehemenz geschehen als damals; der Preis würde sein nicht nur die völlige Aufgabe des ganzen eroberten Ostens, sondern ganz einfach die Bolschewisierung Deutschlands, von der wir ja ohnehin gar nicht so weit entfernt sind. Oder glauben Sie etwa, daß unsere Regierenden vor einem solchen Ausweg zurückscheuen würden, der wenigstens ihnen ihr liebes Leben, ja sogar eine immer noch recht erträgliche Existenz und weitere Beherrschung des deutschen Volkes einigermaßen gewährleisten könnte? Freilich als Gauleiter Herrn Stalins. Aber auch der große Benito war ja zum Schluß zum Gauleiter Adolf Hitlers für Italien herabgesunken. Es fragt sich nur, ob die Russen darauf eingehen werden. Machiavellistisch[15] genug wären sie dazu, und daß das Bündnis zwischen dem russischen Kommunismus und dem angelsächsischen Kapitalismus im Grunde ein sehr unnatürliches ist, darüber sind wir uns wohl klar. Das würde dann unter anderem bedeuten, daß der Kampf zwischen diesen beiden Mächten auf deutschen Boden ausgetragen werden müßte. Aber ich glaube, der Haß Stalins und seiner Leute gegen Hitler und die Seinen war wohl 1939 noch zu überwinden, jetzt aber nicht mehr nach allem, was inzwischen geschehen ist.

Daß Guilelmus secundus keine große Persönlichkeit war, darin haben Sie recht. Aber als er damals nach Holland ging, da tat er es in dem Gefühl, sich für Deutschland zu opfern. *Diese* Seelengröße hat er gehabt. Was seinen Abgang so kläglich machte, das war nur der Gegensatz zu den geschwollenen Reden, die dieser Unglücksmann früher immer geführt hatte.

So, nun habe ich aber lange genug gekannegießert. Nur so viel noch: an einen neuen Kriegswinter glaube ich nicht. Die Lawine ist im Rutschen, und dann geht es bekanntlich rascher und immer rascher. Zu meinen Flakhelfern werde ich am 13. wohl noch einmal hinauspilgern; aber ich glaube, nicht für lange mehr.

Herzliche Grüße mit allen guten Wünschen an Sie und vor allem an Ihre verehrte Frau Gemahlin!

Ihr stets treu ergebener
Schumann

74.

Blankenburg, 5.8.1943

Lieber Herr Kollege,

Ihren inhaltsreichen Brief habe ich erhalten und danke Ihnen herzlich dafür. Und zwar umgehend, damit Sie wissen, daß Ihr Schreiben in meine Hände gelangt ist. Bei einem solchen Brief ist das nach meinem Gefühl geboten. So schreibt mir sonst seit Jahren außer Ihnen niemand. Die anderen sind alle vorsichtiger. Was ich ihnen nicht verdenke. Nur eine gewisse, Ihnen gewiß auch bekannte Ängstlichkeit, die nicht ein einziges Wörtlein wagt, ist mir ägerlich und macht mir den Schreiber ein wenig verächtlich. Ihre Zivilcourage dagegen tut mir innerlichst wohl und ist mir höchst sympathisch. Sie beweisen damit, daß Sie selbst nicht zu denen gehören, die Sie in Ihrem Brief mitverantwortlich und mitschuldig machen an unserem Unheil. Mit vollem Recht, wie ich meine. Wir stimmen auch in diesem Punkte, wie auf dieser ganzen Linie vollkommen überein: ipsissimus, der Heidelberger Doktor, die hohen Militärs, der blutige, sehr blutige! Dilettantismus eines gewissen Hochgelobten, die SS im Unterschiede von den Schwarzenhemden, die charakterlosen Mitläufer unserer Gebildeten, die grenzenlose Einfalt und Blindheit des Kleinbürgertums, die guten Christen als einzige Ausnahme, Benito, Stalin, Churchill, – über all das und noch vieles andere denke ich, denken wir, wie Sie, – ich persönlich würde nur, im Gespräch, in diesem oder jenem Punkte für mildernde Umstände plädieren, und da besonders bei den hohen Offizieren, und ich glaube, Sie müssen mir schließlich recht geben. Es hat doch ein paar Männer gegeben – nicht bloß Fritsch[1] – die sich zur Wehr gesetzt haben, und denen es schlecht bekommen ist, wie den Geistlichen. Überdies ist das Frondieren nun einmal nicht Sache der Soldaten. Yorck ist eine Ausnahmeerscheinung, und er handelte unter ganz besonderen, mit den unseren nicht vergleichbaren Umständen. Man darf auch nicht den Versailler Vertrag und seine Wirkung auf die nationalistischen Kreise vergessen. Barth, der Theologe[2], hat mit Recht in einem Vortrag gesagt, daß an dem Aufkommen ipsissimi[3] im deutschen Volke die Franzosen und Engländer die Hauptschuld tragen: sie haben ihm ein Agitationsmaterial geliefert, das eine ungeheure Wirkung übte und üben mußte. Es wäre ein Leichtes gewesen, die deutsche Republik friedlich zu stimmen und zu gewinnen. Und wie hat man sie behandelt?! Es gab besonders in den militärischen Kreisen – Leute, die an dem Ende und Ausgang des Weltkrieges zugrunde gegangen sind durch Selbstmord oder anders: sie konnten es nicht ertragen, daß es so endete. Ich hatte selbst einen Freund, einen herrlichen Menschen, einen Dichter, dem ich in meinen Erinnerungen einen kleinen Lorbeerkranz zu flechten versucht habe, der ging Ende 1918 beinahe zugrunde; er erkrankte schwer (ein kerngesunder Mensch!) an Melancholie und seelischer Zerrüttung und erholte sich erst nach Jahren und nie mehr ganz. Nun, er, der Goethe-Bewunderer und Humanist, wäre trotz allem nicht mit

H. gegangen. Aber andere, die so national dachten und denken wie er, ohne in seiner Goethe-Welt zu leben, bei denen war es uns zu begreiflich, daß sie aufflammten bei jenem Aufbruch und manches in Kauf nahmen, um das zu erreichen, worauf sie brannten. Das könnte ich ausführen und würde es tun, wenn Sie hier wären, würde es auch brieflich tun, wenn ich Zeit und Ruhe zum Schreiben hätte, woran es mir aber leider fehlt und wohl noch lange fehlen wird, – denn es geht bei uns sehr unruhig zu, und wer weiß, ob ich, wenn Berlin evakuiert wird, – das sagt man – noch einen Raum für mich behalten werde, den ich doch brauche, um zu schreiben und zu arbeiten. Verteidigen ist auch schwerer als anklagen, man braucht mehr Raum und Zeit dazu. Ich müßte noch viel ausführlicher werden als Sie bei Ihren Anklagen, wenn ich die Milderungen begründen wollte, die m. E. die Gerechtigkeit verlangt. Aber es sind eben nur Milderungen – im Ganzen stimme ich Ihnen zu und teile daher auch Ihre Befürchtungen und auch Ihre Empörung gegen die »Begeisterten« und gegen die »Achselzuckenden«. Ja, wir werden es büßen müssen, wir, daß wir das alles haben geschehen lassen, wiewohl wir es nicht wenden konnten. Denn es ist sehr unwahrscheinlich, daß ipsissimus handelt wie Wilhelm II., das meine ich auch – ich vermute, es wird suicidio[4] enden, das traue ich ihm immerhin zu, denn timide, wie Wilhelm II. in France genannt wurde, ist er nicht. Und die nochmalige Schwenkung nach Osten hin ist doch wohl ausgeschlossen, – nach den Schlächtereien! – Zum Schluß will ich nur noch sagen, daß Ihr Exposé mir mehr war und ist, als es nach meinen Zeilen scheint, weil es vieles enthält, was ich mir nicht so klar gemacht hatte, und weil Sie alles in einen Zusammenhang gebracht haben, in dem man es weder selber sieht noch von anderen dargestellt bekommt. Was Sie z. B. über Mussolinis 60. Geburtstag schreiben und über das in jenem Artikel (auf der Schicksalsmacht gewogen) Fehlende, war mir entgangen; ich bin überhaupt auch heute ein schlechter Zeitungsleser, und war es stets. Sie sind mir als politischer Kopf weit überlegen, – wie Sie z. B. auch mit Tunis natürlich recht haben – ich hatte das nicht bedacht. Ich bleibe freilich dabei, die Gegner müßten Italien nicht pacare[5] im alten Sinne, sondern es befrieden und befriedigen, sonst handeln sie unweise, auf nahe und ferne Sicht. Sie machen es also schon jetzt unklug, wenn sie bedingungslose Unterwerfung verlangen, statt sich zu Verhandlungen bereitzuerklären, womit sie nicht nur viel Blut sparen würden, sondern auch die socii zum Abzug nötigten. Und würde das geplagte Volk weiterkämpfen, wenn verhandelt wird? Man will aber wohl auch Italien nicht großmütig behandeln, sondern es demütigen, und das ist unpolitisch, schon im Hinblick auf den gefährlichen Gegner. Nun, wir werden sehen, in ein paar Wochen ohne Zweifel.

Übrigens hörte ich über einen Bekannten, eines aus Rom kommenden Herrn, Mussolini sei zum König beschieden und da verhaftet worden, woraus sich sein rätselhaftes Verstummen erklärt – das Volk sei froh und gebrauche mit Lust die wieder erlangte Redefreiheit.

Damit für heute genug! Seien Sie nochmals bedankt und herzlichst gegrüßt von meiner Frau, der es gut geht, und Ihrem getreuen

M. Havenstein

P. S. Ihren Brief habe ich schon zweimal vorgelesen, und es wird ihn hier noch mancher zu hören bekommen, dem es wohltut – trotz allem! – ein so vortreffliches Exposé zur Lage kennenzulernen.

75.

Frankfurt, 15. 8. 1943

Lieber Herr Professor,

Meine Schulferien sind vorüber (die Universitätsferien zum Glück noch nicht), vorgestern habe ich bei den Flakhelfern draußen wieder angefangen; aber die andere laufende Arbeit, Mitlesen einer Korrektur für die Monumenta Germaniae, ist für eine Weile erledigt; so will ich denn das Gespräch mit Ihnen wieder aufnehmen und zunächst recht herzlich für Ihren Brief vom 5. August danken. Wieder habe ich mich gefreut, daß wir in allem Wesentlichen so ganz gleich denken und fühlen. Die mildernden Umstände, für die Sie eintreten, lasse ich selbstverständlich gelten. Ich weiß, daß einzelne höhere Offiziere Mut gezeigt haben gegenüber dem vultus instantis tyranni[1] und daß es ihnen übel bekommen ist. Aber das war eben nur möglich, weil sie von den Kameraden im Stich gelassen worden sind. Wie war es denn, als Fritsch sagte: Weiter mache ich nicht mit? Und wie niederträchtig war dieser Ehrenmann verleumdet worden![2] Aber da war nichts zu spüren von Solidarität und Korpsgeist, allenfalls im kleinen. Als Ganzes hat die Generalität diesen Affront geschluckt, und sofort stand ein anderer bereit, um seine Stelle einzunehmen. Dem ists dann nachher ebenso gegangen. Aber mit Fritsch fing es gar nicht an. Die erste Charakterlosigkeit hat das Heer begangen, als es den Oberstleutnant Duesterberg[3] der Partei opferte; Sie erinnern sich doch? Das war schon um Ostern 1933. Es war der Probefall. Ich habe mir einmal sagen lassen, einer der Hauptlehrsätze des derzeit regierenden Systems sei der: Der Dummheit und der Feigheit des Bürgertums ist schlechthin alles zuzumuten. Damals wurde es klar, daß auch das Offizierskorps der Reichswehr in diesem Punkte durchaus zum »Bürgertum« zu rechnen ist. Und was ist ihm darauf im Jahre des letzten Jahrzehnts alles zugemutet worden, ohne daß irgendwann eine wirklich *ernsthafte* Opposition gewagt worden wäre! Ich will das nicht aufzählen. Um ein besonders deutliches Beispiel herauszugreifen, genügt es, das Wort SS zu nennen. Gewiß, Frondieren ist nicht Sache des Soldaten. Gehorsam ist nun einmal eine der höchsten Pflichten und Tugenden des Soldaten und zumal des Offiziers. Eine Tat wie die Yorcks ist und muß sein eine Ausnahme, eine ganz ganz seltene Ausnahme. Die Umstände, unter denen er gehandelt hat, lassen sich selbstverständlich im einzelnen mit den heutigen nicht vergleichen. Wohl aber darin, daß es sich um ganz außergewöhnliche Umstände handelt, damals wie jetzt. Da kann ein Gehorsam im buchstäblichen Sinne zum stupiden Gehorsam werden. Lassen Sie mich ein anderes Beispiel anführen. Die Minister Ludwigs II. von Bayern waren auch durch ihre Gehorsamspflicht gebunden. Dennoch haben sie seinem Régime ein Ende gemacht[4], sie gehorchten einer höheren Pflicht. Und dabei ging es damals nur um die Finanzen des Staates, also um schnödes Geld. Und es ging gegen einen wirklich angestammten König, dessen Familie seit 700 Jahren das Land regierte. Die Parallelen und Schlußfolgerungen zu ziehen, kann ich mir ersparen. *Wie* im einzelnen ein Eingreifen in den Verlauf der Dinge gegenwärtig zu bewerkstelligen wäre, darüber steht mir kein Urteil zu.

Dazu kenne ich zu wenig die Verhältnisse und die Personen. Aber das weiß ich, daß vor zehn Jahren gerade die damalige Reichswehr dem deutschen Volke gegenüber eine Verpflichtung übernommen hat. Worauf beruht denn unser gegenwärtiges Régime? Doch auf dem Ermächtigungsgesetz vom 23. oder 24. März 1933. Und die Vollmachten, die der Reichstag damals gegeben hat, sind eben nicht der Partei gegeben worden, sondern dem damaligen Kabinett; in dem saßen nicht bloß Parteileute, sondern vor allem auch der Reichsminister. Was Sie über den Versailler Vertrag schreiben, ist mir aus der Seele gesprochen; hunderte von Malen habe ich es schon gesagt, auch Ausländern gegenüber: Ihr selbst seid es, die dem Adolf Hitler die Linsen in die Küche getrieben haben; erst durch Versailles selbst, dann durch eure unsagbar törichte Politik in der Nachkriegszeit. Alle nur einigermaßen vernünftige Ausländer haben das auch längst vollkommen eingesehen. Darum nehme ich es der Reichswehr und dem Stahlhelm und den anderen konservativen Kräften von damals auch gar nicht übel, daß sie schließlich zu dem Entschluß gekommen sind: Acheronta movebo.[5] Wessen ich sie aber um so schärfer anklage, das ist dies, daß sie dieses Bündnis aufrechterhalten haben, als sie sahen, sehen *mußten,* mit wem sie sich verbunden hatten, mit welcher Folgerichtigkeit dieser Verbündete sich zum alleinigen Herrn machte – zuletzt auch über das Heer, wie er seine Macht ausnutzte, was dabei draufging an wertvollen Einrichtungen und an wertvollen und unschuldigen Menschen. Vorher hatte die Reichswehr wirklich »frondiert«, da war sie der Staat im Staate, Papen, Schleicher und dann Hitler wären nicht an die Macht gekommen, wenn sie nicht dahinter gestanden hätte. Und nun mit einem Male zog sie sich auf den »Ressortstandpunkt« zurück, ließ sich bestechen, ja, so kann man schon sagen, natürlich nicht bestechen im gewöhnlichen Sinne, wohl aber dadurch, daß ihr alle Aufrüstungsforderungen in großzügigster Weise erfüllt wurden, auch dadurch, daß man ihr für eine Weile noch eine gewisse Selbständigkeit ließ; da mochten die anderen Dinge gehen wie sie wollten, die Armee kümmerte sich *mit einem Male* nur um ihr Ressort. Ja selbst als man ihre Kameraden, die Generale Schleicher und Bredow[6], wie tolle Hunde abknallen ließ unter niederträchtigem Vorwand, selbst da stand sie Gewehr bei

Fuß. Jede, aber auch jede Gelegenheit, zumal in den ersten Jahren verhältnismäßiger Selbständigkeit, wo sie sich der ernst vor dem deutschen Volke übernommenen Verpflichtung und Verantwortung hätte erinnern können und erinnern *müssen,* ist glänzend verpaßt worden. Und jetzt ist es vielleicht zu spät dazu, weil eben auch jener Rest von Selbständigkeit verschwunden ist. Aber das glaube ich bestimmt, daß das Urteil der Geschichte über die charakterliche Haltung der Nachfahren der Offiziere des Alten Fritz und der Befreiungskriege ein vernichtendes sein wird. Ausnahmen werden die Regel nur bestätigen.

Ja, es kann sein, daß es zu spät ist. Vielleicht ists aber auch noch zu früh. Ich weiß es nicht, aber ich könnte mir sehr wohl denken, daß hohe Militärs sich ernstlich überlegen, ob nicht doch wie südlich der Alpen ein General die Führung in die Hand nehmen und mit der Parteiwirtschaft auf einmal und radikal Schluß machen müßte, ob nicht weite und wertvolle Kreise des Volkes geradezu darauf warten – daß sie aber gehemmt sind vor allem durch den Gedanken: Was wird dann aus der Ostfront?

Denn unsere Heeresberichte, die von nichts zu melden wissen als von abgewiesenen Angriffen und fürchterlichen Verlusten der »Bolschewisten« (das Wort Russe wird ja systematisch gemieden), höchstens einmal von einer Stadt, die »im Zuge einer Frontverkürzung« nach »Hinwegschaffung allen Materials« nach Zerstörung sämtlichen kriegswichtigen »vom Feinde ungestört« geräumt worden sei, wobei der Feind für die Eroberung eines auf der Karte kaum zu sehenden, militärisch wertlosen Geländes ungeheure Opfer an Menschen und Material habe zahlen müssen, also daß dieser glorreiche Rückzug in Wirklichkeit einen glänzenden deutschen Sieg und eine schwere Niederlage des Feindes darstelle – diese offiziellen Heeresberichte und noch mehr die Kommentare dazu, das, was ich den »zweiten Aufguß« zu nennen pflege, von den Feuilletons ganz zu schweigen, ja wohl, den das ungeheure Kriegsgeschehen unter schmalzigen Überschriften feuilletonisierenden Artikeln der Kriegsberichter aus den famosen Propaganda-Kompanien (daß eine Armee, in der ehedem der Grundsatz galt: Mehr sein als scheinen, »Propaganda-Kompanien« eingerichtet hat oder doch mindestens, so viel will ich zu ihrer Ehre annehmen, sich hat aufdrängen lassen, ist auch eine jener vielen Charakterlosigkeiten) – all das kann doch den halbwegs Einsichtigen nicht darüber hinwegtäuschen, daß es im Osten recht ernst steht. Und wenn man mir entgegenhielte: es darf gar nichts, schlechthin gar nichts unternommen werden, was unser Gesamtgefüge erschüttern könnte, ehe nicht die russische Offensive sich totgelaufen hat und eine feste Front dort hergestellt ist, dann müßte ich das allerdings gelten lassen. Und dazu dann die Tatsache, daß wie ich schon das vorige Mal hervorhob, die bei uns herrschende Partei ganz anders festgefügt ist als die Schwesterpartei im Süden, die so kläglich buchstäblich über Nacht in der Versenkung verschwunden ist, und die weitere Tatsache, daß es trotz allen Elends und aller Verluste, trotz aller Hiobsbotschaften von Verwandten und Freunden aus Köln und Wuppertal und Essen und Remscheid und Hamburg immer noch sehr, sehr viele Leute gibt, die nicht merken, wie viel Uhr es geschlagen hat, die unentwegt an den großen Schlag gegen England glauben, der die entscheidende Wendung bringen soll – denken Sie, 15 000 Flugzeuge mit ganz neuen Kampfmitteln in einer Nacht über England, darunter allein 3000 bemannt mit japanischen Todesfliegern, ja wohl, dergleichen wird erzählt und geglaubt. Ich könnte mir wohl denken, daß Männer, die an sich zum Handeln entschlossen sind, sich angesichts dieser Tatsache sagen: es ist noch zu früh. Jedenfalls stehen wir noch auf demselben Fleck wie damals, als ich meinen letzten Brief schrieb, und ich kann wieder nur denselben Ausdruck brauchen: es wird weitergewurstelt.

Und so warten denn auch wir hier weiter Tag für Tag und Nacht für Nacht, wann wir denn endlich einmal drankommen. Und wir fangen auch an zu evakuieren. (...)

Und wie geht es bei Ihnen, vor allem, wie stehts mit der Genesung Ihrer Frau Gemahlin? Haben Sie die gefürchtete Einquartierung bekommen? In Berlin werden ja auch die Schulen und gerade die Schulen geräumt. So weit sind wir hier merkwürdigerweise noch nicht. Aber für Berlin scheint man ganz besonders zu fürchten. Und vermutlich mit Recht.

Gute Nacht für heute! Bitte bestätigen Sie mir wieder den Eingang dieses Briefes. Sie haben schon recht, es ist besser so, wenn man gleich weiß, daß er in die rechten Hände gelangt ist.

Aber eine Postkarte genügt durchaus – so sehr ich mich natürlich über einen Brief freuen würde.

Mit herzlichen Grüßen von Haus zu Haus

Ihr stets ergebener

Schumann

76.

Blankenburg, 2.9.1943

Lieber Herr Kollege,

(...) erst jetzt am Morgen, habe ich wieder ein halbes Stündchen, um mit Ihnen zu plaudern. Dann holt ein junger Freund mich zu einem Spaziergang ab, der auf ein paar Tage hier ist und dem ich jede freie Minute widmen muß, die ich habe, und dem ich sie gerne widme, denn er ist ungewöhnlich gescheit, vielseitig interessiert, gleichgesinnt und mir lieb und angenehm, – ein Jurist, Kohlrausch[1]-Schüler, der eine glänzende Karriere gemacht hat, jetzt, mit 35 Jahren, schon Ordentlicher Professor des Strafrechts in Jena ist, obwohl er nicht zu denen gehört, die mit dem Winde segeln, woher und wohin er auch wehen mag, sondern innerlich fest auf dem Sinne steht und äußerlich tut, was er kann, um das richtige Recht – so nennen sie es heute – zu finden und festzustellen. Die Gespräche mit ihm sind mir eine Wohltat und lassen mich oft Zeit vergessen, was uns bevorsteht und schon jetzt bedrängt, uns persönlich, mir und den Meinen, und uns allen insgesamt. Denn, um nun endlich auf das allgemeine zu kommen, es zeigt sich ja nun schon deutlich genug, daß die Nützlichkeit, die ich erwog und die auch Sie nicht für eine Unmöglichkeit erklärten, sondern nur für unwahrscheinlich, nicht zur Wirklichkeit werden, sondern das eintreten wird, was Sie erwarteten, – also nicht unus ille pro multis vel omnibus, sondern multi vel omnes pro uno, qui se pro multis vel omnibus stare affirmat.[2] Das beweist zur Genüge schon Himmlers Ernennung[3], die ja gar keine andere Deutung zuläßt, sich auch schon auszuwirken begonnen hat, z.B. darin, daß die Frankfurter Zeitung ihr Erscheinen eingestellt hat[4], die sich von den anderen Tageszeitungen nur durch die Tonart unterschied, was aber nicht im musikalischen Fachsinne zu verstehen ist, sondern viel allgemeiner, als modus dicendi oder loquendi[5], nämlich stiller – ohne Schlagzeilen und Schlagwörtergebrüll – leiser, sachlicher, anständiger, nachdenklicher, problembewußter, gerechter, kurz mehr wie einst, zu unserer Zeit. Ach, wie sehr verlangt man zurück nach dem Einst, so krisenreich und fragwürdig es auch war!

Ja, es ist anders bei uns als in dem großen Stiefel, wo der Umschwung ziemlich glatt gegangen ist, mit ganz wenig Unruhe und Schießerei. Wenn ich nur die dortige Situation begriffe! Churchill scheint doch bornierter zu sein, als man glauben konnte. Aber vielleicht kann er nicht anders handeln, weil Italien selbst nicht anders handeln kann in seiner eisernen Verstricktheit.

Den 10. September

Schon wieder war es alle, und ich muß neu ansetzen, um diesen Brief endlich fertig zu schreiben, so unfertig er bei unseren Ansprüchen ist und bleibt. Inzwischen ist meine arme Schwägerin gestorben und begraben. Es gab für mich tagelange Laufereien und Besorgungen, (...) In einem Punkt muß ich Ihnen auch ohne Vorbehalt zustimmen: wenn Yorck auch in einer sehr anderen Lage war, als die Generäle von heute, – ganz außergewöhnlich ist die Situation heute auch und würde also auch ein ganz außergewöhnliches Handeln nicht nur rechtfertigen, sondern sogar fordern. Nur fragt es sich, ob der Mann dazu vorhanden ist, und das ist immer Zufall oder – Gnade, je nach der Weltanschauung. Verlangen kann man von keinem noch so tüchtigen und wohldenkenden Menschen, daß er der Kerl ist, um eine so verdammt verzwickte Situation zu meistern, – Sie selbst stellen diese fatale Verzwicktheit ja sehr deutlich dar. Das Heer muß seine Kampfkraft auf jeden Fall behalten, sonst kommen wir in Teufels Küche, jeder Umsturz aber bedroht seine Kampfkraft aufs Schwerste. –

Inzwischen sagen ja nun auch die Zeitungen was die melius informati[6] schon längst wußten oder vermuteten: den Verrat in Italien, die Gegenmaßnahmen von deutscher Seite und den Bürgerkrieg. Schrecklich! Wie mag das ausgehen? Die Entschlossenen, Aktiven, Draufgehenden sind ja gewiß – wie bei uns – auf der anderen Seite. Wer weiß also, ob Mussolini nicht noch einmal ans Ruder kommen und den Rè und seine Anhänger beseitigt! Möglich ist heute alles. Auf die Länge freilich scheint mir der Ausgang unaufhaltsam.

In Berlin ist es schrecklich. All unseren dortigen Verwandten und Freunden sind zumindest die Fensterscheiben zersprungen und die Türrahmen herausgerissen, und die Gefahr, daß ihre Wohnungen völlig zerstört werden, ist groß. Jeder Tag kann ihr letzter sein. Sie verlassen sogar Berlin in Scharen. Und wieviel wird uns verschwiegen! Ich weiß z. B. aus Swinemünde, daß in Peenemünde – 40 km entfernt – ein furchtbarer Angriff erfolgt ist, bei dem 1.600 Menschen umgekommen sind. Und in Swinemünde haben die Häuser gewackelt wie bei einem Erdbeben, 40 km davon entfernt!

Nehmen Sie vorlieb mit diesem zerfahrenen Geschreibsel, und seien Sie beide herzlich gegrüßt von Ihrem getreuen

M. Havenstein

77.

Frankfurt, 20. 9. 1943

Lieber Herr Professor

Zu Ende bringen werde ich diesen Brief heute nicht mehr, es geht schon auf halb zehn; aber ich will ihn wenigstens anfangen und zunächst recht herzlich danken für den Ihren. Sie wissen, welche Freude und welcher Gewinn mit Ihre Briefe *immer* sind. Aber für diesen muß ich mich doppelt bedanken. Ich war wirklich gerührt, daß Sie unter diesen bedrängten Verhältnissen, in die Sie hineingeraten sind, doch noch Zeit gefunden haben, gerade mir zu schreiben, und Sie müssen es sich gefallen lassen, wenn ich Ihnen sage, daß ich das als eine große Ehre und Auszeichnung empfinde. (...)

Eben lese ich im Käseblättchen, das jetzt die Stelle der Frankfurter Zeitung vertritt – zur Deutschen Allgemeinen[1] habe ich mich noch nicht entschließen können; das Käseblättchen hat wenigstens den Vorteil, daß man rasch damit durch ist – eine Auseinandersetzung über die Rückzüge, die zur Zeit im Osten und im Süden vor sich gehen und daß sie dazu dienen, die ohnehin bereits vorhandene strategische Reserve zu verstärken, mit der man vielleicht dann wieder zur Offensive übergehen könne. So, jetzt wirds also offen zugegeben. Vor ein paar Tagen war wenigstens in Bezug auf die Südfront noch von einem zweiten Dünkirchen oder Dieppe, welches unmittelbar bevorstehe, die Rede. Jetzt spekuliert man wieder einmal auf die Vergeßlichkeit des deutschen Publikums. Aber ich glaube, es gibt doch recht viele Menschen auch in unserem Volke, die sich noch sehr genau erinnern, daß ihnen einmal versichert worden ist, wo der deutsche Soldat einmal stehe, da komme kein anderer hin; auch an das Wort, das von allerhöchster Stelle zugerufen wurde: wenn er noch einmal eine Landung im Umkreis der »Festung Europa« versuchen sollte, dann könne er froh sein, wenn es neun Stunden dauere, bis er wieder hinausgeworfen sei; und endlich an den unablässigen Hohn auf die Engländer, insbesondere den Feldmarschall Wavell, und ihre »meisterhaften Rückzüge«. Von den »militärischen Idioten« gar nicht zu reden.

Ja, so weit sind wir jetzt. In voriger Woche war unsere Propaganda obenauf. Da waren doch wieder mal Erfolge zu melden[2], und wars auch nur die Entwaffnung der italienischen Wehrmacht und dann die Anfangserfolge bei Salerno. Und dann das Husarenstückchen der Befreiung Mussolinis; das war so recht ein Geschichtchen für große Kinder – ich komme gleich noch drauf zurück. Und endlich die Gelegenheit, von sittlicher Entrüstung zu triefen über Verrat und Wortbruch. Da ist denn flugs auch Ipsissimus wieder aus seiner Versenkung[3] aufgestiegen, und zugleich wurde allenthalben – bei Ihnen doch sicher auch? – SEIN Bild gezeigt. In den großen Reden und Artikeln über Verrat und Wortbruch spekulierte man auch wieder auf die beiden Erscheinungsformen menschlicher Dummheit, die im deutschen Volk besonders häufig sind: auf Pharisäertum und Vergeßlichkeit. Was ich hier mit Pharisäertum meine, ist klar. Und die Vergeßlichkeit; wie viele mögen wohl daran gedacht haben, daß bei dem Verrat und Wortbruch von 1915[4] eben der Mann einer der Hauptrufer im Streit und zum Streit gewesen ist, der jetzt als unser treuester Freund verhimmelt wird. Dessen Befreiung ist publizistisch nach sämtlichen Koordinaten ausgeschlachtet worden. Sehr geschickt; dieses Getöse übertönte wenigstens für ein paar Tage die unerfreulichen Nachrichten aus dem Osten, und so lange die großen Babies ihren Spaß dran hatten, redeten sie auch z. B. nicht davon, daß in unseren Berichten schon seit geraumer Zeit von Unterseebooten kaum mehr die Rede ist. Aber ich möchte gerne wissen, wie die Dinge *wirklich* vor sich gegangen sind. Ich bin nicht der einzige, der das wissen möchte. Denken Sie, was mir passiert ist. Ich spreche in der Klasse 5 im Geschichtsunterricht kurz über dies Ereignis und daß die Carabinieri dabei weiter nichts getan haben als die Hände hochheben – da sagt der Lausbub, der W., mit einem Male still vor sich hin »dicitur«. Ist so was nicht unerhört? Mir ist sogar der Gedanke gekommen, ob nicht Badoglio den Mann uns einfach in die Hände gespielt hat. Nun braucht er das Odium nicht auf sich zu nehmen, ihn an die Angelsachsen auszuliefern; er denkt wohl, wenn meine Vermutung richtig ist, daß er seinem Schicksal doch nicht entgeht. Eine ernste Gefahr stellt er doch nicht mehr dar, und zwar deswegen, weil er ja selbst mit seiner eigenen Partei, von ein paar Unentwegten und vermutlich schwer Kompromittierten abgesehen, zum Schluß völlig zerfallen war. Er will ja deswegen jetzt gerade auch gegen die Mitglieder des »Großen Rates« des Fascismus vorgehen. Jedenfalls, wenn Badoglio jenes Odium nicht gescheut hätte, dann hätte er den Mann ja einfach jetzt schon nach Sizilien bringen lassen können. Oder nach Gibraltar.

Für uns ist das alles reichlich belanglos. Unsere Gesamtlage bleibt dieselbe: es wird weitergewurstelt. Irgend eine Aussicht, daß sich bei uns ein Badoglio erhebt, besteht nicht. Das ist mir kürzlich erst von einem Freunde, der als Soldat sehr viel herumkommt und mit sehr hohen Stellen in ständiger Verbindung steht, ausdrücklich bestätigt worden.

Sehr auffällig ist das Nachlassen der großen Fliegerangriffe. Wir haben schon seit geraumer Zeit keinen Alarm mehr gehabt. Aber es ist wohl nur Stille vor dem Sturm. Wer weiß, vielleicht wartet man, bis man in der Lage ist, in derselben Nacht zugleich vom Westen und vom Süden – aus der Gegend von Tarent her – anzugreifen, damit sozusagen kein Gebiet mehr übrig bleibt, wohin man »Umquartierte« schicken kann.

(...) Ich komme wieder auf die Opferung Duesterbergs[5] zurück. Das war der kleine Finger, der dem Teufel gereicht wurde. Und das hat auch Fritsch mitgemacht.

(...)

Die Haltung der Männer, die ihn damals an seine geschworenen Feinde auslieferten, entspricht ungefähr derjenigen des Hohenpriesters Kaiphas im Johannes-Evangelium: Es ist besser, daß dieser Mensch Jesus geopfert werde, auf daß nicht das ganze Volk Schaden leide. Jedenfalls ist es keine germanisch-nordische Haltung. Die kommt für mich am großartigsten zum Ausdruck am Schlusse des Nibelungenliedes. Da haben es die Burgunden in der Hand, sich zu retten – nur den einen Mann brauchen sie auszuliefern; und der hat doch wirklich all das Unheil in erster Linie auf dem Gewissen, sie alle sind doch bloß Mitläufer gewesen. Aber mit einer großartigen Selbstverständlichkeit lehnen sie das ab und gehen für den einen in den Tod bis auf den letzten Mann. Und noch großartiger erscheint mir dies: daß auch Hagen selbst nicht entfernt daran denkt, den Edelmütigen zu spielen, sich für die anderen zu opfern; mit vollkommener Selbstverständlichkeit nimmt er *ihr* Opfer an. Haben Sie den Schluß der Dichtung schon einmal von diesem Gesichtspunkt aus betrachtet?

Recht geben muß ich Ihnen auch darin, daß man gewiß gar niemand einen Vorwurf daraus machen darf, wenn er es nicht fertig bringt, in außergewöhnlichen Lagen außergewöhnlich zu handeln. Wenn Yorck, seiner Instruktion gemäß, im Heeresverbande Macdonalds geblieben wäre, dürfte niemand einen Stein auf ihn werfen. Immerhin, *wenn* man von jemand diesen Mut, diese Entschlußkraft und dieses Draufgängertum in solchen Lagen erwarten darf, so ist es der Soldat. Ein Soldat ohne Draufgängertum ist keiner. Aber bei uns, wie gesagt, ists für ein solches Handeln entweder zu spät oder zu früh – oder beides.

Nochmals gute Nacht mit allen guten Wünschen

Ihr

Schumann

78.

Blankenburg, 7. 10. 1943

Lieber Herr Kollege,

in Ihrem letzten lieben Brief vom 20./21. September schrieben Sie, daß Sie schon lange keinen Alarm mehr gehabt hätten. Inzwischen haben Sie nun einen gehabt, und vermutlich einen recht schlimmen.[1] Vermutlich ist schon eine Karte von Ihnen unterwegs, denn Sie wissen ja, daß wir uns um Sie sorgen. Sonst bitte ich herzlichst um ein baldiges Lebenszeichen. Die Bevölkerung hatte Verluste, so heißt es ja jetzt bei jedem Fliegerangriff auf größere Städte, und man weiß aus Hamburg, Essen und anderen Städten, daß diese Verluste nicht gering sind. Möchte bei Ihnen doch keine Fensterscheibe zersprungen sein! Das wünschen wir von Herzen.

Für Ihren Brief herzlichen Dank! Lassen Sie mich aber ein wenig den treuen Ekkehard spielen! »Verplaudern ist schädlich, verschweigen ist gut.« Seien Sie etwas vorsichtiger, lieber Freund! So sympathisch mir Ihre Unbesorgtheit und Zivilcourage ist, so macht sie mich doch stets etwas besorgt. Exempla terrent.[2] Es gibt solche Exempla. Das cautiorem esse[3] wird Ihnen schwer fallen, genau wie mir. Aber tun Sie sich doch lieber etwas Zwang an. Abscheulich, daß man es muß und selbst in Freundesbriefen! Aber man muß es, wider seinen Willen! –

Für einige Stellen Ihres Briefes muß ich Ihnen nun besonders danken, weil Sie damit nicht bloß, wie immer in Ihren Briefen, das Bekannte vortrefflich zusammenstellen, treffend formulieren, und damit die Sachlage erklären, sondern etwas sagen und zu denken geben, was ich nicht wußte oder gedacht hatte. Erstens wußte ich nicht, daß ein gewisser Mussolini 1915 gerade als politor und Paktbrecher hervorgetreten ist, was ein grelles Licht wirft auf seine eigene jetzige Haltung und die unsere. Ich wußte natürlich längst, daß ein praktischer Politiker kein Wahrheitsfanatiker ist und sein kann. Aber dieses Maß von Pharisäertum (Balken im eigenen Auge!), von Verschleierungskunst und Falschmünzerei, das wir jetzt erleben, war mir doch neu. So war es 1914-1918 doch nicht. (...) Das heutige, im Grunde kurzsichtige Verfahren führt zu den Widersprüchen in der Berichterstattung und den Beurteilungen der Lage, auf die Sie hinweisen und die manch einem auffallen müssen, der nicht zu den Intellektuellen gehört. (...) Auch die Wochenschau im Film kann, ja muß auf jeden Nachdenklichen so wirken. Was da jetzt gezeigt und – mehr noch – was nicht gezeigt wird, spricht eine Sprache, die eigentlich jeder verstehen müßte, der das Denken und Fragen nicht ganz verlernt hat, – die allermeisten haben es freilich nie gelernt, diese allermeisten stellen das Gros der Kinobesucher. (...)

Für heute ist meine Zeit zum Schreiben um. Ich bin immer noch allzusehr mit fremden Dingen beschäftigt, mit solchen heißt das, die zu meinem Inneren nur eine sehr lose oder gar keine Beziehung haben. Die lästige Hausverwaltung habe ich inzwischen abgegeben. Aber die Testamentsfrage hat mich ein paar ganze Tage gekostet und wird noch viel mehr kosten. Und gestern habe ich fast den ganzen Tag Pakete mit Äpfeln gepackt und sie dann zur Post gebracht. Wir haben eine großartige Apfelernte gehabt – das Pflücken hat mich auch tagelang beschäftigt, freilich angenehm! – davon geben wir nun viel ab. Aber die Packerei ist mühsam und zeitraubend.

(...)

M. Havenstein

79.

Blankenburg, 3. 2. 1944

Lieber Herr Kollege,

gerade hatte ich mich heute Vormittag hingesetzt, um Ihnen endlich einmal wieder zu schreiben, da heulte die Sirene, und ich mußte meinen Pflichten als Luftschutzwart nachgehen. Bisher hatte das freilich nicht viel auf sich, da Blankenburg nie angegriffen, sondern immer nur überflogen wurde. Wenn die Luftpiraten nach Berlin, Magdeburg oder Leipzig wollten, flogen sie immer gerade über die Teufelsmauer hin, an deren Nordhang wir wohnen, – ein unheimliches, manchmal stundenlanges, den ganzen Himmel erfüllendes Dröhnen, das die Fenster erklirren und zuweilen auch die Türen leise erbeben machte. Man sah dann auch oft von unseren Balkonfenstern im Norden oder Nordosten einen Feuerschein und zerspringende Flakgranaten, und hörte die Detonationen, aber mehr war es bisher nicht. Nun werden sie aber bald einmal Blankenburg selbst heimsuchen. Ganz in der Nähe, in Halberstadt, 10 km Luftlinie von uns, sind sie schon gewesen, dann in Wolfenbüttel und Aschersleben, die auch nicht weit sind. Das hat die ängstlichen Gemüter bereits sehr erschreckt, und da unsere Keller zu wenig Schutz bieten – die Häuser in oder am Heidelberg sind alle nur zwei Stockwerke hoch – so gehen die Leute en masse in die natürlichen Bunker, die wir hier haben, zwei Felsenhöhlen oberhalb der Straße am Nordhang des Berges, wo man tatsächlich seines Lebens ziemlich sicher ist. Wir bleiben freilich im Hause oder auf der Straße, da wir der Meinung sind, daß wir in den kalten Felshöhlen bestimmt irgendwie Schaden nehmen, an unserer Gesundheit nämlich, während die Gefahr durch die Bomben in unserer einzeiligen Villenstraße äußerst gering ist. Außerdem muß sich auch erst zeigen, daß sie es auf unser Städtchen abgesehen haben, was ich immer noch nicht glaube, da hier fast gar keine Industrie, dafür aber der Herzog, ein Cumberland[1], seinen Sitz hat. Immerhin war es ein paar Mal schon einigermaßen bedrohlich. Am Himmel hingen mehrere Christbäume[2], und eine Leuchtkugel, wenn man es so nennen kann, schwebte minutenlang scheinbar gerade über Blankenburg und erleuchtete auch den Heidelberg stärker als der Vollmond; es gab auch ein paar Detonationen, von denen unser Haus erbebte. Daß sie so weit mit solcher Stärke wirken, wundert mich, denn im Umkreis von unter 10 km ist hier keine Bombe gefallen.

Den 4. 2.

Soweit kam ich gestern nur, inzwischen brachte die Post Ihre Karte vom 29. 1. und zeigte mir, wie hart meine Briefschulden Ihnen gegenüber angewachsen sind. (...) Nehmen Sie für alles herzlichen Dank und verübeln Sie es mir nicht, daß ich so lange geschwiegen habe! Die Gründe dafür werden Ihnen, dem soviel Jüngeren und Leistungsfähigeren, kaum zureichend erscheinen. Sie liegen einzig in meiner Nervenschwäche und dem Nachlassen meiner Kräfte überhaupt. In diesem letzten Jahr, das uns so viel Unruhe, Leid, Verdruß und lästige Arbeit brachte, bin ich – so kommt es mir selbst vor – zehn Jahre älter geworden. (...) Vor einem Jahr, ehe mir mein Handwagen gestohlen wurde, fuhr ich noch mit Lust in den nahen Wald, um mir da Brennholz zu holen, das ich selber mit Säge und Beil aufarbeitete, – jetzt hole ich mit stillem Seufzen den neuerworbenen Wagen, den ich mir für 86 Mark – sonst höchstens 20 Mark – und viele Zigarren bei einem hiesigen Stellmacher und Schmied in acht Monaten habe bauen lassen, aus dem Schuppen, und auch das Zurechtsägen und -hauen der Zweige macht mir keinen Spaß mehr, da es mich zu sehr angreift. – (...) Nun haben wir auch in den unteren Räumen Mieter, verbombte Hannoveraner, Mann, Frau und Kind, die uns angenehm sind, nicht stören, auch nicht in der gemeinsam benutzten Küche. Außerdem wohnt meine Schwester noch bei uns, die aus Berlin hierher geflüchtet ist, da ihr zum zweiten Mal alle Fensterscheiben zersprungen sind, die nun nicht so bald wieder ersetzt werden, da außerdem in B. täglich das Allerschlimmste droht.

Damit muß ich nun aber doch schließen. (...) Erfreuen und erfrischen Sie bald einmal wieder mit einem Brief Ihren treu ergebenen nun wirklich alt gewordenen

M. Havenstein

P.S. Eine Frage noch: Was mich am meisten auffrischt und wieder zum Menschen macht, ist Bohnenkaffee, den ich mir daher überall zu beschaffen suche – leider meist ohne Erfolg. Sollten Sie die Gelegenheit haben, für mich etwas von diesem Lebenselixier zu erwerben, wenn auch zu hohem Preise, so wäre ich Ihnen von Herzen dankbar, wenn Sie zugriffen[3]. Aber natürlich dürfen Sie dadurch in keine Ungelegenheiten kommen.

80.

Frankfurt, 22. 3. 1944

Lieber Herr Professor,

Es ist geradezu unheimlich, wie rasch die Zeit verfliegt. Mit Schrecken sehe ich, daß Ihr letzter Brief das Datum vom 3. und 4. Februar trägt. So lange habe ich schon vor, Ihnen ausführlich zu antworten, und immer wieder hat sich in dieser unruhigen und zerrissenen Zeit anderes dazwischen geschoben. Seien Sie nicht böse darum!

Ja, es sind gerade für uns hier in Frankfurt sehr unruhige Zeiten gewesen, bis in die letzten Tage hinein. Wir persönlich haben immer noch Glück gehabt, großes Glück sogar. Am Samstag sind uns 6 Scheiben zerbrochen, und wir waren ein paar Tage ohne Wasser und mußten es in der Nachbarschaft holen. Das nimmt man gern in Kauf. Aber sonst hat gerade der Angriff vom Samstag in Frankfurt schweres Unheil angerichtet.

Rund um uns hat es gebrannt, hier ein Haus und da eins, überall auf den Straßen liegen noch die ausgebrannten Stabbrandbomben, auch ganze nahe bei unserem Hause. In der Nacht haben wir noch fleißig gelöscht, an der Spitze mein Sohn, der gerade auf Urlaub hier war, sich aber mittlerweile wieder verdrückt hat, was man ihm nicht verdenken kann; er will versuchen, irgendwo ein Plätzchen zu finden, wo er ungestört Schi laufen kann. Ich habe nachher noch auf eigene Faust in der Nachbarschaft bei Löscharbeiten geholfen und dabei zweimal recht gehörige elektrische Schläge bekommen von herabhängenden Drähten; eine Erfahrung, die ich gern weitergebe: immer erst Sicherungen ausdrehen! Geschadet hats mir aber nicht im mindesten. Am Montag war ich zunächst einmal in der Schule. Dort ist eine Brandbombe mitten in den Singsaal gefallen und dort friedlich ausgebrannt. Nicht einmal die Decke des unmittelbar danebenstehenden Flügels hat Feuer gefangen. Fast ein Wunder. Sonst natürlich viel Glasschaden. Der war aber schon vorher zum Teil da. Dann fuhr ich weiter zur Universität – ich habe seit einiger Zeit mein Rad wieder, mit neuer Bereifung und auch sonst wieder ordentlich überholt: das ist eine gewaltige Erleichterung für mich, besonders da die Trambahnen nur streckenweise verkehren. In der Universität sah es wüst aus. Das Philologische Seminar z. B. ist überhaupt nicht mehr da. Es lag oben unter dem Dach, und wenn man an die Stelle kommt, wo früher die letzte Treppe aufwärts führt, dann steht man unter freiem Himmel. Auch von den Bücherschätzen des Deutschen Seminars sind schätzungsweise 5/6 verbrannt. Es dampfte noch. Gestern war ich in der Stadt. Da war es noch schlimmer. Die berühmte, mit Recht berühmte Frankfurter Altstadt ist mindestens in ihrem östlichen Teil nicht mehr vorhanden, da liegt ein Trümmerfeld. Der Dom ist eine Ruine. Der Turm, der Frankfurter »Pfarrturm« steht noch, ziemlich unbeschädigt, auch die beiden Querschiffportale. Sonst nur die Mauern, auch diese beschädigt. Das Innere Schutt. Die Fahrgasse, ehedem ein hübsches altes Haus am anderen, nichts als Trümmer und Schutt. Das Roseneck, ein entzückendes Eckchen mit alten Häusern, in der Mitte ein alter Brunnen, vollständig weg, nur die Brunnensäule steht noch; dasselbe an anderen einst reizenden Stellen. Westlich vom Dom fängt ein Gebiet an, das minder beschädigt ist. Das berühmte Fünffingerplätzchen ist unbeschädigt. Auch der Römerberg hat bisher kaum gelitten. Aber die Paulskirche ist eine Ruine. Das große goldene Kreuz auf dem Turm hängt nach vorne herunter. Sonst steht der Turm. Aber ausgebrannt. Es stehen auch die Umfassungsmauern. Alles andere Schutt. Ganz ähnlich, höchstens noch schlimmer, unsere eigene Kirche, zu der wir sonntags zu fahren pflegten, die Französisch-reformierte am Goetheplatz. Nur die Umfassungsmauern, im Innern zwei kümmerliche Säulenstümpfe, an den Mauern Reste von Pilastern, sonst nur ein wüster Schutthaufen. Das ist alles, was von dieser stilvollen Kirche aus dem Anfang der 90er Jahre des 18. Jahrhunderts übrig geblieben ist. Im Goethehaus war ja schon früher der Dachstock ausgebrannt. Neuer Schaden scheint nicht eingetreten zu sein. Aber in den beiden Häusern des Goethe-Museums nebenan sind die Dachstockwerke ausgebrannt. Auch sonst soll es recht viel Schaden gegeben haben. Am Montag ist Offenbach am Tag angegriffen worden und hat erneut schwer gelitten.

Ja, so geht das nun weiter, fast Tag für Tag. Und es wird noch lange so weitergehen. Wie ich es vorausgesagt habe, als Badoglio abfiel, vielleicht erinnern Sie sich. Dieser Krieg endet am Obersalzberg[1], nachdem er ganz Europa, einschließlich Deutschlands, und Deutschland am stärksten, in Trümmer gelegt hat. Wer soll Schluß machen? Die derzeitigen Machthaber? Ausgeschlossen. Warum, das braucht nicht gesagt zu werden. Irgend ein General oder Staatsmann? Vestigia terrent.[2] Siehe unter anderem das Ende Cianos.[3] Auch ist es für deren Eingreifen längst zu spät – und immer noch viel, viel zu früh. Die Propaganda und ihr Meister haben das deutsche Volk immer noch recht fest in der Hand, obwohl oder besser gerade weil sie immer wieder mit denselben Klischees arbeiten, gerade angesichts der Bombenangriffe. Diese Klischees sind: 1) »Haßgesang gegen England«; 2) die wirklich oder angeblich schweren Verluste der angreifenden Flieger; 3) die Angriffe auf London, der Ersatz für die einst mit so viel Tamtam angekündigte *große* Vergeltung, von der es aber inzwischen sehr, sehr still geworden ist; 4) der dicke Lobbrei, der allemal der Bevölkerung ins Maul geschmiert wird für ihren Mut, ihre Härte und »Einsatzbereitschaft« und ihre Hilfsbereitschaft; 5) das Lob der Partei und ihrer treuen und unermüdlichen Fürsorge. Ja, das wirkt nach wie vor – und wenn da noch eine Lücke bleiben, wenn irgend eine wirklich ernstere Mißstimmung aufkommen und bedrohlich werden sollte, ei, dann sind ja noch Herr Thierack und Herr Himmler[4] da und die Angst vor ihnen und ihren Helfershelfern und deren Denuntiationen. Ich muß fürs erste schließen: Luftwarnung! Ich bringe jetzt zunächst die Maschine in den Keller. Gute Nacht also für heute!

Ich schreibe doch fürs erste weiter. Eben hörte ich den Drahtfunk: »Einflug einzelner Störflugzeuge im Raum Koblenz mit wechselndem Kurs«. Da wollen wir uns nicht gleich aus dem Geleise bringen lassen. Man verliert ohnehin schändlich viel Zeit durch diese ewigen Störungen. Ich komme auf das angeschlagene Thema zurück. Zu jenen Helfershelfern gehören im Grunde alle, die zu der gesamten Geschichte noch irgendwie positiv stehen. Und deren gibts immer noch sehr viele, viel zu viele. Es gibt, das ist eine bittere, sehr bittere Erfahrung des letzten Jahrzehnts, kein dümmeres Volk als das deutsche. Vor allem keins, das stärker dem Pharisäertum verfallen wäre. Neue Pause: »Einzelne Feindflugzeuge im Raume Mainz-Frankfurt.« Da will ich mich doch lieber für eine Weile in die unteren Regionen des Hauses begeben.

Fortsetzung 23.4.44. Der Drahtfunk hat uns übel irre geführt. Es wurde der schwerste Großangriff, den wir hier bisher gehabt haben. Wir sind in schweres Leid versetzt. Unser lieber Schwiegersohn Rudolf Menges ist tot. In seinem Krankenhauskeller von einer schweren Bombe verschüttet, Bruch der Schädelbasis, er hat noch 12 Stunden gelebt, ohne das Bewußtsein wieder erlangt zu haben. Unsere Hedwig bewundernswert tapfer. Es war eine vorbildlich glückliche und harmonische Ehe. Hedwig erwartet im Juni das erste Kind. Mein Schwiegersohn war ein sehr wertvoller Mensch, ausgezeichneter Arzt, dabei einer, der sich auch seelisch um die Patienten kümmerte. Sehr fromm, strenger Katholik (auch die Hedwig ist vor etlichen Monaten katholisch geworden), und dabei doch ein sehr fröhlicher und lebenslustiger Mensch. Wir anderen sind unverletzt. Aber die halbe Stunde, die wir in Todesangst im Keller gesessen haben, die gönne ich meinem schlimmsten Feinde nicht. In unserem

Hause die meisten Fenster entzwei, auch die meisten Türrahmen beschädigt, auch Dachschaden. Ach, wie gerne nähme man das hin, wenn das andere nicht wäre. In der Stadt sieht es allenthalben furchtbar aus. Frankfurt ist gewesen. Und heute morgen war wieder ein böser Angriff, der freilich diesmal unser Gebiet verschont hat.

Ich will schließen. Es grüßt Sie beide herzlich

Ihr sehr betrübter

Schumann

81.

Blankenburg, 4. 4. 1944

Lieber Herr Kollege,

wir waren schon sehr in Sorge um Sie und die Ihren, auch noch nach dem Eintreffen Ihrer Postkarte, die Ihre Unversehrtheit meldete. Denn man schrieb uns aus Berlin, der letzte Angriff auf Frankfurt, vor dem Sie schrieben, sei der allerschwerste gewesen, der bisher über eine deutsche Stadt ergangen sei. Ob dieser Superlativ richtig ist, bezweifle ich freilich, denn was in Kassel, in Augsburg und in Leipzig geschehen ist, kann nach den Berichten von Augenzeugen, die ich kenne, wohl kaum noch überboten werden. Aber es erschreckt uns doch sehr, was man uns schrieb, und wir dachten mit Bangen an Sie. Denn es ist ja nun ganz, ganz anders geworden, als da wir – im Spätherbst 1940 – die ersten Bombenangriffe in Berlin erlebten. Damals gingen wir nicht in den Keller, sondern blieben in unserer Wohnung, dreieinhalb Treppen hoch, also unter dem Dach, weil wir uns sagten, daß wir da Schaden nähmen sei sehr unwahrscheinlich, im kalten, schlecht gelüfteten Keller dagegen, werde meine Frau bestimmt sich einen Schaden, zumindestens eine Erkältung zuziehen. Heute aber muß man schon sehr viel Glück haben, wenn man in der Wohnung bleibt und nicht irgendwie Schaden nimmt. Schon die Stunden im Keller während eines Bombardements sind heute eine schwere Nervenprobe – wenn sogar Sie das schreiben, der Sie soviel mehr Mut haben als die allermeisten, so ist es für mich bewiesen. Man müßte wohl Nerven wie Stahltrossen haben, um jetzt in seiner Wohnung auszuhalten, wenn es Feuer und Phosphor vom Himmel regnet und die Hölle, die es auch für uns noch gibt, ihren Rachen aufsperrt und dabei einen Lärm macht, gegen den die Hölle Dantes still und leise war. Entsetzlich, mit welchem blinden Eifer die heutige Menschheit sich selbst zerstört! Als ob auch nicht eine Spur von Vernunft in ihr wäre! Die Vernunft, das zeigt sich, ist nur in den Köpfen einzelner. Wenn man sie, die vielen, aus der Vermassung heraustrennen und vereinzeln könnte, würde auch wohl in jedem Menschen ein Funke Vernunft sich zeigen, der dann zu hellem Feuer anzublasen wäre. Aber sie sind der Vermassung rettungslos verfallen, und der Individuum gebliebene Einzelne vermag nichts über sie. Es ist zum Erbarmen. (...)

Und nun hat auch Sie, den ganz Unschuldigen, das Unheil getroffen! Ihr Haus ist zwar noch so mit blauem Auge, d. h. mit zersprungenen Fenstern und Türen, davongekommen, aber Sie haben dafür einen der Ihren verloren, der Ihnen besonders lieb und teuer war! Auch ein in jeder Hinsicht Unschuldiger mußte sein Leben lassen! Ach, wie leid tut es uns um ihn selbst, den frommen, tüchtigen Mann, um die arme trauernde junge Gattin und die schwer getroffenen Schwiegereltern! Es geht zu Hunderttausenden so – Sie alle müssen zahlen den höchsten Preis! Für fremde Schulden! Aber das ist kein Trost für den Einzelnen, sein Verlust wird dadurch nicht verringert. Einen Tag vorher schrieb mir ein junger Berliner Kollege, der seine zarte junge Frau und drei kleine Kinder hat fortschicken müssen, und zwar an eine Stelle, wo er sie nicht gut aufgehoben wußte, da sein Häuschen, das er, ein Kunstliebhaber, sich sehr hübsch und eigen eingerichtet hatte, durch einen Volltreffer völlig zerstört worden sei und er also nun nichts mehr besitze, keinen Stuhl und kein Buch, in einem schlecht möblierten Zimmer bei fremden Leuten wohne, und einen Dienst tun müsse, der ihm widerwärtig sei! Und der Arme ist dabei nur durch einen Glückszufall einem schrecklichen Tode entgangen! Als der Angriff geschah, war er ganz zufällig nicht zu Hause, und eine Bombe traf dann gerade die Stelle in dem Splittergraben, wo er seinen Stuhl und Stand hatte.

Ich zittere in dem Gedanken, daß es Ihnen – Ihrem Hause – auch so ergehen könnte. Wenn Sie Ihre ganze Privatbibliothek verlieren, – aber ich will den Satz nicht beendigen, sondern lieber gleich den Brief. Jetzt von uns und unserem im Vergleich zu dem Ihren so geringen Ungemach zu reden, widerstrebt mir. (...)

M. Havenstein

P. S. Wie irrig war es, daß ich meinte, man werde die Judenstadt verschonen! Aber freilich wurde diese Begründung expulsio-dati[1] hinfällig. Hätte man sie dabehalten, so wären sie vielleicht doch ein Schutz gewesen.

82.

Frankfurt, 30. 4. 1944

Lieber Herr Professor,

Herzlichen Dank für Ihren lieben und ausführlichen Brief vom 4. dieses Monats. Gestern ist er glücklich bei uns eingetroffen, hat also 3 Wochen gebraucht von Blankenburg bis hierher. Daran sind wir schon gewöhnt. Es war schon vorher schlimm mit der Postverbindung, auch der telegraphischen; seit der Katastrophe Ende März ist es noch viel schlimmer geworden. Und es wird auch so bald nicht besser werden. Wer weiß, wann Sie diesen Brief erhalten und was in der Zwischenzeit alles geschehen sein mag! Es ist merkwürdig, immer wieder muß ich unsere Eisenbahn bewundern, wie rasch da die Schäden, die doch oft recht erheblich sind, behoben werden und der normale Verkehr wieder einsetzt; aber bei der Post ist es ganz anders.

Seien Sie vor allem bedankt für Ihre herzliche Teilnahme. Ja, es war ein sehr schwerer Verlust für uns. Unser Rudi war derjenige unter unseren drei Schwiegersöhnen, den wir am längsten kannten. Er war alter Schüler von mir, Klassenkamerad und Freund unseres Gerhard. So ist er in unser Haus gekommen, schon als Schulbub und dann später auch noch, und so hat sich das Verhältnis zwischen ihm und unserer Hedwig angesponnen. Es war eine sehr tiefe und echte beiderseitige Neigung, die sich immer gleich blieb, höchstens immer noch tiefer und herzlicher wurde. Dieses Paar haben wir ja auch ständig unter Augen gehabt, und es war uns gerade in diesen bösen Zeiten immer eine besondere Freude und Herzstärkung, an dem reinen Glück der beiden Anteil nehmen zu können. Unsere Hedwig ist weiter tapfer geblieben. Wir hatten heute erst einen ausführlichen Brief von ihr. Sie hat erst noch rund acht Stunden am Sterbelager ihres Mannes gesessen, bis er sanft eingeschlafen ist, eine Viertelstunde, nachdem sie mich weggeschickt hatte, damit ich seine Eltern, die damals auswärts waren, benachrichtigte. Dann ist sie sofort drangegangen, um alles Nötige möglichst selbst zu erledigen: die Beerdigung (die dann auch wieder durch zwei Alarme gestört wurde); das Ausräumen der eigenen Wohnung (die auch einigen Schaden gelitten hatte) sowie des Zimmers im Krankenhaus; das Packen der Koffer und Pakete, um das Wichtigste in Sicherheit zu bringen, soweit heute überhaupt noch von Sicherheit geredet werden kann; die Untervermietung der Wohnung und vieles andere. Ihre Schwester Gisela war damals gerade zufällig auf Besuch hier, die hat ihr treulich zur Seite gestanden. Am 31. März habe ich die beiden dann bis Bingerbrück gebracht und dort in den Zug nach Idar im Hunsrück gesetzt. Dort befindet sie sich noch, bei Giselas Schwiegereltern im Pfarrhaus, bei guten und freundlichen und – Sie wissen, wie wichtig das ist in dieser Zeit – gleichgesinnten Menschen, vor allem ist die Gisela bei ihr, dazu die auch Ihnen ja aus meinen brieflichen Schilderungen wohlbekannte kleine Irmgard im niedlichen und amüsanten Alter von 2¾ Jahren; dazu gute Luft, herrliche Landschaft, der Wald in 2-3 Minuten zu erreichen; sie hat es also so gut, wie das unter den gegebenen Umständen nur sein kann. Alarme haben sie dort auch, kümmern sich aber nicht viel darum – freilich jetzt auch etwas mehr als ehedem, seit kürzlich nach einem Tagesangriff zurückfliegende feindliche Flieger in einem Filialdorf von Giselas Schwiegervater Bomben abgeworfen und 16 Personen umgebracht haben. Immerhin, sicherer, erheblich sicherer als hier darf sie sich schon fühlen. Fürs erste wenigstens. Niemand weiß ja, was uns alles noch bevorsteht. So wartet sie nun dort auf das große Ereignis, das im Juni stattfinden soll. Sie ist körperlich sehr zart, ist immer unser Sorgenkind gewesen. (...)

Ich habe mich damals am 23. März, als mich Hedwig weggeschickt hatte, aufs Rad gesetzt und bin zunächst zur Bahn gefahren. Unterwegs an unserer Schule vorbei, die ich auch als Ruine vorfand. Die drei Stockwerke mit den Klassenräumen sind erhalten, natürlich auch die meisten Fenster entzwei und die Türen desgleichen; aber Aula, Singsaal, Zeichensaal, Turnhalle völlig zerstört, und den Rest wird auch über kurz oder lang die Witterung fertig machen, da das von unserem Chef beantragte Notdach nicht genehmigt worden ist und nicht genehmigt werden konnte, weil eben nichts da ist. Weiter an Hedwigs Wohnung vorbei, wo, wie gesagt, ebenfalls allerhand Schäden waren, aber nicht allzu schlimm (oh, wie ist man bescheiden geworden!); dann durch das gräßlich zerbombte und zum großen Teil noch brennende Westend zum Bahnhof. Es fuhr kein Zug. Alarm. Etwa anderthalb Stunden im Bahnhofsbunker gestanden. Dann hinaus aus der Stadt, aus der immerfort noch die dicken Qualmwolken aufstiegen, blutigrot schaute von Zeit zu Zeit die Sonne durch, in westlich-nordwestlicher Richtung an dem erneut bös zugerichteten Vorort Bockenheim vorbei, mit Mühe durch das schwer zerstörte Rödelheim durch, zu unserer Flakstellung, wo ich einige unserer Buben traf und feststellen konnte, daß denen wenigstens nichts passiert war (sie hatten aber nur ein paar Schüsse abgeben können, dann hatte ein Treffer die elektrische Leitung zerschlagen und dadurch die schweren Geschütze unbeweglich gemacht); weiter nach Westen bis Hofheim, einem größeren Ort rund 15 km von Frankfurt. Vergeblicher Versuch, von dort telephonische oder telegraphische Verbindung zu bekommen. »Fahren Sie doch nach Wiesbaden.« Also weiter. Unterwegs wieder Alarm, um den ich mich aber nicht kümmerte. Etwa um 17 Uhr war ich in Wiesbaden auf der Hauptpost. Dort konnte ich endlich eine Anzahl Blitzgespräche führen und etliche Telegramme aufgeben. Dann noch Brot und Butter eingekauft, denn in Frankfurt gabs nichts. Mit der Bahn zurück bis Höchst. Weiter ging der Zug nicht. Es war schon dunkel, und ich bin nachtblind. Es half nichts, ich mußte weiter, denn ich hatte mich am nächsten Morgen um ½9 zur Musterung zu stellen. Ich war auch pünktlich da, wurde aber fürs erste weggeschickt, denn das Wehrbezirkskommando war auch kaputt. Aber vor ein paar Tagen war ich wieder dort und bin richtig kriegsverwendungsfähig geschrieben worden. Die Stadt hat ein »U.k.«-Gesuch für mich eingereicht. Wenn man mich trotzdem holen sollte und ausgerechnet ich müßte mich zu guter letzt noch für die bewußte Sache totschießen lassen, je nun, so müßte ich, mit Bismarck zu reden, »auch diese

Ironie des Schicksals mit weiterer Ergebung in Gottes Willen ertragen«.

Ich fuhr nicht die gewöhnliche Straße Höchst-Frankfurt, denn da ist Fabrikgegend, die war auch zerbombt, und es brannte noch überall, ich fürchtete, vermutlich mit Recht, nicht durchzukommen. Also einen Weg nördlich davon, der wieder an unserer Flakstellung vorbeiführte, die Elisabethenstraße, eine alte Römerstraße, die schnurgerade von Hofheim bis Heddernheim führt. Bis zur Flakstellung ist sie ausgebaut zur Autostraße. Da ging es, obwohl man von den vielen entgegenkommenden Wagen ewig geblendet wurde. Aber von der Flakstellung an bis kurz vor Praunheim ist die Elisabethenstraße nur Feldweg. Ich dachte, den bist du so oft bei Tage gegangen, wirst ihn wohl auch bei Nacht finden. Das war ein großer Irrtum. Immer wieder kam ich vom Wege ab. Aber die Hauptrichtung hielt ich doch fest; die wurde mir gewiesen durch die Brände schräg rechts vor mir. Und so kam ich schließlich durch bis zu der Stelle, wo der Feldweg besser wird. Dann kam das, was ich gefürchtet hatte: erst Luftwarnung, dann Alarm. Aber es blieb ruhig, und ich erreichte den Praunheimer Bunker. Darin habe ich ungefähr eine Stunde gestanden und die Zeit genutzt, endlich etwas zu essen, denn ich hatte bis dahin den ganzen Tag nur eine Doppel-Brotscheibe zu mir genommen. Brot und Butter hatte ich ja zum Glück. Entwarnung, der Rest des Weges war leichter zu finden, nur einmal wurde ich noch unsicher, fand aber eine Frau, die mich zurechtwies. Etwa eine Viertelstunde vor Mitternacht war ich zu Hause und erfuhr nun von Hedwig, daß unser Rudi kurz nach meinem Weggang hinübergegangen war. Den ganzen Tag über hatte ich immer noch eine ganz winzige Hoffnung gehabt, die Ärzte könnten ihn vielleicht doch noch retten. Ja, an den Tag werde ich auch mein Leben lang denken.

Was man Ihnen erzählt hat: der Angriff auf Frankfurt vom 22. 3. sei der schwerste gewesen, der bis dahin überhaupt auf eine deutsche Stadt, vielleicht überhaupt auf eine Stadt unternommen worden sei, dürfte stimmen. Schon der vom 18. war sehr schlimm gewesen, der Tagesangriff vom 24. hat sozusagen das Tüpfelchen auf sie gesetzt; aber der vom 22. hat alles andere weit übertroffen. Dieser Tage habe ich gehört, die Engländer hätten einen terminus technicus geprägt, to francfortize oder so ähnlich, analog dem seinerzeit von unserem Propaganda-Chef – Sie erinnern sich – triumphierend gebildeten »coventrieren«.[1] Gewiß, es steht noch viel, besonders in den nördlichen Vororten. Aber die Innenstadt, die berühmte Frankfurter Innenstadt, die ist hin, völlig ausradiert. Es steht noch der Domturm, riesiger denn je das weite Trümmerfeld überragend, und das alte Wahrzeichen der Stadt, der Eschenheimer Turm. Aber die Fahrgasse ist verschwunden, diese schon seit dem 18., der Dom ist zerstört, die ganze Gegend zwischen Dom und Römerberg selbst mit dem Fünffingerplätzchen, der Schirn, der Saalgasse usw., der Römerberg selbst, der Römer mit dem Kaisersaal ist ausgebrannt, der mittlere der berühmten drei Giebel eingestürzt; zerstört fast alle Kirchen, u. a. die Paulskirche, die Leonhardskirche, wo unsere Hedwig getraut ist, die Deutsch-reformierte Kirche, die Französisch-reformierte, wo wir allsonntäglich zum Gottesdienst waren und wo unsere beiden ältesten Töchter getraut sind; die Katharinenkirche, wo die Familie Goethe ihre Plätze hatte; die Hauptwache; das alte Thurn-und-Taxissche Palais, wo Bismarck als Bundestagsgesandter gewirkt hat, zuletzt Völkermuseum; und last not least das Goethehaus. Davon stehen ganz oder zum Teil noch die Brandmauern und von der Vorderwand rechts zwei Fenster mit den Gittern davor; alles andere ein wüster Schutthaufen. Was will es besagen, daß die Einrichtung vorher in Sicherheit gebracht worden war? Das Haus ist verschwunden. Zerstört – z. T. schon bei früheren Angriffen – das Stadtarchiv, die Stadtbibliothek – für mich besonders schmerzlich – Opernhaus und Schauspielhaus; schwer beschädigt die Universität, das Altphilologische Seminar ganz, das Germanische größtenteils ausgebrannt. Und dann die Industrie, besonders im Westen! Nur die chemische Industrie, Höchst und Griesheim, haben weniger gelitten. Aber alles andere ist erledigt. Ja, diesmal haben sie ganze Arbeit gemacht. Und manche Leute sind seitdem der Meinung, man sei nirgends sicherer als hier, weil es sich für den Feind – wie Sie ja auch schreiben – nicht mehr lohne, in das Trümmerfeld Bomben zu werfen. Aber es steht eben doch noch allerhand, auch z. B. im Norden die Heddernheimer Kupferwerke, und auch Köln und Düsseldorf, obwohl weitgehend ausradiert, haben ja doch neue sehr schwere Angriffe gehabt. Zwar hat man uns seit nunmehr rund sechs Wochen ganz oder fast ganz in Ruhe gelassen. Alarme haben wir zwar oft gehabt, aber nie galt es ernstlich uns. Aber ich fürchte, eines Tages kommen wir auch wieder dran. Die Hoffnung, daß unser Häuschen diesen Krieg übersteht, ist nicht eben groß. Wir persönlich sind ja leidlich sicher durch den Bunker. Aber man kann einfach nicht immer zu Hause und in Bunkernähe sein. Und selbst wenn man es ist, wer sagt uns, ob der Melde- und Warndienst nicht wieder einmal so katastrophal versagt wie damals am 22. März? Siehe meinen Brief!

Natürlich handelt man wieder einmal »als ob«. Das Haus ist inzwischen leidlich wieder in Ordnung. Was glauben Sie, was es für Mühe gemacht hat, allein die Glasscherben aus den Zimmern, von den Balkons, aus dem Vor- und Hintergarten wegzuschaffen! Und die vielen Fensterscheiben! Da mußte allemal erst sorgfältig der Kitt herausgekratzt und die Nägel entfernt werden, eine heidenmäßige Arbeit, dann muß man sie zum Glaser bringen und wieder abholen, damit sind wir noch lange nicht durch; gestern erst habe ich endlich das letzte Fenster in meinem Zimmer wieder einsetzen können. Vorher war es mit Drahtglas notdürftig abgedichtet. Immerhin, insofern sind wir tausendmal besser dran als die meisten anderen hier in Frankfurt. Pourvu, que cela dure, das muß man freilich immer dazu sagen.

Unsere Schule ist jetzt vollständig verlegt nach Marienberg im Westerwald, an der nördlichen Grenze unserer Provinz. Dort ist regelrechter Schulbetrieb, Buben und Lehrer sind gut oder mindestens leidlich untergebracht. Hier sind außer dem Chef und mir noch zwei Kollegen. Wir geben weiter den Unterricht an die Luftwaffenhelfer, so weit er nicht, was allerdings oft vorkommt, durch Alarme gestört wird. Unser Chef ist mit Recht stolz darauf, daß am Lessing-Gymnasium wieder einmal, im Gegensatz zu anderen Schulen, alles so gut läuft, wie es unter den obwaltenden Umständen nur laufen kann. Der Faden, der z. B. die Flakhelfer mit der geistigen Welt verbindet, ist zwar immer dünner geworden, mitunter reißt er ganz ab, aber er wird doch so bald als möglich immer wieder angeknüpft. Gestern freilich erhielten wir die Mitteilung, die ganze Batterie werde zu Scharfschieß-Übungen für 14 Tage oder länger nach

Holland verfrachtet. Da wird mich die Stadt nun wohl auch für diese Zeit irgendwo in einer Lebensmittelstelle einsetzen. Bisher bin ich dank meinem Chef darum herumgekommen. Ich habe verzweifelt wenig Lust dazu. Aber es wird mir diesmal wohl nichts helfen.

Übrigens fahre ich seit einiger Zeit immer mit dem Rad zur Flakstellung hinaus. Wenn ich mich einigermaßen dran halte, schaffe ichs in 45 Minuten. Bei gutem Wetter ist es eine schöne Fahrt und gesundheitlich sicher sehr zuträglich für einen Stubenhocker, wie ich es bin. Bei schlechtem Wetter ist das Vergnügen freilich erheblich geringer. Aber es geht auch dann.

Die Universität fängt auch wieder an. Bisher haben sich bei mir zwei Hörer gemeldet, alte Garde. Ich könnte mir aber denken, daß noch der eine oder andere hinzu kommt. In letzter Zeit bin ich doch auch wieder zum wissenschaftlichen Arbeiten gekommen und habe sogar für den 17. Juli der Heidelberger Akademie einen Vortrag über den Waltharius zugesagt. Auch da handelt man »als ob«, nämlich als ob keine neuen Störungen auftreten könnten. Wer weiß, was bis dahin alles geschehen mag!

Eben sind wir in neuer großer Sorge um unseren Schwiegersohn Karl Gustav Schüler, der in Friedrichshafen tätig ist. Denn auch Friedrichshafen ist ja in letzter Woche zweimal bös heimgesucht worden. Ich warte eben auf ein dringendes Gespräch mit Rottweil, wo unsere Hildegard ist. Hoffentlich hat die mittlerweile guten Bescheid von Friedrichshafen bekommen. Seit ein paar Tagen ist unser Telephon wieder in Ordnung, darüber sind wir sehr froh. Wir haben gleich Idar angerufen und festgestellt, daß es vor allem unserer Hedwig so gut geht, wie es nur möglich ist.

So, nun wissen Sie, glaube ich, einigermaßen Bescheid, wie es bei uns steht. Summa summarum: von dem einen, freilich sehr schweren Verlust abgesehen, im ganzen recht gut.

Und Sie schweben nun auch in Angst, daß es Sie einmal treffen kann. Ja, unberechtigt ist diese Angst gewiß nicht. Auch hier in der Gegend kommen jetzt öfters auch kleinere Orte an die Reihe: Limburg, Diez, Michelstadt im Odenwald; auch Marburg ist einmal bös mitgenommen worden. Von Wernigerode höre ich durch Sie zum ersten Mal. Das kommt wohl hauptsächlich davon, daß man die Industrie weitgehend in die kleineren Orte verlagert hat.

Wer Wind sät, wird Sturm ernten. Daß wir reichlich Wind gesät haben, dessen sind sich auch viele bewußt. Viele aber auch nicht. Dazu muß es uns noch viel, viel schlimmer gehen. Sie bescheinigen mir, daß ich mit meinen Prophezeiungen und Urteilen recht behalten habe. Ja, leider habe ich recht behalten. Auch bezüglich der fünf Punkte stimmen Sie mir zu. Es ist noch ein sechster hinzugekommen: »Vertraut dem Führer!« Es war von Anfang an einer der raffiniertesten Tricks unserer Propaganda, diesen Unterschied zu machen zwischen der Partei und dem Führer. Millionen haben von der Partei nie etwas wissen wollen. Aber auf den Führer ließen sie nichts kommen. Und dieser Glaube an die eine dämonische Persönlichkeit – dämonisch im Sinne von Dichtung und Wahrheit Buch 20 – der wird jetzt erneut ausgenutzt, um die Leute bei der Stange zu halten und das Murren zu ersticken, das sich denn doch vielfach bemerkbar macht. Ja, das liebe deutsche Volk! Wissen Sie, welches eigentlich die Nationaldichtung des deutschen Volkes ist? Der Reineke Fuchs![2] Denken Sie einmal drüber nach und sagen Sie mir, ob ich nicht recht habe. Ist das von jeher so gewesen, oder trifft das nur das gegenwärtige, so weitgehend »vermasste« deutsche Volk? Es ist merkwürdig: die Deutschen haben eine prachtvolle Redensart: »Er lügt wie gedruckt.« In praxi aber – ich weiß nicht, ob ich Ihnen schon einmal darüber geschrieben habe – heißt es für den normalen Deutschen: Es ist gedruckt, es hat im Käsblättchen gestanden, ergo ist es wahr. Für die »Vermassung« ist wohl weitgehend die Presse verantwortlich zu machen, und zwar deswegen, weil die den Leuten die Arbeit des Selbstdenkens abnimmt. Das Urteil über Menschen, Zustände und Geschehnisse wird dem einzelnen fertig dargereicht. Da braucht er sich nicht die Mühe zu machen, es selbständig zu finden. Und der Mensch ist nun einmal von Natur bequem und faul, auch in geistigen Dingen. Der Rundfunk wirkt natürlich in demselben Sinne. Natürlich gilt das nicht bloß von Deutschland, es ist allgemeine Zivilisations-Erscheinung, ist ein Stück von dem »Untergang des Abendlandes«.[3] Wie wir heruntergekommen sind, darüber habe ich mir dieser Tage so meine Gedanken gemacht, als ich immer wieder, wenn ich den Rundfunk andrehte – allemal vor Voll, um die Luftlage-Meldung zu hören – die Musik hörte, die da für die Vielzuvielen gemacht wird. Immer dasselbe: entweder dieses abscheuliche Jazzgedudel oder schmalzige Sentimentalität. Gewiß, es gibt auch besseres. Aber was z. B. als »Musik zur Werkpause« geboten wird, das ist immer von jenen beiden Kategorien. Und was für einen Schatz guter Musik hat unser Volk noch bis vor wenigen Jahrzehnten in seinen Volksliedern gehabt! Und dann las ich zufällig gerade einmal ein paar Kapitel im »Jürnjakob Swehn«[4], einem Buch, das ich sehr liebe, Sie kennen es sicher auch, unter anderem das über den Tod der Mutter. Was haben diese einfachen mecklenburgischen Bauern für einen echten Kulturbesitz in ihrem Glauben, in ihrer gründlichen Kenntnis der Bibel und des Gesangbuches! Und in der Ethik, die sich daraus ergibt! Und so ist es ebenso bei Gotthelfs[5] Bauern und ähnlich, nur katholisch abgewandelt, aber im Grunde dasselbe, bei den Waldbauern, unter denen Rosegger[6] aufgewachsen ist. Wie viel besser geht es all diesen einfachen Leuten im Durchschnitt heute! Auch der kleine Mann aus dem Dorf hat fast überall Wasserleitung und elektrisches Licht, und das soll ihm ganz gewiß nicht mißgönnt werden. Aber was ist von jenem Kulturbesitz noch übrig? Ich lese in diesem Semester über Venantius Fortunatus[7], 6. Jahrhundert, und werde dadurch, wie so oft, in die Zeit der sinkenden Antike hineingeführt. Vergreiste Kultur; aber doch Elemente der Regeneration: die unverbrauchte Kraft der germanischen Völker und das Christentum. Aus diesen zwei Elementen ist dann das wundervolle Gebilde der mittelalterlichen Kultur entstanden. Deren Erben sind wir. Aber das Erbe ist schon weitgehend verwirtschaftet und geht unaufhaltsam weiter zugrunde. Und wo sind heute frische Regenerationselemente? Verzeihen Sie, wenn Ihnen abgedroschen erscheint, was ich da geschrieben habe. Ich wollte Ihnen nur berichten, bei welchen Gelegenheiten ich erneut auf diese Gedankengänge geführt worden bin, die ja wohl mehr oder minder alle Denkenden und Verantwortungsbewußten bewegen. Ich bin gleichwohl weit entfernt davon, mich einer müden und kraftlosen Resignationsstimmung hinzugeben und einfach das Verhängnis sich vollziehen zu lassen. Ich stemme mich dagegen an, indem ich ganz einfach, insbesondere als Schulmeister, meine tägliche Pflicht tue und den jungen Seelen, die mir anvertraut werden, so viel wie möglich von *echter* Kultur mitgebe. Mag sein, daß es auf die Dauer umsonst ist. Deshalb umsonst, weil das Häuflein derer zu klein ist, die noch ein echtes Kulturbewußtsein haben und es deshalb, weil es echt ist und als echt empfunden wird, an eine jüngere Generation weitergeben können. Nun, dann kann ich an meinem Teil wenigstens sagen: ich habe *mein* Teil getan, dixi et salvavi animam meam. Aber vielleicht ist das Häuflein gar nicht so klein. Und jedenfalls soll der einzelne so viel er vermag, dazu tun, es zu vergrößern. Wer weiß, ob unsere Kultur dann nicht doch auf die Dauer die Kraft hat, sich von innen heraus zu regenerieren. Versucht werden muß es auf jeden Fall.

Über »Kultur« muß ich auch manchmal nachdenken, wenn ich so Sonntags morgens etwa einmal ein Stückchen höre von dem berühmten »Schatzkästlein«. O gewiß, da hört man schöne Sachen, Verse und Musik, geschmackvoll ausgewählt, der Vortrag der Verse ist weniger nach meinem Geschmack; gemimte Ergriffenheit, über alles dieselbe saccharingesüßte Stimmungssauce ausgegossen; früher habe ich mich darüber geärgert, jetzt amüsierts mich nur noch. Immerhin, es ist etwas ganz, ganz anderes als besagtes Jazzgedudel. (...)

Nun muß ich noch einmal auf das Thema »Propaganda« zurückkommen. Unsere Propaganda hat noch den großen Vorteil, daß die Gegenseite ihr vielfältig in die Hände arbeitet, und es ist ihr nicht zu verdenken, wenn sie das mit Wonne ausnutzt. Da sind erstens die militärischen und politischen Unzulänglichkeiten auf der anderen Seite, so das jämmerliche Versanden der Unternehmungen von Nettuno und Cassino[8] oder die Unfähigkeit, nach dem Abfall Italiens auch nur einen der anderen Vasallen von uns abzuziehen, etwa Finnland, das doch sehr stark gewackelt haben muß. Zweitens aber die Art, wie vielfach der Bombenkrieg geführt wird. Die tugendhafte Entrüstung z. B. über die Schäden am Kölner Dom war freilich widerliche Heuchelei, denn jeder, der Köln kennt, der nur einmal durchgefahren ist, weiß, daß der Dom dicht neben dem Hauptbahnhof steht, einem der wichtigsten Bahnhöfe in ganz Europa. Aber war es nötig, die Frankfurter Altstadt mit dem Römer und dem Goethehaus auszuradieren? Da ist wirklich weit und breit kein

»militärisches Objekt«. Also Racheakt oder bloßer Terror oder beides. Oder ist es nötig, auf dem Taunus oder dem Westerwald Kleinbahnzüge anzugreifen, die sich friedlich durchs Gelände schlängeln, und die Leute drin totzuschießen, oder gar pflügende Bauern mit dem Maschinengewehr umzulegen? Dergleichen ist tatsächlich passiert, es ist kein Greuelmärchen, und es ist *mehrfach* passiert. Wenn man dem Adolf Hitler die Hasen in die Küche treiben will, kann mans gar nicht besser anfangen. Denn da sagen auch Leute, die sonst gar nicht auf die Partei eingeschworen sind: Die da drüben sind kein Haar breit besser als die Unsrigen.

Nun hat mittlerweile der Mai angefangen. Was wird er bringen? Kommt endlich die berühmte Invasion? Wann und wo und wie kommt sie? Und wie wird sie verlaufen? Die Unseren tun ja, als hätten sie das neue vergrößerte Dieppe schon hinter sich. Wenn sie recht behalten, was wird dann? Gibt es dann doch einen Kompromißfrieden entweder mit Herrn Stalin oder mit den Anglo-Amerikanern? Alles unsicher. Nur eins ist sicher: es stehen uns, zumal uns hier im Westen, noch viel schwerere Zeiten bevor, als wir sie bisher durchgemacht haben. Aber es hilft nichts, wir müssen hindurch. Es muß zu einer ganz klaren Entscheidung kommen, zu einer militärischen Entscheidung. Von wegen der Dolchstoßlegende. Wir haben uns ja schon oft darüber unterhalten.

Zu meiner Freude kann ich Ihnen mitteilen, daß ich eben ein Gespräch mit Rottweil hatte und meinen Schwiegersohn selbst gesprochen habe. Das Werk in Immenstaad, wo er arbeitete, ist ausradiert, er selbst hat von seinen Sachen allerhand verloren, hat die ganze Nacht in Friedrichshafen gelöscht und ist »vollkommen verdreckt« zu seiner Frau nach Rottweil gekommen. Aber er lebt und ist gesund, das ist die Hauptsache. Und er meint auch, nach Immenstaad, brauchten die Herrschaften nicht wiederzukommen, es lohne sich nicht.

(...) Mit herzlichen Grüßen von Haus zu Haus

Ihr

Schumann

83.

Blankenburg, 28. 5. 1944

Lieber Herr Kollege,

nun bin ich endlich so weit, daß ich wieder über Büchern und Papier am Schreibtisch sitzen kann.[1] (...) Ja, man wird bescheiden, Sie sagen es selbst! Man erlebt es immer wieder: die Leute sind zufrieden und singen ein Te Deum, wenn sie nur das nackte Leben gerettet haben. Ein erstaunlicher Beweis, wie sehr der Mensch das Leben liebt und bejaht!: die Todesnähe bringt es an den Tag, daß der Mensch unserer Zeit keineswegs die »zukünftige Stadt« oder »das hoch gebaute Jerusalem« liebt, sondern die Erde und das Leben auf ihr, nur dieses! Selbst wenn er im Elend sitzt! Der Tod ist heute der erfolgreichste Prediger der Lebensbejahung, wie, wenn mans glauben darf, dereinst das Leben der wirksamste Prediger der Todes- und Jenseitssehnsucht war. In seiner dunklen Nähe leuchtet das Leben in seinem ganzen Werte auf. (...) Aber glauben kann ichs nicht, daß ich mich benehmen werde, wie die Hamburgerinnen, die in Brambach unsere Mittagstischgenossinnen waren, die ihre ganze Habe verloren und nur das Leben gerettet hatten, trotzdem aber viel besser gelaunt und unternehmender waren als wir.

Sie schreiben, wir seien nun auch in Angst um unser Leben. Aber so ist es nicht, noch nicht jedenfalls. (...) Wir kümmern uns, wenn wir zu Hause sind, überhaupt nicht um den Alarm. Ich gehe höchstens mit dem Feldstecher auf den Balkon und suche den Himmel ab nach den feindlichen Fliegerschwärmen, die ich auch häufig finde – mit oder ohne Kondensstreifen, fliegen sie wohlgeordnet wie Kraniche über uns hinweg, klein wie Mücken und silbrig glänzend, manchmal aber gar nicht zu sehen, sondern nur am Kopf der Kondensstreifenlinie zu erraten: so hoch fliegen sie, ich schätze mindestens 8000 Meter. (...) Inzwischen hatten wir Luftwarnung, haben dabei in unserer Veranda – es ist herrliches Pfingstwetter – zu Mittag gegessen und haben nun Alarm, was mich aber nicht hindert, weiterzuschreiben. Ich warte, ob sich die stymphalischen Vögel[2] irgendwie vernehmlich machen, um dann auf den Balkon hinauszutreten und sie von da aus zu beobachten. – Eben erdröhnte der stahlblaue Himmel im Nordwesten und dann im Nordosten, aber man konnte nichts sehen, die unheimlichen Riesenvögel flogen zu hoch, – vermutlich sind sie wieder in Braunschweig gewesen und – nordöstlich – in Berlin, wohin sie ja fast alle Tage fliegen, um irgendeinen bisher noch verschonten Teil der Riesenstadt in einen Trümmerhaufen zu verwandeln. Nach den Berichten von Augenzeugen ist Berlin jetzt nicht weniger zerstört als Frankfurt.

Mit Ihrer Kritik dieser sinnlosen Zerstörungen und ihrer Bedeutung für die Propaganda haben Sie vollkommen recht. – Soeben erdröhnte der Himmel aufs Neue, und nun sah ich im Nordosten die seltsam phantastische Schrift der Kondensstreifen, mit der sich die feindlichen Bomber in das Blau des Himmel einzeichnen: gewundene, einander durchkreuzende, blendend weiße Linien, die auf Luftkämpfe in großer Höhe schließen lassen. Eben wurde es nun doch fast bedrohlich. Ohne daß etwas anderes zu sehen war als das sonderbare Gespinst am blauen Himmel – die Streifen bleiben viertelstunden lang am Himmel sichtbar, behalten ihre Lage und werden nur immer breiter – manchmal, wie soeben ein großartiger Anblick! – vertiefte und verstärkte sich das unheimliche Gedröhne so, daß – nur von ihm – andauernd die Fenster und Türen zitterten, außerdem gabs ein paar Detonationen, aber nach etwa 10 Minuten war alles vorbei und der Teufelsspuk am Himmel gestorben, auch die weißen Zeichnungen auf der blauen Seite des Himmelszelts sind verschwunden, nachdem ich ein halbes Stündchen geruht habe. Etwas will ich noch dazu sagen, was ich noch nie so sah: Ein Flugzeug – oder warens mehrere? – hatte mit seinem Flug einen schnurgeraden weißen Strich über den halben Himmel hin gezogen, gleichsam ein Seil an ihm aufgehängt, ein 10 km langes und auch wohl 10 km hoch, das blieb viele Minuten lang, ohne zu deformieren, in Blau ausgespannt, als sollten Dämonen darauf hintanzen.

Also, wie Sie sehen, es kann ernst werden, auch bei uns, – nur ist in mir und genauso in meiner Frau deswegen auch nicht eine Spur von Unruhe und Angst. Nur um unsere Lieben in Berlin und anderswo, die wirklich ständig bedroht sind, ist uns bange und wir sind jedem dankbar, der uns nach einem Luftangriff schnell ein Lebenszeichen sendet. (...)

Merken Sie, lieber Freund, daß ich Kaffee getrunken habe, von Ihrem Kaffee[3]? Wenn ich dieses Sperma Protreptikon in mir habe, wächst mit dem Denken selbst auch meine Lust daran und mein Mitteilungsdrang, und nur die Hand ist etwas zittriger. Dann ists am schönsten zu sprechen, sich auszusprechen mit einem, der auf demselben Boden steht. Könnten wir es einmal! Wie herrlich wäre es, jetzt mit Ihnen durch den Heidelberg zu schlendern, von einer Bank zur andern gemeinsam diese Frühlingsfeier zu genießen, an all den schönen Ausblicken das Auge zu weiden, die Gedanken auszutauschen, die so ungeduldig sich herausdrängen aus dem inneren Verwahrsam, indem man sie meist verschließen und zusammenhalten muß! Aber es kann nicht sein. Man bekommt seine Freunde – hier habe ich keinen – immer seltener zu sehen, auch Briefe gibts immer weniger. Aber natürlich, wenns weiter nichts wäre, das wollte man schon tragen. Und Sie gerade schreiben so lange und inhaltsreiche Briefe, daß Sie damit manches gutmachen, was andere versäumen.

(...)

Ach, könnte ich Ihnen schreiben, was mir Litt in Leipzig erzählt hat! Aber das geht nicht. Man muß sich Grenzen setzen. Mit dem Reineke Fuchs haben Sie auch recht. Wie kann man sich angesichts der Isegrimigkeit dieses Helden über den schlauen Schwindler Odysseus aufhalten, in den sich die Griechen verraten hätten! Wir hätten doch solche Helden nicht! Sie sehen, ich verstehe Sie.

Bezüglich des Selbstdenkens lesen Sie einmal nach, was Nietzsche über die öffentlichen Meinungen gesagt hat, – sie seien »private Faulheiten«. Jetzt erst lernt man die ganze Unselbständigkeit und Subalternität der Masse kennen. Auf das Problem der schwindenden Kultur – sie deformiert gleichsam krebsartig – kann ich heute nicht mehr eingehen. Das ist ein zu weites Feld, wie Herr von Briest[4] sagt.

Nur zu meiner Briefseite 3 oben lenke ich noch einmal zurück. Ja wirklich, man begreift diese schlechten Politiker nicht, in England und Amerika. Sie schaden sich ja nur selber mit ihrer Unbedenklichkeit. Und überall dieselben Dummheiten! In Italien, im Osten (Finnland etc.) (...) und in unseren Städten! Es fehlt da doch gar sehr an Format. Auch nicht einen Mann gibt es dort, der wahren Weitblick vereinte! Was soll aus der Welt nur werden, wenn es so am allerwichtigsten fehlt!

Seien Sie mit Ihrer Frau Gemahlin herzlichst gegrüßt von meiner Frau und Ihrem getreuen

M. Havenstein

(...)

84.

Frankfurt, 28. 6. 1944

Lieber Herr Professor,

Zu einem Brief komme ich heute noch nicht, sitze zu tief in der Arbeit. Aber ganz kurz will ich Ihnen doch bestätigen, daß Ihre beiden Sendungen[1] angekommen sind. Herzlichen Dank! Die Zigarren kommen mir sehr gelegen; ich fahre am Samstag wieder mal nach Heidelberg, und da wird mir während des Vortrags die Zigarre das Behagen noch erhöhen helfen, das ich ohnedies empfinden werde, weil diesmal nicht ich zu reden habe (ich bin meinen Vortrag am 17. losgeworden), sondern ein anderer. Übrigens ist es Hellpach[2], der Ihnen vielleicht auch noch erinnerlich ist aus der Zeit vor 1933. Er spielte damals politisch eine Rolle. Wie gesagt, sitze ich in der Arbeit. Ich habe in letzter Zeit sehr viel Neues und Wichtiges gefunden, zunächst für die Waltharius-Forschung (der Legende, die J. Grimm aufgebracht und Scheffel kanonisiert hat, daß der St. Galler Mönch Ekkehard das Epos verfaßt hat, drehe ich den Kragen um[3]), aber das wirkt sich auf die ganze ältere deutsche Literaturgeschichte aus. Näheres demnächst. Herzl. Grüße v. H. z. H. und nochmals vielen Dank Ihr

Schumann

85.

Frankfurt, 23. 8. 1944

Lieber Herr Professor,

Allmählich schlägt mein Gewissen immer vernehmlicher. Ich muß Ihnen doch endlich einmal wieder schreiben und Ihnen berichten, wie es mir inzwischen ergangen ist. Aber zunächst will ich mich auch erkundigen, was Sie machen, Sie und Ihre Gattin. Ich glaube, daß wir seit Mitte Juni nichts mehr von einander gehört haben. Und inzwischen ist viel geschehen, und wir stehen in aufregendem Geschehen noch mitten drin – mehr als uns lieb ist. Aber zunächst will ich Ihnen nun berichten, was ich in der Zwischenzeit getrieben habe.

Sie wissen ja, daß ich als Schulmeister nur noch die Flakhelfer zu betreuen hatte. Nun wurde die Batterie auf einmal für ein paar Wochen nach Holland geschickt zum Scharfschießen. Da hatte ich Ferien. Die waren mir gerade damals sehr willkommen, denn ich steckte tief in wissenschaftlichen Arbeiten, die sehr schön vorangingen. Als die Batterie wieder zurück war, hieß es mit einem Male: sie kommt überhaupt weg. Richtig! Man verschob sie samt unseren Buben zunächst in die Gegend von Frankenthal am Rhein, dann, als die Buben sich dort eben leidlich eingerichtet und eingewöhnt hatten, noch ein gut Stück weiter weg nach Kindsbach, zwischen Kaiserslautern und Landstuhl, also mitten in die Pfalz. Und dort haben wir nun die Verbindung wieder aufgenommen und sind einfach der Batterie jede Woche nachgereist. Die ersten beiden Wochentage ging der Kollege Ringshausen hin, dann kam ich, und Freitag/Samstag schloß der Chef den Reigen. Es war eine anstrengende und in mancher Hinsicht ungemütliche Sache. Denn dort unten war das Einfallstor, wenn Mannheim, Stuttgart, München angegriffen wurden, und das war ja leider sehr häufig. Da brummte es dann allemal erheblich stundenlang über unsere Köpfe weg, und die Buben schossen fleißig, haben auch manches Flugzeug heruntergeholt. Aber nachher kamen sie dann brav wieder an und setzten sich auf die Schulbank. Auch etwas »geschichtlich Einmaliges«. Denn die Buben sind eben doch Soldaten, richtige Soldaten, trotzdem sie statt einer richtigen Soldaten-Uniform die lächerliche HJ-Hosenmatz-Uniform tragen müssen, sie stehen am Geschütz wie jeder andere Kanonier und bestehen ernsthafte Gefechte – und dann, wie gesagt, rücken sie an und sind wieder Schulbuben. Ungemütlich und anstrengend waren auch die Fahrten hin und zurück. An und für sich nicht so schlimm: D-Zug bis Kaiserslautern, von da Bummelzug nach Kindsbach. Ähnlich zurück. Aber oft fuhren die Züge nicht oder wurden umgeleitet, oder sie hatten Verspätung, dann kriegte man den Anschluß nicht; oder man kam in Alarme hinein. Alarme gehörten sozusagen zum täglichen Brot. Anstrengend war auch der Unterricht: drei Klassen, 6, 7 und 8 zusammen, anders ließ sichs nicht machen, Frankfurter und Gießener, letztere hinter den Unsrigen durchschnittlich erheblich zurück; insgesamt gegen 70, es waren aber gewöhnlich nur etwa 40 da, die anderen auf Urlaub, der natürlich reihum gehen muß, Ferien für alle gibts natürlich nicht, also immer ein anderes Publikum, man konnte nie etwas Durchgenommenes als allgemein bekannt voraussetzen. Und 40 sind ohnehin sehr viel für eine Oberstufe. Dann Schwierigkeiten mit den Texten; Schulbücher sind ja Raritäten geworden, ich mußte die lateinischen Texte vorsprechen und so übersetzen lassen, aus der Not eine Tugend machend: Gewöhnung an den *Klang* der Sprache gegenüber der gewöhnlichen Vermittlung durch den Buchstaben und das Auge. Es war also recht schwierig, und wenn man zurückkam, war man allemal den nächsten Tag nicht recht für irgend was Ernsthaftes zu brauchen. Aber es ging, es ist doch keineswegs ganz umsonst gewesen; die letzten Male habe ich meine 2mal 4 Stunden an den beiden Tagen allemal regelrecht gegeben und die Buben bei der Stange gehalten. In anderer Hinsicht wars dort geradezu idyllisch: hübsches Quartier beim katholischen Pfarrherrn, mit dem wenigstens Ringshausen und ich uns trefflich verstanden, Verpflegung im Wirtshaus durch die Batterie, auch meist ganz ordentlich; in ihrer Art sehr reizvolle Gegend, ein ehemaliges, jetzt trockengelegtes Moor, viel Wald, dazwischen Wiesen, über und über bestickt mit Blumen, vor allem Margueriten, an manchen Stellen auch schon Felder; im Süden die Sickinger Höhe mit der Burg Landstuhl, wo 1525 Franz von Sickingen[1] gefallen ist; ich habe manche schöne Wanderung unternommen. Und die Gegend ist so gänzlich unangekränkelt von jeglichem Fremdenverkehr, kaum irgendwo ein Wegweiser, geschweige denn Wegezeichen, kein weggeworfenes Butterbrotpapier – nur die silbernen Metallstreifen, die die feindlichen Flieger abwerfen (Sie werden sie auch kennen), auf die stieß man auf den Wegen, auf der Wiese, im Wald auf Schritt und Tritt.

Jetzt ist es aus damit. Die Batterie ist wieder einmal verlegt, diesmal nach Käferthal bei Mannheim. Das ist erheblich näher und leichter zu erreichen, dafür aber ist ja gerade die Mannheimer Gegend besonders unheimlich. Und nun ist zunächst einmal der Kollege Ringshausen heute hingefahren, um das Gelände für uns und unsere Schulmeisterei zu erkunden. Vorläufig habe ich diese Woche wieder einmal ganz frei.

Die viele freie Zeit habe ich, wie schon gesagt, ausgiebig ausgenutzt für meine wissenschaftlichen Arbeiten, besonders über eine alte Liebe von mir, den Waltharius. Es ist mir gelungen, die seinerzeit von Jacob Grimm begründete, durch Scheffel dann sozusagen kanonisierte Ekkehard-Legende endgültig zu erledigen und das Epos zeitlich auf die späte Karolingerzeit und räumlich auf Eichstätt festzulegen. Ganz neue Erkenntnisse. Das meiste davon habe ich am 17. Juni der Heidelberger Akademie vorgetragen. Nach mir sprach Panzer[2], auch über den Waltharius, auch ganz Neues und zum Teil noch wichtiger als das, was ich vorgebracht hatte. Damit kommt nun das Gebäude unserer älteren germanischen Literatur- und Geistesgeschichte zu einem guten Teil ins Wanken. So was macht Spaß. Natürlich nicht das Kaputtmachen an sich; das wäre kindisch. Aber daß man Veraltetes, Baufälliges bei Seite räumt und Gutes, Festbegründetes an die Stelle setzt. Es ergaben sich dabei auch allerhand allgemeine Erkenntnisse, so z. B. über unsere wissenschaftlichen Methoden, welche gut und solide sind und welche unsauber und zuverlässig; auch über das Werden unserer abendländischen Kultur und ihres sehr wichtigen und noch bis in unsere Zeit fortwirkenden Ritter-Ideals. Das läßt sich gerade am Waltharius an etlichen Stellen wunderschön ablesen, wenn man die Handlungsweise des christlichen Helden Waltharius mit der seines klassischen Vorbildes, des Tydeus in der Thebais des Statius[3] vergleicht (diese Abhängigkeit, die bisher noch niemand gemerkt hatte, hat Panzer nachgewiesen): beide sind als Einzelne von einer Übermacht überfallen worden und ihrer Herr geworden, und bei beiden endet der Tag mit einem Dankgebet an die schirmende Gottheit; aber während dies Gebet bei Tydeus von Siegerstolz und Siegesfreude strotzt, ist Waltharius erfüllt von Trauer und Reue über das viele Blut, das er hat vergießen müssen, und er bittet um Vergebung und um das Heil seiner Seele und zugleich um das Seelenheil derjenigen, die ihn eben so heimtückisch überfallen haben. Das ist schon ganz ritterliche Gesinnung. Und sich mit derartigen Dingen zu befassen ist, wie mir scheint, sogar sehr aktuell. Muß ich auseinandersetzen warum?

Ja, so habe ich meine Zeit ausgefüllt in den vergangenen Monaten, habe selten in meinem Leben mit so viel Freudigkeit gearbeitet wie diesmal. Ich war auch froh, diese Arbeit zu haben, so dachte man doch nicht ewig an andere Dinge, an deren Ablauf man doch nichts ändern konnte und kann. Den stärksten Eindruck hat von allen Ereignissen dieser Zeit auf mich und sicherlich auch auf Sie das vom 20. Juli gemacht und was darauf folgte. Es hat uns hier deswegen besonders erschüttert, weil der Hauptmann Klausing[4] Schüler unserer Anstalt war, Sohn einer Familie, mit der meine Frau und ich, so lange sie hier in Frankfurt waren – bis etwa 1940 oder 41 – persönlich verkehrten. Der Vater, zuletzt Rektor der Universität Prag, hat sich erschossen. Aus welchen Motiven, weiß ich nicht. Noch ein anderer Beteiligter an diesen Geschehnissen ist mir wohlbekannt: der Oberreichsanwalt Ernst Lautz[5], Bundesbruder, ja Confuchs vor mir. Vor etwa 8 Jahren saß ich einmal mit einem anderen Confuchs, mit dem ich besonders befreundet bin, zusammen. Wir waren uns in vielem uneinig, er war recht ungehalten über meine gar so wenig positive Einstellung – aber als die Rede auf E. L. kam und daß er kürzlich Generalstaatsanwalt geworden sei, da sah mich der gute Karl an und sagte: *Der* geht über Leichen! und ich wiederholte: Jawohl, *der* geht über Leichen! Aber wir hätten wohl beide nicht gedacht, daß sich das einmal so grausig bestätigen sollte.

Mißglückt ist das Unternehmen deswegen, weil es – wie ich, Sie erinnern sich wohl vorausgesagt hatte – erstens viel zu spät kam und zweitens immer noch viel, viel zu früh. Denn der Glaube an die eine dämonische Persönlichkeit, an der alles hängt, ist immer noch sehr stark. Und so wird denn der Krieg weiter gehen. Im Osten steht der Feind schon hart an der Grenze, im Westen wird er vermutlich bald so weit sein. Aber nachgegeben wird nicht, es kann nicht nachgegeben werden. Warum es die Führung nicht kann, liegt auf der Hand. Und das Volk fügt sich. Es glaubt an die Führung, es wird hochgepeitscht durch die Propaganda, vor allem durch die Hinweise auf die überraschenden neuen Waffen, die mit einem Schlage der ganzen Kriegslage ein anderes Gesicht geben werden – und so etwa jemand wagen sollte, diesen Glauben nicht zu teilen, nun dafür ist ja Herr Himmler da. So wird denn der Krieg auch über uns hinweggehen, zuerst der aus der Luft – das wird erbaulich werden, wenn eines Tages die feindlichen Geschwader draußen nichts mehr zu bombardieren haben und ihre ganze Kraft auf das eine Land loslassen können – und dann auch der zu Lande, so lange, bis die Belagerung des Obersalzbergs beginnt.

Na ja, da bin ich wieder mal deutlicher geworden, als ich eigentlich wollte und sollte. Aber nun mags stehen bleiben. Bitte nur um kurze Bestätigung, daß der Brief richtig in Ihre Hände gekommen ist. Und hoffentlich erfahre ich auch nun von Ihnen einmal wieder Näheres. Wegen des einen bewußten Artikels, an dem Ihnen so liegt, habe ich weiter Ausschau gehalten, aber bis jetzt nichts mehr auftreiben können. Ich hoffe, daß Ihnen die früheren Quanten förderlich gewesen sind.

Mit herzlichen Grüßen von Haus zu Haus

Ihr stets ergebener

Schumann

86.

Blankenburg, 26. 8. 1944

Lieber Herr Kollege,

Ihr lange erwarteter Brief ist gestern, also nach relativ kurzer Reise, hier angekommen, und ich danke Ihnen herzlich dafür. Eingehend antworten kann ich heute noch nicht, ich muß Frühäpfel pflücken, werde es aber nächstens tun, schon um Ihnen meine Meinung über Shakespeares Coriolan zu sagen, den ich nun endlich einmal für einen Vortrag in meinem Zirkel so gelesen habe, wie solche Sachen gelesen werden müssen, wenn man sie recht erfassen soll. Ich weiß aus meinen Erfahrungen als Deutschlehrer, daß kaum ein anderer Dramatiker den Schülern so schwer verständlich ist wie gerade dieser Größte, und erlebe das nun wieder mit meinen Damen. – Zu Ihrem Waltharius habe ich leider überhaupt kein Verhältnis, freue mich aber, wenn er Ihnen zu denken und zu entdecken gibt und Ihnen so über manches hinweghilft, womit uns die Gegenwart belastet. Daß Ihr Blick für eben diese Gegenwart durch historisches Forschen nicht getrübt ist, beweist die Tatsache, daß Sie mit Ihren Prognosen fast in allen Punkten Recht behalten haben. (...)

Was Sie mir gütigst schickten, hat mich sehr erquickt und gefördert; und ich bin Ihnen beiden von Herzen dankbar für die herzliche Gabe. Vielleicht liegt es auch daran, daß es mir seit 6 Wochen viel besser geht. Brieflich – Päckchen gibts ja nicht mehr – sende ich Ihnen auch mal wieder etwas, leider wird nun auch dieser Artikel immer knapper.[1] – Mit tausend Grüßen von Haus zu Haus Ihr getreuer

M. Havenstein

87.

Blankenburg, 30. 8. 1944

Lieber Herr Kollege,

Heute will ich meinen Brief – oder es war wohl nur eine Karte – fortsetzen und Ihnen vor allem etwas über den von Ihnen so bewunderten Coriolan[1] schreiben, den ich auch nach genauester Kenntnisnahme und praktisch unterrichtlicher Prüfung nicht so hoch einschätzen kann wie Sie. (...)

Auf Ihr anderes – gelehrtes – Arbeitsgebiet vermag ich Ihnen leider nicht zu folgen. Ich las übrigens in der Literaturzeitung[2], die ich halte und – freilich meist mit Grauen – lese, von Panzers Kritik des Nibelungenliedes in der Heidelberger Akademie – der Bericht über Ihren Vortrag und was Panzer hinzufügte, kommt wohl erst im nächsten Heft. Die geistige Atmosphäre dieses Blattes ist mir – das muß ich gestehen – schwer erträglich. Es ist für mich Kellerluft. Wenn man einem deutlich machen will, was Historismus in dem von Nietzsche bekämpften Sinn ist (zu sagen ist es nicht leicht), dann muß man ihm diese Monatsschrift in die Hand geben. Das überlebt alle Umbrüche und Umstürze, eben weil es mit der Gegenwart und Zukunft so gut wie gar nichts zu tun hat. Auch ob das Nibelungenlied so ursprünglich deutsch ist, wie man bisher meinte, oder stark abhängig von französischen Dichtungen, ist zwar nicht uninteressant – das nicht, es macht mir heute sogar ein gewisses Vergnügen besonderer Art, das Sie vielleicht teilen – aber für irgendwie belangend halte ich es nicht. Eine Dichtung ist doch, was sie ist, ganz gleich, wie sie zustande gekommen ist. Beim Menschen ists auch nicht anders.

Nun aber lassen Sie mich schließen, und zürnen Sie mir bitte nicht, wenn dieser Brief so voller Kritik ist, die wir nicht gemeinsam haben! Für mich ist es längst ausgemacht, daß das, was wir gemeinsam haben – seit nunmehr Jahrzehnten – genügt, um die Differenzen zwischen uns zu tragen und dadurch auch gar nicht erschüttert zu werden. Ich würde sonst diese Meinungsverschiedenheiten auch gar nicht hervorholen.

Übrigens atme ich auch Kellerluft viel lieber als mit Lügengas vergiftete Luft. Man muß ja jetzt auch sich selber und seine Wertsachen in den Keller bringen.

(...)

88.

Frankfurt, 4.9.1944

Lieber Herr Professor,

In Kürze nur einen recht herzlichen Dank für Ihre Sendung und für Ihren Brief. Heute komme ich noch nicht dazu, ausführlich zu schreiben. Es schadet ja auch nichts, wenn ich mir die Dinge noch ein paar Tage durch den Kopf gehen lasse. Unter anderem auf langweiliger Bahnfahrt. Denn übermorgen früh werde ich wahrscheinlich doch noch einmal zu unseren Flakhelfern fahren müssen, ausgerechnet nach Mannheim, das gestern morgen wieder schwer angegriffen worden ist. Ein verwünscht unbehagliches Gefühl, sozusagen in die Höhle des Löwen hineinzufahren! Aber so ich ungefressen wieder herauskomme, dann stecke ich mir am Freitag oder Samstag oder Sonntag eine von Ihren schönen Zigarren an, setze mich an meine Maschine, kremple mir die Ärmel auf und setze mich mit Ihnen auseinander. Einstweilen nur so viel, daß ich Ihnen, Ihrem Freunde und Ihrem Damen-Zirkel fast in allen Stücken widerspreche, entschieden widerspreche, *leidenschaftlich* widerspreche. (...)

Hier ist derzeit große Aufregung. Warum, brauche ich nicht zu sagen. Auch unsere Heeresberichte, die nach wie vor die Überschrift tragen könnten »Alles in Butter!« vermögen die Aufregung nicht zu dämpfen. Ich bin vergleichsweise ruhig, weil ich eben längst alles – in großen Zügen wenigstens – so habe kommen sehen.

So, jetzt muß ich zunächst die Königstochter jüngste besuchen, die 19jährige Medizinstudentin, die sich vor etlichen Tagen einen Leistenbruch hat operieren lassen. Ich glaube, gerade noch zur rechten Zeit, ehe der Krieg auch in unsere Gegenden rückt. Und heute Nacht muß ich wieder mal Nachtwächter spielen.

Nochmals schönsten Dank und herzliche Grüße

stets Ihr

Schumann

89.

Im Zuge nach Mannheim,
den 6. September 1944, 7 Uhr morgens

Lieber Herr Professor,

So, da wäre ich also wieder mal auf der Fahrt in die Höhle des Löwen. Langsam kriecht der Zug durch die Wälder, die Lichtungen und rattert durch das offene Feld der Gegend südlich Frankfurts. Ich weiß nichts Besseres zu tun, als die geplante Auseinandersetzung mit Ihnen jetzt schon anzufangen. Mit Unterbrechungen freilich, denn auf der Strecke stößt der Zug derart, daß das Schreiben doch recht mühsam ist. Aber wenn er langsam fährt oder hält, dann schreibe ich weiter, und zwischendurch lege ich mir zurecht, was ich zu schreiben habe. Fertig werde ich auf diese Art heute und morgen nicht werden. Aber das Fehlende wird dann angehängt, wenn ich wieder im Hause an meiner Maschine sitze.

Ich fange also an. Zunächst mit dem Charakter Coriolans. Ich gehe aus von dem Urteil des Menschen, dessen, der ihn, obwohl selbst eine gänzlich andersgeartete Natur, am besten versteht. »Er ist von wahrem Adel.« Das trifft den Kern.[1] (...)

Etwas nach 9 Uhr, letzte Haltestelle vor Mannheim und Käfertal, wo ich aussteigen muß. Ich breche also fürs erste ab.

17.14 Uhr. In der Stellung. Bisher heute 3 Alarme oder Luftwarnungen, einmal sah ich ein Flugzeug brennend abstürzen, aber sonst ist hier heute nichts passiert und ich habe meine 4 Stunden an den Mann bringen können. Zum Teil habe ich wieder Perlen vor die Säue geworfen, aber dies und jenes Korn ist doch vielleicht auf guten Boden gefallen. Damit muß man sich als Schulmeister bescheiden lernen. Jetzt sitze ich in einer der

Baracken, habe ein bißchen Aufsicht geführt bei den Arbeitsstunden, aber die meisten Buben sind jetzt draußen zur Nachprüfung der Feuerbereitschaft, es ist still um mich, und nun will ich versuchen, ob das bißchen geistige Kraft, das mir noch übriggeblieben ist, ausreichen mag (denn auch in dem beabsichtigten und eigentlich, nach Alarm gestörte Nacht in Frankfurt, sehr nötigen Mittagsschlaf hat die Sirene hier geheult) – ob die geistige Kraft noch ausreicht, um Ihnen weiter zunächst meine Gedanken über die überlegene Klugheit Coriolans einigermaßen überzeugend darzulegen.

Ich behaupte allen Ernstes, daß Coriolan diese überlegene Klugheit und Einsicht auch in staatlichen Dingen offenbart. (...)

Aber nun muß ich zunächst zum Abendessen, werde heute wohl nicht mehr zum Schreiben kommen. Bis morgen also.

Donnerstag, 7. September gegen 14 Uhr.

Anfang der Rückfahrt von Käfertal.

Die Nacht war wider Erwarten ruhig (nur eine der berüchtigten Rheinschnaken hat mich etwa eine Stunde lang belästigt und gepeinigt und nicht zum Schlafen kommen lassen). Ruhig war auch der Vormittag, erst schönes Wetter, dann setzte Landregen ein, der noch andauert. Gut so, das ist nach bisherigen Erfahrungen kein günstiges Wetter für Fliegerangriffe, ich werde also wahrscheinlich ungeschoren nach Hause kommen. Und so fahre ich eben fort. (...)

Nun, wie ists? Ist nicht Coriolan doch der Klügere, der einzig Kluge? Hat er nicht Recht, wenn er seine Standesgenossen anredet »ehrbarer, doch höchst unkluger Adel«?

Nun muß ich wieder abbrechen, Frankfurt Niederrad, Haltestelle vor dem Hauptbahnhof. Zu Hause schreibe ich weiter.

Das können Sie dann auch besser lesen.

Montag, den 11. September. Morgens 9.40 Uhr.

Nun hats doch bis heute gedauert, daß ich mich wieder an meine Maschine gesetzt habe. Bei den ewigen Alarmen die letzten Tage mochte ich sie nicht aus dem Keller herausholen. Überhaupt kommt man infolge der dauernden Störung rein zu gar nichts. Dafür habe ich mir aber unseren Gegenstand weiter durch den Kopf gehen lassen, und manches ist mir noch klarer geworden als bisher. Ich fahre also fort.

Zu den hervorragenden Fähigkeiten Coriolans (...) kommt nun seine »Tatnatur«. (...) Aber ich bestreite, daß diese »Tatnatur« das Wesentliche an Coriolans Charakter ist. Was wesentlich ist, ist vielmehr seine sittliche Lauterkeit. (...)

Nun muß ich aber wieder abbrechen, zwischendurch haben wir wieder einen langen Alarm gehabt, mit allerhand Aufregungen; passiert ist uns nichts, es scheint ein Angriff auf Mitteldeutschland gewesen zu sein, wir sahen riesige Geschwader nördlich von uns über den Taunus hin und zurückfliegen. So geht das nun fast jeden Tag. Vielleicht komme ich heute abend noch zu einer kurzen Fortsetzung.

Abends 20.40 Uhr.

(...)

Aus diesem Haß, dem heiligen Haß gegen das Schlechte, das Schlechte in jeglicher Gestalt, müssen wir auch Coriolans Übergang ins Lager der Feinde seines Vaterlandes verstehen.

Aber hier muß ich zunächst einmal wieder abbrechen. Gestern Abend – es ist jetzt Dienstag der 12. September, gegen 8.00 Uhr abends – habe ich nur noch wenig schreiben können. Um 11.00 Uhr gabs Alarm, und als wir aus dem Bunker kamen, gegen 1.00 Uhr, war starker Feuerschein im Süden: da ist, wie man heute erfuhr, das hübsche Darmstadt schwer heimgesucht und offenbar ebenso ausradiert worden wie Frankfurt durch die drei großen Angriffe Ende März. Eben suchte ein ausgebombter angeheirateter Vetter unserer Gisela Zuflucht bei uns und fand sie natürlich auch, er berichtete uns, es muß sehr schlimm gewesen sein, an Löschen sei nicht zu denken bei der Ausdehnung der Brände. Und heute morgen gab es auch wieder langen Alarm. Wir waren zwar nur zeitweise in unserem Bunker, meist zu Hause trotz der über uns kreisenden und brummenden Flieger. Aber man kommt doch an solchen Zeiten zu nichts Rechtem, der Tag ist zerrissen, nachmittags gabs dann noch einmal wenigstens eine Luftwarnung – so schreitet dieser Brief nur langsam vorwärts. Und der Punkt, auf den ich jetzt komme, ist ja ganz besonders wichtig. Wann ich wieder werde schreiben können, weiß ich nicht. Eigentlich muß ich morgen früh wieder nach Mannheim, warte aber noch einen Anruf meines Chefs ab, es kann sein, daß er mir sagt: Bei der Unsicherheit aller Verhältnisse und vor allem auch der Bahnfahrt bleiben Sie besser hier. Ich schreibe dann weiter, wenn ich hier bleibe, oder am Freitag, wenn ich wieder da bin.

Mittwoch, 13. September, gegen 7.00 Uhr abends.

Ich bin doch nicht nach Mannheim gefahren, obwohl ich es gestern abend dem Chef zugesagt hatte, es fuhren heute morgen überhaupt keine Züge. Ich wäre auch so nicht gefahren. Frankfurt ist heute nacht wieder schwer heimgesucht worden, und wenn nicht von früher her schon so viel zerstört wäre, hätte es noch mehr Unheil gegeben. Uns ist es leidlich gegangen. Wir haben im Bunker gesessen. Nachher wiederum rundum die Brände. Bei uns nur drei Scheiben entzwei. Gerade gestern hatte ich die letzten Scheiben von Ende März aus der Glaserei geholt.

Aber zum Weiterschreiben komme ich fürs erste nun doch nicht. Muß erstmal in der Schule meine Schülerbibliothek so gut es geht in Sicherheit bringen (die Schule ist auch wieder schlimm durchgepustet worden) und will sehen, ob ich mich bei Bekannten beim Aufräumen usw. nützlich machen kann. Ein paar Stunden habe ich auch heute wieder im Bunker gesessen.

Ich breche also zunächst hier ab. In besseren, ruhigeren Zeiten hoffe ich weiter schreiben zu können. Ich werde Ihnen dann darlegen, erstens daß Coriolan durchaus nicht »spornstreichs« zum Feind überging; (...) seine Feindschaft gegen das Vaterland ist zu verstehen eben aus jenem Haß gegen das Schlechte, Gemeine, Niederträchtige in der Welt. (...)

So weit also für heute. Wann mag der Brief Sie erreichen? Der Post scheint freilich nichts geschehen zu sein. Aber bitte bestätigen Sie mir doch gleich kurz den Empfang.

Der Feind rückt uns näher und näher. Wie lange mag es noch dauern, bis auch der Krieg auf der Erde uns erreicht? Wie wird es uns dann ergehen? Wird man versuchen, Frankfurt zu verteidigen? Dann gnade uns der Himmel. Erleichtert wird mir alles dadurch, daß ich diese Entwicklung der Dinge schon lange habe kommen sehen. Es gibt aber noch sehr viele, die immer noch nicht gemerkt haben, wieviel Uhr es geschlagen hat.

Noch eins fällt mir ein: Ich werde auch von wegen der »Kellerluft« ein Hühnchen mit Ihnen zu rupfen haben. Verwechseln Sie da nicht Historie und Historismus?

Es grüßt Sie beide herzlich und mit allen guten Wünschen (denn in Sicherheit, in wirklicher Sicherheit sind Sie ja auch nicht) –

Ihr
Schumann

90.

Blankenburg, 22. 10. 44

Lieber Herr Kollege,

ich bin Ihretwegen sehr in Sorge und bitte Sie daher, mir doch ein Kärtchen zu schicken, das nichts weiteres zu sein braucht, als ein Lebenszeichen. Es wird ja immer wieder von Angriffen auf Mannheim berichtet, dazu auf Eisenbahnzüge mit Bordwaffen! Es muß überhaupt im Westen jetzt schrecklich sein, da die Feinde dicht hinter der Grenze ihre Lager haben und bei Aachen schon diesseits der Grenze sind. Die Flieger kommen nun natürlich viel häufiger und viel schneller als vorher über Reichsgebiet, besonders im Westen. Und Sie sind oft unterwegs, nach Mannheim oder Heidelberg! Also schreiben Sie, bitte! Wenn auch nicht die Fortsetzung und den Schluß Ihrer Coriolaninterpretation. Das hat Zeit. Ich bin jetzt beim Julius Caesar, der mich doch ganz anders ergreift und entzückt. Brutus ist eine unvergleichliche Gestalt und selbst bei Shakespeare einzig. Kennen Sie Gundolfs Caesarbuch?[1] Auch ein non plus ultra in seiner Art.

Morgen sende ich einen eingeschriebenen Brief mit Zigarren an Sie ab, leider nicht viele – man bekommt ja jetzt nur noch so wenig – aber ich erlebe es oft, wie sehr sich Raucher sogar über eine Zigarre freuen.

Mit herzlichen Grüßen und allen guten Wünschen traulich Ihr alter

M. Havenstein

PS: Wie recht haben Sie mit Ihren Prognosen behalten! Terribile!

91.

Frankfurt, 23. 10. 1944

Lieber Herr Professor,

so, da sitze ich wieder mal im Bunker. Ich will versuchen, ein paar Zeilen an Sie zu Papier zu bringen, so schlecht das Licht auch ist. Wie lange habe ich nun schon vor, endlich weiter meine Ansichten über Coriolan Ihnen darzulegen, aber unsere Zeit ist so zerrissen durch die ewigen Alarme und Luftwarnungen, das ganze Leben so unruhig, daß ich das Schreiben immer wieder habe aufschieben müssen; nur im Kopf habe ich mir alles, was zu sagen wäre, wieder und wieder durchgedacht und zurechtgelegt. Jede Woche war ich auch mittwochs und donnerstags in Mannheim. Letzten Donnerstag war ich in einem Großangriff mittendrin. In einem elenden, notdürftig abgedeckten Gemüsekeller neben der Kantine der Batterie. Es war schauderhaft. Und beinahe noch schauderhafter war die Rückfahrt. Da kam ich wieder in zwei Alarme hinein, in der Nacht, zuletzt noch der unheimliche, fast 1-stündige Marsch vom Bahnhof nach Hause durch die tote Stadt, wo ich im Falle eines neuen Alarms so gut wie schutzlos gewesen wäre. Um halb drei war ich endlich zu Hause. Jetzt werden diese Fahrten aber für einige Zeit aufhören, denn ich muß am Freitag auf vermutlich drei Wochen (wenns dabei bleibt) zum Schippen an den Westwall. Genauer ist uns unser Bestimmungsort nicht mitgeteilt worden. Mit welchen Gefühlen ich diesen Erlebnissen entgegengehe, können Sie sich denken. Ich bin nun einmal kein Held und verhehle gar nicht, daß mir allemal sehr unbehaglich zumute wird, wenn die Sirenen zu tuten anfangen, wenn ich über mir die Flieger brummen höre oder wenn gar die Bomben in einiger Nähe einschlagen (eben ist übrigens bis jetzt alles ruhig).

So etwas werde ich in den kommenden Wochen reichlich durchmachen müssen. Vor allem auch Beschuß von Tieffliegern und wer weiß, ob nicht gerade, wenn wir dort sind, die erwartete Großoffensive im Westen losgeht! Vor dem Schippen an sich habe ich weniger Abscheu, so schwer es werden wird für mich Stubenhocker. Bloß die offensichtliche Unsinnigkeit dieser Tätigkeit ärgert einen. Wenn der vielgerühmte Atlantikwall den Feind nicht ferngehalten hat, wie wollen wir das erzwingen mit den paar elenden Löchern und Gräben, die wir herstellen werden? Und vor allem – sie wissen ja, wie ich zu der ganzen Geschichte stehe; dafür muß ich nun, wenn nicht mein Leben, so doch meine Gesundheit und meine Knochen aufs Spiel setzen. Wie gut habens doch die, die immer noch an die Heiligkeit unserer Sache und an den Endsieg und vor allem an »Autotation«[1] glauben. Und deren gibts immer noch sehr, sehr viele; ich bekam erst heute von einem Schwager, einem sehr frommen, christlichen Manne, einen Brief in diesem Sinne. Ja, für unser Volk heißt es: Lasciate ogni speranza.[2]

In der Galgenfrist, die mir noch bleibt, werde ich kaum dazu kommen, über Coriolan zu schreiben, so sehr es mich selber drängt, das loszuwerden, was mir darüber im Kopf herumgeht. Ihren Brief habe ich erhalten und Ihre Karte dazu. Etwas kann ich vielleicht heute noch darauf antworten.[3] (...)

Viertel vor 10 Uhr. Um 21 Uhr war Entwarnung. ½10 schon wieder Luftwarnung. Aber bis jetzt ist alles ruhig. Wir sind einstweilen im Hause geblieben. Ich versuche fortzufahren.

(...) Eben – 22 Uhr – Entwarnung. 22.05 Uhr neue Luftwarnung! Bald darauf Alarm. Da sind wir wieder in die schlechte Luft unseres Bunkers gekrochen. (...)

24. 10. Hier habe ich gestern abend abgebrochen, es kam gerade die Vorentwarnung, wir gingen heim, und nachher kam ich nicht mehr zum Schreiben. Die Nacht ist dann ruhig geblieben, der heutige Vormittag desgleichen – bis jetzt, etwa 11 Uhr. Ich will nun aber doch noch etwas weiter fortfahren.

(...) Aber ich muß schon wieder abbrechen. Seit heute Mittag haben wir eben die fünfte Luftwarnung (es ist gerade ½7), da will ich mich doch wie üblich, zunächst mal in die Nähe des Drahtfunks begeben, um, wenn die Gefahr wirklich näher rückt, ausreißen zu können.

19.20 Uhr. Wieder einmal Entwarnung. Es hat wieder, wie den ganzen Nachmittag, erheblich über uns gebrummt, aber wir sind im Hause geblieben und haben zu Abend gegessen. Übrigens brummt es immer noch erheblich über uns – und eben ertönt die sechste Luftwarnung. Also wieder fürs erste Schluß. Nicht wahr, so ein Brief ist eine hübsche Illustration des Lebens, das wir hier zu führen verdammt sind?

Gegen 22 Uhr. Wieder einmal zwei Stunden oder nicht viel weniger verplempert, herumgestanden oder gesessen, zu Hause, auf der Straße, im Bunker. Ich hatte es leider versäumt, diesen Brief aus der Maschine zu nehmen, sonst hätte ich ja wie gestern im Bunker trotz des schlechten Lichtes weiterschreiben können. Ich fahre also jetzt fort, will doch wenigstens zu einem gewissen Abschluß kommen.

(...)

25. 10. morgens. Hier will ich nun doch fürs erste abbrechen, so leid es mir tut, daß ich immer noch nicht zur Erörterung des Punktes gelangt bin, an dem Ihnen besonders liegt: des Übergangs Coriolans zum Feinde. Aber diese anderen Fragen mußten vor bereinigt werden, jedenfalls mußte ich Ihnen meine Meinung darüber vortragen. (...) Ich werde Sie auch nicht überzeugen. Das wird mich aber nicht hindern, an meiner Überzeugung und an meiner Liebe gerade zu dieser dichterischen Gestalt festzuhalten. Denn Sie haben vollkommen recht: man kann auch eine solche von einem Dichter geschaffene Gestalt ebenso lieben, wie einen Menschen von Fleisch und Blut und ich wüßte keine, die mir es jemals mehr angetan hätte als eben diese. Gerade eben kommt Ihre neueste Sendung. Herzlichen Dank! Die Zigarren stecke ich mir übermorgen ein. Übrigens, wenn Sie mir noch ein Derartiges zudenken sollten: Tabak (am besten Krüll für die kurze Pfeife) ist mir noch lieber. (...) Zum Schluß noch vorläufig ein kurzes Wort des Dankes für eine andere Bemerkung Ihres letzten Briefes: daß das echte Christentum etwas höchst aristokratisches sei. Das entspricht ganz und gar meiner Gesinnung. Auch darüber hoffe ich noch einmal ausführlicher schreiben zu können. Verzeihen Sie mir das fleckige Papier. Man muß heute damit sparsam sein. Mit herzlichen Grüßen und Wünschen von Haus zu Haus

Ihr

Schumann

92.

Nunschweiler über Zweibrücken (Saarpfalz) Haus 93
bei Scholl, den 7. November 1944

Lieber Herr Professor,

heute stürmt und regnet es dermaßen, daß an Arbeiten nicht zu denken ist. Schon gestern mittag hatte das Wetter unserem Tatendrang ein Ziel gesetzt. So habe ich Zeit, Ihnen zu schreiben und Ihnen zunächst zu danken für den Brief vom 21. 10., den ich noch kurz vor meiner Abreise aus Frankfurt erhielt. Er hatte sich mit einem Brief von mir gekreuzt, den Sie wohl inzwischen erhalten haben.

Wir traten Freitag, den 27. 10., 16 Uhr, in der Nähe des Frankfurter Südbahnhofs an. Die Namen wurden verlesen, dann wurde etwas Verpflegung ausgegeben, und es wurde uns von dem Herrn in brauner Uniform, der den Abtransport zu bewerkstelligen hatte, versichert, wir kämen in eine Gegend, wo die Arbeit im wesentlichen geschafft sei, wir brauchten bloß noch ein bißchen zu polieren und würden wohl bald wieder heimgeschickt werden. Derselbe Herr erzählte uns nachher, wir kämen in die Saarbrücker Gegend. Der Zug ging erst 21.58 Uhr. Die Zeit bis dahin wurde uns durch etliche Alarme angenehm verkürzt. Endlich standen wir auf dem Bahnhof. Aber statt des Zuges kam neuer Alarm. Also wieder in den Luftschutzkeller zurück. Zwischen 12 und 1 kam endlich der Zug. Der besagte braune Herr hatte uns versichert, er habe 450 Plätze für uns vorbestellt. Aber der Zug war besetzt. Es wurde nun hineingestopft, was irgendwo noch ein Plätzchen finden konnte, darunter auch ich, zusammen etwa 60 Mann. Alle übrigen blieben zurück. Wie sie in der dunklen Nacht durch die tote Stadt heimgekommen sind mit ihrem schweren Gepäck, weiß ich nicht. Aber daß sie mörderisch geschimpft haben, darauf leiste ich einen Eid. Sie sind dann vier Tage später abbefördert worden, und zwar auch in unsere Gegend, durchaus nicht nach Saarbrücken, das immer noch 35 Kilometer weiter westlich liegt. Wir fuhren los über Darmstadt, Worms, Kaiserslautern nach Pirmasens. Alles aussteigen! Langes Herumstehen der Menschenmassen auf dem Bahnhof. Weh uns, wenn die Flieger gekommen wären! Endlich wurden wir in Marsch gesetzt nach Erlenbrunn, fünf Kilometer südlich. Todmüde von der Fahrt und dem Marsch kamen wir an. Der braungewandete Ortsgewaltige empfing uns mit der Eröffnung, er könne uns nicht brauchen, setzte uns ein paar Stunden in ein ungeheiztes Wirtschaftszimmer und ließ uns dann durch Postauto abbefördern. Unsere Fahrt ging zunächst denselben Weg nach Pirmasens zurück, den wir im Schweiße unseres Angesichts marschiert waren, dann weiter hierher. Nunschweiler liegt im Tal, halbwegs zwischen Pirmasens und Zweibrücken. Als wir ankamen, neigte die Sonne zum Untergang. Eigentlich wollte uns man auch hier nicht haben. Dann aber behielt man uns doch, wohl weil man sah, daß wir reichlich genug hatten von den Irrfahrten dank dieser wunderbaren Organisation. (Und dabei hatte uns der braune Herr in Frankfurt auch noch versichert, anfangs vor einigen Monaten sei ja allerhand drunter und drüber gegangen, jetzt aber sei organisatorisch alles in der Reihe, wir kämen sozusagen ins gemachte Bett) und daß wir keinen Schritt weitergegangen wären. Man gab uns zu essen, schickte die über 60jährigen in Privatquartiere und brachte die anderen im NSV[1] Kindergarten auf Stroh unter. Dort habe ich auch eine halbe Woche kampiert. Es war ganz gemütlich, nachdem ein Ofen gesetzt war. Aber ich war dann doch froh, als ich, wie die meisten, im Dorf ein Privatquartier fand, bei guten, ordentlichen und freundlichen Leuten. Ich habe ein schönes, weiches und warmes Bett und sitze bei den Leuten behaglich warm in der geräumigen Wohnküche.

Die Arbeit fing Montag, dem 30. 10. an. Wir bauen einen Schützengraben. Den ersten Abschnitt hatten wir Donnerstag, den 21. 11. fertig. Da kriegten wir von dem aufsichtführenden Polier ein ganz dickes Lob: »Einen so tadellos gearbeiteten Graben hätte er überhaupt noch nicht gesehen«. Ich darf mir nicht sonderlich viel Anteil an diesem Lob zuschreiben. Meine Arbeitsleistung ist mäßig, zumal mein rechter Unterarm etwas überanstrengt ist. Immerhin, wenn man schon einmal dabei ist, tut man, was man kann, wenn man sich auch nicht eben tot arbeitet. Jetzt sind wir am zweiten Abschnitt. Den hätten wir bis spätestens heute fertig gemacht, wäre nicht das Wetter dazwischen gekommen. Ein dritter ist noch vorgesehen. Was dann mit uns wird, wissen wir nicht.

Die Verpflegung ist so lala. Mittags und abends Suppe. Dazu

Brot, Butter, Wurst usw. Morgens Kaffee (ich lasse ihn mir aber von meiner Wirtin geben), zwischen neun und zehn sogenannter Tee. Oft braten wir uns auch Kartoffeln. Für mich reicht die Ernährung aus, für andere nicht. Seit vorgestern waren die Suppen besser, weniger dünn und mehr Fleisch drin. Ich bin gespannt, ob die Besserung anhält. Zu rauchen habe ich mir genug mitgebracht, es gibt auch zusätzlich zwei Zigaretten oder ein Zigarrillo oder fünf Gramm Tabak täglich.

Angetreten wird morgens gegen sieben, aufgehört – nach einer Stunde Mittagspause – gegen 17.30 Uhr.

Alarme und Luftwarnungen und Überflüge haben wir natürlich am laufenden Band. Aber dieser idyllische Ort, etwa zwei Kilometer von der nächsten Bahn entfernt, hat keine Sirene, die hört man allenfalls von Nachbarorten her. Auch ist eben deshalb, weil der Ort nicht an der Bahn liegt, die Gefahr gering, daß hier Bomben abgeworfen werden. Ich fühle mich hier weit geborgener als in Frankfurt, von Mannheim ganz zu schweigen. Und wenn nachts die Flieger noch so nahe über mich wegbrummen, dann höre ichs entweder gar nicht oder im Halbschlaf und drehe mich auf die andere Seite. Auch draußen am Graben kümmert man sich nicht übermäßig viel um diese Dinge. Tiefflieger haben wir noch nicht erlebt (auf der Hut sein muß man selbstverständlich vor ihnen), und die anderen beobachtet man, fürchtet sie aber nicht. Donnerstag, den 2. 11. haben wir einem ziemlich heftigen Angriff auf ein Militärbarackenlager mit Treibstoff usw. bei Pirmasens aus etwa sieben Kilometer Entfernung stundenlang zugesehen. Mit ruhiger Sicherheit zogen die Flugzeuge ihre Kreise, stürzten sich dann auf ihr Ziel, Sprengwolken und Flammenschein gingen hoch. Flak sehr schwach, keine deutschen Flieger, nur als alles vorbei war, flogen zwei in östlicher Richtung südlich vorüber. Allgemeiner Eindruck: »Pleite!« So leicht wird mir gerade hier nichts passieren. Und selbst wenn es dazu kommen sollte, je nun, dann erspart es mir das Schicksal, als Volkssturmmann[2], will sagen als Kanonenfutter ad maiorem gloriam dilectissimi ducis nostri satellitunque eius et ad prolongandam vitam eorum[3] in einem dieser Gräben totgeschossen zu werden, samt dem Sohn und den noch übrigen Schwiegersöhnen. Denn es soll und es wird ja dahinkommen, daß vom deutschen Volk nichts übrigbleibt als alte Leute, Witwen und vaterlose Kinder, in verwüstetem Lande, ohne ein Dach über dem Kopf, ohne Hausrat und sonstigen Besitz. Sie haben mir eben bestätigt, ich hätte bisher mit meinen Prognosen recht behalten. Ja, leider ist es so. Werden Sie mir jetzt sagen, ich sehe denn doch zu schwarz?

Einstweilen aber geht es mir alles in allem recht gut. Wenn das Wetter morgen so bleibt, und es sieht bis jetzt ganz danach aus, werde ich sogar den Coriolanfaden weiter, vielleicht zu Ende spinnen können. Ich will gleich schon anfangen. (...)

So, nun muß ich fürs erste abbrechen, ich will ins Bett, bin gespannt, ob ich morgen weiterschreiben kann.

Fortsetzung Samstag, 11. 11., abends ½8. Aus der Hoffnung auf einen zweiten völlig verregneten Tag ist nichts geworden. Es hat zwar immer wieder geregnet, alles in allem ist das Wetter so naß, so frostig und so unfreundlich wie möglich, aber doch nicht so, daß das Arbeiten ganz unmöglich gewesen wäre. Heute war es am ungemütlichsten, das Erdreich außergewöhnlich naß und klebrich, es klebte am Spaten, es klebte an den Stiefeln, man schleppte dauernd an jedem Fuß mehrere Kilo extra mit sich herum, und mit der Arbeit kam man auch nur im Schneckentempo vorwärts. Als sich etwa nach Mittagszeit herausstellte, daß die Herrschaften vom Baubüro oben auf der Höhe ihre Bude zugemacht hatten, da haben wir auch nur noch ein bißchen weitergewirkt und sind dann heimgegangen. Und morgen ist wirklich und wahrhaftig den ganzen Tag Ruhe – vorigen Sonntag haben wir bis gegen Mittag gearbeitet. Ich will etwas fortfahren in meinem Text. Vielleicht bringe ich doch noch hier in Nunschweiler die ganze Darlegung zu Ende.

Übrigens geht es mir gut, gesundheitlich habe ich bis jetzt alles trefflich ausgehalten. Der Appetit ist mächtig gewachsen. Wenn er in Frankfurt so bleibt, tut mir meine Frau leid, denn dann kriegt sie ihren Mann nicht mehr satt. Übrigens sind die Suppen tatsächlich im Durchschnitt jetzt besser und weniger dünn als in der ersten Woche. An die Arbeit hat man sich leidlich gewöhnt. Aber meine Gesinnungen gegenüber den Herrschaften, denen ich diese Tätigkeit zu verdanken habe, sind dadurch keineswegs milder geworden, weder gegenüber den eigentlichen Machthabern noch gegenüber denjenigen liebwerten Volksgenossen, so schätzbar sie sonst sein mögen, die den Machthabern durch unentwegtes Hinterherlaufen hinter deren Wagen ihr Metier weiter ermöglichen und den Krieg verlängern. Darunter ist mir die Kategorie der christlichen NS-Volksleute besonders zuwider. Die Leute machen sich das Leben bequem. Sie haben, bildlich gesprochen, in ihrer guten Stube zwei Herrgottswinkel. In dem einen hängt der Kruzifixus, in dem anderen das Hakenkreuz und das Hitlerbild. Und sie kommen sich dabei noch eminent fromm und christlich vor, weil sie ja »Untertan sind der Obrigkeit, so Gewalt über sie hat« – was sie dahin auslegen, daß sie auch blindlings alles glauben, was diese Obrigkeit ihnen vorzusetzen beliebt. Das stolze Wort des Petrus »man muß Gott mehr gehorchen als den Menschen« ist für sie leerer Schall. Das ist eben die Sorte von Christentum, die einen hochsinnigen Menschen wie Nietzsche so angewidert und ihn leider, leider dazu gebracht hat, ins Extreme zu gehen, das Kind mit dem Bade auszuschütten, den abusus für den usus[4] zu nehmen, die christliche Moral für eine Sklavenmoral zu erklären und die »blonde Bestie« dafür zu verherrlichen. Was er wohl sagen würde, wenn er sähe, wie seine Theorie von Herrn Heinrich Himmler und seinen Gefolgsmannen in blutige Praxis umgesetzt wird? Ich glaube, dafür würde er sich die ganzen Dinge noch einmal genauer überlegen, und vielleicht käme auch er dann zu demselben Ergebnis wie Sie: Daß echtes Christentum im Gegenteil etwas höchst aristokratisches ist. Gewiß, es ist sehr selten, ja die Erfüllung des höchsten Gebots der Bergpredigt »darum sollt ihr vollkommen sein, wie euer Vater im Himmel vollkommen ist«, ist geradezu unmöglich. Aber gerade dies ist großartig und wundervoll. Wie sagte Manto zu Hieron und Faust? »Den lieb ich, der Unmögliches begehrt«.

Ich bin auf diese Digression geraten, weil ich erst kürzlich eine briefliche Auseinandersetzung hatte, mit einem jener Leute mit den zwei Herrgottswinkeln, einem nahen Verwandten sonst herzensguten und kreuzbraven Menschen. Alles, was ich ihm vorhielt, war in den Wind geredet. Siehe »Dichtung und Wahrheit«, Buch 20, den Abschnitt, der beginnt mit den Worten »am furchtbarsten aber zeigt sich diese dämonische ...« »vergeblich bemüht sich der hellere Teil der Menschheit, diese ›dämonischen‹ Menschen als Betrogene oder Betrüger zu entlarven; die Masse wird unwiderstehlich von ihnen angezogen.« Mittlerweile ist es ½9 geworden. Ich will ins Bett. Aber morgen gehts ernstlich wieder an den Coriolan. Gute Nacht!

12. 11. gegen 9 Uhr vormittags.

Heute ist also Sonntag, wirklich Sonntag. Ich habe gut geschlafen, mit meinen Hausleuten, der alten und der jungen Frau und den Kindern, behaglich Kaffee getrunken und Kuchen gegessen (und was für Kuchen!), will gleich um ½10 mit ihnen zur Kirche und habe vorher noch etwas Zeit zu meinem Brief zurückzukehren.

(...) – Nach der Kirche weiter.

Aus dem Kirchgang wird nichts, ich erfahre eben, daß ausgerechnet um 10 Uhr u. a. Schuhe ausgegeben werden, und da es um mein eigenes Schuhwerk höchst kümmerlich bestellt ist, so darf und will ich mir diese Gelegenheit nicht entgehen lassen. Ich kann also noch ein Viertelstündchen weiterschreiben.

(...)

So, jetzt will ich sehen, ob ich ein Paar ordentliche Schuhe erwische.

Jetzt nachmittags nach 4 Uhr.

Ja, es ist geglückt, ich habe ein Paar, wie es scheint, recht handfeste Schuhe bekommen (nach anfänglichen Schwierigkeiten) und bin sehr froh darüber. Dann war ich bei meinen Wirtsleuten zu einem feinen Mittagessen eingeladen, habe fest und gut mittaggeschlafen, dann ein kleines Orgelkonzert angehört, das einige Kollegen improvisierten (wir sind hier meist Frankfurter Schulmeister von Höheren, Berufs- und Volksschulen, vertragen uns übrigens ausgezeichnet, und die gute Gesellschaft, in der man sich befindet, vor allem auch das Fehlen aller 150prozentigen Elemente ist wohltuend, man kann fast mit allen offen reden; sehr gut vertrage ich mich übrigens auch mit Bauern aus der Büdinger Gegend, mit denen ich seit einigen Tagen draußen zusammenarbeite), dann habe ich mit meinen Leuten behaglich Kaffee getrunken und sehr guten, friedensmäßigen Kuchen gegessen, um 5 Uhr (inzwischen ist es 6 geworden) habe ich eine gute Suppe gefaßt, und nun kommt also wieder Coriolan an die Reihe.

(...) Coriolan blieb allein und konnte sich nicht durchsetzen, mußte sich der Mehrheit fügen. Aber persönlich blieb sein Verhältnis zu den Standesgenossen ungetrübt. Sehr natürlich. Denn es sind ja durchweg brave Leute. Und ihm gegenüber haben sie sich bis zuletzt sehr anständig verhalten.

Es gibt ja auch den anderen Typen eines Angehörigen der Oberschicht, denjenigen, der sich dem Demagogengeschmeiß aus freien Stücken als Helfershelfer, ja wenns gewünscht wird, als Henkersknecht zur Verfügung stellt, sei es aus Idealismus und ehrlicher Dummheit, sei es aus Bequemlichkeit, Mitläufertum, Opportunismus, Erfolgsanbeterei, sei es aus Schwäche, Feigheit, Angst, sei es aus gemeinem Strebertum; hündisch beflissen, sich erstens nützlich zu erweisen, zweitens die vorgeschriebene Gesinnung zu präsentieren; mit demutsvollem Schweif wedelnd, jeden Fußtritt hinnehmend, tiefgerührt und hochbeglückt, wenn ihn einmal einer von den eigentlichen Machthabern, einer von den Großen oder auch bloß von den Kleinen, in gnädiger Paschalaune ob seiner Verdienste oder seiner Gesinnung auf die Schulter klopft; verständnislos den Kopf schüttelnd oder gar ernstlich entrüstet, wenn andere nicht die gleiche Wendigkeit aufbringen »mit der Zeit zu gehen«, »sich auf den Boden der Tatsachen zu stellen«; gern als Werkzeug benutzt, solange man ihn nötig hat, kalt lächelnd in die Ecke geschoben, sowie man ihn nicht mehr braucht oder wenn einer von der eigentlichen Clique das betreffende Pöstchen haben will; erbarmungslos zertreten und obendrein hemmungslos beschimpft, sobald er Miene macht, mehr sein zu wollen als eben ein willenloses Werkzeug oder gar, die endlich aufdämmernde Erkenntnis, sich aus der Verstrickung zu lösen und Opposition zu machen. Diesem Typ unter seinen Standesgenossen zu begegnen hat der Dichter seinem Helden erspart. Warum wohl? Nur deshalb, weil er in seiner Quelle nicht dergleichen fand? Oder deshalb, weil er ja noch keine Kunde haben konnte von Mirabeau und Philippe Egalité[5], noch gar von der sogenannten deutschen Ober- und Intelligenzschicht der glorreichen Zeit seit 1933, in Sonderheit den deutschen Generälen, Generaloberstn, Feldmarschällen dieser Zeit, den Keitel, Guderian, Brauchitsch[6] und wie die schwankenden Gestalten alle heißen, in denen die stolze, vor fast 300 Jahren bei Warschau und Fehrbellin[7] begründete Tradition des brandenburgischen, preußischen, deutschen Heerwesens, die Tradition des Offizierskorps, zu dessen Ruhm und Preis Lessing seine Minna, Kleist den Prinzen von Homburg geschrieben hat, so denkbar jämmerlich zu Grunde geht? Ich glaube doch, der Grund ist einfach der, daß der Dichter den klaren Gegensatz zwischen dem kreuzbraven, aber tieferen Einsicht baren und zum klaren Willensentscheid unfähigen Durchschnitt und den alle weit überragenden, wahrhaft einsichtigen, zu heldischem Durchgreifen bereiten und entschlossenen Einzelnen nicht komplizieren wollte.

(...)

Schluß für heute. Zuletzt habe ich geschrieben, während der Rundfunk die Münchner Kundgebung[8] übertrug. Jetzt wissen wir ja Bescheid! Morgen weiter.

Montag, den 13. 11. 44, abends gegen 9 Uhr.

Der gestrige Ruhetag hatte mir gutgetan, ich ging heute morgen mit frischen Kräften zur Arbeit. Aber das Erdreich war womöglich noch klebriger und pappiger geworden, und so war ich heilfroh, als unser Führer auch heute schon früher Schluß machte, etwa ½3. So kam ich wieder zu einem ausgiebigen Mittagsschlaf und bin jetzt noch frisch genug, um den Brief wenigstens eine Strecke weit fortzusetzen. Die Hausleute sind im Bett. Heute morgen hatte es geschneit. Oben auf unserer Höhe blieb der Schnee bis über Mittag liegen. Vorhin schneite es wieder mächtig.

(...)

Was ist nun der Sinn des ganzen Stückes? Ich möchte diesen Sinn, die Absicht des Dichters, so formulieren: Das Niederträchtige ist das Mächtige in dieser Welt. Jeder hat sich ihm zu beugen, ihm wenigstens dadurch von Zeit zu Zeit seinen Tribut darzubringen, daß er lügt – lügt in der Form der Verdrehung, der Unwahrheit, des Intrigierens, der Schmeichelei, der Diplomatie oder auch bloß dadurch, daß er schweigt, wo er reden sollte. Wer das nicht fertigbringt, den vernichtet jenes Niederträchtige unfehlbar früher oder später. Das ist dieselbe Wahrheit die in dem deutschen Sprichwort liegt »Kinder und Narren sagen die Wahrheit«, was ja besagt, daß ein reifer Mensch und ein verständiger Mensch lügt oder zumindesten mit der Wahrheit hinter dem Berg hält. Dieselbe Weisheit und Lebenserfahrung liegt auch zwischen der Bedeutungsentwicklung unserer Worte »Einfalt, einfältig«: Wer nur eine Falte in seiner Seele hat, der ist ein Narr, ein Einfaltspinsel. Die Wahrheit ist eben sehr oft unbequem, darum mögen die Menschen sie nicht hören, mundus vult decipi[9], und wer sie ihnen doch zu hören gibt, sie in ihrem Stolz, ihrer Eigenliebe, ihrer Eitelkeit dadurch verletzt, ihnen ihre Schwächen und Fehler vorhält, der macht sich die Menschen zum Feinde. Und das geschieht erst recht dann, wenn der Mensch, der nicht zu lügen versteht, ein großer, die anderen überragender Mensch ist: denn der reizt durch sein bloßes Dasein zwei andere sehr mächtige Triebe in der menschlichen Brust auf: den Neid und die Eifersucht – im Coriolan den Neid verkörpert in den Tribunen, die Eifersucht, die rasende, alle guten und edlen Eigenschaften verzehrende Eifersucht in Auphidius. Diese tief pessimistische Weisheit: das ist, so meine ich, der Sinn dieses Stückes.

(...)

Mit herzlichen Grüßen an Sie und Ihre verehrte Gattin stets Ihr

Schumann

93.

Blankenburg, 17.11.44

Lieber Herr Kollege,

von dem besten Briefpapier, das ich besitze – ein Erbe von meinem in Rußland gefallenen Neffen Günter Alk, der auf alles Äußerliche den größten Wert legte und darum auch das allerschönste Briefpapier zu kaufen pflegte – habe ich einen Bogen herausgekramt, um Ihnen auf Ihren langen Brief über Coriolan zu antworten, den letzten von Ende Oktober, der ein sozusagen zeitgemäß heroisches Gepräge trägt, sofern er den widrigsten Umständen abgerungen ist, in Stücke gerissen gleichsam, bei der Entstehung, durch Bombenangriffe und doch ein Ganzes bildend und aus einem Gusse, zusammengehalten durch den sachlichen Eifer und die begeisterte Freude an einem geliebten großartigen Kunstwerk. Dieser Brief, der mit dem vorletzten zusammengehört und in dieser Verbindung 18 große Seiten lang ist, stellt ein höchst respektables Trotzdem dar, wie es Ihr ganzes Dasein jetzt ist, und verdiente darum eine Antwort, die seiner würdig wäre, wie ich sie aber bei aller Ungefährdetheit unserer Existenz doch nicht leisten kann, weil mich mein fatales Leiden hindert, lang am Schreibtisch zu sitzen, aber das beste Papier will ich Ihnen wenigstens widmen, mir auch die Mühe geben beim Schreiben, um Sie nicht zu enttäuschen und solange am Schreibtisch auszuhalten, wie ich irgend kann.

Zunächst sei Ihnen nochmals herzlich gedankt, daß Sie mir soviel von Ihrer zerrissenen Zeit gewidmet haben, um mich über Ihren Liebling unter den Gestalten Shakespeares eines anderen zu belehren. (...) die gelungenen Gestalten der Dichter: sie haben in ihrer Art mehr Realität als die lebendigen Menschen, eben, weil sie konzentrierte und gesteigerte Wirklichkeit sind und alle die Millionen, die sie begreifen, (Du gleichst dem Geist, den Du begreifst)[1], sich in ihnen wiederfinden. So kommt es, daß man sie lieben, über sie endlos debattieren und sich sogar – auch das ist möglich – um ihretwillen entzweien kann. Sich das bewußt zu machen, wie tief und untrennbar wir in jener überwirklichen Welt leben, in der wir den »Himmel auf Erden« haben – den einzigen, der kein Traum ist – ist ein Stück Theodizee, und vielleicht das Wichtigste. (...)

Brauche ich Ihnen nach dieser langen Einleitung, die wie eine captatio bene volentiae aussieht, noch zu sagen, daß Ihre am Ende Ihres letzten Briefes ausgesprochene Vermutung, Ihre Darlegung würden mich nicht überzeugen, richtig ist? So ist es in der Tat. Ich will und kann es nicht leugnen. (...)

Aber nun genug von Ihrem Coriolan, dem ich zwei Vormittage gewidmet habe, – mit vielen zum Teil störenden Unterbrechungen. Geben Sie mich als Coriolan-Bewunderer auf! Ich kann hier nicht mit Ihnen empfinden. Vieles in dem Stück erscheint auch mir großartig, im Ganzen aber teile ich das Urteil der Allgemeinheit der Theaterleiter, Theaterbesucher und der Shakespeareinterpreten, daß Coriolan nicht zu Shakespeares höchsten Schöpfungen gehört.

Im Grunde denke ich jetzt viel mehr und intensiver an Sie als an Ihren Coriolan. Daß Sie nun auch im Westen, unter ständiger Bedrohung, als Schipper tätig sein müssen, bedaure ich tiefer als bei manch anderem, denn dieses Schicksal trifft zu. Hoffentlich liegt diese Ihnen so ungemäße, gefährliche Arbeit schon hinter Ihnen. Als ich mit 45 Jahren in Elbingen Soldat war, gelang es mir nicht, mich, wie ich sollte, mit dem Handspaten schnell genug einzugraben. Hochatmend und puterrot vor Überanstrengung stand ich da, als ich erst halb eingegraben war, der Leutnant bemerkte mich, rief mich ab und hat mir damit wohl das Leben gerettet. Bitte geben Sie mir nur bald ein Lebenszeichen und seien Sie herzlichst gegrüßt von Ihrem, Ihrer täglich mit Sorge und warmer Anteilnahme treulich gedenkenden

M. Havenstein

P.S.: Eine wahre Geschichte aus Rewal. In Rewal ist ja nun wie in allen Ostprovinzen russisches Militär. Diesem ist der Alkoholgenuß streng verboten. Ein Soldat aber hatte sich betrunken und machte Randale in einem Restaurant. Der Wirt weiß nicht, wie er gegen ihn vorgehen soll und fragt telefonisch beim Kommando an. Antwort: »Schießen Sie den Kerl tot«. Dies Verfahren lehnt der Wirt ab, darauf erscheinen nach einiger Zeit zwei Soldaten, die den Auftrag haben, den randalierenden Kameraden zu erschießen, was sie denn auch tun. Zur Erklärung oder Rechtfertigung heißt es: »Ja, bei uns herrscht Disziplin!«

94.

Blankenburg, 22. 11. 44

Lieber Herr Kollege,

gestern erhielt ich Ihren prachtvollen Bleistiftbrief vom 7. bis 13. November und antworte Ihnen sofort, wenn auch in aller Kürze, um Ihnen herzlich zu danken. Das ist einmal wieder ein Brief, wie ihn kaum einer meiner Freunde noch schreibt. Einige sind fast ganz verstummt. Andere schreiben nur noch von ihren Leiden und Bedrängnissen und auch nur alle paar Monate. Nur wenige kommen noch zu einem Gedankenaustausch wie in früheren besseren Zeiten. Zwölf große seitenlange Briefe schreiben nur noch Sie. Dieser Briefwechsel über Coriolan steht heute ganz einzig da und ist Ihrerseits ein erstaunlicher Beweis Ihrer ganz ungeschwächten und unzerbrechlich erscheinenden Lebens- und Geisteskraft. Sie ahnen natürlich gar nicht, wie heroisch das ist – sehr im Gegensatz zu dem, was Sie neulich von sich selbst aussagten. Das beste und stärkste in uns ist immer unbewußt. Andere kennen es oft besser als wir selbst – psychologisch sehr begreiflich, wir stehen uns selbst ja zu nahe, um uns beurteilen zu können und zum Erkennen gehört ja das Beurteilen: Jedenfalls ist dieser neue lange Brief wie seine Vorläufer höchst dankenswert, und ich danke Ihnen herzlich dafür. Es ist ja wahrlich eine Leistung, unter diesen Umständen einen solchen Brief zu schreiben!

(...) Es ist ja auch alles höchst interessant und bezeichnend, der Transport mit seiner wunderlichen Organisiertheit und dem braunen, immer versagenden Leiter, – die Arbeit bei gutem und schlechtem Wetter, – die Vorgänge in der Luft, die Sie beobachten konnten – Ihr Privatquartier mit der Verpflegung, – Ihre Eindrücke beim Verkehr mit den Pfälzern, – die Austeilung des Schuhwerks usw. Und die in die Coriolanbesprechung eingewobene Aufzählung, Bezeichnung und Beurteilung der mancherlei Mitläufer ist so vollständig und so überzeugend, wie sie mir bisher weder selbst eingefallen noch bei anderen begegnet ist. Früher habe ich Ihre Meinung über die höheren Offiziere etwas keck und ungerecht empfunden, nun gebe ich Ihnen vollkommen recht. Was Sie schreiben, ist tief betrübend und erschütternd, aber wahr. Ihre Prognose freilich, so wenig ich dagegen sagen kann, bezweifle ich doch ein wenig. Begründen kann ich meinen Zweifel nicht, aber ich vermag doch nicht zu glauben, daß es so gehen muß und wird. Irgendetwas wird geschehen, was diesen Ausgang verhindert. So meine ich. Und diese Meinung erwächst nicht etwa aus meinem eigenen privaten Lebenswillen, ist keine Ausgeburt meiner persönlichen Wünsche. Denn daß wir Alten das, was hinter dem nachtdunklen Vorhang liegt, vor dem wir sitzen, überleben werden, glaube ich nicht. Wenn uns die »mageren Kühe«, die nun kommen – ich höre sie schon brüllen – wenn sie uns nicht fressen (statt daß wir sie verspeisen helfen) so werden wir ein Opfer des Fanatismus und seines – nicht blinden, sondern sehr bewußten Selbsterhaltungswillens werden. Von Ihnen, dem so viel jüngeren, lebenskräftigeren und brauchbareren, hoffe und glaube ich, daß Sie diesem Schicksal entgehen werden, aber wir Alten sind zu geschwächt, zu leidend und abgezehrt, außerdem zu unnützlich, um die unaufhaltsam kommende Zeit des Hungers überstehen zu können, nicht zu reden von allen übrigen Entbehrungen. Meine Kräfte nehmen schon jetzt merklich ab, und daß meine Frau noch immer lebt, ist ein wahres Wunder und eine Gnade – für mich, nicht für sie. Denn sie, die Gute, ließe sich wohl sinken, wenn ich nicht noch da wäre und ihrer bedürfte. Aber verstehen Sie das nicht als Klage! Wir sind keineswegs unzufrieden, sondern dankbar und getrost hinsichtlich unseres eigenen Ergehens. Man lernt ja immer mehr sich anzupassen – der Körper kanns fast besser als die arme Seele –, sich nach der Decke zu strecken, auf der Schwelle des Augenblicks zu stehen und in den Tag hinein zu leben, was man früher nicht konnte und auch nicht wollte, sondern verachtete. Nun bleibt einem nichts anderes. (...)

Aber nochmals in aller Kürze, ich bin Ihnen herzlich dankbar, daß Sie nicht nachgelassen und mich nun zu guterletzt doch noch im wesentlichen umgestimmt haben. Vielleicht gewinne ich nun Ihren Coriolan doch noch wirklich lieb. Seine Tragik empfinde ich schon jetzt ganz anders. Seien Sie herzlich gegrüßt von meiner Frau und Ihrem viel an Sie denkenden und für Sie wünschenden

M. Havenstein

95.

Frankfurt, 26. 11. 1944

Lieber Herr Professor,

Gestern morgen bin ich wieder hier angekommen und habe Ihren langen und schönen Brief vorgefunden, für den ich herzlich danke. Er hat sich gekreuzt mit einem, den ich aus Nunschweiler, ich glaube am 14. d. M. eingeschrieben an Sie geschickt habe. Ich habe darin meine Coriolan-Darlegungen zu einem gewissen Abschluß gebracht. Für eine kurze Bestätigung, daß er richtig in Ihre Hände gekommen ist, wäre ich dankbar. Die sachliche Auseinandersetzung über den Inhalt hat Zeit. Ebenso will ich auch heute nicht eingehen auf den reichen Inhalt des Briefes. Dazu wäre ich denn doch heute auch noch nicht geistig frisch genug. Ich will Ihnen nur kurz ein wenig berichten.

Wir waren, wie Sie wissen, zu »kurzfristigem Notdienst« einberufen, und man hatte uns beim Abschied in Frankfurt ausdrücklich erklärt, wir kämen in ein Gebiet, wo die eigentliche Arbeit schon getan sei, und wir würden wohl recht bald wieder heimkehren. Statt dessen eröffnete man uns am 15. November: es müsse gerade jetzt sehr intensiv geschafft werden, um die Befestigungen fertig zu machen, und man werde uns voraussichtlich erst gegen Weihnachten heimschicken. Wir mußten uns damit wohl oder übel abfinden, denn die regierenden Herrschaften hatten uns ja allein schon dadurch völlig in der Hand, daß sie einem, der etwa ausrückte und unter Berufung auf das uns gegebene Versprechen »kurzfristigen« Einsatzes heimkehrte, die Abmelde-Bescheinigung für den Bezug von Lebensmitteln verweigerten; also konnte sich ein solches Ausrücken allenfalls ein bäuerlicher Selbstversorger leisten, ein Städter aber nicht. Also schanzten wir brav weiter, bei gelegentlich etwas besseren, meist aber hundsgemein schlechtem Wetter, und trieben unseren Schützengraben tief in den Wald hinein. Am Freitag morgen hatten wir gerade hart am Waldrand einen Entwässerungsgraben fertig gemacht, denn die Gräben standen natürlich infolge des ewigen Regens voll Wasser; der Durchstich war erfolgt, und wir hatten unsere fast kindliche Freude daran, wie nun das Wässerlein anfing abzulaufen, die Durchstichöffnung sich langsam von selbst erweiterte, der Schützengraben allmählich leerlief, unser Werk – technisch das Interessanteste was wir dort gemacht haben – seine Probe glänzend bestand, da setzte wieder einmal starker Regen ein und trieb uns erst in ein nahes Haus, dann in eine Scheune bei der Stelle, wo wir immer unsere Mittagssuppe »faßten« und wo wir auch diesmal die Suppe abwarten und danach, wenn der Regen nicht aufhören würde, heimgehen wollten. Mit einem Male verbreitete sich frohe Kunde: »Heute um 18 Uhr stehen die Westwall-Arbeiter aus Hessen-Nassau auf dem Bahnhof Pirmasens-Nord zur Abfahrt in die Heimat bereit.« Nun ließen wir die Suppe schwimmen, hinunter ins Dorf, gepackt, Abschied genommen von den Hausleuten usw., dann etwa zwei Stunden Marsch, meist im Regen (zwischendurch nahm uns einmal ein Post-Auto eine Strecke weit mit), durch schöne Gegend, aber auf verschlammten Wegen, etwa um 17 Uhr waren wir zur

Stelle. Und dann kam wirklich der Zug, endloses Warten, etwa 20 Minuten vor 22 Uhr setzte er sich in Bewegung und setzte uns morgens etwa ½5 ab, aber nicht etwa in Frankfurt-Süd, sondern in Offenbach. Durch Frankfurt-Süd war der Herr Zugführer glatt durchgefahren. Eine Kleinigkeit, aber auch sie bezeichnend für unsere Zustände; stellen Sie sich vor, daß im alten Preußen einem Zugführer so was passiert wäre! Was hätte das Beschwerden, Untersuchungen, Strafe gesetzt! Zum Glück fuhr bald ein Zug nach Frankfurt-Süd zurück. Dort saßen wir dann noch ein Weilchen im Wartesaal, ließen den großen Haufen die ersten Trambahnen stürmen und fuhren dann mit der zweiten oder dritten heim. Etwa 7 kam ich an.

Und nun liegt also auch dieses Erlebnis hinter mir. Es waren etwas über 4 Wochen. Alles in allem bin ich sehr zufrieden. Erstens hat meine Gesundheit die sehr harte Probe in wünschenswertester Weise bestanden. Vier Wochen lang den ganzen Tag draußen, bei harter Arbeit und vor allem bei denkbar unfreundlichem Wetter, echtem Novemberwetter: Kälte, Wind, Regen, Schnee, und nicht einmal ein Schnupfen! Zweitens sehr gute Kameradschaft nicht bloß mit den anderen Schulmeistern, sondern auch mit den Leuten aus ganz anderen Berufen und Lebenskreisen. Arbeitern aus Frankfurt und Bauern aus der Wetterau; besonders mit einigen von den letzteren habe ich mich glänzend vertragen. Ich kann jetzt auch aus eigener Erfahrung mitreden, wenn von »Frontkameradschaft« die Rede ist. Drittens: ein Anschauungsunterricht über unsere derzeitigen Zustände, wie ich ihn mir nicht besser hätte wünschen können. Sie kennen – und teilen – ja meine diesbezüglichen Gesinnungen. Ich bin in ihnen nur vollauf bestätigt worden. Klägliche Unfähigkeit und Pfuscherei, Schwindel, Terror auf der einen Seite, sklavenhaftes Alles über sich ergehen Lassen, höchstens hinterrücks Schimpfen und die Faust im Sack Machen, wo nicht gar – bei den bewußten Bählämmern – demütiges Alles mit den Schwierigkeiten der Lage usw. Entschuldigen auf der anderen. Daher erneuere ich jetzt mit noch größerer Sicherheit die schon längst gestellte Prognose: dieser Krieg endet – es sei denn, daß der Himmel ein Wunder tut – erst dann, wenn der Obersalzberg umzingelt und ausgeräuchert ist. So lange bleiben unsere Machthaber an der Macht, und so lange läßt sich das deutsche

Volk, größtenteils murrend und schimpfend, aber dennoch gehorsam für sie hinschlachten und sein Land verwüsten. Dabei werde ich aller Voraussicht nach auch draufgehen. Denn nun komme ich ja auch zum Volkssturm.[1] Es könnte wohl sein, daß meine Ausführungen über den Coriolan mein Schwanenlied sind.

Dabei habe ich in den letzten Wochen si parva licet componere magnis[2], selber ein wenig Coriolan gespielt, Coriolan-Schicksal erlebt und Coriolan-Gefühle und -Stimmungen durchgekostet. Denn ich war der einzige, der das Maul auftat, und nicht nur einmal, sondern mehrfach. Vor allem, als man uns jene Eröffnung machte, wir müßten bis gegen Weihnachten bleiben, da habe ich das vor versammelter Corona und im Beisein des braungekleideten Herrn, der unser »Lagerführer« war, klipp und klar als Wortbruch bezeichnet. Und auf den Tisch habe ich auch dabei geschlagen. Und das war nicht das einzige Mal. Ein ander Mal sprang ich einem armen Teufel bei, einem Arbeiter aus Thüringen, der mit ganz schlechtem Schuhwerk gekommen war (weil er nämlich kein anderes hatte und auch durch Lauferei bei seinen heimischen Ämtern, Kreisleitung usw. keins hatte erhalten können) und der dafür coram publico[3] von besagtem »Lagerführer« heruntergehunzt wurde. Ich erklärte, der Mann habe eben erwartet, daß ihm das Schuhwerk gestellt werde, so wie der Soldat beim Einrücken eingekleidet werde, und das gehöre sich auch so. Darauf: »Hetze Sie die Leit nit uff!« Und als ich mir das entschieden verbat, ich sei ja nur einem zu Unrecht Angeschuldigten zu Hilfe gekommen: »Jawohl, Sie hetze die Leit uff!« Und jedesmal blieb ich allein, ganz allein. Keiner von den anderen wagte auch nur piep zu sagen. Hatten sie recht? Ei gewiß hatten sie recht. Rebus sic stantibus[4] waren wir ohnmächtig. Aber ich hatte *auch* recht, und das *höhere* Recht. Wenn alle so das Maul auftäten wie ich, dann wären die Herrschaften nicht so frech und immer frecher geworden, und dann säßen wir nicht in diesem fürchterlichen und ausweglosen Elend drin. Das ist, si parva licet componere magnis, eine haargenaue Parallele zum Coriolan. Und auch die Zwiespältigkeit der Gesinnungen Coriolans gegenüber seinen Freunden und Standesgenossen kann ich nunmehr aus eigenem Erleben – Sie wissen, wie äußerst sparsam ich mit diesem von dem berüchtigten Herrn Hans Richert[5] und seinen Nachtretern totgehetztem Wort umgehe – noch besser nachempfinden als früher. Ich schrieb ja schon, wie gut ich mich mit meinen Lagerkameraden gestanden und vertragen habe. Aber wenn mir etwas passiert wäre – und der bewußte Herr hat auch schon die Sache an die nächsthöhere Instanz weitergegeben – keiner hätte auch nur den kleinen Finger für mich gerührt, sie hätten mich seelenruhig nach Dachau oder wer weiß wohin abführen lassen. Und da habe ich mich denn doch eines Gefühls der Bitterkeit nicht erwehren können, und ich verstehe es jetzt erst recht, wie auch in Coriolan dieses Gefühl aufkommt und immer stärker wird, als ihn dieses Im Stiche-gelassen-werden in wirkliches Unglück stürzt und zugleich durch die räumliche Trennung die unmittelbare und tagtägliche Verbindung mit den Freunden abreißt, und wie dieses Gefühl schließlich die alten freundschaftlichen Gesinnungen überwuchert und erstickt. O was war Shakespeare für ein Welt- und Seelenkenner! (...)

Aber ich will hier zunächst einmal abbrechen, denn ich habe allerhand andere Briefschulden zu erledigen. Bin ich damit durch, dann antworte ich ausführlich auf Ihren letzten Brief. Vielleicht habe ich bis dann auch Ihre Antwort auf den meinigen aus Nunschweiler.

Die Stadt hat mich nach der hiesigen Ziehen-Oberschule überwiesen. Die Fahrten nach Mannheim hören zu meiner großen Erleichterung auf (und noch mehr zu der meiner Frau); die unterrichtliche Betreuung der dortigen Flakhelfer ist anders geregelt worden. Heute morgen habe ich mich bei dem neuen Chef gemeldet; er hat mich fürs erste wieder heimgeschickt. Ich soll eintreten für einen Assessor, der nach Bad Ems versetzt worden ist; da aber die diesbezügliche Verfügung noch nicht da ist, so läßt der Chef einstweilen den Assessor weiter unterrichten, und ich soll mich um meine Universitätssachen usw. kümmern. Das ist mir natürlich sehr recht. Denn ich muß in der Tat jetzt auch wieder lesen. Mitteilung des Rektors vom 3.1.: »Nachdem der Herr Minister durch Erlaß vom 12. Oktober ..., die Stillegung des Lehrbetriebes in der Rechtswissenschaftlichen, Philosophischen und der Wirtschaftswissenschaftlichen Fakultät angeordnet hatte, ist jetzt eine Verfügung erlassen, nach der der Unterricht auch in diesen Fakultäten im Wintersemester 1944/45 durchgeführt werden soll, soweit es personell und sachlich möglich ist.« So gehts überall, im kleinen wie im großen. Draußen am Graben hieß es heute: Ach, in diesem Abschnitt brauchen keine Schützen-Nischen angelegt zu werden. Morgen: Nein, wir müssen doch Schützen-Nischen einbauen. Und dann konnten wir den Dreck, den wir an die betreffende Stelle geschmissen hatten, mühselig wieder wegräumen, und die Nische selbst herzustellen, war auch viel schwieriger, als wenn man sie gleich von vorne herein angelegt hätte. Ich könnte diese Beispiele beliebig vermehren. Ordre, contreordre, désordre. Wenns bei uns ständig rückwärts geht – die feindliche Übermacht ist wohl hauptsächlich, aber beileibe nicht allein daran schuld.

Nun gute Nacht. Bald mehr.

Herzliche Grüße von Haus zu Haus

Ihr stets treu ergebener

Schumann

96.

Blankenburg, 6. 12. 1944

Lieber Herr Kollege,

heute nur einen kurzen aber sehr herzlichen Dank für den Brief aus Frankfurt vom 26. November, den ich gestern erhielt, der also neun Tage gereist ist – so lange dauert es heute also – und die gewünschte Empfangsbestätigung für Ihren langen und hochinteressanten Brief aus Nunschweiler, den ich beinahe umgehend ziemlich ausführlich beantwortet habe, und zwar nach Nunschweiler hin und eingeschrieben. Hoffentlich wird der Brief Ihnen nachgesandt, und Sie haben ihn schon erhalten und sich ein bißchen gefreut über meine Freude an Ihrem, so ungewöhnlichen und reizvollen Brief sowie über meine Mitteilung, daß Sie mich nun doch in einem wesentlichen Punkt umgestimmt haben. (...)

Ihr Brief aus Nunschweiler – ich weiß nicht, ob ich Ihnen auch das schon schrieb – ist wirklich ein Unicum, in seinem Wechsel von Tatsachenbericht und Coriolan-Interpretation, die sich an einer bedeutsamen Stelle verflechten, und verschränken. Ein Zeitdokument und zugleich für Sie, Ihren Geist und Charakter höchst kennzeichnend! Nehmen Sie dafür noch einmal meinen allerbesten Dank!

Aber auch dieser letzte Frankfurter Brief ist mir sehr wertvoll und in beiden Hinsichten nicht weniger charakteristisch. Wahrhaftig, Sie haben viel gelernt bei diesem ungewöhnlichen Intermezzo, Erfreuliches, aber auch sehr Unerfreuliches, ja tief Niederdrückendes und Betrübliches. Und auch hier kommt es wieder zur Verflechtung eigener Erlebnisse mit Coriolan. Sie machens wie er und erfahren dasselbe. Aber was Sie erleben, ist eigentlich schlimmer. Denn Coriolans Standesgenossen halten ja doch zuerst zu ihm, scheren sich um ihn und stehen ihm bei – sie geben ihn erst preis, als nach ihrer Überzeugung nichts mehr zu machen ist (...) während ja in Ihrem Falle nur ein ganz kleiner Wagemut, den man von jedem anständigen Menschen verlangen muß, dazugehört, Ihnen Beistand zu leisten – das Risiko schrumpft ja auch zu einem Nichts zusammen, denn – ich will gar nicht sagen alle, sondern nur viele diesen Mannesmut aufbringen, einem Kameraden mit Worten beizustehen, dem Unrecht geschieht. Was soll man nur von den Leuten denken, die nicht einmal diese in einem wirklich sozialen Staat doch unbedingt gebotene und überhaupt eigentlich selbstverständliche Pflicht erfüllen? Sie haben vollkommen recht, wenn Sie daraus eine trostlose Konsequenz ziehen. – Mir ist vor vielen Jahren einmal ähnliches passiert, und ich kann Ihnen daher Ihre Bitterkeit nachfühlen. Als junger Lehrer hatte ich mich in einer Schulangelegenheit um der Wahrheit willen der Behörde widersetzt, und die Kollegen standen mir unter dem Eindruck, daß ich recht hatte, zunächst bei, ließen mich dann aber, einer nach dem anderen, im Stich, um nicht einen schwarzen Strich in ihrem Personalbogen zu bekommen. Mich widerte diese Feigheit damals so an, daß ich auf mehrere Jahre den Verkehr – im Hause – mit ihnen abbrach.

Hoffentlich ergeht es Ihnen bei dieser Affaire so gut wie damals mir, – denn mir passierte gar nichts. Ich hatte sogar den Eindruck, daß der Schulrat mich seitdem höher achtete und besser behandelte als zuvor.

Genug für heute! Seien Sie mit Ihrer verehrten Frau Gemahlin, für deren Karte ich bestens danke, herzlichst gegrüßt von Ihrem treu ergebenen M. Havenstein

Das nahende Kriegsende mit seinen chaotischen Verhältnissen, diese selbst wie auch der alsbaldige Tod Havensteins lassen den zuletzt düsterer werdenden Briefwechsel einfach aufhören. Allein für Schumann gab es ein – hoffnungsvolles – Fortleben. Er, der in vielem so zutreffend geurteilt hatte, durfte sich auch weiterhin auf seinen gesunden Menschenverstand, sein Pflichtgefühl, seinen Anstand und seine Überzeugungen verlassen. Ein einzelner, weiterer aus dem Nachlaß ausgewählter Brief möge dem Leser verdeutlichen, daß für ihn wie so viele andere Deutsche das Leben weiterging und wie es – Schumanns Meinung nach – weitergehen sollte.

97.

Frankfurt, 6. 9. 1946

Mein Lieber[1],

(...) Sie wundern sich, daß ich so zuversichtlich und munter weiterarbeite. Ja, lieber Alex, das ist doch das Beste, was man tun kann in einer solchen Lage. Sie kennen doch den schönen Spruch von Goethe:

»Gut verloren – etwas verloren: mußt rasch dich besinnen und Neues gewinnen.

Ehre verloren – viel verloren: mußt Ruhm gewinnen, da werden die Leute sich anders besinnen.

Mut verloren – alles verloren; da wäre es besser, nicht geboren.«

Wenn dieser Spruch je gepaßt, so paßt er jetzt auf uns. Gut haben wir verloren und die Ehre dazu; was geschehen ist in diesen unseligen Jahren, das ist ein Schandfleck, den die Jahrtausende nicht vom deutschen Volk abwaschen werden. Da heißt es eben, neue Ehre gewinnen. Dazu kann jeder an seinem Teil helfen. So z. B. ich in meinen Eigenschaften sowohl als Schulmeister wie als Mann der Wissenschaft. Deutschland stand einmal in dem Ruf, die besten Schulen zu haben und in den Wissenschaften mit an der Spitze zu marschieren. Auch davon ist allerhand verwirtschaftet. Aber es ist doch noch eine ganze Menge übrig geblieben. Sollte es nicht eine schöne und dankbare Aufgabe sein, diesen alten Ruf wiederzugewinnen, wenn möglich gar zu steigern?

Wirtschaftlich und politisch sind wir auf lange, lange Zeit erledigt; vom militärischen ganz zu schweigen. Wenn wir neue »Ehre« gewinnen wollen, bleibt uns fast allein das Kulturelle und im besonderen Schulen, Universitäten, wissenschaftliche Forschung auf allen Gebieten. Da stoßen wir auch auf keinerlei Mißtrauen, erfahren im allgemeinen – zumindesten hier im Westen; der deutsche Osten freilich ist ein besonderes Kapitel – auf diesen Gebieten am wenigsten Hemmungen. Wir müssen, so meine ich, danach streben, es zu erreichen suchen, daß z. B. die deutschen Schulen wieder vorbildlich werden (...), und daß man auf internationalen wissenschaftlichen Tagungen, gleichviel auf welchem Gebiet, (...) die deutschen Gelehrten nicht ausschließen (...) (wird).

(...) und oft fragt man sich, ob nicht Spengler doch am Ende recht behalten wird mit seiner Prophezeiung vom Untergang des Abendlandes. Aber ich bin weit davon entfernt, diesen Untergang nun als ein unabwendbares Fatum zu betrachten, die Dinge laufen zu lassen und die Hände in den Schoß zu legen, weil ja doch alles unnütz sei. Wohin man mit dieser Haltung gerät, das haben uns die vergangenen Jahre schaurig gezeigt. Vielleicht wären wir Deutschen doch nicht ganz so tief in dieses Elend hineingeraten, wenn nicht eben diese Haltung bei uns auch in den Kreisen, die innerlich in scharfem Gegensatz standen zu den Gewalten, die uns regierten, so allgemein verbreitet gewesen wäre. Niemand wagte auch nur den Mund aufzutun, geschweige denn mit der Tat Widerstand zu leisten, »weil es ja doch keinen Zweck habe«, »weil man – so schrieb mir einmal ein Freund – einen in voller Fahrt dahersausenden D-Zug nicht mit der bloßen Hand aufhalten könne«. In dieser schlappen und feigen Haltung liegt ein großer Teil der eigentlichen »Schuld« unseres Volkes. Ich will mich selbst von dieser Schuld keineswegs ausschließen. Aber ich darf doch von mir sagen, daß ich wenigstens den Mund manchmal aufgemacht habe. Es war allemal ein Wagnis, und ich habe manchmal hinterher Blut geschwitzt, auch andere, die mir wohlwollten, haben sich Sorgen um mich gemacht. Wenn ich daran zurückdenke, habe ich oft das Gefühl des Mannes, der über den zugefrorenen Bodensee geritten ist. Aber, und das ist das Wichtigste dabei, ich habe mich fast allemal durchgesetzt und wenigstens im Kleinen

Torheiten und Unheil verhütet und so halte ich es auch jetzt. (...)

In unserem kleinen Kreise, eben im Lessing-Gymnasium, versuchen wir nach Kräften »das Rechte zu tun«, indem wir uns bemühen, trotz aller Schwierigkeiten – fehlender Lehrbücher usw. – ganz schlicht und einfach den Buben was Ordentliches und Sauberes und Solides beizubringen. (...) Trotz allem ist noch eine ganze Menge vorhanden, es muß eben nur geordnet, befestigt, ergänzt werden, und das können wir jetzt, weil sehr vieles wegfällt, was uns früher ewig den Betrieb störte, nicht bloß die Flieger-Alarme oder die Verschickungen ganzer Klassen zur Erntehilfe, Heilkräutersammeln und dergl., sondern auch das ewige Theaterspielen z.B., wie es unter Majer-Leonhard üblich war, (...) erleichtert wird uns unsere Aufgabe weiter durch die Haltung der Jugend. (...) Natürlich gibt es Faulpelze, wie immer. Im allgemeinen aber *wollen* die Buben was Ordentliches lernen. Ebensowenig kann ich über die Haltung klagen. Sehen Sie, Kaiser-Friedrich [Gymnasium][2] und Lessing zusammen haben doch gegen 500 Schüler, und seit einem halben Jahr haben wir ziemlich vollen Betrieb; in dieser ganzen Zeit ist noch kein einziger ernstlicher Disziplinarfall vorgekommen: ist das nicht erstaunlich, bei einer Jugend, die lange Jahre hindurch dermaßen allen möglichen Gefahren der Verwilderung ausgesetzt gewesen ist? Auch in dieser Hinsicht ist eben noch eine ganze Menge Substanz vorhanden, auch da brauchen wir gar nicht so *völlig* von neuem »anzufangen«. Noch einmal: ich sehe nicht ein, warum ich da den Mut verlieren sollte. Im Gegenteil, ich glaube, ich habe noch nie in meinem ganzen Schulmeisterdasein – und das sind jetzt über 35 Jahre – mit solcher Freude meinen Unterricht gegeben wie jetzt. (...)

Dabei muß ich aber betonen, daß es mir und den Meinen, abgesehen von den schweren Lücken, die der Krieg in unseren Familienkreis gerissen hat – mir dreht sich immer wieder das Herz im Leibe herum, wenn ich an meine beiden Schwiegersöhne denke, die umgekommen sind, beides wirklich prächtige und sowohl in ihren Fächern tüchtige wie menschlich wertvolle Menschen, und die Töchter, blühende junge Frauen, sitzen nun mit ihren kleinen Kindern bei mir im Hause; aber auch sie lassen den Kopf nicht hängen und legen die Hände nicht in den

Schoß, sind vielmehr mit Eifer und Erfolg dabei, sich auf eigene Füße zu stellen. (...) – ich möchte betonen, daß es uns davon abgesehen vergleichsweise recht gut geht: wir haben unser Haus noch, und ich habe meine geliebten Bücher und meinen Beruf. Sonst aber sieht es um uns herum noch sehr trostlos aus. Am schlimmsten sind die Ostflüchtlinge dran. Aber das ist ein weites Feld. Ich möchte Ihnen herzlich wünschen, daß Ihr schönes Land vor einem auch nur annähernd ähnlichen Schicksal – ich weiß, daß es sehr hart an Ihnen vorübergegangen ist – dauernd bewahrt bleibt. (...)

Anhang

Anmerkungen

Diese knappen Anmerkungen wollen allgemein erklärende Mitteilungen, Erläuterungen des dem heutigen Leser nicht unbedingt Selbstverständlichen geben, sie sollen das Verständnis erleichtern. Im allgemeinen wurde dabei auf Angabe weiterführender Literatur verzichtet. Für das allgemeine Umfeld wie auch die in den Briefen angesprochenen historischen Vorgänge möge der Leser das kommentierende Nachwort zu Rate ziehen.

Die in Klammern gesetzten Pünktchen (...) kennzeichnen Auslassungen oder Kürzungen in den vorliegenden Briefen.

Die Briefe Schumanns tragen im allgemeinen als Absenderangabe den Vermerk Frankfurt am Main (mit Datum)
Kaiser-Sigmund-Str. 63
Die wenigen Ausnahmefälle, alle während der Kriegszeit, werden angegeben.

Havenstein schrieb seine Briefe und Karten aus Berlin – zumeist schrieb er: »Schmargendorf« (mit Datum) – von Urlaubsorten und ab 1940 fast ausschließlich aus »Blankenburg am Harz«. Veränderte Absendeorte werden jeweils kenntlich gemacht, die Datum-Angaben immer belassen.

Die Briefe sind in ihrer hier edierten Publikationsabfolge durchnumeriert. Die im Originalkonvolut vorhandene Korrespondenz ist daher, soweit sie hier nicht aufgenommen wurde, nicht erfaßt.

Brief 1

1 Hans Richert (1869-1940) wirkte, bevor er 1932 als Ministerialrat ins preußische Kultusministerium berufen wurde, als Gymnasiallehrer und -direktor an verschiedenen Orten. Er war maßgeblich beteiligt an der Reform des höheren Schulwesens in Preußen 1924/25; vgl. Nachwort.

2 Heinrich Weinstock, Dr. phil., 1889 geboren, wurde nach Stationen im Höheren Schuldienst im Provinzial-Schul-Kollegium zu Koblenz, nach Militär- und Kriegsdienst 1926 Direktor des Staatlichen Kaiser-Friedrich-Gymnasiums Frankfurt am Main. Seit 1931 war er Lehrbeauftragter für Pädagogik an der Universität Frankfurt/M.; seit 1927 Mitglied einer Kommission zur Reform der Hochschulen im preußischen Kultusministerium, seit 1931 Mitglied einer Kommission für Jungakademikerfragen im Reichsinnenministerium. 1929 Bearbeitung der Ausbildungsvorschriften für Studienreferendare im preußischen Kultusministerium. 1925-1933 Mitglied des pädagogischen Prüfungsamtes in der Rheinprovinz und Hessen-Nassau. 1929-1934 Vorsitzender des Wissenschaftli-

chen Prüfungsamtes an der Universität Frankfurt am Main. 1931-1933 Mitglied des Schulausschusses des deutschen Hochschultages.

Im Laufe der NS-Zeit Verfolgung, mehrere Verfahren auf Entfernung aus dem Amt, Bücherverbote.

1939-1944 Soldat, zuletzt I C in Paris. 1945 wieder Direktor des Kaiser-Friedrich-Gymnasiums, des jetzigen Heinrich-von-Gagern-Gymnasiums. 1949 Ordinarius für Pädagogik an der Universität Frankfurt am Main. Gestorben am 8. März 1960 in Bad Homburg v. d. Höhe.

3 Walter Schönbrunn, Oberstudiendirektor Berlin-Schöneberg. Er war an der pädagogischen Diskussion mit zahlreichen Artikeln und Büchern intensiv beteiligt.

4 Die Erziehung. Monatsschrift für den Zusammenhang von Kultur und Erziehung in Wissenschaft und Leben, Bd. 1 1926; vgl. Nachwort.

Brief 2

1 »Eine ernste Sache ist ein wahres Vergnügen.« Aus dem 23. Brief des römischen Moralphilosophen Seneca (4-65).

2 Ernst Weber, gemeint ist nicht der namhafte Münchner Reformpädagoge gleichen Namens (1873-1948), sondern ein Freund Schumanns und Havensteins.

3 Richtlinien, Jahrespläne, vgl. Nachwort.

4 Habilitation: Der Erwerb der akademischen Lehrbefugnis (venia legendi).

5 Die Universität Frankfurt am Main war eine städtische Gründung, eine Stiftungsuniversität städtischer Bürger, die vom preußischen Kultusministerium 1914 zugelassen worden war. Das humanistische Lessing-Gymnasium war ebenfalls ein Institut der Stadt, war aus der ältesten, noch auf Melanchthon zurückgehenden Gründung einer Latein-Schule hervorgegangen.

Brief 3

1 Die »Herren Deutschkundler« – vgl. Nachwort.

2 Johann Georg K. Sprengel (1863-1947) wirkte ab 1924 als Deutschlehrer am Frankfurter Lessing-Gymnasium und galt als ein führender Vertreter der Deutschkunde-Bewegung. Er verfaßte zahlreiche Artikel und Bücher zu Fragen der Pädagogik, war Mitbegründer des 1912 in Frankfurt ins Leben gerufenen Deutschen Germanisten-Verbandes und Vorsitzender der Frankfurter Sektion des Deutschen Sprachvereins. Er wirkte als Geschäftsführer der Gesellschaft für Deutsche Bildung und gab in dieser Eigenschaft auch die Vereinszeitschrift heraus.

3 Vgl. Brief Nr. 6 Anm. 1.

4 Richard Müller-Freienfels (1892-1949) wirkte 1930-32 an der Pädagogischen Akademie Stettin, 1933-38 Professor an der Wirtschaftshochschule Berlin als Professor für Philosophie und Psychologie, 1946-48 an der Universität Berlin. Vertreter einer »Lebensphilosophie«, die er irrational-ganzheitlich verstanden wissen wollte.

5 Beyer – ein Freund und Kollege Havensteins und Schumanns.

Brief 4

1 P. S. K. = Provinzialschulkollegium. Der Staat Preußen war in 13 solcher Kollegien unterteilt, die die Aufsicht über die höheren Schulen in bestimmten Bezirken innehatten. Für Frankfurt war das in Kassel residierende zuständig. Der für das Lessing-Gymnasium zuständige Dezernent war Vizepräsident Sondag.

2 Rudolf Herzog (1863-1943) war ein Lieblingsschriftsteller des national empfindenden deutschen Bildungsbürgertums. Er schrieb zahlreiche historische Romane wie »Die Wiskottens« (1905) oder »Stoltenkamps und ihre Frauen« (1917). Nach 1918 schlug Herzog einen entschieden antidemokratischen Kurs ein und machte sich schon früh zum Sprecher der nationalsozialistischen Literaturideologie.
J. G. Sprengel hatte 1919 ein Buch »Rudolf Herzogs Leben und Dichten« erscheinen lassen.

3 Diesen Lehrstuhl hatte bis dahin Karl Strecker (1861-1945) inne, der wohl angesehenste Fachmann für mittellateinische Literatur seiner Zeit. Er veröffentlichte wegweisende Forschungen zum »Waltharius« und zu Hrotsvith von Gandersheim. Zudem betreute er die Ausgaben mittellateinischer Dichter in der Reihe der Monumenta Germaniae Historica.

Brief 6

1 Schumann bezieht sich auf Havensteins Aufsatz ›Weichlichkeiten in der modernen Erziehung‹, erschienen in der Zeitschrift ›Erziehung‹, Jahrgang 1929/30 S. 160 ff. H.s Beitrag enthält einen Generalangriff auf die Reformpädagogik seiner Zeit, der er Verweichlichung der Jugend vorwirft. Von ähnlichen Tendenzen in der Gesamtgesellschaft ausgehend, prangert er die Diskussion um die Abschaffung der Todesstrafe an. Diese Debatte sei ein Sinnbild allgemeinen Niederganges. Auch in der Schule gehe man immer mehr dazu über, dem Hang der Jugend zur Bequemlichkeit entgegenzukommen, so z. B. durch Erleichterungen bei den Reifeprüfungen. Im Unterricht dürfe man der Jugend geistig anstrengende

Arbeit (z. B. Übersetzen aus den alten Sprachen) nicht ersparen. Ferner dürfe man den Schülern nicht zu große Freiheit bei der Wahl ihrer Aufsatzthemen lassen, da sie dann immer nur jene Themen wählten, deren Bearbeitung die geringste Mühe bereite.

Schumanns Resonanz in seinem Brief ist insofern aufschlußreich, als er lediglich einen – dazu leicht distanzierenden – Kommentar zur freien Wahl der Aufsatzthemen in der Schule abgibt. Daß er sich zu anderen, weitaus schärfer gefaßten Passagen des Aufsatzes nicht äußert, zeigt, daß er mit Havensteins Thesen nicht konform geht.

2 Ruf primo et unico loco – an erster und einziger Stelle einer Berufungsliste.

Brief 7

1 Walter Schönbrunn, Weckung der Jugend. Moderner Deutschunterricht (Diesterweg, Frankfurt 1929), verstand sich als praktischer Ratgeber zum Aufbau eines modernen Deutschunterrichts. Schönbrunn vertrat die Ansicht, daß die höhere Schule in der Gegenwart nur dann Bestand haben könne, wenn der Lehrer in Form und Inhalt des Unterrichts so weit als möglich auf die Wünsche der Schüler eingehe. Ziel des Deutschunterrichts sei nicht die Kenntnis gewisser Klassiker, sondern »Kulturempfinden an sich«. Daher dürfe der Unterricht die Lektüre nicht historisch betrachten, sondern müsse sie an den aktuellen Bedürfnissen der Gegenwart messen.

Havenstein besprach Schönbrunns Buch unter dem Titel »Die Klassiker und die Jugend von heute« im Deutschen Philologenblatt (38. Jg. 1930, S. 725 ff.). Er konstatiert dabei zunächst die wachsende Abneigung der Jugend gegen die deutschen Klassiker. Die Schuld daran schreibt er jedoch nicht den »historischen« Lehrern, sondern der modernen Reformpädagogik zu: in ihrer übergroßen Abneigung gegen Zwang fördere sie den allgemeinen Verfall von Respekt und Autoritätsglauben bei der Jugend. Nur deshalb komme diese dazu, sich überhaupt ein Urteil über die Klassiker anzumaßen. H. warnt, den Schülern nachzugeben, »wenn sie die Klassiker und andere Heiligtümer unserer Literatur heute ablehn(en)«. Statt dessen müsse der Lehrer mit solchen Klassen »ringen«. – Vgl. auch Brief Nr. 9, Anm. 3.

2 Philologen-Blatt. Vgl. Kommentar.

3 Ulrich Haacke, Die Not des Literaturunterrichts: Einbildung und Wirklichkeit, in: Die Erziehung Bd. V, S. 117 ff.

Der Artikel ist ein Beitrag zu einer weiterreichenden Kontroverse zwischen Schönbrunn und dem Goethe-Forscher Hermann August Korff (1882-1963). Haacke stellt sich darin auf den antihistoristischen Standpunkt Schönbrunns (und damit Havensteins): Klassiker wie Goethe seien der heutigen Jugend ferngerückt, da die Gegenwart insgesamt »realistischer« geworden sei. Zwar bedeute diese Abkehr von der Bildungstradition eine Art »Verfall«, doch werde dieser aufgewogen durch ein starkes Interesse für moderne und auch ausländische Literatur, die zwar »leichter«, aber nicht minder wichtig sei. Haacke betont, daß man mit Havenstein Dichtung als ein »Kunstwerk schlechthin«, von einem »allgemein menschlichen« Standpunkt aus betrachten müsse. – Vgl. Brief Nr. 16, Anm. 2.

4 Als Herausgeber der »Zeitschrift für Deutsche Bildung« und Mitherausgeber der »Neuen Deutschen Schule« und des »Sachwörterbuchs der Deutschkunde« (1930) gehörte Ulrich Peters (1878-1939) zu den einflußreichsten Pädagogen der Weimarer Zeit. Seit 1926 Direktor der Pädagogischen Akademie in Kiel, propagierte Peters eine Reform der höheren Schule im Sinne der Deutsch- und Kulturkunde.

5 Gerhart Hauptmanns soziales Drama »Vor Sonnenaufgang« – 1889 in Berlin uraufgeführt – verhalf dem Naturalismus zum Durchbruch auf dem deutschen Theater. Es wurde als Provokation des bildungsbürgerlichen »Klassiker«-Geschmacks empfunden.

Brief 8

1 In seiner Rezension des Schönbrunnschen Buchs (vgl. Brief Nr. 7, Anm. 1) stellt H. die Behauptung auf, daß die deutschen Klassiker besonders in Klassen mit stark »jüdischem Einschlag« abgelehnt würden. Dabei würden jüdische Schüler besonders die mittelalterliche, also jene Literatur ablehnen, die als »intim deutsch« anzusehen sei. Dies deshalb, weil die Juden im Mittelalter noch nicht emanzipiert gewesen seien und daher keinen eigenen Anteil an der Literatur besessen hätten. Je näher die Literatur an die Gegenwart heranrücke, je stärker damit der Anteil jüdischer Autoren wachse, desto mehr Zustimmung finde sie bei jüdischen Schülern. – Diese Interpretation führte zu einer publizistischen Kontroverse mit Deutschkron. (Vgl. Brief Nr. 9, Anm. 4).

2 Eine Nibelungen-Trilogie ist das Alterswerk des Dramatikers Friedrich Hebbel (1813-1863). 1861 in Weimar uraufgeführt, demonstrierte sie Hebbels (hegelianische) These, daß der schicksalhafte Untergang des Einzelnen als Stufe eines welthistorischen Ablaufs seinen überindividuellen, höheren Sinn erhalte. In der Folgezeit galt das Werk als ein oft imitiertes Musterbeispiel nationaler deutscher Bühnenkunst.

1 Wilhelm Meyer (1845-1917) wirkte seit 1886 als Professor für mittellateinische Philologie und Paläographie in Göttingen. – Vgl. Gesammelte Abhandlungen zur mittellateinischen Rhythmik, 2. Bde., 1905. – Ludwig Traube (1861-1907), Philologe und Historiker, war seit 1902 Professor in München. Traubes Arbeiten waren bahnbrechend auf den Gebieten mittellateinischer Philologie, Paläographie, Handschriftenkunde, lateinischer Überlieferungs- und Textgeschichte der antiken wie der altkirchlichen Literatur. – Vorlesungen und Abhandlungen, 3 Bde., hg. von P. Lehmann und S. Brandt, 1909-1920. – Paul von Winterfeld (1872-1905) edierte zwischen 1895 und 1905 zahlreiche mittellateinische Dichtungen für die Monumenta Germaniae Historica. Ein Jahr vor seinem frühen Tod erhielt er die Professur für mittellateinische Philologie in Berlin. Sein bekanntestes Buch wurden seine Übersetzungen »Die Dichter des lateinischen Mittelalters«, die Hermann Reich 1913 erstmals aus dem Nachlaß herausgab.

2 Im Zuge der Reform der Volksschullehrerausbildung richtete die preußische Regierung im Jahre 1926 pädagogische Akademien in Kiel, Bonn, Elbing und Frankfurt am Main ein. Gleichzeitig wurden die bis dahin für die Volksschullehrerausbildung zuständigen Lehrerseminare aufgelöst. Vor dem Hintergrund der zunehmenden Bedeutung der Volksschulen im industriellen Staat verfolgte der liberale preußische Kultusminister Bekker bei seiner Reform das Ziel, eine umfassende, wissenschaftlich fundierte und praxisorientierte Ausbildung der Volksschullehrer auf der Basis des gymnasialen Abschlusses sicherzustellen. Im Vergleich zu den traditionellen Universitäten verfügten die pädagogischen Akademien nur über eine sehr eingeschränkte Selbstverwaltung. Zudem waren sie konfessionell ausgerichtet. Nur die Frankfurter Akademie machte dabei eine Ausnahme. Vgl. Dt. Verwaltungsgeschichte, Bd. 4, hg. v. Kurt G. A. Jeserich u. a., Stuttgart 1985, S. 370 ff.

3 Vgl. Brief Nr. 8, Anm. 1.

4 Sie erschien in der nächsten Ausgabe des »Deutschen Philologen-Blatts«. Der Verfasser widerspricht H. mit dem Hinweis, daß mittelalterliche Literatur auch in rein deutschen Klassen abgelehnt werde. Wenn moderne, jüdischstämmige Dramatiker wie Ernst Toller oder Georg Kaiser lieber gelesen würden, so deshalb, weil sie im Theater gespielt würden. »Die Erklärung, die Havenstein dafür gibt, ist meiner Ansicht nach ein Umweg, der sich gefährlich auswirken kann und den Tatsachen einfach nicht entspricht.« – Nach Deutschkrons Einspruch druckte das Blatt eine Erklärung H.s ab, in der er ohne Begründung auf eine weitere Erörterung des Problems verzichtet.

5 Vgl. Brief Nr. 8, Anm. 2.

6 Zeugnis für das zwiespältige Verhältnis Berthold Auerbachs (1812-1882), des Verfassers der »Schwarzwälder Dorfgeschichten«, zu Hebbel finden sich u. a. in Auerbachs Briefwechsel.
7 »neugierig«.
8 Hrotsvith (Roswitha) um 935 - nach 973, Nonne im sächsischen Kloster Gandersheim, schrieb lateinische Verslegenden und christliche Schauspiele.

Brief 10

1 Die wöchentlich erscheinende ZV-Zeitung war das Organ des Centralvereins Deutscher Staatsbürger Jüdischen Glaubens, der bedeutendsten Interessenvertretung der deutschen Juden.
2 In der Ausgabe vom 2. Januar 1931 antwortete der Potsdamer Oberstudiendirektor Müller auf Havensteins Buchbesprechung im Philologenblatt; nach seinen Erfahrungen stoße die ältere deutsche Literatur in den Schulen vor allem deshalb auf Ablehnung, weil die Lehrer nicht in der Lage seien, die Klassiker zeitgerecht darzubieten. Dies sei wohl auch H.s Problem. Dabei neige H. zum Antisemitismus, der ihn an einer gerechten Beurteilung seiner jüdischen Schüler hindere. Andere Lehrer hätten an H.s Stelle um Entbindung vom Unterricht in Klassen mit »stark jüdischem Einschlag« nachgesucht. Wenn jüdische Schüler wegen ihrer »Stammeszugehörigkeit« keinen Anteil an der älteren deutschen Literatur nehmen könnten, dann sei es für deutsche Schüler wohl auch unmöglich, englische oder französische Literatur zu verstehen, an der sie doch geschichtlich überhaupt keinen Anteil hätten. Als Fazit hielt Müller fest, daß H. zur Erteilung eines »wirklich deutschen Unterrichts« ungeeignet sei.

Brief 11

1 Bei den Reichsjugendwettkämpfen in Goslar anläßlich der Verfassungsfeier des Jahres 1929 hatten Schüler und Schülerinnen der höheren Schulen die schwarz-rot-goldenen Schleifen von den Siegerkränzen gerissen und zertreten, um damit ihre Ablehnung des Weimarer Staates zu dokumentieren. Daraufhin hatte der Preußische Kultusminister Becker den betroffenen Schülern einen Schulverweis angedroht und dem städtischen Realgymnasium und dem Gymnasium in Goslar das Recht auf die Abnahme der Reifeprüfung entzogen. Diese Reaktion des Ministers wurde von den Rechtsparteien als völlig überzogen kritisiert. Die Angelegenheit wurde auch zum Thema mehrerer kontrovers geführter Debatten im

Preußischen Landtag, die, wie die gesamte Affäre, vom Philologenblatt aufmerksam verfolgt wurden. Vgl. Deutsches Philologenblatt/Korrespondenzblatt für den akademisch gebildeten Lehrerstand 1929, S. 609, 623 f., 657, 688 ff. und 777 ff.

2 Sch. schreibt hier noch unter dem Eindruck der Reichstagswahl im September 1930, bei denen die NSDAP die Zahl ihrer Mandate von 12 auf 107 erhöhen konnte, während der Anteil der aus SPD, Zentrum und linksliberaler Staatspartei bestehenden Weimarer Koalition stark zurückging. Spätestens bei den im Frühjahr 1932 stattfindenden Landtagswahlen, so glaubte man, werde diese Koalition ihre Mehrheit verlieren und abtreten.

Brief 12

1 Vgl. Brief Nr. 10, Anm. 2.

2 Dschl.-Blatt – Nicht zu entschlüsselndes Kürzel.

3 Deutsche Allgemeine Zeitung (Berlin) – 1861 als Norddeutsche Allgemeine Zeitung gegründet, seit 1863 staatlich subventioniert, war das Blatt während des Kaiserreichs ein Sprachrohr der Bismarckschen Politik. 1918 erfolgte eine Umbenennung in »Deutsche Allgemeine Zeitung«. 1920 erwarb der Industrielle Hugo Stinnes das Blatt, das nach seinem Tod im Jahre 1925 zunächst in preußischen, dann in Reichsbesitz überging. 1927 überließ der Staat die Zeitung einem Wirtschaftskonsortium – bestehend vor allem aus der HAPAG-LLOYD, der Danatbank und dem Stinnes-Konzern. 1938 wurde die DAZ in die NSDAP-eigene Herold-Verlagsgesellschaft übernommen. Während der Weimarer Republik war die Tendenz des Blattes zwar national, aber nicht parteigebunden. 1930/31 unterstützte die DAZ Brünings Präsidialregierung.

4 H. nimmt hier Bezug auf sein Buch »Thomas Mann. Der Dichter und Schriftsteller«, Berlin 1927. Er wollte durch eine Analyse der Werke Thomas Manns dessen »geistige Persönlichkeit« herausarbeiten und, wie er in seinem Vorwort mitteilte, »über das Biographische und Zeitgeschichtliche hinausführen (...) in jene Sphäre des Überhistorischen, Ewig-Menschlichen und Ewig-Gegenwärtigen, in der alle bedeutenden und vollkommenen Kunstwerke ihr eigentliches Dasein haben«. Dieser Anspruch ist auch im Zusammenhang mit Havensteins beständigem Streben zu sehen, den Historismus durch die Betonung »ewiger Werte« zu überwinden.

Brief 13

1 Heinrich Mann (1871-1950) war 1930 zum Präsidenten der Preußischen Akademie der Künste/Sektion Dichtkunst gewählt worden, was Schumanns Interesse auf sein Werk gelenkt haben mag. – »Die große Sache« (Berlin 1930) gehört zu den weniger bekannten Werken Manns. In einem atemlosen Erzähltempo sucht der Verfasser die Hetze und Oberflächlichkeit der späten Zwanziger Jahre zu spiegeln. Die Negativfigur des Romans trägt Züge des mehrmaligen Reichskanzlers Hans Luther, den Mann als charakterlosen Handlanger antidemokratischer Großindustrieller darstellt. Seine mutige Gegenwartskritik trug ihm seitens konservativer und nationalistischer Kritiker den Vorwurf ein, ein oberflächlicher »Zivilisations-« bzw. »Asphaltliterat« zu sein. Auch Schumann erliegt diesem Ressentiment.

Brief 14

1 Vgl. Brief Nr. 4, Anm. 3 und Nachwort.

Brief 16

1 Vgl. Nachwort.
2 »Der Geist der Goethezeit«, 4 Bde., 1923-1957, bildet das Hauptwerk Hermann August Korffs, Professor in Leipzig. Er galt als ein Hauptvertreter der »historistischen«, also geistes- und ideengeschichtlichen Richtung innerhalb der deutschen Germanistik. Vgl. Brief Nr. 7, Anm. 3.

Brief 17

1 In den folgenden, hier ausgelassenen Abschnitten seines Briefs berichtet Sch. vom Tod seines Vaters und von der unkonzilianten, ja demütigenden Verfahrensweise der obersten Schulbehörde in Sachen seiner Berliner Mittellatein-Professur. Die Klage des Kultusministeriums über fehlende Finanzmittel sei eine Ausrede, da für kostspielige, unnötige Repräsentationsprojekte von Parteigenossen stets genug Geld da sei.
2 Vgl. Brief Nr. 1, Anm. 1.
3 Der Orientalist und philosophische Schriftsteller Paul de Lagarde (1827-1891) plädierte in seinen kulturpolitisch-pädagogischen Werken für die »Befreiung des Evangeliums von paulinischen Fälschungen« und die Errichtung einer nationalen Kirche. Mit diesem Projekt, das von einem hef-

tigen Antisemitismus begleitet wurde, genoß Lagarde im Dritten Reich hohes Ansehen. – Der Name Johannes Schulzes (1786-1869), lange Zeit vortragender Rat am Preußischen Kultusministerium, steht für eine straffe Disziplinierung und Reglementierung des höheren Schulwesens.

4 Herr Heilmann und Herr Christoph König – nicht festzustellen, wohl für Schulen zuständige Beamte.

5 Die Deutsche Demokratische Partei (DDP) war eine Sammelpartei verschiedener linksliberaler Gruppierungen, die 1918 unter Führung prominenter Politiker wie Friedrich Naumann, Max Weber und Walther Rathenau ins Leben gerufen wurde. Da das Wählerpotential der DDP – Mittelstand und Selbständige – unter den Wirtschaftskrisen der 20er Jahre zusammenschmolz, schloß sich die Partei seit 1925 der SPD an und verlor bei jeder Reichstagswahl mehr Sitze. Die politische Linie der DDP vertrat vor allem die von Sch. geschätzte »Frankfurter Zeitung«.

6 Die Wirtschaftspartei, 1920 als »Reichspartei des deutschen Mittelstandes« gegründet, war eine rein wirtschaftliche Interessenpartei für Handwerker, Gewerbetreibende und Hausbesitzer. Sie bekämpfte die »entarteten Formen des Parlamentarismus«, als welche sie auch den »unwirtschaftlichen« Beamten- und Verwaltungsapparat ansah.

7 Die Bestechungs- und Betrugsaktionen der Gebrüder Slarek sorgten Ende der 20er Jahre für einen Skandal, der die SPD schwer belastete und daher von der radikalen Rechten weidlich ausgeschlachtet wurde. Es kam heraus, daß die Berliner Uniformenhersteller Slarek gegen Schmiergelder an städtische Beamte und Kommunalpolitiker sowie großzügige Geschenke an den linksliberalen Berliner Oberbürgermeister Böß jahrelang hohe Honorare für nicht erbrachte Leistungen kassiert hatten.

8 Der Neubau der Ortskrankenkasse nahe der Friedensbrücke am heutigen Theodor-Stern-Kai entstand in den Jahren 1929/30. Der streng funktionalistische Entwurf von Ernst Balser sorgte in der Frankfurter Bürgerschaft für heftige Diskussionen.

9 1925 trat der Architekt Ernst May (1886-1970) sein Amt als Stadtbaurat von Frankfurt an. In dieser Eigenschaft entwarf er ein Generalbebauungsprogramm und ein langfristiges Wohnungsbauprogramm, das als eine Pionierleistung sozialen Wohnungsbaus bei Kennern im In- und Ausland hohe Anerkennung fand. In Frankfurt selbst allerdings regte sich heftiger Protest. Zum einen, weil dem Bau von Wohnanlagen wie der »Römerstadt« spektakuläre Enteignungen vorausgingen. Zum anderen, weil man Mays funktionale Flachdachbauten vor allem in konservativen Kreisen als undeutsche »Wohnmaschinen« empfand; Vgl. D. Rebentisch, Die treuesten Söhne der deutschen Sozialdemokratie, in: Archiv für Frankfurter Geschichte und Kunst 61, Frankfurt am Main 1987, S. 297 ff., in spez. S. 344 ff.

10 Der Zoologe und Naturphilosoph Ernst Haeckel (1834-1919) suchte

Darwins Entwicklungstheorie zu einer universalen Weltanschauung (»Welträtsel« 1899) auszubauen. Als naturwissenschaftlicher Versuch, die von den Zeitgenossen erstrebte Versöhnung zwischen Idealismus und Materialismus zu leisten, fand Haeckels »Monismus« gerade beim aufgeschlossenen Bildungsbürgertum große Beachtung.
Als Vorsitzender des Deutschen Monistenbunds unter dem Ehrenvorsitz Haeckels ab 1912 wirkte der Chemiker und Gründer der Physikalischen Chemie Wilhelm Ostwald für eine »energetische Weltauffassung«. Auch er suchte durch populäre naturphilosophische Bücher seine Weltsicht zu verbreiten.

11 Der national-konservative Dichter Emanuel Geibel (1815-1884) war der wohl meistgelesene deutsche Lyriker des späteren 19. Jahrhunderts. Heute gelten seine Gedichte als Inbegriff eines inhaltsleeren, rhetorisch tönenden Epigonentums.

12 Gemeint ist wohl »Goethes Genie und Menschentum« (in: Philologenblatt 40. Jg. 1932), in dem H. einen Großteil der modernen Kunst und Literatur für unnormal, krank, schwach und abnorm erklärt. In Wiederholung eines vielbenutzten Topos erhebt er das »gesunde« praktisch tätige Genie Goethes zum leuchtenden Gegenbild.

Brief 18

1 Vgl. Brief Nr. 3, Anm. 5.

2 Ernst Krieck (1872-1947), seit 1928 Professor an den Pädagogischen Akademien von Frankfurt und Dortmund, schwang sich 1932 zum führenden Vertreter und Theoretiker der nationalsozialistischen Pädagogik auf. Als erster nationalsozialistischer Rektor der Frankfurter Universität leitete er seit Mai 1933 deren »Gleichschaltung«. Als Aufgabe der Erziehung betrachtete Krieck, die Jugend durch Zucht in die nationalsozialistische »Volksgemeinschaft« einzuordnen.

3 Vgl. Brief Nr. 4, Anm. 1.

4 Dr. Joseph Gelhard, Studienrat in Hanau.

5 Wilhelm Grebe, Studienrat und Privatdozent für Philosophie an der Universität Frankfurt am Main.

6 Vgl. Nachwort.

7 Unter den hier genannten Schriftstellern, die im Frühjahr 1933 mit dem Nationalsozialismus sympathisierten, blieb nur Erwin Guido Kolbenheyer (1878-1962) zeitlebens ein überzeugter Nationalsozialist. »K.s Werk besteht zum größten Teil aus historischen Romanen und Dramen mit einer stark archaisierenden Tendenz. Literarische Qualitäten sind diesem Werk nicht abzusprechen; sie resultieren aus einem nicht unbeträchtlichen Gespür für historisches Kolorit. Es verrät jedoch eine reak-

tionäre, nationalistische Staatsauffassung, die in K.s pseudophilosophischen Schriften ihre metaphysisch-biologische Begründung erfährt.« (Ernst Loewy, Literatur unterm Hakenkreuz, Frankfurt 1969, S. 302).
Ernst von Salomon (1902-1972), Teilnehmer am Kapp-Putsch (1920) und an der Ermordung Walther Rathenaus (1922), schrieb Romane in preußisch-nationalistischer Grundstimmung. Mit Beginn des Dritten Reichs zog er sich aus dem Literaturleben weitgehend zurück. Seine Einstellung zu Politik und Nationalsozialismus entwickelte er in seiner Autobiographie »Der Fragebogen« (1951).
Ernst Wiecherts (1887-1950) Novellen und Romane verklären in mystisch-religiöser Weise schlichtes, selbstloses Menschentum und einfaches Leben. Nach 1933 distanzierte sich der Schriftsteller öffentlich vom Nationalsozialismus. 1938 wurde er für zwei Monate im Konzentrationslager Buchenwald interniert und dann unter Gestapo-Aufsicht gestellt. Vgl. Brief Nr. 38, Anm. 5.
Ein Schriftsteller namens Hans Zoff ist nicht nachzuweisen. Daß es sich um eine Verwechslung mit dem Dramatiker Otto Zoff (1890-1963) handelt, ist wenig wahrscheinlich, da dieser bereits 1932 nach Italien übersiedelte und von dort nach New York emigrierte.

8 Einen Tag später, am 23. April 1933, wurden diese Schriftsteller von den Nationalsozialisten zu verbotenen Autoren erklärt. Am 7. Mai 1933, drei Tage vor der Bücherverbrennung »wider den undeutschen Geist«, traten Thomas Mann und Franz Werfel aus der Preußischen Akademie für Sprache und Dichtung aus. Zu ihren »Nachfolgern« zählten u. a. die im folgenden genannten Grimm, Ernst und Kolbenheyer.

9 Hans Grimm (1875-1959) lieferte mit seinem nationalistischen Roman »Volk ohne Raum« (2 Bde. 1928/30) eines der meistzitierten Grundbücher des Nationalsozialismus. Während des Dritten Reichs in angesehener Stellung, wurde er nicht müde, kolonialen »Lebensraum« für das deutsche Volk zu fordern.
Der Erzähler, Dramatiker und Essaist Paul Ernst (1866-1933) hingegen kann – obwohl er den Nationalsozialisten kurz vor seinem Tod am 13. Mai 1933 noch gehuldigt hatte und von ihnen vereinnahmt wurde – kaum als Nazidichter bezeichnet werden. In Lebenszeit und Schreibstil gehört er vielmehr dem deutschen Naturalismus um Arno Holz und Richard Dehmel an.

10 Theodor Litt (1880-1962) und Wilhelm Flitner (geb. 1889) waren um diese Zeit Herausgeber der Zeitschrift »Erziehung«. Vgl. Nachwort. Beide gelten als führende Vertreter und Mitbegründer der modernen Erziehungswissenschaft: Litt der dialektischen-reflexiven, Flitner der geistesgeschichtlichen Richtung.

11 Bei den neben Reichspräsident Hindenburg genannten Männern handelt es sich um die nichtnationalsozialistischen Minister in dem am

30. 1. 1933 besetzten Kabinett Hitler. Konstantin Frhr. von Neurath vertrat das Justiz-, Franz von Papen das Außen- und Werner von Blomberg das Reichswehr-Ressort.

Brief 19

1 Wahl Kriecks zum Rector der Frankfurter Universität; vgl. auch Brief Nr. 18, Anm. 2 und Nachwort.

2 Am 21. 3. 1933, dem »Tag von Potsdam«, hatten die Nationalsozialisten die Eröffnung des Reichstags mit einem propagandistisch wirkungsvollen Staatsakt in der Garnisonskirche von Potsdam gefeiert. Ein am gleichen Tag verabschiedeter Erlaß zur Abwehr heimtückischer Angriffe gegen die Regierung tilgte den letzten Rest von Rechtsstaatlichkeit. Das von Schumann dagegen angeführte Zitat »Ja, wenn kein Kammergericht wäre« spielt auf die einst allbekannte Anekdote vom »Müller von Sanssouci« an. Friedrich der Große soll diese Antwort von einem Müller erhalten haben, dessen Mühle auf dem Gelände des Schlosses den König störte und zur Drohung hinriß, er werde das Gebäude kraft seiner königlichen Macht abreißen lassen.

3 Artur Dinter (1876-1948), anfangs Lehrer, später Bühnenschriftsteller, trat seit 1917 durch antisemitische, rassetheoretische Traktate hervor. Seit 1927 versuchte er in der von ihm gegründeten »Deutschen Volkskirche«, das Christentum im nationalsozialistischen Sinne umzudeuten.

4 Wilhelm Steinhausen (1846-1924) war ein beliebter Frankfurter Maler, der den Spätnazarenerstil im impressionistischen Sinne weiterentwikkelte. Schwerpunkte seines Schaffens waren religiöse Historienbilder, Porträts, stimmungsvolle Landschaften und Märchenillustrationen.

5 In »Deutsche Erziehung als Problem« (in: Dt. Philologenblatt 41. Jg. 1933) bezeichnete H. die Erziehung zum Deutschtum als eine überwissenschaftliche Aufgabe, die weniger Verstand als Tat und Willen fordere. Nach einer Aufzählung »deutscher« Eigenschaften verteidigt H. den »Liberalismus« der wilhelminischen Ära, in der Freiheit (»Weimar«) und Unterordnung (»Potsdam«) eine ideale Synthese eingegangen seien. Er begrüßt, daß das neue Regime der nach 1918 ausgeuferten Freiheit Einhalt geboten habe. Nach einer ausführlichen Attacke gegen die Deutschkundler fordert er, die Kulturkunde aus den Schulen zu verbannen und das »Deutschtum« in den Mittelpunkt der schulischen Ausbildung zu rücken. Dabei aber dürfe »Weimar« hinter »Potsdam« nicht zurückstehen.

Brief 21

1 Seit dem Sommersemester 1933 wurden Wehrsportübungen, sog. »Schulungslager«, zu einem wichtigen nationalsozialistischen Disziplinierungsinstrument auch der Frankfurter Studentenschaft. Die vom Nationalsozialistischen Studentenbund organisierten Übungen fanden auf einem Gelände an der Hohemark und in leerstehenden Fabrikhallen der Motorenfabrik in Oberursel statt. Ein zum Wintersemester 1933/34 eingeführtes »Pflichtenheft« kontrollierte die Teilnahme. Jedes »Versäumnis« gefährdete das Examen.

2 Die Einrichtung eines Reichsbischofs-Amtes war ein wichtiges kirchenpolitisches Anliegen der Nationalsozialisten wie der von ihnen gelenkten »Deutschen Christen«. Der Vorsitzende des evangelischen Oberkirchenrates Berlin und des Deutschen Evangelischen Kirchenausschusses, Hermann Kapler, schlug Ende Mai 1933 den als Nazi-Gegner bekannten Friedrich von Bodelschwingh für dieses Amt vor. In dem von Schumann erwähnten Brief kündigte Joachim Gustav Hossenfelder der Reichsleiter der »Deutschen Christen«, Kapler Protestkundgebungen während der Pfingstgottesdienste an, falls dieser an der Kandidatur Bodelschwinghs festhalten sollte. Die Frankfurter Zeitung druckte den Brief an Kapler am 3.6.1933 ab (S. 2). Im übrigen befaßte sich das von Schumann gelesene Blatt sehr intensiv mit den innerkirchlichen Vorgängen jener Tage, wobei man (im Gegensatz zum Regime) für Bodelschwingh Partei ergriff.
Vgl. Berichte oder Kommentare am 30.5.33 S. 1 (Erstes Morgenblatt), 30.5.33 S. 3 (Zweites Morgenblatt), 31.5.33 S. 1 und 3, 1.6.33 S. 2. Der Gesamtvorgang wird dargestellt u. a. in Klaus Scholder, Die Kirchen und das Dritte Reich, Bd. 1, S. 388 ff.

Brief 22

1 Vgl. Briefe Nr. 4, Anm. 1 und Nr. 11, Anm. 2.

2 Dr. Ernst Majer-Leonhard unterrichtete seit 1922 am Lessing-Gymnasium Latein, Griechisch und evangelische Religion. Von 1926 bis 1933 Schulleiter, wurde er von den Nazis seines Amtes enthoben und zum Studienrat degradiert. Während des Dritten Reichs unterrichtete er in kleineren Schulen. 1946 übernahm er die Leitung des Realgymnasiums in Königstein/Taunus.

3 Vgl. Briefe Nr. 1, Anm. 3; Nr. 7, Anm. 1 und Nr. 10, Anm. 2.

4 Vgl. Brief Nr. 9, Anm. 4.

5 Friedrich Wilhelm Webers (1813-1894) Versepos »Dreizehnlinden« erschien 1878 und entwickelte sich trotz seiner poetischen Schwächen zu einem Hausbuch des deutschen Bildungsbürgertums. Die im Westfalen

des 9. Jahrhunderts angesiedelte Handlung schildert die Christianisierung der heidnischen Sachsen und rühmt das starke deutsche Kaisertum.

6 Der geborene Niederländer Hermann Wirth (1885-?) trat durch politisches Engagement in »völkischen« Organisationen und durch Forschungen zur »Urgeistesgeschichte« und »Urgeschichte der Kultursymbolik« hervor. 1933 verschafften ihm die Nazis eine außerordentliche Professur an der Universität Berlin. Hier arbeitete er am Aufbau einer Freilichtschau »Deutsches Ahnerbe«.

7 Stadtrat Dr. Keller, Magistratsmitglied, war Leiter des Kulturamtes der Stadt Frankfurt am Main.

8 Bezieht sich auf den neuen stellvertretenden Kurator der Universität, der von den Nationalsozialisten nach der Vertreibung Kurt Riezlers eingesetzt wurde: Amtsgerichtsrat Wisser. Das von Schumann häufig gebrauchte Zitat (Eigentlich: »Legt's zu den übrigen!«) stammt aus Schillers »Kabale und Liebe« II, 2.

9 Gemeint ist Hitlers »Mein Kampf«.

Brief 23

1 »Stimme des Predigers in der Wüste« – Jesajas 40,3.

2 Schumann bezieht sich auf den vorigen, in unserer Sammlung ausgelassenen Abschnitt des Briefs, der sich mit dem Buch: Wilhelm Grebe, Geist und Sache. Grundlegung der Theorie der Geisteswissenschaften und Klärung des Sinnes kulturellen Schaffens (Frankfurt 1934) auseinandersetzt. Grebe fordert darin u. a. die Beschränkung der Historie auf die Geschichtswissenschaft. Es sei verfehlt, von einem ›Ganzen der Kultur‹ oder vom ›Zeitgeist‹ auszugehen, welchen die Historie für die Vergangenheit herauszuarbeiten habe. Vielmehr stehe jedes wissenschaftliche Sachgebiet für sich allein, die Historie habe nicht in jede Disziplin ›dreinzureden‹. Havenstein hatte das Werk im Deutschen Philologen-Blatt (42. Jg. 1934, S. 199 f.) enthusiastisch besprochen. Schumann weiß »für manche Abschnitte des Buches kein besseres Prädikat als ›klassisch‹.«

3 Hitler ernannte Alfred Rosenberg (1893-1946), den Verfasser von »Der Mythus des 20. Jahrhunderts« (1930) zum Beauftragten für die Überwachung der gesamten geistigen und weltanschaulichen Schulung und Erziehung der NSDAP, 1941 zum Reichsminister für die besetzten Ostgebiete.

4 Vgl. Brief Nr. 3, Anm. 2.

5 P. G. steht für Parteigenosse.

Brief 24

1 Vgl. Brief Nr. 18, Anm. 4.
2 Vgl. Brief Nr. 1, Anm. 1 und Nachwort.

Brief 26

1 Seit Januar 1934, vor allem während einer Kur am Tegernsee im Mai 1934, hatte Havenstein eine Anzahl von Novellen, durchwegs schlichte Liebesgeschichten, verfaßt, um deren ehrliche, kritische Prüfung er Schumann bat. Im Folgenden legt dieser seine Einwände in einer langen, gründlichen (hier ausgelassenen) Kritik dar. Trotz eines insgesamt sehr schonenden, ermutigenden Gesamturteils fühlte sich H. leicht gekränkt. Jener Teil der Korrespondenz, der sich mit H.s Novellen beschäftigt – es kommt zu langen literaturtheoretischen Erörterungen – wurde nicht in diese Sammlung aufgenommen.
2 Vgl. Brief Nr. 18, Anm. 10 und Nachwort. Der Brief Havensteins, auf den Schumann sich bezieht, ist nicht erhalten. Vgl. aber Brief Nr. 27.

Brief 28

1 Vgl. Nachwort.
2 Diesem Brief geht eine (hier ausgelassene) briefliche Diskussion über Wilhelm Grebes Buch »Geist und Sache« (vgl. Brief Nr. 23, Anm. 1) voraus. Schumann berichtet Havenstein über das sehr abfällige Urteil des Dilthey-Anhängers Heinrich Weinstock (vgl. Brief Nr. 1, Anm. 2) über das Werk. H. liest es daraufhin erneut und urteilt nun weniger positiv. Obgleich er Grebes Grundgedanken – nicht die Ideologie, sondern nur die »Sache« solle gelten – nach wie vor für mutig und richtig hält, stört ihn Grebes »positivistische Tonart«, die sich im Streben äußere, die (wie H. meint) grundsätzlichen Unterschiede zwischen Natur- und Geisteswissenschaft einzuebnen. Eine unphilosophische »starre Begriffsgläubigkeit« unterstütze diese Tendenz.
3 Um welche Schrift des produktiven Verfassers es sich handelt, ließ sich nicht ermitteln.

Brief 30

1 H.s »Dichtung in der Schule«, eine Anleitung für Deutschlehrer zu einer »unhistoristischen« Betrachtungs- und Behandlungsweise der Klassiker

im Unterricht, erschien 1925 in Frankfurt. Walther Lipphardt war ein Frankfurter Kollege Otto Schumanns. Er unterrichtete von 1931 bis 1932 und von 1940 bis 1942 am Lessing-Gymnasium Deutsch, Griechisch und Latein.

2 H. meint seine Novellen. Vgl. Brief Nr. 26, Anm. 1.

3 In der Volksabstimmung über das Staatsoberhaupt des Deutschen Reiches am 19. 8. 1934 ließ sich Hitler durch Plebiszit seinen Entschluß bestätigen, das durch Hindenburgs Tod freigewordene Reichspräsidentenamt mit dem Reichskanzleramt auf seine Person zu vereinigen.

Brief 31

1 In »Zweierlei Historismus« (in: Monatsschrift für höhere Schulen, 1930, S. 333 f.) unterscheidet zwei Arten von »Historismus«, die er gleichermaßen ablehnt. Zunächst versteht er unter »Historismus« eine Form der Geschichtsschreibung, die sich mit dem bloßen äußerlichen »Tatsachen« begnügt, ohne die positivistische Stoffülle zu durchdringen, zu gestalten oder nach ihrem Gehalt bzw. Sinn zu fragen. Die zweite Form des »Historismus« beschreibt H. mit Nietzsche als Verfallssymptom der modernen Gesellschaft. Wie in Nietzsches »Vom Nutzen und Nachteil der Historie für das Leben« (1874) sieht er in der Beschäftigung mit Geschichte eine Flucht der Intellektuellen vor den Herausforderungen des wirklichen Lebens, einen Lebensersatz. H. weiß keinen Ausweg aus diesem Dilemma. Reichlich abstrakt klingt es, wenn er die »historische Krankheit« durch Suche nach dem »Überhistorischen«, Ewigen und Absoluten zu überwinden hofft.

2 Meister Eckhart (um 1260-1328) war der bedeutendste deutsche Mystiker des Mittelalters. Die nationalsozialistische Literaturgeschichtsschreibung suchte ihn zum Vorkämpfer und Märtyrer des »deutschen« Gedankens zu stilisieren, was durch die Tatsache erleichtert wurde, daß der Papst 1326 gegen Meister Eckhart Anklage wegen Ketzerei erhoben und Teile seiner Schrift als Irrlehre verdammt hatte.

3 Am 9. 3. 1935 war der emigrierte Schriftsteller Jacob Berthold Salomon, ein früherer Mitarbeiter Carl von Ossietzkys, von einem Gestapospitzel in Brüssel entführt und nach Deutschland gebracht worden. Nach heftigen Protesten der Schweiz, Berthold Salomons neuem Heimatland, wurde er im September auf Befehl Hitlers entlassen. Die Frankfurter Zeitung berichtete am 3. 4. 1935 über diesen außenpolitisch folgenreichen Vorfall.

4 Den Erziehungsleitfaden »Vornehmheit und Tüchtigkeit. Dem deutschen Volke zur Einkehr« (Berlin 1919 und mehrere Neuauflagen) schrieb H. unter dem Schock des verlorenen Weltkriegs. Aus dem Buch spricht eine für Zeitsituation wie H.s eigenen Charakter typische, in

Widersprüchen verstrickte Ratlosigkeit. So sieht H. einerseits in der deutschen Selbstüberschätzung eine entscheidende Ursache der Kriegskatastrophe. Zugleich aber unterbreitet er Reformvorschläge, die in eine entschieden nationalistische, stellenweise sogar rassistische Richtung weisen. So fordert H. die »Nationalisierung« der Oberschulen, eine deutliche Abwertung der Fremdsprachen zugunsten der deutschen Muttersprache sowie der Fächer Kunst und Leibeserziehung. Nur eine solche »Arbeitsschule« könne der Jugend die (von Nietzsche verherrlichten) Tugenden von Vornehmheit und Tüchtigkeit einpflanzen. – Es ist wohl eher der Titel als der Inhalt, der Schumann veranlaßt, in diesem Zusammenhang auf das Buch zu verweisen.

5 Am 16. 3. 1935 verkündete Hitler die Wiedereinführung der allgemeinen Wehrpflicht und ordnete insbesondere den Aufbau der deutschen Luftwaffe an. Diesen offenen Bruch des Versailler Vertrages begünstigte der Kurswechsel der britischen Außenpolitik, die vor allem bei der Abrüstungspoltik zu verstärktem Eingehen auf Berliner Wünsche bereit war.

6 Am 12. 4. 1935 wurde der katholische Studentenpfarrer, Prälat Wilhelm Leffers, auf Grund des Heimtücke-Gesetzes zu 18 Monaten Gefängnis verurteilt. Gegenüber den Studenten hatte er Kritik an dem Morden im Gefolge des »Röhm-Putsch« und an Rosenbergs »Mythus des 20. Jahrhunderts« geübt.

7 Aus Goethes Ballade »Die Braut von Korinth« (1797).

8 »Was hülfe es dem Menschen, wenn er die ganze Welt gewönne und nähme doch Schaden an seiner Seele?« – Matthäus 16, 26.

9 »Weh dem, der lügt« ist der Titel eines Lustspiels, das Franz Grillparzer (1791-1872) 1834/37 nach Vorlagen spanischer Barockdramatiker schrieb.

Brief 32

1 Vgl. Brief Nr. 31, Anm. 5 und Nachwort.

2 General Erich Ludendorff (1865-1937) war während des Ersten Weltkriegs der neben Hindenburg wichtigste Kopf der Obersten Heeresleitung gewesen. Seit 1918 verband sich sein Name mit allen politischen Strömungen, die gegen die Weimarer Demokratie, gegen »Bolschewismus«, Judentum und Katholizismus kämpften. Maßgeblich am Kapp-Putsch (1920) wie an Hitlers Münchner Putsch-Versuch (1923) beteiligt, zog er schon 1924 für die NSDAP in den Reichstag ein. Obwohl Ludendorffs politische Vorstellungen sogar Fanatikern wie Alfred Rosenberg »pervers« vorkamen, wurde der General als Symbolfigur deutschen Waffenruhms von den Nazis mit Ehrungen überhäuft. H. spielt auf die Feierlichkeiten zu L.s 70. Geburtstag am 9. 4. 1934 an.

3 »Gefährten im Unglück«.

4 Heinrich von Treitschkes (1834-1896) »Deutsche Geschichte im Neunzehnten Jahrhundert« erschien 1879-1894 in 5 Bänden und erlebte als ein stilistisch meisterhaftes Standardwerk preußisch-nationaler Geschichtsschreibung zahlreiche Neuauflagen. – Hans Delbrücks »Weltgeschichte« (5 Bde., 1923-1928) war die letzte »Weltgeschichte« aus der Feder eines einzelnen Forschers in Deutschland. Politisch nahm D. einen rechtsliberalen Standpunkt ein, von dem aus er nach 1918 sowohl die nationalistische »Dolchstoß-Legende« als auch die Kriegsschuld-These der Alliierten bekämpfte. – Die alliierte These von der deutschen Alleinschuld am Weltkrieg suchte auch Hermann Onckens (1869-1945) 1933 erschienenes Werk »Das deutsche Reich und die Vorgeschichte des Weltkriegs« (2 Bde.) zu widerlegen. 1935 wurde O. aus politischen Gründen der Berliner Lehrstuhl entzogen.

5 Der deutsche Schwergewichtsboxer Max Schmeling (geb. 1905) wurde nach einigen spektakulären Siegen nach 1934 – gegen seinen Willen – zur Symbolfigur der nordisch-arischen Rasse aufgebaut.

6 Heinrich Weinstocks »Polis. Der Griechische Beitrag zu einer Deutschen Bildung heute an Thukydides erläutert«, (Berlin 1934) forderte die gründliche Beschäftigung mit altgriechischer Geschichte und Kultur auch in der Gegenwart, da das abendländische Bildungswesen auf der griechischen Kultur aufbaue. Obwohl W. aktuelle politische Bezüge über weite Strecken seines Buches vermied, hob er dennoch am Ende seiner Ausführungen hervor, daß die ›Bewegung unserer Tage‹ die deutsche Verwirklichung der griechischen Polis anstrebe.

7 Bernhard Rust (1883-1945) war seit 1925 NS-Gauleiter von Hannover-Nord bzw. Südhannover-Braunschweig. 1933 wurde er zum preußischen Kultusminister ernannt. 1934 übernahm er das Amt des Reichsministers für Wissenschaft, Erziehung und Volksbildung, das er bis zum Zusammenbruch 1945 behielt.

Brief 33

1 In dem hier ausgelassenen ersten Teil des Briefes berichtet H. über ein schmerzhaftes »Alte-Herren-Leiden«, das ihn trotz seines Urlaubes quält. H's ab jetzt zunehmende Depressionen, die aus diesem wie allen folgenden Briefen spricht, scheint durch dieses Leiden mitverursacht.

2 D. h. auf dem Felde selbstgenügsamer, von jedem Praxisbezug entfernter Fachwissenschaft. – Eine (sicher unbeabsichtigte) Spitze gegen Schumanns anhaltende, erfolgreiche mittellateinische Forschungen.

3 Vgl. Brief Nr. 31.

4 In dem berühmten, bei Inszenierungen auf nationalsozialistischen Büh-

nen stark zusammengestrichenen Dialog zwischen Marquis von Posa (»geben Sie/Gedankenfreiheit...«) und König Philipp von Spanien sagt Posa über den »großen Schöpfer«: »...Er – der Freiheit/Entzückende Erscheinung nicht zu stören – /Er läßt des Übels grauenvolles Heer/In seinem Weltall lieber toben – ihn/Den Künstler, wird man nicht gewahr, bescheiden/Verhüllt er sich in ewige Gesetze.«

5 Vgl. Brief Nr. 32, Anm. 5.

6 Julius Streicher (1885-1946) war einer der brutalsten Antisemiten des Dritten Reichs. Seit 1923 Herausgeber des NS-Hetzblatts »Der Stürmer«.

Brief 34

1 Der gebürtige Frankfurter Hans Silomon übernahm im Mai 1935 vorläufig, im Dezember 1935 dann endgültig die Leitung des Lessing-Gymnasiums. Seine Fächer waren Latein, Griechisch und Geschichte. Er wurde mit Kriegsende pensioniert.

2 Als »Märzveilchen« wurden spöttisch jene Parteigenossen bezeichnet, die erst nach der Machtergreifung und den Märzwahlen vom 5.3.1933 der siegreichen NSDAP beigetreten waren. Das Wort war ein Synonym für politische Opportunisten.

3 Vgl. Brief Nr. 35, Anm. 1.

4 Zum Nachweis »arischer« Abstammung hatte jeder Deutsche sich einen »Ahnenpaß« zuzulegen, in dem seine Vorfahren soweit es ging zurückverfolgt wurden. Dieser Paß mußte amtlich bestätigt sein.

Brief 35

1 Für die nationalsozialistische Geschichtsschreibung war Karl der Große zunächst durchaus kein nationaler Held. Im Gegenteil warf man ihm vor, sein Reich romanischen Einflüssen geöffnet und die germanischen Volksstämme, vor allem die Sachsen brutal unterdrückt zu haben. Das von Havenstein angesprochene Buch »Karl der Große oder Charlemagne? 8 Antworten deutscher Geschichtsforscher« mit Beiträgen von Karl Hampe, Hans Naumann, Hermann Aubin, Martin Lintzel, Friedrich Baethgen, Albert Brackmann, Carl Erdmann und Wolfgang Windelband, Berlin 1935, wandte sich gegen die Verdammung Karls. Dabei argumentierten die 8 Autoren zum Schein nach den Wertvorstellungen nationalsozialistischer Kritiker, wenn sie betonen, daß Karl das romanische Element eben dadurch zurückzudrängen gesucht habe, daß er die germanischen Stämme vereinte und den »germanischen Lebensraum« gegen den

slawischen Osten hin erweiterte. – In seiner Schlußrede zum Nürnberger Reichsparteitag am 16.9.1935 hatte sich Hitler diese Sehweise angeeignet. Ohne Karl den Großen namentlich zu nennen, erklärte er, daß das »völkische Eigenleben« der deutschen Stämme im Frühmittelalter zwar vernichtet worden sei, daß aber nur so eine deutsche Nation habe entstehen können.

2 Wahrscheinlich handelt es sich um Heinrich Weinstocks Buch »Die höhere Schule im deutschen Volksstaat. Versuche einer Ortsbestimmung und Sinndeutung« (Druckangabe: Berlin 1936). In diesem Werk beschrieb Weinstock den nach seiner Auffassung neuartigen Stufenbau der nationalsozialistischen Gesellschaft, der nicht mehr auf Klassen, sondern auf drei Leistungsschichten beruhe. An unterster Stelle stünden die Arbeiter, darüber die Funktionäre oder Betriebsleiter. Die Spitze der Pyramide bildeten die ›selbständigen Köpfe‹, die die Gesellschaft ausbauten und völlig Neues schafften. Diesen drei Leistungsschichten entspreche auch das dreigliedrige Schulsystem. Die Aufgabe der höheren Schule in einer derart strukturierten Gesellschaft sah Weinstock in der Ausbildung der obersten Leistungsschicht bzw. in der Auslese jener, die Zugang zur obersten Leistungsschicht fänden. – Havenstein rezensierte das Buch in der Zeitschrift »Erziehung« (Jg. 1935/36, S. 171 ff.) weitgehend positiv, warnte aber vor einer Überbewertung der Theorie gegenüber der Praxis. Dabei wiederholte er die Thesen seines eigenen Buches »Vornehmheit und Tüchtigkeit« (vgl. Brief Nr. 31, Anm. 4) wie auch seine Kritik an der Weimarer Reformpädagogik. Daß er damals dem nationalsozialistischen Zwangssystem eine unfreiwillige Huldigung erwies, scheint er trotz Schumanns taktvollem Hinweis (vgl. Brief Nr. 37) nicht bemerkt zu haben.

Brief 38

1 In »Egoismus und Altruismus« wendet sich H. gegen die seiner Meinung nach weit verbreitete Ansicht unter der Schülerschaft, daß alles menschliche Handeln egoistisch sei. Nur wenn wirtschaftliche Interessen ins Spiel kämen, drohe der egoistische Konkurrenzkampf. In den sonstigen menschlichen Beziehungen dagegen sei Raum für Altruismus. Diese These versucht der Autor zunächst anhand einer Einteilung der Menschen in Du-Altruisten, Wir-Altruisten und Sachaltruisten zu belegen, muß aber am Ende seines Beitrages dennoch eingestehen, daß er seine Meinung nicht zwingend beweisen könne, sondern letztendlich nur an das »Gute im Menschen« glaube.

2 Die russische Schriftstellerin Alexandra Rachmanova (geb. 1898) floh 1917 vor der Revolution nach Sibirien. Seit 1926 entstanden in der öster-

reichischen Emigration dokumentarische Romane über die menschlichen, sozialen und politischen Probleme vor und nach der russischen Revolution: »Ehen im Sturm. Tagebuch einer russischen Frau« (Salzburg [17]1932 – Russisches Original 1926) und »Studenten, Liebe, Tscheka und Tod. Tagebuch einer russischen Studentin« (Salzburg [24]1931). 1945 floh die Schriftstellerin vor der Roten Armee in die Schweiz.

3 Edwin Erich Dwinger (1898-1981) war im Ersten Weltkrieg in russische Kriegsgefangenschaft geraten, hatte sich der Weißen Armee unter Admiral Koltschak angeschlossen und bis zu deren Untergang gegen die Bolschewiki gekämpft. Unter abenteuerlichen Umständen 1921 nach Deutschland zurückgekehrt, schrieb er eine Reihe außerordentlich erfolgreicher Romane, in denen er seine Erlebnisse verarbeitet und aus seinem militanten Antikommunismus keinen Hehl macht. Die von H. genannten Romane erschienen in den Jahren 1929 bis 1932.

4 Alexandr Koltschak (1873-1920) wurde 1916 Oberbefehlshaber der russischen Schwarzmeerflotte. 1918 baute er in Sibirien eine gegenrevolutionäre Armee auf und nahm selbst den Titel »Reichsverweser« an. Aufgrund militärischer Anfangserfolge beherrschte Koltschak bald das gesamte fernöstliche Rußland. Als er wenige Monate später von den Bolschewisten geschlagen wurde, suchte er Schutz bei den Alliierten. Diese lieferten Koltschak an (nichtbolschewistische) Gegner seiner Diktatur aus, die ihn zum Tode verurteilten.

5 Im Auditorium Maximum der Münchner Universität hielt der Schriftsteller Ernst Wiechert im April 1935 vor fast 1 000 Zuhörern eine ›Der Dichter und seine Zeit‹ betitelte Rede, in der er sich scharf von nationalsozialistischen Machthabern distanzierte. Dabei rechnete Wiechert nicht nur mit der NS-Kulturpolitik ab, sondern beklagte auch, daß das deutsche Volk aufgehört habe, Recht und Unrecht zu unterscheiden. Ein solches Volk sei zum Untergang verurteilt. Seine Zuhörer rief Wiechert auf, nicht zu schweigen und der Feigheit zu entsagen. Die Mitschrift dieser Rede zirkulierte in zahllosen Abschriften im gesamten Reich und wurde 1937 von der Moskauer Emigrantenzeitschrift ›Das Wort‹ abgedruckt. (Das Wort. Literarische Monatsschrift, April/Mai 1937, S. 5 ff.).

Brief 39

1 Gemeint ist »Die alten Sprachen und die deutsche Bildung« (Berlin 1919). Auf die Frage nach der Bedeutung der alten Sprachen für die gymnasiale Ausbildung gibt H. die seinerzeit provokative Antwort, daß deren Kenntnis zum Verstehen der Antike nicht erforderlich sei. Auch den formalen Bildungswert von Übersetzungsübungen hält er für gering. Daher müsse eine Schulreform der gymnasialen Oberstufe den alten Spra-

chen ihre hervorgehobene Stellung nehmen. Im hier fortgelassenen Anfang des Briefs entschuldigt sich Sch. diplomatisch mit Arbeitsüberlastung dafür, daß er das Werk nicht von neuem lesen und diskutieren könne.

2 Der in Leipzig ansässige Velhagen & Clasing-Verlag gab u. a. eine Reihe von klassischen und modernen Autoren im handlichen Taschenformat heraus, die auch für den Unterrichtsgebrauch gedacht waren.

3 Die 1935 erschienene Erzählung stellte den Lebensweg eines armen Dorfjungen dar, dem seit seinem zwölften Lebensjahr die Herde seines Dorfes anvertraut ist. In dieser für Wiecherts gesamtes Werk repräsentativen Novelle erscheint der Hirtenberuf als vorbildliche Urform des einfachen Lebens, während Zivilisation, Modernität und Ratio verurteilt wurden.

Brief 40

1 Seit Dezember 1920 war der »Völkische Beobachter« die offizielle Parteizeitung der NSDAP. Die Veröffentlichungen des vor 1923 von Alfred Rosenberg redigierten Blatts galten als maßgebliche Verlautbarungen der Regierung.

2 In Friedrich Schillers heiterer Ballade »Pegasus im Joche« (1797) spannt ein biederer Bauer das geflügelte Dichterroß neben einen Ochsen ans Pflugjoch, um es an »nützliche« Arbeit zu gewöhnen – eine Satire gegen Spießer, die von Dichtung Nutzen und Belehrung verlangen.

3 Auch in dieser Aufzählung (vgl. Brief Nr. 18, Anm. 7) trifft H. keinerlei politische Unterscheidungen. Ohne Bedenken vereint seine Liste fanatische Nationalsozialisten wie Kolbenheyer (vgl. ebd.) und Hanns Johst (1890-1978), den Präsidenten der NS-Reichsschrifttumskammer, mit völkisch-konservativen, politisch indifferenten und antinationalsozialistischen Autoren. Zu letztern zählt außer Ernst Wiechert (vgl. Brief Nr. 38, Anm. 5) bedingt auch Hans Carossa (1878-1956). »Er zählt zu jenen Repräsentanten der ›inneren Emigration‹, deren politische Detachiertheit sie für die Machthaber des Dritten Reichs akzeptabel machte« (Ernst Loewy). Karl Benno von Mechow (1897-1960) fungierte zwischen 1934 und 1944 als Mitherausgeber der zeitweilig verbotenen Literaturzeitschrift »Das innere Reich«, verklärte aber zugleich Soldatentum und bäuerliche Schollen-Verbundenheit. Die »reine bäuerliche Welt«, der Gegensatz zwischen natürlich einfachem Land- und entfremdetem Stadtleben ist das Thema der Romane von Karl Heinrich Waggerl (1897-1973). Geistesverwandt, wenngleich auf ungleich höherem intellektuellem Niveau, scheinen ihnen die Romane des finnischen Literaturpreisträgers Frans Eemil Sillanpää (1888-1964), in denen sich Realismus und Naturmystik zu einprägsamen Schilderungen des finnischen Bauernlebens vereinigen.

Wilhelm Schäfer (1868-1952), der ähnliche Sujets in völkisch-nationalistischer Manier behandelte und sich an einer historischen Darstellung der »deutschen Seele« versuchte, gehörte seit 1933 der NS-Dichterakademie an. Zwei Jahre zuvor war er gemeinsam mit Kolbenheyer und Emil Strauß aus Protest gegen Heinrich Manns »demokratische« Präsidentenschaft aus der Preußischen Dichterakademie ausgetreten.

»Volk auf dem Wege« (6 Bde. 1933-1942), das Hauptwerk von Josef Ponten (1883-1940), schildert aus nationalistischer Sicht das Auslandsdeutschtum an der Wolga. Ein Schriftsteller Zeiseler ist nicht nachweisbar.

4 Hjalmar Schacht (1877-1970), als Reichsbankpräsident maßgeblich an der Währungsstabilisierung 1923 beteiligt, 1930 aus Protest gegen Young-Plan und weitere Reparationszahlungen zurückgetreten, hatte 1933 Hitlers Kanzlerschaft mit all seinem Einfluß unterstützt. 1933 wurde er erneut Reichsbankpräsident. Dabei fiel ihm als vordringliche Aufgabe zu, die Arbeitsbeschaffungsmaßnahmen und die Aufrüstung zu finanzieren. Seit 1936 kam es zu Meinungsverschiedenheiten mit der nationalsozialistischen Führung, als Schacht immer wieder vor den inflationären Folgen der Aufrüstung Deutschlands warnte. Schon im folgenden Jahr trat Schacht von seinem Amt als Reichswirtschaftminister zurück; 1939 verlor er auch den Posten des Reichsbankpräsidenten. – Havensteins Andeutung zeigt, daß Schacht in konservativen Bevölkerungskreisen als Garant eines eher gemäßigten Kurses der Reichsführung angesehen wurde.

Brief 41

1 Der Brief, in dem Sch. von dieser Ernennung berichtet, ist verloren gegangen. Sie erfolgte am 30.9.1936 auf Antrag der Fakultät vom 30.4.1936.

2 Houston Stewart Chamberlain (1855-1927), ein gebürtiger Brite, nahm nach der Heirat mit Richard Wagners Tochter Eva 1916 die deutsche Staatsbürgerschaft an und verfocht im Ersten Weltkrieg vehement die Forderungen der chauvinistischen Alldeutschen. In seinem Hauptwerk ›Die Grundlagen des 19. Jahrhunderts‹ (2 Bde., 1899) vertrat er eine völkisch-mystische Ideologie, die in der Nachfolge Gobineaus das Germanentum verherrlichte. Chamberlains ›arische Weltanschauung‹ übte starken Einfluß auf die Ausbildung der nationalsozialistischen Rassenideologie aus.

3 Gertrud Bäumer (1873-1954) kämpfte seit der Jahrhundertwende zusammen mit Helene Lange und Friedrich Naumann für die Gleichberechtigung der Frau. Sie arbeitete bei den Zeitschriften ›Die Hilfe‹ und ›Die Frau‹ und beim ›Handbuch der Frauenbewegung‹ (5 Bde., 1901 ff.) mit

und war von 1919 bis 1933 Reichstagsabgeordnete der linksliberalen Deutschen Demokratischen Partei. 1920-1933 war sie Ministerialrätin im Reichsinnenministerium. 1933 ihrer Ämter enthoben, widmete sie sich schriftstellerischen Arbeiten. Vor allem interessierten sie »geniale« Gestalten wie Dante, Goethe und Otto III.

4 Der prominente Politiker und Mitbegründer der Deutschen Demokratischen Partei, Friedrich Naumann (1860-1919), schrieb neben politischen Abhandlungen, Kurzgeschichten, Reisebilder, Essays zur Sprache, zur Kunst, Kunstgeschichte, Architektur und – bei der stark religiösen Wurzel seines Denkens selbstverständlich – zur Religion. In seiner bekannten Naumann-Biographie schrieb 1937 Theodor Heuss: »Was Naumanns Prosa auszeichnet, ist die vollendete Natürlichkeit des Vortrags und sein Bemühen, auch verwickelte Dinge einfach zu sagen« (S. 277).

5 Während die theologischen, gegen den Hegelianismus gerichteten Schriften des dänischen Religionsphilosophen Sören Kierkegaard (1813-1855) in Deutschland erst spät und nur in einem kleinen Kreis Gehör fanden, gehörten seine frühen, von der Romantik beeinflußten Arbeiten zur »Ästhetik« – besonders der »Don Giovanni-Essay« und das »Tagebuch eines Verführers« aus »Entweder – Oder« (1843) – gerade unter Verehrern Schopenhauers und Nietzsches zum Kulturkanon. – Der Übersetzer und Propagator Kierkegaards in Deutschland, Theodor Haecker, galt als Gegner des NS-Regimes.

6 Gemeint ist wohl Wiecherts »Wälder und Menschen«.

7 Das Werk des Kultur- und Sozialwissenschaftlers Max Weber (1864-1920) gehörte im Dritten Reich zur unerwünschten Literatur.

Brief 42

1 H. meint die Edition der Carmina Burana, eine Sammlung mittellateinischer Lieder aus dem Hohen Mittelalter. 1930 ließen die beiden Herausgeber, Otto Schumann und Alfons Hilka, zunächst die moralisch-satirischen Dichtungen der Carmina Burana erscheinen. Den Textband ergänzte ein gesonderter Kommentarband. 1941 erschienen dann die Liebeslieder, für die Schumann nach dem Tode seines Kollegen Hilka allein verantwortlich zeichnete. Die Vorbereitung dieses Textbandes dürfte H. in seinem Brief meinen. – 1970 gab Bernhard Bischoff den dritten Textband heraus, der die Trink- und Spielerlieder sowie die geistlichen Dramen enthielt. Auch für diese Edition hatte Schumann bereits wesentliche Vorarbeit geleistet.

2 Der evangelisch-lutherische Landesbischof in Bayern, Hans Meiser, ist gemeint; die Kanzelabkündigung war nicht festzustellen.

3 Die Unterhausrede des britischen Außenministers Eden vom 19. 1. 1937

wurde von der deutschen Presse nur sehr ›gefiltert‹ wiedergegeben (vgl. Frankfurter Zeitung 21. 1. 37 S. 1 und 3). Lediglich Leser, die es verstanden, zwischen den Zeilen zu lesen, konnten erkennen, daß Eden den inneren Aufbau Deutschlands, insbesondere die rassistische Ideologie des Nationalsozialismus, als friedensstörend bezeichnet hatte. Hitler antwortete 1937. Er betonte, daß schon die wirtschaftlichen Verflechtungen Deutschlands, bilaterale Abkommen mit anderen europäischen Staaten eine Isolation verhindern würden, und nutzte die Gelegenheit, um gegenüber Großbritannien seine Friedensliebe zu betonen.

4 Krieck hatte die Frankfurter Universität zum Sommersemester 1934 verlassen und eine Professur für Philosophie an der Universität Heidelberg angenommen. Er, der zu Recht einmal eine »programmentwerfende Null« genannt wurde – von Karl Reinhardt –, sorgte mit seinen dümmlichen Tiraden häufig für unfreiwillige Heiterkeit. Vgl. Brief Nr. 25.

5 H. spielt auf eine Affäre an, die 1936 zu einer innenpolitischen Krise in Großbritannien führte. Im Januar 1936 bestieg Edward VIII. (1894-1972) den englischen Thron. Noch vor seiner Krönung dankte der in der Bevölkerung beliebte und von vielen Hoffnungen begleitete Monarch im Dezember 1936 zugunsten seines Bruders Georg ab, nachdem seine geplante Heirat mit der geschiedenen Amerikanerin Wallis Simpson auf den fast einmütigen Widerspruch von Regierung, Parlament, Kirche und Commonwealth-Staaten gestoßen war. Edward VIII. lebte seit seiner Eheschließung 1937 als Herzog von Windsor im Ausland.

6 »Il Tempo«, eine große italienische Tageszeitung. – Häufig suchten deutsche Intellektuelle sich durch Lektüre ausländischer Zeitungen die in der deutschen Presse unterdrückten Nachrichten zu verschaffen.

7 Gemeint ist wohl die 1934 in Ernst Niekischs »Widerstands-Verlag« erschienene Hymne »Der Mohn«, die dem Verfasser ständige Überwachung durch die Gestapo eintrug. Die lange, im Hölderlinschen Stil gehaltene Hymne ist eine kaum verhüllte scharfe Abrechnung mit dem NS-Regime, die u.a. die Zeilen enthält: »Widrig ist mir der Redner Geschlecht. Kalekutische Hähne / Höre ich kollern am Markt, höre ich scharren am Platz./ Gaukler treiben mit Worten ihr Wesen, Lügner sie deuteln,/ Retter, sie retten den Trug, Ärzte, sie scheuen den Tod. / Wollt ihr betrügen das Volk, so schmeichelt ihm schamlos und lobt es, / Dient ihm mit Worten zuerst, eh ihr es redend beherrscht.«

8 Vgl. Brief Nr. 41, Anm. 2.

9 Mit seinem scharf antidemokratischen Konservatismus hatte der Kulturphilosoph Oswald Spengler (1880-1936) der Nazi-Bewegung wirksame Argumente gegen die Republik von Weimar geliefert. Bald nach der Machtergreifung jedoch war der elitäre Preuße in Widerspruch zum Regime geraten. – H.s Hochachtung für Spengler erklärt sich aus der

gemeinsamen Nähe zu Nietzsche. Die »geniale Idee« von Spenglers Hauptwerk »Der Untergang des Abendlandes« (2 Bde., 1919/22) – die unausweichliche kulturelle Dekadenz und politische Verprimitivierung Europas – beruht ganz auf den kulturkritischen Thesen des späten Nietzsche. – »genus omne«: Allgemeintyp.

10 Johan Huizingas (1872-1945), des niederländischen Kulturhistorikers, Hauptforschungsgebiet war die spätmittelalterliche Kultur- und Geistesgeschichte des burgundisch-niederländischen Raumes. In seinen kulturkritischen Schriften der 30er Jahre attackierte er den Nationalismus. Mit diesen Thesen stand Huizinga in diametralem Gegensatz zur nationalsozialistischen Ideologie. Bereits eine Anfang 1933 in Berlin gehaltene Gastvorlesung konnte von Friedrich Meinecke nur mit Mühe in der Historischen Zeitschrift abgedruckt werden. Huizingas 1935 veröffentlichtes kulturkritisches Werk »Im Schatten von morgen« erschien zwar noch in deutscher Übersetzung, wurde jedoch bald in das Verzeichnis des ›schädlichen und unerwünschten Schrifttums‹ aufgenommen. Nach 1935 konnten deutschsprachige Ausgaben seiner Bücher nur noch im Ausland erscheinen. Lediglich zwei ältere Werke, »Holländische Kultur im 17. Jahrhundert« und »Herbst des Mittelalters« erlebten 1937 bzw. 1938 Neuauflagen. Genaueres zu Huizingas Verhältnis zum Dritten Reich bei: Kurt Köster, Johan Huizinga 1872-1945, Oberursel 1947, S. 56ff.

11 Der bedeutende naturalistische Dramatiker und frühere Sozialist Gerhart Hauptmann (1862-1946) enthielt sich nach 1933 jeder politischen Stellungnahme. Während seine frühen Dramen im nationalsozialistischen Deutschland weiterhin gespielt wurden, zog er sich in seinen Alterswerken ganz in eine verschlüsselte Symbolik zurück.

12 Ein Beispiel für H.s politische Naivität. Tatsächlich hatte Thomas Mann, der im Frühjahr 1933 von einer Auslandsreise nicht mehr nach Deutschland zurückgekehrt war, seit seinem Austritt aus der Dichter-Akademie (17. 3. 1933) bereits mehrfach öffentlich gegen das Nazi-Regime Stellung bezogen.

13 Die Adolf-Hitler-Schulen waren als Elite-Schulen für den Parteinachwuchs gedacht. Stramme weltanschauliche Ausrichtungen, arische Auslese, »germanische Intelligenz« galten als Voraussetzung, um für sie ausgewählt zu werden. Begreiflicherweise entfalteten sie keinerlei weitergehende Wirkung.

14 Gemeint ist »Mein Kampf«.

1 Dieser, wie alle Briefe Schumanns zwischen 1937 und 1940, ist verloren gegangen. Verschiedene Anspielungen H.s im Laufe des vorliegenden Schreibens sind daher nicht näher zu entschlüsseln.

2 Mit dem vorausgegangenen Brief Schumanns beginnt eine lange, mit Unterbrechungen bis 1944 fortdauernde briefliche Diskussion über William Shakespeare Tragödie »Coriolan«. In dem um 1608 entstandenen Stück thematisiert der Dichter drei einander vielfältig überlagernde Konflikts-Themen: die kriegerischen Auseinandersetzungen zwischen der jungen römischen Republik und den benachbarten Volskern, die persönliche Rivalität zwischen Roms größtem Feldherrn Coriolan und dem Heerführer der Volsker sowie der Machtkampf im römischen Stadtstaat zwischen der von Coriolan repräsentierten Aristokratie und den von Volkstribunen geführten Plebejern. Besonders letzteres arbeitet Shakespeare sehr deutlich heraus, ein Konflikt, der mit dem Übertritt des siegreichen, aber das Volk in aristokratischem Hochmut verachtenden und damit in Rom verhaßten Coriolan zu den feindlichen Volskern zur Katastrophe führt.

An dieser Diskussion, die in der vorliegenden Ausgabe nicht aufgenommen werden konnte, obwohl sie in der Korrespondenz der beiden Freunde einen erstaunlich breiten Raum einnimmt, scheint zweierlei bemerkenswert: zum einen die Tatsache, daß poetische Themen im Laufe dieses Briefwechsels immer mehr zu einem Fluchttraum aus der deprimierenden politischen Gegenwart werden, zum andern der dennoch durchaus politische Bezug dieser Debatten. Besonders Schumann erweist sich in den Briefen aus den Kriegsjahren als ein Virtuose in der Kunst, in einer scheinbar innerliterarischen Erörterung gefährliche Fragen der aktuellen Politik zu behandeln. Die Diktatoren-Problematik des »Coriolan« wird von ihm – im Gegensatz zur beschränkt literarisch-immanenten Perspektive H.s – von Anfang an politisch betrachtet. Die Diskussion läßt freilich auch ahnen, daß sich die Briefpartner neuerdings zu verstärkter Vorsicht vor Postüberwachung genötigt sahen.

3 Vgl. Brief Nr. 42, Anm. 8.

4 Der Philosoph und Psychologe Ludwig Klages (1872-1956) gründete 1905 in München ein »Seminar für Ausdruckskunde«. Klages ging von einer ursprünglichen Einheit von Leib und Seele beim Menschen aus, die durch den hinzutretenden Intellekt aus dem Gleichgewicht gebracht werde. Irrationale Elemente seiner Philosophie hatten Einfluß auf den Nationalsozialismus. – Ludwig Klages' Sämtliche Werke, Hg. von E. Frauchinger u. a., Bonn 1964ff.

5 Die Verherrlichung des bäuerlichen Lebens gegen die »amerikanische« Zivilisation, des Irrationalen gegen die Vernunft und des aristokrati-

schen Gewaltmenschen im Sinne Nietzsches gegen den »Liberalismus« kennzeichnet das Werk des norwegischen Romanciers Knut Hamsun (1859-1952). Der Dichter, der ab den 30er Jahren für den norwegischen Faschismus eintrat, rief seine Landsleute 1940 zur Zusammenarbeit mit den deutschen Besatzungstruppen auf. 1946 des Landesverrats angeklagt, entging er nur seines hohen Alters wegen einer Gefängnisstrafe.

6 In seinem Erstling »In Stahlgewittern. Tagebuch eines Stoßtruppführers« (1920) schildert Ernst Jünger (geb. 1895) »zwar sachlich und ohne patriotische Schönfärberei den Krieg als grausige ›Materialschlacht‹, zeigt aber auch die für J. typische Einstellung, die das Kriegserlebnis positiv als tiefste Erlebnismöglichkeit des Menschen wertet. J. wurde zum Exponenten eines ›heroischen Realismus‹ und zugleich einer ›stählernen Romantik‹« (Ernst Loewy). In dieser Haltung glaubt H. das bekannte Motto von Nietzsches »Übermensch« – »Gefährlich leben!« – eingelöst.

7 Da Ernst Jünger es von Anfang an öffentlich abgelehnt hatte, der »gleichgeschalteten« Dichterakademie beizutreten und in der NS-Presse zu publizieren, galt er in Kreisen des oppositionell gestimmten Bürgertums als besonders »gefährdet«. Das »Gerücht«, auf das H. anspielt, mag sich aus dieser Situation erklären.

8 Die »Bekennende Kirche« konstituierte sich im Mai 1934 auf der Synode zu Barmen als ein Zusammenschluß aller nicht-nationalsozialistischen evangelischen Christen. Die Gründung war eine Reaktion auf die massiven Versuche der unter Reichsbischof Müller in nationalsozialistischem Interesse arbeitenden »Deutschen Christen« (vgl. Brief Nr. 21, Anm. 2), die deutschen Protestanten im Sinne des Regimes gleichzuschalten und nach dem Rasse- und Führerprinzip »auszurichten«. Zu den bedeutendsten Vertretern der »Bekennenden Kirche« gehörten der Religionsphilosoph Karl Barth (1886-1968) und Pfarrer Martin Niemöller (1892-1984). Trotz Schikanen, Verboten und Festnahmen traten sie und viele andere Mitglieder bis zu Beginn der 40er Jahre immer wieder mutig gegen das Regime auf.

9 Nach dem »Führerprinzip« waren Rektor und Dekane an Universitäten zumeist regimetreue, vom Ministerium bestimmte Professoren. H. fände es verwunderlich, wenn alle anderen Professoren ebenfalls solchermaßen »gleichgeschaltet« dächten, wie es bei den führenden Amtspersonen zu unterstellen stand.

10 In seinem sechsbändigen Geschichtswerk »Les origines de la France contemporaine« (1875-1893, dt. 1877-1894) ging Hippolyte Taine (1828-1893) besonders mit den Führern der Revolution und mit Napoleon scharf ins Gericht. Ihnen schreibt der liberale Historiker die Schuld für das Versagen Frankreichs im 1870er Krieg und für die Wirren der Commune ab 1871 zu. Taines Kunst der Typisierung erleichterte späteren Generationen das Finden von »Parallelen«.

Brief 44

1 Vgl. Brief Nr. 20.
2 Vgl. Brief Nr. 12, Anm. 4.

Brief 46

1 Vgl. Brief Nr. 42, Anm. 7.

Brief 47

1 Die Zeitschrift des Nationalsozialistischen Lehrerbunds: NSLB.
2 »...seine Seele gerettet hat«.
3 »Mögen sie mich hassen, wenn sie mich nur fürchten«; von Sueton überlieferter Wahlspruch des römischen Kaisers Caligula.
4 Nationalpolitische Erziehungsanstalten (Napola) und Adolf-Hitler-Schulen – vgl. Brief Nr. 42, Anm. 11.

Brief 48

1 Der »lachende Dritte« ist Italien, das sowohl von Hitlerdeutschland wie von den Alliierten als Bundespartner umworben wurde und damit die internationale Anerkennung seines totalitären Zwangsregimes erreichte.
2 Zwei einander gegenüber kauernde Seeungeheuer aus der Odyssee.
3 Synonym für Tyrannei, gänzlich amoralische Politik nach Niccolo Machiavellis (1469-1527) »Il Principe«.
4 Cesare Borgia galt als der Prototyp des Renaissance-Tyrannen, der auch für Machiavelli Vorbildfunktion hatte.
5 Kampf und Scheitern des ehrgeizigen Numiderkönigs Jugurtha (nach 160-104 v. Chr.) gegen die römische Republik schilderte Sallust (86-34 v. Chr.).
6 In seinem Buch »Die Germanen der Völkerwanderung« bewertete Wilhelm Capelle den Vandalenkönig Geiserich (389-477) als einen ungewöhnlich erfolgreichen, von großem politischen Realismus gekennzeichneten Mann, dem aber alle moralischen Skrupel abgegangen seien. In leicht durchschaubarer Anspielung auf die politische Gegenwart distanzierte sich Capelle entschieden von Geiserichs Rechtsbrüchen und Bluttaten. Sie könnten unmöglich als germanisch bezeichnet werden, sondern deuteten vielmehr auf asiatische Elemente in Geiserichs Wesen hin.

Brief 49

1 Deutschlands Verbündeter Italien hatte am 28. Oktober 1940 ohne Hitlers Wissen von Albanien aus auf Griechenland einen Angriff unternommen, den die Griechen mit britischer Hilfe zurückgeschlagen hatten. Gleichzeitig erlitt die italienische Flotte gegen die Briten schwere Verluste. Die deutsche Regierung reagierte einerseits mit Verärgerung, andererseits aber auch mit Sorge über das Durchhaltevermögen des südlichen Bundesgenossen. In den Heeresberichten, die seit November 1940 fast täglich in der Frankfurter Zeitung abgedruckt wurden, widersprach man zwar heftig der britischen »Lügenpropaganda« über die angeblichen italienischen Verluste. Wer aber wie Sch. zwischen den Zeilen zu lesen verstand, ahnte, gerade dieser massiven Propaganda wegen, daß der Bundesgenosse einige ernste Rückschläge hatte hinnehmen müssen, das Mussolini-Regime erschüttert zu sein schien.

Brief 50

1 Mit »Learned Theban« charakterisiert Shakespeares König Lear einen seiner Schwiegersöhne (III, 4) – eine spöttische Wendung, da die Thebaner in der Antike als dümmster griechischer Volksstamm galten.

2 Joseph Goebbels.

Brief 51

1 Vgl. Brief Nr. 43, Anm. 2. Das Wort vom Proselyten-Machen taucht u. a. in »Wilhelm Meisters Wanderjahren« (II,3) und in »Dichtung und Wahrheit« (I,2) auf. Hier heißt es: »Proselyten zu machen, ist der natürlichste Wunsch eines jeden Menschen ...«

2 »Die Welt will betrogen werden, also werde sie betrogen!«.

3 »Der Schimmelreiter«, eine 1888 erschienene Novelle Theodor Storms (1817-1888), schildert das Scheitern des ehrgeizigen Deichgrafen Hauke Haien gegen übermächtige Schicksalsgewalten.

4 Wörtlich: »Doch über dies bis hierher« – im Sinne von: »Aber genug davon!«

5 Seit dem 9. 5. 1941 steigerten die Engländer ihre Vergeltungsangriffe für die Bombardierung englischer Städte durch die deutsche Luftwaffe. Besonders norddeutsche Wirtschaftszentren wie Hamburg, Bremen u. a. wurden z. T. erheblich verwüstet.

6 In seinem »Rechenschaftsbericht« über den Balkanfeldzug, den Hitler am 4. 5. 1941 vor dem Reichstag gab, rühmte er die deutsche Wehrmacht als

unschlagbar, richtete scharfe Angriffe gegen Churchill und gipfelte in dem drohenden Satz: »Dem deutschen Soldaten ist nichts unmöglich!«.

7 Mit dem am 27.9.1940 zwischen Deutschland, Italien und Japan geschlossenen Dreimächtepakt wollte Hitler die Aufmerksamkeit der USA auf Ostasien konzentrieren und sie so von einem Eingreifen in den europäischen Krieg zugunsten Großbritanniens abhalten. Obwohl das Verhältnis der Vertragspartner zur UdSSR damit zunächst nicht berührt wurde, erhielt der Dreimächtepakt eine antisowjetische Zielrichtung, als ihm Ungarn (20.11.40), Rumänien (23.11.40), die Slowakei (24.11.40) und Bulgarien (1.3.41) beitraten. Nachdem sich Deutschlands Position auf dem Balkan somit schlagartig bedeutend verbessert hatte, trat am 25.3.1941 auch noch Jugoslawien dem Vertragswerk bei. Daraufhin brach in der jugoslawischen Öffentlichkeit ein Sturm der Entrüstung aus, der in einen Militärputsch mündete. Die neue Regierung widerrief zwar nicht den Beitritt zum Dreimächtepakt, schloß aber einen Freundschafts- und Nichtangriffspakt mit der Sowjetunion. Nunmehr beschloß Hitler, nicht nur Griechenland, sondern auch Jugoslawien zu besetzen.

8 In »De bello Gallico« gibt Julius Caesar seinen berühmten Rechenschaftsbericht über die Eroberung Galliens 58 bis 52 v. Chr.

9 Nebensächlichkeiten, Belanglosigkeiten.

Brief 52

1 »Waltharius« bzw. das »Walthari-Lied« ist ein lateinisches Epos in Hexametern, das ein unbekannter Verfasser des Oberrhein-Gebietes wahrscheinlich zwischen 800 und 930 schrieb. Die Ergebnisse seiner Waltharius-Studien hat Otto Schumann in dem Aufsatz »Über die Pariser Waltharius-Handschrift« (in: Corona Quernea. Festgabe für Karl Strecker, Leipzig 1941 Nachdruck 1952) veröffentlicht. Hier vertritt er die Auffassung, daß nicht der traditionell als Autor genannte Ekkehard, sondern Geraldus, der Verfasser des Prologs, den »Waltharius« geschrieben habe.

2 Brief Nr. 9, Anm. 1.

3 Vgl. Brief Nr. 51, Anm. 9.

4 Vgl. Brief Nr. 18, Anm. 10.

Brief 53

1 Spartiaten, Perioken, Heloten – Das antike Sparta galt vielfach als Typ des toalitären, inhumanen Militärstaates. Allein die Spartiaten besaßen Bürgerrechte, Perioken waren freie aber politisch unmündige Kleinbauern, Heloten waren die rechtlosen Sklaven im Dienste vorweg der Spartiaten.

1 Sch. spielt an dieser Stelle auf die Ansprache Hitlers anläßlich des Jahreswechsels 1941/42 an. Um Friedenssehnsüchte in der Bevölkerung zu dämpfen und den Durchhaltewillen zu stärken, sprach der Diktator ausführlich von seinen angeblichen Bemühungen, den Frieden zu bewahren bzw. wieder herzustellen. Die westlichen Kriegsgewinnler und der sowjetische Bolschewismus hätten sich jedoch unter jüdischer Führung verbündet, das deutsche Volk zu vernichten. Daher müsse Deutschland weiterkämpfen und im kommenden Jahr den Endsieg erzwingen.

2 Am 19.12.41 hatte Generalfeldmarschall Walther von Brauchitsch (1881-1948) – angeblich wegen »eines schweren Herzleidens« – den Oberbefehl über das deutsche Heer niedergelegt. Hitler hatte diesen selbst übernommen, so daß alle militärische Macht nunmehr in seiner Hand lag. Generalstabschef Franz Halder (1884-1972), im Unterschied zu Brauchitsch eher distanziert gegenüber Hitler, geriet dadurch in eine immer schwierigere Situation, die ihn am 24.9.1942 zwang, ebenfalls sein Amt niederzulegen.

3 In dem hier ausgelassenen Absatz berichtet Sch. über seine wissenschaftliche Kontroverse mit einem Berliner Bekannten Havensteins, Carl Erdmann vom Reichsinstitut für Ältere deutsche Geschichtskunde. In einem Aufsatz »Die Entstehungszeiten des ›Waltharius‹ und der ›Ecbasis Captivi‹« (in: Forschungen und Fortschritte 17 [1941], S. 169 ff.) hatte Erdmann Schumanns Stilkritik und Autorenzuschreibung (vgl. Brief Nr. 52, Anm. 1) entschieden aber, wie Sch. betont, »gut, tüchtig« und »sympathisch« zurückgewiesen.

4 Vgl. Brief Nr. 17 Anm.

5 »Die Kaiserin Galla Placidia« (1937) bildet zusammen mit »Die Kaiserin Konstanze« (1935) und »Die Kaiserin Theophano« (1940) ein noch heute vielgelesenes Roman-Triptychon von Albert Rausch (1882-1949), der unter dem Pseudonym Henry Benrath schrieb. Von Ernst Kantorowicz' »Friedrich II.«-Biographie inspiriert, entfaltete Rausch ein pittoreskes Mittelalter-Panorama, das sich jedoch – und darauf zielt Sch.s Kritik – mehr durch Farbenpracht und Spannung als durch historische Treue auszeichnet.

6 1934 wurde durch Robert Ley die erste »Ordensburg« am Crössinsee (Pommern) eingerichtet. Hier sollte die künftige nationalsozialistische Führungselite in dreijährigen Kursen ausgebildet werden. Absolventen der späteren Adolf Hitler-Schulen oder der Napola, die angeblich Besten, wurden dafür ausgewählt.

7 Die Anfang des 6. Jahrhunderts von König Theoderich gebaute Kirche, die das Grab der Kaiserin Galla Placidia (392-450) birgt, ist für ihre prachtvollen Mosaiken berühmt.

8 Wie Goebels hatte auch der Nazi-Karrierist Wilhelm Kube (1887-1943) ursprünglich Schriftsteller werden wollen. »Totila« (Berlin 1920) ist ein dreiaktiges, zur Völkerwanderungszeit spielendes Drama, das seinen germanischen Helden in einem schwülstigen, expressionistischen Stil zu verklären sucht. – Wegen einer Liebesaffäre hatte Kube 1936 seine Ämter verloren. Er wurde jedoch 1941 als Generalgouverneur für Weißruthenien wieder eingesetzt. Bevor die SS, deren Grausamkeit bei den Judenermordungen er wiederholt anprangerte, seine erneute Entlassung durchsetzte, wurde Kube von russischen Partisanen ermordet.

9 Felix Dahns (1834-1912) 1876 erschienener Roman ›Ein Kampf um Rom‹ erzählt den Kampf der Ostgoten gegen Rom und Byzanz im 6. Jahrhundert. Die spannende Handlung und einprägsamen Szenen begeisterten (bis heute) Millionen von Lesern. Dabei meidet Dahn chauvinistische Töne und schildert die Kämpfe als ritterliche Auseinandersetzungen edler Gegner.

10 Der NS-Doktrinär (vgl. Brief Nr. 23, Anm. 2) wurde am 17.7.1941 zum Minister für die besetzten Ostgebiete ernannt.

Brief 55

1 Mit dem japanischen Überfall auf den amerikanischen Flottenstützpunkt Pearl Harbour auf Hawaii am 7.12.1941 begann der pazifische Krieg. Bei diesem Angriff erlitten die USA so schwere Verluste, daß die Japaner in den nächsten Monaten das Geschehen diktierten. Neben Erfolgen zu Wasser eroberten sie große Landgebiete. Die britische Kronkolonie Hongkong fiel am 25.12.1941, am 2.1.1942 mußten die Amerikaner die philippinische Hauptstadt Manila aufgeben, der wichtige britische Flottenstützpunkt, Singapur, kapitulierte am 15.12.1942. Bis zum 9.3.1942 war auch der alliierte Widerstand in der Inselwelt von Niederländisch-Indien erloschen. Am 7. März eroberten die Japaner die burmesische Hauptstadt Rangun. Parallel dazu hatten die Angreifer weiter östlich zahlreiche strategisch wichtige kleinere Inselgruppen des Pazifiks besetzt.

Brief 57

1 In der Nacht zum 31.5.1942 hatte ein Verband von über 1000 britischen Bombern Köln angegriffen, 12000 Gebäude zerstört oder beschädigt, 474 Menschen getötet und über 5000 verletzt.

2 Am 12. Juli 1939 wurde außer in Leipzig ein Musisches Gymnasium in Frankfurt eröffnet. Dieser neue Schultyp, dessen Abschluß dem allge-

meinen Abitur gleichgestellt war, nahm pro Jahr ca. 30 Schüler auf (keine Schülerinnen), um sie auf eine künstlerische Berufslaufbahn zu spezialisieren. Die Schule mit dem dazugehörigen Internat war im Hause Buchenrode im Frankfurter Stadtwald untergebracht. Als städtische Anstalt unterstand sie unmittelbar dem Erziehungsminister. Diese deutliche Privilegierung durch den Staat zeigt, daß die hier herangebildete musische Elite einst die offizielle deutsche Kultur repräsentieren sollte. »Ellenlange« Berichte brachte u. a. die »Frankfurter Wochenschau«.

3 (Griech.) »seiner selbst« = Hitlers.

4 Vgl. Brief Nr. 47 Anm. 1.

Brief 58

1 Die 1874 gegründete liberale Kulturzeitschrift ›Deutsche Rundschau‹ mußte im April 1942 ihr Erscheinen einstellen. Von 1919 bis zum Verbot wurde das Blatt von Rudolf Pechel (1882-1961) geleitet, der im Ersten Weltkrieg als Marineoffizier gedient hatte. Von 1942 bis 1945 war Pechel als bedeutender Vertreter des ›inneren Widerstandes‹ in den Konzentrationslagern Sachsenhausen und Ravensbrück inhaftiert.

2 H. hatte Sch. im Frühjahr ein Aufsatz-Manuskript »Deutsche Erziehung als Problem« zugesandt, das Sch. am 6. 5. 1942 lobend zurückschickte.

Brief 59

1 Theodor Mommsen und Ulrich von Wilamowitz-Möllendorff galten als die bedeutendsten Altertumswissenschaftler, bzw. klassische Philologen des späten 19. Jahrhunderts.

2 »Unter dem Gesichtspunkte der Ewigkeit«: ein Zitat aus der »Ethik« Spinozas (1677).

3 Vgl. Brief Nr. 51 Anm. 8.

4 Beginn der »Gerechtigkeit« betitelten Ode III, 3 des Horaz (65-8 v. Chr.). Sie preist den »gerechten und charakterfesten Mann«, den »weder die Aufregung der Volksmassen noch die drohende Miene des Tyrannen« vom geraden Wege abbringen können.

5 Nachdem die rote Armee im Winter 1941/42 mit ihren Gegenangriffen die deutsche Front unter schweren Druck gesetzt hatte, konnte die Wehrmacht im Sommer 1942 die Initiative noch einmal an sich reißen. So konnten bis zum Juni 1942 die Stadt Kertsch auf der Halbinsel Krim sowie die ebenfalls auf der Krim gelegene Festung Sewastopol genommen werden. Trotz erheblicher Geländegewinne endete der Feldzug mit der Katastrophe von Stalingrad im Winter 1942/43. – Auch auf dem nordafri-

kanischen Kriegsschauplatz war die deutsche Seite im Juni 1942 erfolgreich. Am 21. Juni 1942 eroberte Rommel die Stadt Tobruk, nachdem man schon zuvor die Engländer weit nach Osten zurückgedrängt hatte.

Brief 60

1 »Es ist ein Trost im Leid Unglücksgefährten zu haben«. Der Spruch stammt nicht von Vergil, ist eine mittelalterliche Prägung nach einer Äsopschen Fabel.
2 »nach errungenem Sieg«.
3 Es ist nicht deutlich, ob er hier auf die vielbeachtete antinationalsozialistische Haltung des Bischofs Graf von Galen und die NS-Reaktion darauf anspielt.
4 Ausnahmen.
5 »Es ist nicht klar«: Formel des römischen Rechts.
6 Den guten Glauben.
7 »Gefährlich ists, den Leu zu wecken,/ Verderblich ist des Tigers Zahn,/ Jedoch der schrecklichste der Schrecken,/ Das ist der Mensch in seinem Wahn«. Aus Schillers »Lied von der Glocke« (1799).
8 Vgl. Brief Nr. 59.
9 Vgl. zu »Vornehmtheit und Tüchtigkeit« Brief Nr. 31, Anm. 4. – »Nietzsche als Erzieher«, H.s 1922 erschienenes zweites Nietzsche-Buch, faßt noch einmal seine bekannten Thesen einer »antihistoristischen« Pädagogik zusammen.

Brief 62

1 Die »Blockwarte« übten auf der untersten Stufe des nationalsozialistischen Unterdrückungsapparats eine Überwacher- und Spitzelfunktion aus. Sie hatten eine kleine Anzahl von Wohnungen ihrer unmittelbaren Umgebung zu kontrollieren und »verdächtige« Beobachtungen an die übergeordneten Behörden sogleich weiterzugeben.
2 »Archibald Douglas« (1861), Ballade von Theodor Fontane.
3 Vgl. Brief Nr. 40, Anm. 4; Nr. 54, Anm. 2; und Nachwort.
4 Nach dem Tod des wegen seiner Proteste gegen SS-Exzesse unliebsam gewordenen Franz Gürtner (1881-1941) am 29. 1. 1941 war das Justizministerium nach einem über einjährigen Interregnum am 20. 8. 1942 durch Hitler mit dem fanatischen Parteigenossen Otto Thierack (1889-1946) besetzt worden. Die Justiz sollte endlich im nationalsozialistischen Geiste geformt werden.

Brief 63

1 Vgl. Brief Nr. 76, Anm. 1.

2 »Der Aufstand der Massen«, ein kulturkritischer Essay des Spaniers José Ortega y Gasset (1883-1955), erschienen 1930. Bei der Analyse seiner Zeit betont Ortega y Gasset den Widerspruch zwischen der nach seiner Auffassung aristokratischen Natur der menschlichen Gesellschaft und dem Aufstieg der Massen im 20. Jahrhundert zu gesellschaftlicher Macht. Diese Masse erkenne jedoch – anders als früher herrschende Eliten – nur noch die eigenen Bedürfnisse und Forderungen an, weise alle anderen Wertvorstellungen zurück. Für die daraus resultierende Aggressivität in der Gesellschaft sei der Faschismus ein Beleg.

Brief 64

1 An die Christengemeinde des kleinasiatischen Laodicea richtet sich ein Schreiben des Apostels Paulus, das in patristischer Zeit als Fälschung entlarvt wurde.

2 Ende Mai 1930 von Reichspräsident Hindenburg zum Kanzler ernannt, suchte Heinrich Brüning (1885-1970) die im Gefolge der Weltwirtschaftskrise über Deutschland hereinbrechende Inflation mit allen Mitteln aufzufangen und zurückzudrängen. Seine drastischen, unpopulären Maßnahmen, die u. a. die Arbeitslosenzahl rasch emporschnellen ließen, zogen ihm bald die Feindschaft aller politischen Parteien zu. Die Proteste der ostelbischen Großagrarier (deren Einfluß auf Hindenburg besonders wirkte) und die Intrigen des Reichswehrgenerals Kurt von Schleicher (1883-1934), der inzwischen ein Interessenbündnis mit Hitler geschlossen hatte, bewogen Hindenburg, Brüning am 30. 5. 1932 zum Rücktritt zu zwingen.

3 Elard von Oldenburg-Januschau (1855-1937), genannt »der alte Januschauer«, galt als Symbolfigur für erzreaktionäres ostelbisches Junkertum. Als Führer der ostpreußischen Großgrundbesitzer gewann er in den 20er Jahren bedeutenden Einfluß auf den vergreisenden Reichspräsidenten Hindenburg. Die Bestechungsaffäre von 1927, bei der Hindenburg von den Junkern um den »Januschauer« ein Rittergut geschenkt bekam, minderte gerade bei solchen Bürgern das Vertrauen in die Republik, die ihr prinzipiell aufgeschlossen gegenüberstanden.

4 Vgl. Nachwort und Brief Nr. 53, Anm. 1.

5 Die Sonntagsausgabe der Frankfurter Zeitung vom 27. 9. 1942 berichtete über eine Morgenfeier einer Kompanie der Leibstandarte Hitlers. Dabei wurden, nach der Rienzi-Ouvertüre von Wagner, u. a. mehrere Gedichte vorgetragen, die Soldatentum und Nationalsozialismus in überschweng-

licher Weise verherrlichten. Autoren dieser »Gedichte« waren Herybert Menzel (1906-1945) und Gerhard Schumann (geb. 1911). Schumann war zunächst in der NS-Studentenbewegung aktiv und später Reichskultursenator, Präsidialrat der Reichsschrifttumskammer und Dramaturg des Württembergischen Staatstheaters. Beide Autoren veröffentlichten zahlreiche Werke nationalsozialistischen Inhaltes und ernteten dafür entsprechende Ehrungen.

6 Die preußisch-patriotischen Kriegslieder von Theodor Körner (1791-1813), dem »Sänger der Befreiungskriege«, wurden im Dritten Reich häufig bei nationalen Feiern rezitiert und in den Schulen auswendig gelernt.

7 Reichsaußenminister von Ribbentrop hielt aus Anlaß des zweiten Jahrestages der Unterzeichnung des Dreimächtepaktes am 27. 9. 42 eine Rede, in der er die Lage der Achsenmächte sehr rosig, die der Alliierten als katastrophal darstellte.

Brief 65

1 In einer Rede anläßlich des Deutschen Dichtertreffens am 11. 10. 1942 in Weimar hatte Goebbels den versammelten Schriftstellern eine Rolle als Kämpfer im »Schicksalskampf unseres Volkes« zugewiesen.

2 Goebbels.

Brief 66

1 In den hier ausgelassenen Abschnitten des Briefs Nr. 65 hatte H. einige Erinnerungen an seinen Freund, den Lustspielverfasser und Juristen Walter Harlan (1867-1931), erzählt, darunter die, daß Harlan auf einer Sitzung des Schriftstellerverbandes an Herzschlag gestorben sei. Vorwürfe jüdischer Kollegen darüber, daß er aus einer staatlichen Spende zugunsten notleidender Schriftsteller auch für einen vaterländischen, d. h. antisemitischen Verband eine Summe abgezweigt hatte, hätten den »Menschenfreund« in allzu heftige Erregung versetzt.

2 Vgl. Nachwort.

Brief 67

1 »Entbehren sollst du! Sollst entbehren! / Das ist der ewige Gesang.« (Faust, 1549/50).

2 harte Notwendigkeit.

Brief 68

1 Satiren I, 6.
2 »verbotenerweise«.
3 Gemeint sind die ersten sechs Oden des dritten Buches. Die Ode III, 2 enthält die oft mißbrauchten Verse: »Süß und ehrenvoll ist's fürs Vaterland zu sterben«.
4 Bedeutende Berliner Philologen zu Beginn des 20. Jahrhunderts. Becker war bis 1933 preußischer Kultusminister.
5 Die Feiern zum 10. Jahrestag der Machtergreifung.
6 Vgl. Nachwort.
7 Der in Stalingrad eingeschlossene deutsche Heeresverband kapitulierte am 6. 1. 1943.

Brief 70

1 Im Brief Nr. 67 berichtete H. von seinem Projekt einer »modernen Theodicee, die mich seit langem beschäftigt«, also einer Schrift zum Beweise Gottes.
2 Gemeint ist Ernst-August (1887-1953), Sohn des letzten Kronprinzen von Hannover. Zwischen 1918 und 1945 verbrachten er und seine Familie die Sommermonate fast regelmäßig auf Schloß Blankenburg.
3 Am 12. 6. 1943 begann die britische Luftwaffe eine neue Großoffensive gegen Deutschland. Allnächtlich wurden Großstädte Ziel vernichtender Angriffe.

Brief 71

1 Anspielung auf die massive Geld- und Waffenunterstützung Deutschlands an Mussolini.
2 DLZ – Deutsche Lehrer-Zeitung.

Brief 72

1 Vgl. Nachwort.
2 »daß wir keinen König haben«.
3 Schiedsrichter; hier: Präsident.
4 ohne Bürgerkrieg.
5 (daß) »ein gewisser von sich aus« (abtritt).
6 »daß er sich selbst für das Volk opfere.«
7 Kaiser Wilhelm II.

1 In Brief Nr. 72 berichtete H. u. a. von zahlreichen familiären Unglücksfällen, besonders vom Beinbruch seiner Frau.

2 Vgl. Brief Nr. 4, Anm. 3 und Nachwort.

3 Gemeint ist Dr. Josef Goebbels.

4 Der Name des preußischen Generals Yorck von Wartenburg steht als Symbol für selbstverantwortliches Handeln eines Befehlsempfängers im Dienste der Allgemeinheit. 1812 hatte Yorck gegen den Befehl seines Königs mit dem russischen General Diebitsch einen Nichtangriffspakt geschlossen als Führer des preußischen Hilfscorps bei Napoleon.

5 Gemeint ist das Schlußkapitel aus Friedrich Hölderlins Briefroman »Hyperion oder der Eremit in Griechenland« (1797-1799), das mit den Worten beginnt: »Es ist ein hartes Wort, und dennoch sag ichs, weil es die Wahrheit ist: ich kann kein Volk mir denken, das zerrissner wäre, wie die Deutschen. Handwerker siehst du, aber keine Menschen, Denker, aber keine Menschen, Priester, aber keine Menschen, Herrn und Knechte, Jungen und gesetzte Leute, aber keine Menschen.«

6 Vgl. Brief Nr. 43, Anm. 8.

7 Clemens August Graf von Galen (1878-1946), Bischof von Münster, verkörperte auf katholischer Seite den Widerstand der Kirche gegen das NS-Regime.

8 Wilhelm Pinder (1878-1947) galt in seiner Zeit als einer der bedeutendsten deutschen Kunsthistoriker. Seine emphatisch nationale Ausrichtung empfahl ihn den Nazis.

9 Großadmiral Karl Dönitz (1891-1980), Initiator der deutschen U-Boot-Kriegsführung, war treuer Gefolgsmann Hitlers.

10 »Er höchstselbst«.

11 Die 1940 inaugurierte Wochenzeitschrift »Das Reich« bildete mit »Der Angriff« das publizistische Podium von Reichspropagandaminister Goebbels. In einem pseudoliberalen Kulturteil suchte »Das Reich« vor allem bildungsbürgerliche Nicht-Parteimitglieder zu erreichen.

12 Vgl. Brief Nr. 72, Anm. 6.

13 Der Präsident des Indischen Nationalkongresses, Subhas Chandra Bose (1897-1945), mußte nach Burma fliehen, als Indien im April 1942 von japanischen Truppen bedroht war. Seine angebliche Flucht nach Tokio muß auf einem Erinnerungsfehler Schumanns beruhen.

14 Hitlers Alpen-Refugium bei Berchtesgaden.

15 Vgl. Brief Nr. 48, Anm. 3.

Brief 74

1 General Werner von Fritsch (1880-1939), wurde am 4. 2. 1938 von Hitler als Oberbefehlshaber des Heeres entbunden, nach Protesten gegen die Kriegspläne.
2 Vgl. Brief Nr. 43, Anm. 8.
3 »Seiner höchstselbst«.
4 »Durch eigene Hand«.
5 (Mit Gewalt) befrieden, vgl. Nr. 51, Anm. 8.

Brief 75

1 der Miene des drohenden Tyrannen – vgl. Brief Nr. 59, Anm. 4.
2 Als äußerlicher Vorwand von Fritschs Anklage diente 1938 eine Denunziation wegen Homosexualität.
3 Theodor Düsterberg (1875-1950), einer der wichtigsten Führer des 500 000 Mann starken, paramilitärischen »Stahlhelm«, mußte im Frühjahr 1933 auf Druck aus den eigenen Reihen all seine Ämter im »Stahlhelm« abgeben, da er den Nazis mißliebig geworden war.
4 Die Entmachtung und Entmündigung König Ludwigs II. von Bayern im Jahre 1886 war nicht durch die königliche Familie, sondern durch das Kabinett des Königs eingeleitet worden, das der Zerrüttung der Staatsfinanzen durch Ludwigs Prachtbauten nicht länger zusehen zu können glaubte.
5 »Flectere si nequeo superos, Acheronta movebo.« – »Kann ich die Götter mir nicht erweichen, beweg' ich die Hölle.« (Vergil, Aeneis VII, 312).
6 General Ferdinand E. v. Bredow (1889-1934), von 1931-1933 Leiter der Abwehrabteilung, wurde 1934 im Zuge des »Röhm-Putschs« erschossen.

Brief 76

1 Eduard Kohlrausch (1874-1948) war einer der führenden Köpfe der strafrechtlichen Reformbewegung in der Weimarer Zeit. Er hatte 1933 das Rektorat der Berliner Universität aus Protest niedergelegt. – Bei H.'s Bekanntem dürfte es sich um Richard Lange handeln, geb. 1906, 1940 ao. Prof., 1943 o. Prof. in Jena.
2 also nicht »jener eine für viele oder für alle, sondern viele oder alle für einen, der doch beteuert, für viele oder alle zu stehen.«
3 Himmler, Reichsführer SS, wurde am 20. 8. 1943 zum Innenminister und Generalbevollmächtigten für die Reichsverwaltung ernannt.
4 Im Zuge der großen Zeitungs-»Stillegungs«-Aktion, der im Frühjahr

1943 rund 950 Blätter zum Opfer fielen, mußte auf persönlichen Befehl Hitlers auch die FZ ihr Erscheinen einstellen.

5 »In der Art, etwas zu sagen oder auszudrücken.«

6 »Die besser unterrichteten.«

Brief 77

1 Die 1861 gegründete konservativ liberale »Deutsche Allgemeine-Zeitung« war nach zahlreichen Besitzerwechseln 1938 in Parteiregie übernommen worden. Inhaltlich folgte sie schon ab 1933 nationalsozialistischer Ideologie.

2 Vgl. Nachwort.

3 Seit der Wende des Kriegsglücks ließ sich Hitler immer seltener in der Öffentlichkeit sehen.

4 Als Chefredakteur der von ihm gegründeten Tageszeitung »Il Popolo d'Italia« warb Mussolini seit November 1914 für einen Kriegseintritt Italiens auf seiten der Entente. Trotz Neutralitätserklärungen erfolgte der dann am 24.4.1915.

5 Vgl. Brief Nr. 75, Anm. 3.

Brief 78

1 In der Nacht zum 5.10.1943 hatten britische Bomber Frankfurt angegriffen.

2 »Beispiele schrecken«.

3 Das »Vorsichtiger-Sein«.

Brief 79

1 Vgl. Brief Nr. 70, Anm. 2.

2 Von in Kampfverbänden vorausfliegenden Aufklärungsflugzeugen abgeworfene Leuchtmarkierungen, die für geraume Zeit das anzugreifende Gebiet taghell erleuchteten. Die nachfolgenden Bombergeschwader orientierten ihre Bombenabwürfe nach solchen »Christbäumen«.

3 Sch. konnte den Wunsch erfüllen. Havenstein bedankte sich in einem Brief überschwenglich für »diesen Zaubertrank«. Am 19.6.1944 revanchierte er sich sich mit einer Sendung von 75 Zigaretten, der er bald darauf eine Kiste Zigarren folgen ließ.

Brief 80

1 Vgl. Brief Nr. 73, Anm. 14.

2 »Trümmer (eigentlich: Spuren) schrecken«.

3 Galeazzo Ciano (1903-1944), Schwiegersohn Mussolinis und seit 1936 italienischer Außenminister, hatte sich mit dem Duce überworfen, war aber nach dessen Sturz dennoch gefangengesetzt worden. Deutsche Geheimdienstbeamte befreiten ihn und übergaben ihn dem ebenfalls befreiten und wiedereingesetzten Mussolini, der ihn im Januar 1944 zum Tode verurteilen ließ.

4 Vgl. Brief Nr. 62, Anm. 6, und Nr. 76, Anm. 3.

Brief 81

1 Mit deren Vertreibung.

Brief 82

1 Am 15.11.1940 hatte die deutsche Luftwaffe bei ihrem bisher schwersten Bombenangriff die englische Industriestadt Coventry fast völlig zerstört.

2 Das spätmittelalterliche Tierepos, das in mehreren Fassungen überliefert ist und 1794 von Goethe bearbeitet wurde, erzählt, wie sich der Bösewicht Reineke durch List und Skrupellosigkeit auf Kosten anderer bereichert und diese für seine Schandtaten büßen läßt.

3 Vgl. Brief Nr. 42, Anm. 10.

4 »Jürnjakob Swehn der Amerikafahrer« (1917), Roman des Mecklenburger Erzählers und Volkskundlers Johannes Gillhoff (1861-1930).

5 Der Schweizer Erzähler Jeremias Gotthelf (1797-1854) gilt – besonders durch seine »Uli«-Romane – als Begründer des deutschen Bauernromans.

6 Die Bauern-Erzählungen Peter Roseggers (1843-1918) wurden seit der Jahrhundertwende auch in pädagogischen Reformer-Kreisen viel gelesen.

7 Der merowingische Hofdichter Venantius Fortunatus (um 530- um 600) hat religiöse Hymnen und Liebeslyrik hinterlassen.

8 Vgl. Nachwort.

Brief 83

1 In einem Brief vom 18.5.1944 klagt H. über eine schwere Halsentzündung.

2 In der Odyssee werden Odysseus und seine Gefährten von Vögeln angegriffen, die ihre Federn als eiserne Pfeile verschießen.

3 Vgl. Brief Nr. 79, Anm. 3.

4 In Theodor Fontanes Roman »Effi Briest« (1895).

Brief 84

1 Vgl. Brief Nr. 79, Anm. 3.

2 Der Heidelberger Professor für Sozial- und Völkerpsychologie Willy Hellpach (1877-1955) war von 1922-1925 badischer Kultusminister, 1924-1925 badischer Staatspräsident. Als Vorstandsmitglied der Deutschen Demokratischen Partei gehörte er bis 1930 dem Reichstag an.

3 Vgl. Brief Nr. 52, Anm. 1.

Brief 85

1 Reichsritter Franz von Sickingen (1481-1523), Kampfgefährte Ulrich von Huttens und Götz von Berlichingens, wurde im April 1533 von den verbündeten Fürsten von Hessen, Trier und Pfalz in Landstuhl eingeschlossen und erlag am Tage der Übergabe der Burg, auf die er sich zurückgezogen hatte, seinen Verwundungen.

2 Friedrich Panzer (1870-1956), seit 1941 Präsident der Heidelberger Akademie der Wissenschaften, legte seine »Waltharius«-Forschungen 1948 unter dem Titel »Der Kampf am Wasichenstein. Waltharius-Forschungen« vor.

3 Im Gefolge von Vergils »Aeneis« schilderte die »Thebais« des Publius P. Statius (40-96) den Zug der Sieben gegen Theben.

4 Friedrich-Karl Klausing (1920-1944) war Adjutant Graf Stauffenbergs und insoweit maßgeblich an der Vorbereitung des Attentats vom 20. Juli beteiligt. Sein Vater war damals Rektor in Prag als Professor juris und erschoß sich auf diese Nachricht hin, da er seit Anfang an den Nationalsozialisten zugetan war.

5 Ernst Lautz, Oberreichsanwalt beim Berliner Volksgerichtshof, ein gleichgesinnter Helfer Roland Freislers, vertrat bei dem Prozeß gegen die Verschwörer des 20. Juli die Anklage.

Brief 86

1 Vgl. Brief Nr. 79, Anm. 3.

Brief 87

1 In diesem Brief nimmt H. eine zwischen beiden Partnern schon früher geführte Debatte (vgl. Nr. 43, Anm. 2) über Shakespeares »Coriolan« erneut auf. Bis Brief Nr. 96 beherrscht dieses Thema stark die Korrespondenz. Sie ist weitgehend hier ausgelassen.

2 Die »Deutsche Literaturzeitung für Werke der internationalen Wissenschaft«, seit 1924 Organ der Akademie der Wissenschaften Deutschlands und Österreichs, hatte wenige Wochen nach Abfassung dieses Briefs ihr Erscheinen einzustellen.

Brief 89

1 Die ausgelassenen umfangreichen Passagen befassen sich neuerlich mit Coriolan.

Brief 90

1 Bei »Caesar. Geschichte seines Ruhms« (Berlin 1924) des George-Schülers und Literaturhistorikers Friedrich Gundolf (1880-1931) handelt es sich nicht im eigentlichen Sinne um eine Biographie Caesars, sondern um eine quellenreiche, philologisch hervorragende Geschichte des Caesarbildes in der europäischen Literatur.

Brief 91

1 (griech.) Autotatos = ipsissimus = er höchstselbst = Hitler.

2 »Die ihr (hier) eintretet, laßt alle Hoffnung fahren!« – Die Inschrift über der Höllenpforte in Dantes »Göttlicher Komödie«.

3 Die weggelassenen Passagen – Coriolan.

Brief 92

1 NSV = Nationalsozialistische Volkswohlfahrt. Ihre Aufgabe bestand vor allem in der Sammlung von Geld und Rohstoff-Abfällen – angeblich zur Unterstützung armer Volksgenossen.

2 Vgl. Nachwort.

3 »Zum höheren Ruhm unseres hochgeliebten Führers und seiner Gefolgsleute und um deren Leben zu verlängern.«

4 Den Mißbrauch für die Regel.

5 Graf Mirabeau (1749-1791) und der Herzog Philipp von Orleans (1747-1793), genannt »Philippe Egalité«, waren in der französischen Revolution prominente Beispiele von Adligen, die sich auf die Seite des Dritten Standes stellten.

6 Generalfeldmarschall Wilhelm Keitel (1882-1946) galt als Symbolfigur serviler Untergebenheit gegenüber Hitler (»Lakeitel«). Heinz Guderian (1888-1954), einer der Organisatoren der Panzerkriegführung im 2. Weltkrieg, widersprach in der Endphase des Krieges offen Hitler. Er wurde daraufhin entlassen. Zu Brauchitsch vgl. Brief Nr. 54, Anm. 2.

7 Die dreitägige Schlacht um Warschau (Juli 1656) und die von Fehrbellin (28. 6. 1675) – beide vom Großen Kurfürsten Friedrich Wilhelm (1620-1688) gegen eine schwedische Übermacht gewonnen – galten traditionell als Beginn des preußischen Waffenruhms.

8 Bei dieser verspäteten Veranstaltung zum »9. November« verlas Himmler eine Proklamation Hitlers. Der Führer führte die desolate militärische Lage Deutschlands ausschließlich auf »Verrat« zurück und bekräftigte zugleich den unbeugsamen deutschen Siegeswillen.

9 Vgl. Brief Nr. 51, Anm. 2.

Brief 93

1 »Du gleichst dem Geist, den du begreifst, / Nicht mir« (»Faust« 512 f.).

Brief 95

1 Vgl. Nachwort.

2 »Wenn man kleines mit großem vergleichen darf«. (Vergil, »Georgica« 4, 176).

3 »In aller Öffentlichkeit«.

4 »Bei dieser Lage der Dinge«.

5 Vgl. Brief Nr. 1, Anm. 1.

Brief 97

1 Der Brief geht an einen Schweizer, einen ehemaligen Schüler des Lessing-Gymnasiums, der der Familie nach dem Krieg »Freß-Pakete« zuschickte und interessiert an den Verhältnissen in Deutschland war.

2 Das heutige Heinrich-von-Gagern-Gymnasium.

Kurzbiographien und Werkverzeichnis

Otto Schumann

Am 19. August 1888 in Trarbach an der Mosel als Sohn des Gymnasial-Lehrers Dr. Wilhelm Schumann geboren. Der Vater wurde 1892 nach Saarbrücken versetzt, später nach Marburg. Ostern 1906 legte S. die Reifeprüfung in Marburg ab. Danach Studium der Germanistik, der Geschichte und der historischen Hilfswissenschaften sowie Latein in Marburg, Berlin, München. Im Mai 1910 Ablegung der Prüfung für das Lehramt an Höheren Schulen und 1910 Dr. phil. in Marburg bei Albert Brackmann.

Von Ostern 1911 bis 1912 Referendariat in Marburg, von 1912 bis 1913 in Bonn. In Bonn zugleich Assistent am Wörterbuch der rheinischen Mundart. An Ostern 1913 als »gewählter« Oberlehrer an der Städtischen Oberrealschule Essen. Wegen starker Kurzsichtigkeit nicht kriegsverwendungsfähig. Ab Herbst 1918 am Städtischen Humanistischen Lessing-Gymnasium in Frankfurt am Main tätig, von der Stadt ausgewählt. Von 1934 bis Mai 1935 und von Oktober 1939 bis Januar 1942 versah er stellvertretend die Amtsgeschäfte als Direktor.

1929 Habilitation in Frankfurt für das Fach Mittellateinische Philologie. Mitglied des Wissenschaftlichen Prüfungsamtes und Fachleiter am Bezirksseminar für Studienreferendare in Frankfurt am Main im Fach Deutsch. 30. September 1936 Ernennung zum nichtbeamteten a. o. Professor auf Antrag der Philosophischen Fakultät der J. W. Goethe-Universität Frankfurt am Main vom 23. April 1936. Am 2. November 1939 Ernennung zum apl. Professor (Antrag der Fakultät vom 22. Juni 1939). Am 6. Juli 1950 Ernennung zum persönlichen Ordinarius. Gestorben am 23. Oktober 1950 in Frankfurt am Main.

Schumann war seit dem 8. Mai 1913 verheiratet mit der Tochter des Marburger Regierungsbaurates Gerhard Sardemann, Berta. Der Ehe entstammen vier Töchter und ein Sohn.

Für den wissenschaftlichen Werdegang kann Schumann selbst sprechen. Ich zitiere aus den Antrittsworten, die er am 30. Oktober 1943 in der Sitzung der Philosophischen Historischen Klasse der Heidelberger Akademie der Wissenschaft gesprochen hat:

»Wie die Physiognomik, die das vorige Mal zu Wort gekommen ist, so ist auch die Lateinische Philologie des Mittelalters, wenn ich nicht irre, zum ersten Mal in diesem Kreise vertreten. Auch sie ist eine junge Wissenschaft.

Abgespalten hat sie sich gegen Ende des vorigen Jahrhunderts von der Klassischen Philologie. Die drei Männer, die sie als solche begründet und auf eigene Füße gestellt haben: Wilhelm Meyer, Ludwig Traube und Paul von Winterfeld, waren von Haus aus klassische Philologen, ebenso der jetzige verehrte Altmeister unserer Zunft, Karl Strecker in Berlin.

Ich bin auf einem anderen Wege zu ihr gelangt. Während meiner Universitätsjahre, die ich hauptsächlich in Marburg zugebracht habe, studierte ich Latein nur nebenher. Die volle Lehrbefähigung für dieses Fach habe ich mir erst nachträglich erworben. Gründliche Schulkenntnisse in beiden klassischen Sprachen hatten mir allerdings zwei Gymnasien von gutem alten Schlage mitgegeben, das Saarbrücker Ludwigs-Gymnasium und das Gymnasium Philippinum zu Marburg. Auf der Universität waren meine Hauptfächer Germanistik einerseits, Geschichte, vorab mittelalterliche und historische Hilfswissenschaften andererseits. Mit einer Dissertation über die päpstlichen Legaten in Deutschland zur Zeit Heinrichs IV. und Heinrichs V. habe ich 1910 bei Brackmann promoviert. Brackmann verdanke ich u. a. auch eine gründliche paläographische Schulung. In der Germanistik sind vor allem Friedrich Vogt und Ferdinand Wrede meine Lehrer gewesen. Was ich bei ihnen gelernt habe, kommt mir auch heute noch oft zugute. Wer die Carmina Burana herausgibt, muß auch als Germanist seinen Mann stehen können. Und als solcher bin ich seinerzeit mit dieser Sammlung zum ersten Male in nähere Berührung getreten. Vogt stellte mir für die Staatsprüfung die Aufgabe, die Sprachformen der darin enthaltenen deutschen Texte zu untersuchen. Ich konnte damals nicht ahnen, daß diese Arbeit für meine ganze wissenschaftliche Weiterentwicklung entscheidend werde, und daß sie mich weitab von dem Gebiete der historischen deutschen Grammatik in ganz andere Bahnen lenken sollte.

Für die Texte, die ich zu bearbeiten hatte, standen mir zur Verfügung die alte Schmellersche Ausgabe von 1847, ein paar Berichtigungen, die ein halbes Jahrhundert später erschienen waren, und einige wenige Facsimiles in Könneckes Literaturatlas und sonst nichts. An den letzteren stellte ich fest, daß die Sprachformen bei Schmeller nicht genau wiedergegeben und daß jene Berichtigungen zumindesten unvollständig waren. Es widerstrebte mir, auf einer so unsicheren Grundlage auch nur eine Staatsprüfungsarbeit aufzubauen. Darum fuhr ich kurzerhand nach München und schrieb mir die Texte aus der Handschrift ab, wobei mir meine paläographischen Kenntnisse trefflich zustatten kamen. Nun erst hatte ich festen Boden unter den Füßen. Vogt war dann auch mit dem Ergebnis sehr zufrieden und wünschte, daß die Arbeit gedruckt würde.

Dazu ist es freilich bis auf den heutigen Tag nicht gekommen. Über ein Jahrzehnt lang nahm mich die Schule, in deren Dienst ich 1911 eintrat, ganz in Anspruch. Ich brachte die beiden Vorbereitungsjahre in Bonn zu, wurde dann Oberlehrer an einer Essener Realschule, ging von dort 1918 ans Lessing-Gymnasium in Frankfurt am Main über, an dem ich noch jetzt tätig bin. Zu dem, was die Schule verlangte, kamen die Nöte der Kriegs- und Nachkriegszeit und andere Ablenkungen. Gleichwohl behielt ich jene Aufgabe unbeirrt im Auge, und etwa seit 1923 wandte ich mich ihr endgültig von neuem zu. ...

Auf der anderen Seite erweiterte und festigte ich die einst gewonnene Grundlage durch eine neue, umfassende Untersuchung der gesamten Handschrift. Eine solche hatte bereits um die Jahrhundertwende Wilhelm Meyer angestellt in seiner berühmten Abhandlung ›Fragmenta Burana‹. Meyer hatte auch mehrere Jahrzehnte lang den Plan gehabt, die veraltete und unzulängliche Schmellersche Ausgabe durch eine neue zu ersetzen. Aber über einige Vorarbeiten ist er nicht hinausgekommen. Nach seinem Tode 1917, nahm der Göttinger Romanist Alfons Hilka jenen Plan wieder auf. Er wurde auf meine Studien aufmerksam gemacht, kam eines Tages mit seinem Heidelberger Verleger Otto Winter nach Frankfurt und warb mich als Mitarbeiter an. Es wurde zunächst verabredet, daß er die lateinischen, ich die deutschen Texte bearbeiten sollte; meinen früheren Plan, die letzteren gesondert herauszugeben, ließ ich fallen. Aber es ergab sich von selbst, daß ich mich auch um die lateinischen Texte kümmern mußte. Und dann kam es so, daß im wesentlichen alles, Text und Kommentar, von mir erledigt wurde. Besonders der zweite Textband, erschienen 1941, der wichtigste Teil des ganzen Unternehmens, ist so gut wie ganz mein Werk. ...

Anfang 1929 habilitierte ich mich in Frankfurt, nachdem ich schon einige Zeit vorher einen Lehrauftrag erhalten hatte, für mittellateinische Philologie mit einer Abhandlung über die Handschrift der Carmina Burana ...«.

Wissenschaftliche Publikationen Schumanns

Die päpstlichen Legaten in Deutschland zur Zeit Heinrichs IV. und Heinrichs V. (1056-1125), Marburg 1912.

Carmina Burana. Mit Benutzung der Vorarbeiten Wilhelm Meyers kritisch hrsg. von Alfons Hilka und Otto Schumann, Heidelberg 1930 (I Text, II Kommentar).

Der Tegernseer Ludus de Antichristo im Unterricht, in: *Monatsschrift für Höheres Schulwesen* 24, 1925.

Die deutschen Strophen der Carmina Burana, in: *Germ.-Rom. Monatsschrift* 14, 1926.

»Bernovini episcopi carmina«, in: *Hist. Vierteljahrsschrift* 26, 1931.

Baudri von Bourgueil als Dichter: Studien zur Lateinischen Dichtung des Mittelalters, in: *Ehrengabe für Karl Strecker* 1931.

Die Textgruppen des Codex Buranus, in: *Hist. Vierteljahrsschrift* 9, 1934.

Die Heimat des Archipoeta, in: *Z. f. Rom. Philologie* 56, 1936.

Über die Pariser Waltharius-Handschrift, in: *Corona quernea*, Festgabe Karl Strecker, Leipzig 1941.

Zu Carmen de proditione Guenonis, in: *Z.f. Rom. Philologie* 62, 1942.

Die Urfassung des Nikolausspiels von den drei Jungfrauen, ebd. 63, 1943.

Die lateinische Literatur als geschichtliche Gesamterscheinung, in: *Romanische Forschungen* 60, 1948.

Die jüngere Cambridger Liedersammlung, in: *Studii Medievali*, Bd. 16 (1943-1950), S. 48-85.

Martin Havenstein

Die Daten zu Martin Havensteins Lebenslauf sind recht unvollständig. Ich habe sie z. T. den Mitteilungen der Vereinigung ehemaliger Schüler des Realgymnasiums Grunewald entnehmen können, die mir dank freundlicher Vermittlung von Herrn Oberstudiendirektor Harald Howe zugänglich gemacht wurden. Weitere Nachforschungen in der DDR blieben weitgehend ergebnislos, da sich offensichtlich keine Hinterlassenschaft erhalten hat.

Martin Havenstein wurde am 28. November 1871 in Gramenz, Kreis Neu-Stettin, als Sohn des dortigen Pastors geboren. Er besuchte das König-Wilhelm-Gymnasium in Stettin. Daran schloß sich ein Studium in Bonn, Halle, Marburg und Berlin an. Studienfächer waren – entsprechend einer recht allgemeinen Angabe – Philologie, Theologie und Philosophie.

Im Anschluß an das Studium wurde Havenstein als wissenschaftlicher Lehrer an der Höheren Privat-Knabenschule in Grunewald angestellt. Als im April 1903 dort ein eigenes Gymnasium errichtet wurde, das Grunewald-Gymnasium, erhielt Havenstein hier eine feste Anstellung als Gymnasialprofessor. Während des Ersten Weltkriegs war Havenstein vorübergehend als Kriegsfreiwilliger des Infanterieregiments 148, im Ersatzbataillon, eingezogen. Er wurde aber bald freigestellt und konnte an die Schule zurückkehren, wohl im Jahre 1916. Im gleichen Jahr fiel sein Bruder in Frankreich.

Während des Krieges kam mit dem neuen Direktor, Dr. Wilhelm Vilmar, ein Vertreter pädagogischer Reformen an das Gymnasium. Danach wurde die Schule zu einem Reform-Realgymnasium ausgebaut, das insbesondere die Oberstufe gemäß den neueren Reformvorstellungen änderte, dort das Prinzip der »Bewegungsfreiheit« einführte. Zum 60. Geburtstag Vilmars 1930 nannte Havenstein in der Festrede dieses Realgymnasium die »liberalste Anstalt Deutschlands«. In den »Erinnerungen deutscher Schriftsteller – meine Schulzeit im Dritten Reich« (München 1982) konstatiert Horst Krüger, ein Schüler dieses Gymnasiums, ganz allgemein: »Liberaldeutsch-national möchte ich den Geist von Grunewald vor Hitler nennen«.

Im Oktober 1932 trat Havenstein in den vorzeitigen Ruhestand. Während des Zweiten Weltkrieges siedelte er nach Blankenburg in den Harz über, wo er am 26. 10. 1945 verstarb. Havenstein war verheiratet mit Maria Krüger, die ihn um knapp zwei Jahre überlebte. Sie starb ebenfalls in Blankenburg am 14. 3. 1947. Die Ehe war kinderlos geblieben.

Folgende, auch im Briefwechsel gelegentlich erwähnte Bücher und Abhandlungen hat Havenstein verfaßt (die Aufzählung ist nicht vollzählig, insbesondere eine große Anzahl pädagogischer Aufsätze und Beiträge wurden nicht aufgenommen!):

Bücher

Friedrich Nietzsche. Ein Jugendverderber? Eine Verteidigungsschrift, Leipzig 1906.

Vornehmheit und Tüchtigkeit. Dem deutschen Volke zur Einkehr, Berlin 1919 (verschiedene Neuauflagen).

Die alten Sprachen und die deutsche Bildung, Berlin 1919.

Nietzsche als Erzieher, 1922.

Die Dichtung in der Schule, Frankfurt am Main 1925.

Thomas Mann. Der Dichter und Schriftsteller, Berlin 1927.

Aufsätze

Zur Krisis der Literaturwissenschaft, in: *Neue Jahrbücher für Wissenschaft und Jugendbildung* 7, 1931.

Die Deutsche Bewegung in der Schule, in: *Die Erziehung* I, 1925.

Weichlichkeit in der modernen Erziehung, ebd. Bd. V, 1929/30.

Das Gesicht unserer Zeit, in: *Philolog. Blätter*, Jg. 38, 1930.

Sophokles in der Höheren Schule, ebd., Jg. 40, 1932.

Pädagogischer Kritizismus, ebd.

Deutsche Erziehung als Problem, ebd. 1933.

Zweierlei Historismus, in: *Monatsschrift für Höhere Schulen* 1930.

Nachwort

Der zu Ausgang des 19. Jahrhunderts und zu Beginn des 20. immer offensichtlicher werdende Umstand, daß die Jugend ihre Existenz in der bürgerlichen Gesellschaft als problematisch begriff – und die sich mit ihr Beschäftigenden empfanden das nicht minder! – führte zur nachhaltigen Diskussion pädagogischer Probleme. Zutreffend wird von einer neuen pädagogischen Bewegung gesprochen.[1] Bereits im 19. Jahrhundert hatte es vielerlei Auseinandersetzungen über das Schulsystem in Deutschland gegeben. Aber erst mit der von Kaiser Wilhelm II. einberufenen und von ihm mit Reden begleiteten Schulkonferenz von 1890 gewann diese Diskussion an Intensität und auch breiter Resonanz. Jugendbewegung und das sich nachhaltig um wissenschaftliche Anerkennung bemühende Fach Pädagogik – nach dem 1. Weltkrieg konnte es als eigene Disziplin ohne Verbindung zur Philosophie oder Psychologie Lehrstühle an Universitäten erhalten! – trugen das ihre dazu bei, die Anpassung des Schulsystems an als zeitangemessen betrachtete Ansprüche zu befördern.

Industrialisierung, Verstädterung, soziale und Sozialisationsprobleme, Krisenanfälligkeit der bisher vermeintlich gesicherten Wertewelt, Anti-Modernismus, zunehmende Entkirchlichung des Lebens, gesellschaftliche Gegensätze können schlagwortartig als mitverursachende Bedingungen dieser Diskussion genannt werden. Die Schulen – besser das Schulsystem – würden, so war die weitverbreitete Meinung, immer weniger ihrem zeitangemessenem Auftrag gerecht. Also müßten sie verbessert werden, statt »Lernschulen« etwa »Erziehungs- und Tatschulen« werden, wie manche meinten. Begreiflicherweise unterschieden sich die eingenommenen Positionen, die unterbreiteten Vorschläge je nach geistiger Herkunft und Erwartungshorizont. Sie brauchen hier nicht breit aufgefächert vorgeführt zu werden. Es genügt darauf zu verweisen, daß es Anhänger einer klassisch-humanistischen Tradition gab, solcher einer betont realienbezogenen, naturwissenschaftlich-technisch ausgerichteten, Vertreter einer »Konzentration der Fächer in Abwehr von Vielfalt und Zerfahrenheit«, solche, die die Gefühlswelt, das

Irrationale, das »Musische«, und andere, die körperliche Beanspruchung betonten, Intellektualismus und Großstadtkultur zurückgedrängt wissen wollten. Auch die sogenannte Kulturkritik – wie sie u. a. von Nietzsche, Langbehn, Paul de Lagarde formuliert worden war – hatte ihre entsprechenden Auswirkungen. Der »Historismus« der Bildung, die Erziehung zur Schwäche und »Alexandrinertum«, der mangelnde Idealismus der Jugend usf. waren Stichworte, die von reformbemühten Pädagogen aufgenommen werden konnten und zu entsprechenden Programmen umformuliert wurden.

Die zunächst fortschrittsgläubige, optimistische Erneuerungsbewegung teilte mit vielen anderen Auffassungen und Bestrebungen des Kaiserreichs das Schicksal: die Erlebnisse des 1. Weltkrieges erschütterten sie nicht nur tief, sie ließen sie vielfach in kulturpessimistische, auch radikale, trotzige »Nundennoch«-, aber auch in demokratische, liberale Positionen umschlagen. Das veränderte die bisherigen Absichten zwar nicht grundlegend, gab ihnen aber mehr Brisanz und Nachhall, da der richtigen Ausbildung nunmehr noch größeres Gewicht zuzukommen schien.[2] Nicht von ungefähr war die Weimarer Republik ein Umfeld, in dem pädagogische Entwürfe und Diskussionen einen höchst fruchtbaren Boden fanden.[3]

Im neuen Staatswesen sollten bessere Maßstäbe für Schulen bestimmend sein. Gewiß führte das im allgemeinen nicht zu grundlegenden Änderungen oder auch nur zur breiten Umsetzung der neuen Ideen. Aber die Anhänger der sich nunmehr deutlicher formierenden pädagogischen Reformbewegung gingen davon aus – gleichsam in Analogie zur preußischen Reformzeit der Freiheitskriege –, daß die realen wie auch die nur vermeintlichen Verluste des Kriegs im Geistigen wieder wettzumachen seien, daß überhaupt überzeugender auf die Jugend eingegangen und – erzieherisch – einzuwirken gesucht werden müsse. Die Argumente hatte man bereits seit der Vorkriegszeit. Jetzt wurden sie – wie während der nach Berlin einberufenen Reichsschulkonferenz von 1920 – geschärft, verfeinert und umzusetzen gesucht.[4] Viele der noch heute diskutierten Fragen wurden damals bereits erörtert. Ein »kindergerechtes Lernen«, eine »kameradschaftliche« – keine »autoritäre!« – Unterweisung, ein Eingehen auf die »Entwicklungsgesetze der Seele«

wurden gefordert, eine »Lebensgemeinschaft-Schule«, »selbsttätiges Lernen« usf. idealisiert. Die Gegner sahen darin hinwiederum ein völliges Verfehlen der Erziehungsaufgaben, eine Unterforderung der anspruchsvolleren Jugend oder auch Benachteiligung der unteren, der nicht bereits gebildeten Klassen, einen Niedergang also.

Die verschiedenen Ansätze, mittels Reichsgesetzgebung eine teilweise Ordnung und größere Einheitlichkeit auf dem Boden Deutschlands zu erreichen, führten nicht zum Erfolg. Preußen, in dessen Schuldienst die beiden Briefpartner standen, suchte daher wenigstens für sich ein funktionierendes, gegliedertes und modernen Ansichten angepaßtes Schulsystem zu organisieren und zu garantieren. Auch hier kann ich mich auf die Nennung der allgemeineren Rahmenbedingungen dieses höheren Schulwesens beschränken. Ich brauche nur darauf zu verweisen, was zur Entschlüsselung der Korrespondenz dienlich ist.

Dies preußische Schulwesen war durch Neuerungen gleichermaßen wie auch erprobte Traditionen geprägt.[5] In der Weimarer Republik gab es vier Haupttypen von höheren Schulen. Dem (humanistischen) Gymnasium war, wie seit dem 19. Jahrhundert bewährt, die Pflege alter Sprachen aufgegeben, es hatte der Antike als Leitbild zu folgen. Das Realgymnasium konnte mehr Gewicht auf moderne Sprachen und Realia legen, die Oberrealschule auf naturwissenschaftliche Disziplinen. Die deutsche Oberschule schließlich – ein neuer Typ der Weimarer Republik, von dem preußischen Schulverantwortlichen Hans Richert gefördert,[6] von Havenstein bejaht – sollte vergleichbar dem Gymnasium nicht freilich die Antike, sondern die deutsche Kultur ins Zentrum rücken. Damit werde diese Schulart am entschiedensten der dem demokratischen Weimar selbstverständlichen Aufgabe entsprechen, den »Begriff einer großen deutschen Kulturnation« nämlich zu vermitteln. So hatte das der preußische Kultusminister C. H. Becker formuliert.[7]

Der deutsche Eigenwert, »Bewußtheit (unserer) Eigenart« – wie Hans Richert das nannte –, der »Wille zum Deutschtum« – wieder Becker – sollten solcherart verpflichtendes Leitbild sein und vermittelt werden,[8] um – so war die Meinung auf Grund der Erfahrungen des Weltkrieges – in der Lage zu sein, auch den anderen Kulturen gerecht werden zu können. Nicht überhöhter

Nationalismus,[9] sondern auf Grund nationaler Selbstgewißheit Kenntnis und Verständnis der nichtdeutschen Kulturen und Länder zu erreichen – dies war die Absicht. Die Menschheit könnte – und das war damals nicht nur in Deutschland die Meinung – allein in Nationen begriffen werden. Die Nation bilde auch im Kulturellen das Zentrum des Miteinanderlebens.

In allen vier Schularten mußte dementsprechend dafür gesorgt sein, daß nicht zuletzt das Fach »Deutsch« nachhaltig berücksichtigt war. Dem dienten die sog. kulturkundlichen Fächer. Als Kernfächer beanspruchten sie ca. $\frac{1}{3}$ der Wochenstunden. Dafür galten: Deutsch, Geschichte, künstlerische Fächer, Geographie, Religion bzw. Philosophie.

Die im April 1925 vom preußischen Staatsministerium verabschiedeten Richtlinien[10] verankerten dies System und suchten zugleich wichtige reformpädagogische Vorstellungen dauerhaft festzuschreiben. Eine »Politisierung« der Schule sollte allemal vermieden, die Erfahrungen menschlicher Beziehungen zwischen Schülern untereinander, ihnen und den Lehrern ermöglicht werden. »Organischer Gesamtunterricht« statt Fachunterricht sollte in den Schulen gegeben, der Lehrplan für die Oberstufe hinfort fächerübergreifend und spezifisch themenbezogen erstellt werden. Der Staat sollte als »Kulturstaat aller Deutschen« nahegebracht, den Zöglingen »Liebe zur Heimat und das Gefühl der Gemeinschaft mit allen Volksgenossen« vermittelt werden.[11] Leseempfehlungen und entsprechende Lehrbücher sowie die Aufsicht durch die Provinzial-Schul-Kollegien, die Schulräte und Behörden sollten die Befolgung garantieren.

So wenig das heutigen Ohren »modern«, offen und demokratisch klingen mag, so sehr waren die Verantwortlichen seinerzeit doch von solchen Absichten getragen. Im Verständnis der eigenen Kultur sollte, um es zu wiederholen, nicht nur eine offene, vaterlandsliebende, den großen deutschen Traditionen sich verpflichtet fühlende Generation herangezogen werden. Sie sollte auch im Stolz auf diese eigenen Leistungen die der anderen Völker rezipieren und anerkennen können. Zugleich sollte der Schulalltag durch neue Formen des Umgangs miteinander, durch neue Erfahrungs- und Erlebnisbereitschaft zu größerer Gemeinschaft erziehen. Die Anhänger dieses Reformkurses wurden von den vorgesetzten Behörden gefördert, es wurde intensiv für ihn geworben.

Der weitgespannten und vielfältigen Diskussion kam es zustatten, daß in eigenen Zeitschriften wie etwa der neugegründeten »Die Erziehung« oder im »Philologen-Blatt« Foren vorhanden waren, in denen oft mehr leidenschaftlich und weltanschaulich denn wissenschaftlich nüchtern diskutiert werden konnte.[12] Daß sich die führenden Schulmänner zur Teilnahme aufgerufen, ja verpflichtet fühlten, kann durchaus auch als Ausweis einer offeneren, nicht mehr einheitlich geschlossenen akademischen Gesellschaft begriffen werden.

In diesen Umkreis führen die vorliegenden frühen Briefe. Der – noch vorhandene – Briefwechsel beginnt nämlich 1930 und behandelt zunächst Themen, die die beiden Männer zusammengeführt haben und von denen gerade gesprochen wurde: Schulreform, Pädagogik, Bildungstheorien.

Ganz offensichtlich gehen beide davon aus, daß eine starke Polarisierung der Auffassungen über Schulerziehung eingetreten sei. Richert, den sie als die entscheidende Figur in diesem Zusammenhang betrachten, suche zusammen mit Gleichgesinnten in Zeitschriften, Vorträgen, Kongressen und selbst mit Vorschriften die – falschen – Vorstellungen umzusetzen. Er sei ein Anhänger verweichlichender, vom Kinde ausgehender Erziehung, die ebenso abzulehnen sei wie die Kultur- und Deutschkundlerei, wonach die Schulbücher und Texte »kindergerecht« zurechtzustutzen seien. Ohne Sinn für das, was not tue, was Schüler eigentlich erwarteten, verhunzten die Reformer unser geistiges Erbe.

Wenig zuversichtlich waren sie, was ihre pädagogischen Ideale betraf. Havenstein traute der Wirkung seiner Schriften nicht mehr allzuviel zu, gerierte sich gar als Anhänger des damals verbreiteten, sogenannten »Kulturpessimismus«.[13] Er beklagte – man ist geneigt hinzuzufügen: ironischerweise – als Anhänger der Willens- und Tatphilosophie Nietzsches, daß er selbst sich so gar nicht zu einer Führernatur eigne, worin ihm Schumann auch für sich zustimmte. Beide teilten ganz unreflektiert zudem die allgemeine Meinung, Führernaturen müßten sein, um zum Guten und Besseren hinzuführen.[14] Solche naturgegebene, hierarchische Ordnung in einem guten, naiven Sinne war ihnen selbstverständlich, schien ihnen fast täglich erfahrbar und keinesfalls problematisch.

Das kommt auch gut in der Kritik an den »Unterrichts-Richtlinien« und den »Jahresplänen« zum Ausdruck. Daß sie sich – auch ihre Gymnasien – wenig darum scheren, ist gewiß schon interessant genug. Aber – insbesondere Schumann – erblickte darin einen verhängnisvollen, einmal vermutet er gar: beabsichtigten Niedergang »altpreußischer Traditionen«. Denn die Mißachtung vorgesetzter Behörden, eine solch laxe Pflichtauffassung, erschien ihm verwerflich. Beide hielten denn auch viel, wie sie sich im Blick auf ihren Schulunterricht bestätigten, von selbstauferlegter Disziplin und Pflichtbewußtsein und erwarteten das folgerichtig auch von anderen. Wenn Schumann gar das nicht so rasche Erreichen seines eigentlichen Lebensziels, die Berufung auf einen Lehrstuhl – und hier besonders ehrenvoll: den Berliner – als eigentlich nicht ungünstig darstellte, da er so seine Prima in Latein und Geschichte nicht kurzfristig zu verlassen brauche, was ihm wie »Fahnenflucht« vorgekommen wäre, offenbart das etwas von dieser Haltung und Gesinnung.

Sehr aufschlußreich erscheint sodann die Diskussion über die Neigung jüdischer Schüler zu moderner Literatur, über den jüdischen Charakter schlechthin. Havenstein, entschieden unreflektierter, mit dem Gefühl denkend, gängigen Meinungen insoweit leichter folgend, bemühte dafür die damals üblichen Vorurteile über Abstammung, Blutsmacht, unwandelbare Grundveranlagung.[15] Sein Eintreten für »antihistorische Standpunkte«, so verschwommen das auch bleibt, förderte naturgemäß solche Auffassungen. Schumann ist hier entschieden nüchterner, er weist sich als kluger Beobachter aus, nicht unbedingt als Philosemit. Seine Argumente treffen wohl die Sache. Bemerkenswert ist in diesem Zusammenhang die Angabe, daß in manchen Gymnasialklassen über 50%, manchesmal bis zu 75% jüdische Schüler saßen. Havenstein beklagte das zwar nicht. Aber wenn, was Schülern doch eigentümlich, ein solcher seinen Mutwillen an verehrten Figuren des Nationalbewußtseins kühlt, kann seine pädagogische Weisheit dorthin nicht mehr folgen. Auch hierin erweist sich Schumann alsbald als der viel Klügere: rassenpsychologische Argumente führten auf »ein verflucht unsicheres und gefährliches Gebiet«. Diese Diskussion spricht für sich selbst, bedarf keiner weitergehenden Erörterung.

Im eher privaten Bereich sind die Habilitation Schumanns für das Fach mittellateinische Philologie, der Einzug in sein neues Haus, die Hoffnung auf eine Berufung nach Berlin, die Familie die mitgeteilten und mehr am Rande besprochenen Dinge. Politik spielt kaum eine Rolle, allenfalls indirekt in der Kritik an der preußischen Schulpolitik, die als sozialdemokratisch und wenig bürgergerecht galt. Selbst die Erörterung der Einstellung jüdischer Schüler zur älteren deutschen Literatur fand eigentlich im Rahmen allgemeiner pädagogischer Überlegungen statt. Sie hatte zunächst keinerlei Bezug zum politischen Antisemitismus der Zeit. Allenfalls darin scheinen Zeitverhältnisse auf, daß die Briefpartner meinen, zu klare antisemitische Stellungnahme schade entschieden im Öffentlichen Dienst, sei gefährlich, werde von einer starken philosemitischen Richtung nicht nur bekämpft, sondern zum Nachteil des Betreffenden ausgemünzt.[16] Und schon gar sei es unredlich, Gegnerschaft gegen die Schulreformpläne in eins zu setzen mit reaktionärer und rassenfanatischer Haltung.

Indirekt erhoffen sie sich – ab Januar 1931 – von der absehbaren Neubildung der preußischen Regierung Besserung. Bereits damals schienen sie also den späteren »Preußenschlag« zu erwarten, wohl als Reaktion auf die September-Wahlen von 1930, die eine »historische Zäsur« für die Weimarer Republik bedeuteten, die Nationalsozialisten deutlich im Vormarsch sahen.[17] Wie tief das Mißtrauen vor »Parteimißwirtschaft« und ideologischer Politik saß und wieviel von der Hitler-Bewegung erwartet wurde, wird in der scherzhaft gemeinten Anspielung deutlich, Havenstein – der wohl die größeren Sympathien für sie empfand – werde dann Kultusminister. Daß die Entscheidung der Berliner Fakultät, die mittellateinische Professur nicht wiederzubesetzen, Schumann persönlich tief treffen mußte, ihn außerordentlich kränkte, seinen Lebensplan erschütterte, versteht sich leicht.[18] Eigentlich bleibt es erstaunlich, mit welch persönlicher Würde Schumann, der sich nicht zu Unrecht als »armes Dorfschulmeisterlein« von hochmütigen Universitätsprofessoren traktiert sah, diesen »Schicksalsschlag« meisterte.

Havenstein suchte darüber hinwegzutrösten, seine Betrachtungen gerieten ihm aber zugleich in eine generelle, pessimistische Analyse der Zeit. Intellektualismus einerseits, Roheit und »Ungesittigkeit« andererseits, Historismus und brutaler antihistorischer Aktionismus stünden gegeneinander, ließen kaum Hoffnung auf ein vernünftiges Ergebnis. Er beschrieb damit die »kaum überbrückbare Diskrepanz«[19] zwischen den kulturellen – auch politischen – Sehnsüchten und Idealen des späten Weimar. Daß er selbst – als Vorkämpfer gegen Alexandrinertum, Historismus – von sich bekannte: »Wie sehr lebt man doch in der Vergangenheit« (im Blick auf die Reise zu französischen Kathedralen) zeigt sogar im Persönlichen etwas von dieser damaligen bildungsbürgerlichen Dichotomie.

Die eintretende Pause im Briefwechsel führte Havenstein auf diese demütigenden Erfahrungen zurück und suchte neuerlich zu trösten, nicht zuletzt im Blick auf die allgemeine Entwicklung. Die zeichnete sich im März 1932 bereits als schicksalhaft ab. Es ging um die Wiederwahl Hindenburgs, die Entlassung des Kabinetts Brüning und die Einsetzung eines »Kabinetts der nationalen Konzentration« unter Papen sowie das spätere Präsidialkabinett Schleicher. Hektische Wahlkämpfe und blutige Straßenschlachten offenbarten allenthalben etwas von der sich zuspitzenden »Fast-Unregierbarkeit« des Landes. Dementsprechend wird auch im Briefwechsel zum ersten Mal sehr unmittelbar die tiefe Ratlosigkeit der sich zwischen den Extremen verraten fühlenden bürgerlichen Mitte offenkundig. Niedergang der Kultur allgemein, wozu insbesondere auch die gegenwärtige beitrage, schien beiden überdeutlich. Ihre großen Hoffnungen als Schulreformer zerrönnen, ihre allgemeinen (Vor)urteile hingegen nicht. Für Havenstein war das ein Grund, vorzeitig aus dem Amt zu scheiden. Denn beide lehnten es zutiefst ab, utilitaristischen, d. i. sich nach Mehrheiten richtenden Gesichtspunkten im Unterricht zu entsprechen. Sie als die Kompetenten, die allein die Sache im Auge hätten – wie sie glaubten –, müßten eigentlich diejenigen sein, die zu entscheiden hätten, was und wie unterrichtet werden sollte. Die in einer Demokratie notwendige Flexibilität, das Austarieren entgegenstehender Interessen konnte ihnen, die in den festgefügten Bildungskriterien des 19. Jahrhunderts aufgewachsen und ohne Erfahrung einer

»offenen Gesellschaft« waren, allein als »Scharlatanerie ... des Systems« erscheinen, als »Unsegen der Parteimißwirtschaft«, als »Futter-Krippenwirtschaft«, nicht als sachangemessene Politik. Daß andererseits – im Frühjahr 1932, wenig vor der Wahl in Preußen und dem späteren »Preußenschlag«[20] – die politisch Verantwortlichen kaum zu »solider Arbeit« fähig seien, sahen auch sie ein.

Schumann erwartete damals eine Änderung der preußischen Regierungsverhältnisse, befürchtete zugleich jedoch Schlimmes. Freilich sei ein Wechsel mehr als überfällig und besser als das Bisherige. Auch hier wird wiederum die Ratlosigkeit der gemäßigt konservativ Bürgerlichen deutlich. Der Niedergang des Liberalismus insgesamt gebe allein den ideologisch bzw. klassenspezifisch Ausgerichteten unter den Parteien noch Halt. Die Zunahme extremer Parteien wurde in ihrer Gefährlichkeit erkannt, gleichwohl Hitler eine Chance eingeräumt – trotz prinzipieller Vorbehalte –, tue er sich nur rechtzeitig auch mit den Gebildeten, dem Bürgertum zusammen. Darauf schien ihnen einiges hinzudeuten.

Die in der deutschen Studentenschaft lange vor dem 30. Januar 1933 vollzogene »Machtergreifung«[21], das Zusammengehen von Studenten und Arbeitern in der NS-Bewegung – so beurteilte Schumann das – berechtige zur Hoffnung, ja sie sei die einzige. Dank der vielen Gebildeten in den Parteistellen sei schließlich die Gefahr einer »Primitivierung« gering, es lasse sich gar hoffen – und hier zeigt sich wiederum, wie jeder auf Grund seines Lebensumkreises, seiner Erfahrungen urteilte –, daß auf diesem Wege die guten alten Methoden, Fächer und Erziehungsideale wieder an den Schulen eingeführt würden. Trotz dieser verhaltenen, ängstlich erwartungsvollen Haltung schienen also Hoffnungen zu überwiegen. Im Privaten taten sie das ohnehin, garantierte das Wohl der Familie doch das eigene.

Die folgenden Briefe und Karten – alle schließlich in einer sich zuspitzenden politischen Situation geschrieben – gehen auf diese Verhältnisse nicht näher ein. Sie behandeln Fragen des Deutschunterrichts, literarische Werke, offensichtlich nachdem Schumann Havenstein besucht und persönlich gesprochen hatte.[22] Da diese Diskussion zum Teil um heute vergessene Autoren geführt wurde – Rudolf Stratz, Rudolf Binding, freilich auch Goethe – und auch nichts Wichtiges für den privaten Teil des Briefwechsels enthält, werden sie hier ausgespart.[23]

Die nächsten, allgemeiner interessanten Stücke stammen schon aus der Zeit nach der sogenannten Machtergreifung, nachdem bereits wichtige gesetzgeberische Maßnahmen dazu geführt hatten, das NS-Regime zu festigen und zu verankern.[24] Havenstein – zu Kur in Schlesien – berichtet von einem Frühling »nationaler Erneuerung«. Bemerkenswert erscheinen seine Mitteilungen über die zum Positiven umgeschlagene Stimmung und Meinung der Landwirtschaft,[25] »wiewohl bisher ... noch eigentlich nichts geschehen ist ...«. Anhand von Beispielen sucht er zu erklären, weshalb auch er »voller Hoffnung« sei, trotz der »älteren Eindrücke« zuvor. Die Überwindung des Partikularismus, Macht und Handeln fürs Ganze, das seien überzeugende Aktivposten, wenngleich das eilfertige Mitlaufen, das Abschwören von bisherigen Überzeugungen charakterlos genannt werden müsse. Da spricht er wohl die sogenannten »Märzveilchen« oder »Märzgefallenen« an, den Umstand, daß zahlreiche Bürgerliche im Zuge der NS-Gesetzgebung aus zumeist opportunistischen Gründen sich der Partei angeschlossen hatten.[26] Trotz seiner hoffnungsvollen, fast pro-nationalsozialistischen Stimmung empfindet er das als primitiv und ungeistig. Entsetzt ist er ferner über das »Umfallen ehemaliger pädagogischer Mitstreiter«, findet die sogenannte NS-Pädagogik, wie sie etwa der damalige Frankfurter Universitätsrektor Ernst Krieck vertrat,[27] inakzeptabel.

Der Neuanfang ermutige andererseits, neuerlich für die richtigen Erziehungsideale, die sie bereits früher vertreten hätten, zu kämpfen. Es werde schon nicht so schlimm kommen, auch in der Judenfrage. Ängstliche Zurückhaltung, die manchen geboten schiene, sei gewiß überzogen. Havenstein wollte also hoffen, war bereit, vorab Kredit einzuräumen, suchte gute Gründe, um die keineswegs unbekannt gebliebenen »Passiva« aufrechnen zu können.

Schumann freute sich zwar über den Optimismus seines Briefpartners, konnte ihn aber kaum teilen. Die Willkür und Gesetzlosigkeit der Nazis, deren Glauben an die Rasse trennten ihn zutiefst vom Nationalsozialismus. Andererseits ist es sehr bezeichnend, daß er die Indizierung Thomas Manns, die öffentliche Bücherverbrennung nicht weiter »tragisch« nahm, meinte, es werde sich »binnen kurzem von selbst zurechtrücken«. Es waren wohl viele damals der Meinung, es handele sich hier um eine Art Studentenklamauk gegen Auswüchse des Weimarer Intellektualismus, gegen undeutschen Geist.[28] Die qualitätsvollen unter diesen Büchern – wie die Thomas Manns – würden schon wieder gelesen werden, behielten ihren Wert.

Aber auch Havenstein rückte alsbald von seinem gelinden Optimusmus ab, was die Erneuerung des Regimes insgesamt anbelangte. Dieser Brief hat sich zwar nicht erhalten, aber Schumanns Antwort vom Juni des gleichen Jahres läßt das erkennen. Entsetzt war er – es sei zum »katholisch werden«, meinte dieser überzeugte Protestant in bewußt extremer Formulierung – über den seit April 1933 offen zutage tretenden Kirchenkampf[29] zwischen den deutschen Christen unter »Reichsbischof« Ludwig Müller und dem Pastor von Bodelschwingh; er weiß einen typischen Vorfall, die blamable Störung katholischer Prozessionen, zu berichten.

Der Besuch Havensteins in Schumanns Frankfurter Haus im gleichen Jahr hat neben dem direkten Augenschein über die Lebensverhältnisse gewiß Möglichkeit geboten, die gemeinsamen Vorbehalte zu präzisieren und die Freundschaft zu vertiefen. Die unmittelbare Anschauung von Schumanns Pflichten und Tätigkeiten läßt Havenstein verstehen, daß der Briefwechsel immer nur sporadisch sein kann.

Im nächsten, nach einem halben Jahr geschriebenen Brief klagte Havenstein über Vereinsamung und Krankheit, was gewiß auch mit dem Fehlen von gleichgesinnten Gesprächspartnern zusammenhing. Die Unzufriedenheit mit dem Äußeren mag u. U. auch Anlaß dafür sein, daß er in einer Art »innerer Emigration« begann, Novellen zu schreiben. Schließlich war er als Autor für pädagogische Zeitschriften nicht mehr gefragt und zugleich über die Entwicklung in Deutschland tief bekümmert. Diese Novellen werden im weiteren Briefwechsel, insbesondere im Jahr 1934, weitgehend den Inhalt bestimmen. In seiner Zeitgebundenheit recht interessant, braucht er jedoch hier nicht abgedruckt zu werden. Nur die Passagen, die über den eher privaten Zweck, die höchstpersönlichen Herzensergießungen hinausgehen und das allgemein Interessante zur Sprache bringen, werden mitgeteilt. Und da gibt es genug!

Ganz deutlich wird die zunehmende Bedrücktheit infolge des Ausbaus des NS-Polizei- und Spitzelstaates. Die beamtenrechtliche Zurückstufung mancher Kollegen konnte u. U. noch – halb ironisch – akzeptabel scheinen. Die Briefzensur konnte das nicht mehr. Sie zwang beide zur Vorsicht, obgleich sie immer wieder, wenigstens in Andeutungen, ihr Mißfallen an der politischen Entwicklung ausdrückten. Ungerechtigkeiten – vermutlich Aktionen gegen jüdische Mitbürger –, NS-Willkürakte werden sehr indirekt als Erlebnisse, die entsetzen, über die sie gerne mehr schrieben, aber es nicht wagten, mitgeteilt, immer in der trostsuchenden Absicht, den »allgemeinen Consensus intelligentium et fortium« solcherart erfahren zu können.

Der Hauptgegenstand der Diskussion bleibt auch jetzt – neben der vorübergehenden, ausführlichen Erörterung der Novellen Havensteins – die pädagogische Theorie, ihre mögliche Umsetzung und ihre Folgen. Beiden ist die Nähe mancher Reformer, auch einiger ehemaliger Mitstreiter, zum Nationalsozialismus ein Beispiel dafür, auf wie wenig solidem Grund diese stünden. Sie ihrerseits konnten sich nur bestätigt sehen, ihre Anschauungen und Überzeugungen hielten schließlich vor solchen Perversionen zurück. Nach wie vor erscheinen zu programmatisch-theoretische Idealvorstellungen verhängnisvoll und wirklichkeitsfern, Historismus, »die Flucht aus der Gegenwart (...) aus der schöpferischen Tat« das Grundübel. Auch die Nationalsozialisten – von denen Havenstein »ganz kurze Zeit« gehofft hatte, »hier käme das herangerauscht, was unserem Leben wieder einen rechten Inhalt geben« könne, »wie es Nietzsche ersehnte« – selbst der Nationalsozialismus sei ja nur eine ins Hypertrophe gesteigerte und inszenierte Kulturkunde, also genau das, wogegen sie schon seit langem angegangen seien. Wie harmlos, müssen sie sich im nachhinein eingestehen, sei damit verglichen Richert gewesen!

Diese neuerlich intensiv geführte Diskussion kam in Gang im Zusammenhang der Positionen von Wilhelm Grebe, einem Frankfurter Privatdozenten, dessen Buch »Geist und Sache« Ausgangspunkt war.[30] Ursprünglich waren sowohl Havenstein als auch Schumann sehr von dieser Schrift angetan gewesen.

Grebes im Stil der Zeit eher essayistische denn wissenschaftliche Abhandlung gehört in den weiten Umkreis der seit der zweiten Hälfte des 19. Jahrhunderts ausgebrochenen Diskussion über die Rolle und Bedeutung von Natur- und Geisteswissenschaften.[31] Diese ausgedehnte aber sehr zeitbedingte Auseinandersetzung wurde hier ausgelassen, weil sie eigentlich überholte Positionen – wenn auch in ansprechender Form – erörtert.[32]

Anmerkenswert erscheint allenfalls, daß Grebe mit seiner Abhandlung offensichtlich versuchte, auch bei den neuen Machthabern Anerkennung zu finden, mit anderen Worten, Karriere zu machen.[33] Das störte die Briefpartner in mancher Hinsicht, aber eigentlich nicht grundlegend. Sie konnten darüber hinwegsehen, da sie von der Person selbst angetan waren. »Weil wir es ja doch eben nicht machen wie die andern – so im Dezember 1938 –, die über den anders Denkenden den Stab brechen und ihn zu vernichten trachten, sondern zwischen dem Menschen und seiner politischen Einstellung unterscheiden, ihn gelten lassen und ... sogar hoch bewerten«. Schließlich stand nicht nur ihnen sondern allgemein dem Bildungsbürgertum fest: »Wir müssen uns immer möglichst an die Idee halten, und sie nicht mit ihrer realen Ausgestaltung verwechseln« (10. 5. 1934). Darum hielten beide an ihrer Hochschätzung Grebes fest.

Dem NS-pädagogischen Aushängeschild – neben Ernst Bäumler – Ernst Krieck[34] hinwiederum liefen diese Darlegungen entschieden gegen den Strich. Ein Mann wie Heinrich Weinstock[35], dem klassisch-neuhumanistischen Bildungsideal verpflichtet, dem Denken Diltheys zugetan, mußte dies Buch andererseits als unbedeutend und platt erscheinen. Das verwundert wenig und sagte auch wohl kaum darüber etwas aus, daß Weinstock in dieser Zeit versuchte, sich der herrschenden Meinung ein wenig anzuschmiegen. Sein bisheriges und auch sein weiteres Wirken zielte ja energisch in die von Grebe bekämpfte, später »dritter Humanismus« genannte Richtung, stimmte so gar nicht mit der NS-Ideologie überein. Weinstock erfuhr alsbald auch Einschränkungen seiner Wirkungsmöglichkeiten, kann sozusagen zum vom Regime Verfolgten gezählt werden.

Die Verschlungenheit dieser pädagogischen Argumente, ihr Durcheinanderlaufen, ihre politisch keinesfalls klar und eindeutig zuzuordnenden Ebenen, die Diskussion zwischen sich (z. T. gut) bekannten Kollegen,[36] die geistige Anfälligkeit aller dieser pädagogischen Richtungen für Teile zumindest der NS-Weltanschauung, können auch dem Nicht-Fachmann in diesem Briefwechsel verständlich werden, selbst wenn er die einzelnen Positionen nicht zureichend klar durchschaut. Sie vermitteln noch im Jahre 1934 etwas von der Verbissenheit, mit der nicht erst ab der Weimarer Republik pädagogische Fragen diskutiert wurden. Anders etwa als im romanischen oder angelsächsischen Kulturkreis sind den Deutschen seit den Tagen des Humanismus und der Reformation Erziehungsfragen Weltanschauungsfragen, Gewissensfragen!

Es war nicht untypisch, daß immer wieder dieser Themenbereich die Briefpartner fesselte. Neben dem Moment der Flucht in fachliche, gelehrte Tätigkeit als eines Stücks gewohnter Normalität, war ihr Engagement als Lehrende außerordentlich. Die Pflicht sollte im Interesse der Sache – vor und gegen die im Grunde abgelehnte Politik – das leisten, was Aufgabe der Erziehung sei: Persönlichkeit heranzubilden. Havenstein hatte in einem seiner Bücher das, wie er meinte mit Goethe und Kant, folgendermaßen formuliert: »Sei sachlich! Ordne dich unter! Fördere die Zwecke der Gemeinschaft! Arbeite!«[37] Solcherart könne auch dem gegenwärtigen Unrecht gesteuert werden. Aufgeräumte, mit solidem, klassischem Wissen gefüllte Köpfe machten immun gegen Verführung und Barbarei. Darum war am Ort des Handelns und im Handeln sachliche, moralisch einwandfreie Arbeit zu leisten. Begreiflicherweise stützte das aber auch, wenn auch völlig unbeabsichtigt, das neue Regime selbst!

Eher nebenbei – aus reiner Angst vor der Briefzensur – aber in seiner Wirkung auf die Freunde nicht erschütternder zu denken, erfährt der Leser von zwei politischen Ereignissen dieses Jahres. Der Röhm-Putsch – am 30. Juni und 1. Juli 1934 – ließ, so könnte man aufgrund des Nachsatzes im Brief vom 5.7. schließen – Havenstein nicht zu seiner gewohnt ruhigen Handschrift finden. Und Schumann war »derart abgespannt und innerlich elend«, daß er erst gar nicht schreiben mochte.[38] Schieres Entsetzen schien ihn erfaßt zu haben über dieses Morden. Viele seien dieser Meinung, wagten aber nicht, sie zu äußern. Angesichts dieses Ereignisses waren sie sich wohl auch darüber einig – wie Havenstein am 22.7. formulierte –, es gehe »jetzt noch um mehr als Kulturkunde und Historismus; es geht um die Höchstideale ...«.

Das zweite Ereignis, die Volksabstimmung nach dem Tode Hindenburgs über die Zusammenlegung der Ämter des Reichskanzlers und des Reichspräsidenten[39], fand Havenstein in anderer Weise schäbig. Daß nicht mindestens 20% mit »Nein« gestimmt hätten – auf diesen Prozentsatz schätzte er die »innerlich nicht Mitmachenden« –, sei ein schlimmer Ausdruck innerer wie äußerer Unfreiheit und Angst. Schumann hat ihm hierin gewiß zugestimmt, jedoch die nächsten Briefe haben sich nicht erhalten.

Zwei weitere Mitteilungen sollen schließlich nochmals hervorgehoben werden. Daß Schumann als kommissarischer Direktor fungieren konnte und auf seine Art Ordnung, Arbeitseifer und Qualität des Unterrichts herzustellen vermochte, er, dessen Abneigung gegenüber den NS-Machthabern längst bekannt war, zeigt, daß eine Fülle von Nischen in diesem Staat geblieben waren, wo in herkömmlichem Sinne gute, kompetente Arbeit geleistet wurde.[40] Der ironische Bericht über den Auftrag, zum Muttertag zu sprechen – die Ansprache wird das haben erkennen lassen – bestätigt, daß verantwortliches, freies Handeln in vorgegebenem Rahmen auch halböffentlich noch möglich geblieben war.

Die bewußte Ankurbelung der Wirtschaft[41] – das Arbeitslosenheer hatte im Interesse der Herrschaftsstabilisierung dezimiert zu werden, ja zu verschwinden – wurde flankiert u.a. durch Sparversuche im Öffentlichen Dienst. Schumanns Lehrauftragsvergütung – ein eigentlich geringer Betrag – wurde infolgedessen gestrichen. Das aus sozialen Gründen gehaltene Dienstmädchen wurde damit arbeitslos, ein »Arbeitsplatz für Hausangestellte ist verlorengegangen«.

Die nächsten Briefe, die sich aus den Jahren 1935-1938 erhalten haben – leider fehlen vor allem Schumanns Briefe –, breiten vor dem Leser nicht nur eine Fülle interessanter Vorkommnisse aus wie den Aufenthalt in Camp, die Denunziationsgeschichte aus Rostock, die familiären Lebensbedingungen, besser: die möglichen Spannungen zwischen Familienmitgliedern wegen der neuen Machthaber; sie lassen auch einen Moment von Resignation erkennen. Obwohl Schumann dies bestreitet, anläßlich des »Generationenkonflikts« scheint es mir doch unübersehbar. Gerade diese Erfahrung mit dem Sohne – überfrachtet wegen des »Bösen« des Nationalsozialismus, wie Havenstein richtig schreibt und insofern eigentlich ein Gegensatz von Recht und Unrecht! –, die Erfahrungen mit dem Direktoriat, und noch mehr die, daß so viele sich mit den Nazis abzufinden schienen: all das belastet beide sehr. Gründe für den Erfolg Hitlers erkennen und akzeptieren sie selbst, so etwa die Einführung der allgemeinen Wehrpflicht[42], das Verlangen Deutschlands nach internationaler Gleichberechtigung. Solche Aktionen schwächten den eigenen Widerstand, vermittelten ein Gefühl der »Ohnmacht«. Andererseits war beiden klar, daß diese Positiva nicht den offenkundigen Machtmißbrauch und die Menschenverachtung übersehen lassen dürften. Am Beispiel des zwangsweise in den Ruhestand versetzten Berliner Historikers Hermann Onkken[43], ergab sich das für Havenstein. Die Ineinssetzung von Partei und Staat, der NS-Fanatismus, die Parteibuchwirtschaft, die Distanz zu den altsprachlichen Gymnasien – Havenstein, der glühende Gegner dieser Schulform, erblickt in ihr nunmehr ein letztes Bollwerk gegen den Ungeist der Zeit! –, die NS-Indoktrination, wonach nur eine Meinung sein darf: das und anderes bestätigte beiden, welch düsterer Zukunft Deutschland entgegengehen müsse.

Ähnlich wie im Falle des humanistischen Gymnasiums wandelte sich die Einstellung Havensteins auch grundlegend im Blick auf die Kirche. Obgleich als Nietzscheaner verpflichtet, Antichrist zu sein: unter den jetzigen Umständen gehöre der Bekennenden Kirche und Männern wie Martin Niemöller seine ganze Sympathie.[44] Wie kläglich nähmen sich dagegen doch Universitäten und hohe Justiz aus. Die hätten entschieden mehr tun müssen.

Havensteins Versuche, in Aufsätzen, die im Sprachgebrauch sich allerdings redigieren lassen mußten,[45] die richtige Meinung zu verbreiten, lassen den Wunsch erkennen, es gelänge vielleicht doch noch, manches zum Besseren zu wenden. Auch sei schließlich, wie er einmal meinte, das »Soziale« wie auch das »Nationale«, die dieser Bewegung den Namen gegeben hätten, vortrefflich, und dem entspreche vielfach, was Hitler in Reden zu befördern ankündige. Dennoch sei schließlich alles umsonst, die Herrschenden ließen sich kaum beeinflussen. So sei es auch mit ihren Reden, sie priesen z. B. die Familien und zerstörten sie zugleich. Der antisemitische Rassenaberglaube, die aberwitzige Personalpolitik, die Überschätzung der Jugend, die in ihrer Zügellosigkeit und Unerzogenheit Maßstab sei, der Umstand, daß Jugend und Wehrmacht offensichtlich für die Nazis gewonnen seien, wie Schumann schon 1935 feststellte, ließen sie nicht allzuviel von ihren Wunschvorstellungen erwarten. Verhängnisvoll sei es, daß auch das Bürgertum korrumpiert sei und Hitler unterwürfig folge.

Daß Havenstein noch 1937 meinte, die Verbrennung des »Felix Krull« sei ein fehlgeleiteter Studentenstreich, die sollten besser Laternen einwerfen, zeigt neuerlich, wie ungewohnt diesen Gegnern des Regimes ein Umgang mit solchen Herrschaften, wie unbekannt ihnen deren Mentalität geblieben war. Gleichermaßen bezeichnend erscheint es, wenn Havenstein 1938 bemerkt, er habe sich früher nie um Politik gekümmert, sondern nur um Literatur. Von dort habe er – vermeintlich – zu wissen gemeint, was das Leben sei. Jetzt habe es ihn eingeholt in grausamem Erwachen. Zugleich war er aber immer noch bereit, wie seinerzeit schon bei Grebe, zwischen einem Menschen und seiner politischen Einstellung zu unterscheiden. Der Glaube an Charakter, an den innersten Kern einer Person, die man schätzen gelernt habe, müsse stärker sein – und war es ja auch vielfach – als noch so berechtigtes Mißtrauen infolge scheinbarer Abkehr von den rechten Idealen.

Diese bürgerlichen Hoffnungen bekundeten sich auch darin, daß Havenstein 1936 auf das Gerücht von der bevorstehenden »Kaltstellung« Hjalmar Schachts[46] meinte, jetzt sei noch Schlimmeres zu befürchten. Dieser politisch eigentlich einflußlose Minister schien ihm nämlich eine Gewähr für nicht allzu bürgerferne Politik bisher gewesen zu sein, ein Garant gegen zu weit getriebene Barbarei. Dabei hatten sich die Freunde schon früher darauf verständigt, daß das Dritte Reich schlimmer sei als Byzanz – das ihnen für speichelleckerische Unterwürfigkeit steht –, schlimmer als der Staat des »Soldatenkönigs« und auch schlimmer als Amerikanismus sei![47]

Das Schwanken zwischen Entsetzen und Hoffnung wird 1937 u.a. ferner darin faßbar, daß Havenstein meinte, die Kriegsgefahr sei augenblicklich mehr als gering. Demnach hatten sie – wenn auch nicht schreibend – solche Möglichkeiten für wahrscheinlich gehalten. Mangelnde Erzvorkommen, die Abhängigkeit vom Ausland – autarke Versorgung schien undenkbar! –, der generelle Mangel an Rohstoffen wie auch der »idiotische Antisemitismus« schwächten Deutschland international so sehr, daß es einen Krieg nicht führen könne. Am Unterschied zwischen Juden und Deutschen sei biologisch aufgrund des Blutes und der Rasse das meiste klar und deutlich, räumt Havenstein selbst jetzt noch ein, aber dieser NS-Antisemitismus gehe entschieden zu weit und isoliere Deutschland zunehmend in der Welt.

Schließlich erscheint noch erwähnenswert, daß die Unterwanderung der Schule durch NS-Propaganda im Jahre 1937 noch nicht als sehr weitgehend angesehen wurde. Beide mußten das ja eigentlich wissen, wie sie auch den Adolf-Hitler-Schulen kaum Zukunft beimaßen, es sei denn die Barbarei, die Bevorzugung der materialistischen Ideale werde weiter voranschreiten. Indem die Nazis aber auf den Massengeist setzten – der eben kein Geist sei –, sei das auch nur durch Verdummung, nicht durch Schulen zu erreichen.[48]

Nachdem schon ab 1937 alle Briefe Schumanns fehlen und der Briefwechsel 1938 offensichtlich insgesamt magerer war, fehlt leider aus dem Jahre 1939 jegliche Überlieferung. Erst 1940 im März – also nach dem ersten Kriegswinter – setzen die erhaltenen Briefe wieder ein. Freilich gibt es auch jetzt immer wieder Lücken, es fehlen zunächst nunmehr alle Briefe Havensteins. Gleichwohl läßt sich ein einigermaßen zutreffendes Bild von den erörterten Themen, den äußeren Lebensbedingungen und – natürlich – vom politischen Diskurs weiterhin gewinnen.

Da sind zunächst die unmittelbar berührenden Fragen der täglichen Versorgung mit dem Nötigsten: Essen, Heizung, auch Waren für den häuslichen und privaten Bedarf. Ob in der Großstadt Berlin – mit ihren besonderen Problemen – oder im kleineren Frankfurt: überall begann sich Mangel abzuzeichnen, das »Papiergeld« – wie es bezeichnenderweise hieß – wertlos zu werden.[49] Damals beschloß Havenstein, wegen günstigerer Bedingungen in einer Kleinstadt, einen zweiten Wohnsitz in Blankenburg zu wählen, im Hause der Schwägerin. Späterhin wird er ganz dorthin übersiedeln.

Schumann beklagte das sinkende Niveau der Schulleistungen – auf beiden Seiten, Lehrern wie Schülern – und erkennt darin neben den kriegsbedingten Umständen Absicht. Ein solches Regime wie das derzeitige brauche nur technische und militärische Fähigkeiten – keine kulturellen – sowie eine Funktionärselite. Viele gute Lehrer – und andere hochgestellte Beamte – zögen inzwischen den Militärdienst ihrer bisherigen Tätigkeit vor, da der Druck auf die Schulen und Ämter stärker werde. Wie aberwitzig andererseits die Bürokratie wuchere, entgegen den eigenen Erklärungen und Absichten, welcher Leerlauf trotz Kriegsanstrengung da stattfinde, kann er an Beispielen wie dem zu späten Abiturerlaß, dem Gebot, den Luftfahrt-Gedanken zu pflegen, und dem »Schildchen-Erlaß« zeigen. Bei aller hämischen Freude über diese Schildbürgerstreiche einer Reichsbehörde empfand er doch Scham über solche offenkundigen Fehlleistungen. Auch verletzte ihn nach wie vor, daß viele der jüngeren Generation nicht sehen wollten, wie die Dinge stünden. Die zeichnete er, unbeschadet, daß er vielfach nur auf Gerüchten aufbauend argumentieren konnte, in mehr als düsterem Licht. Das immer stärkere Ausgreifen Deutschlands in Europa schien ihm überdeutlich, er hatte nur noch Hoffnung auf ein Durchhalten Englands, und daß u. U. Rußland stärkeren Druck ausübe. Der einzige Lichtblick – in der Hoffnung vielleicht, Italien werde ausscheren, es komme zu einer alliierten Balkanfront – war das schlechte militärische Abschneiden der Italiener gegenüber Griechenland.[50] Insgesamt schien es ihm ratsam, das Schlimmste für die Zukunft zu erwarten, sei es bisher doch immer der eigentliche Fehler gewesen, die Nazis nicht ernst genug genommen zu haben. Die Überlegungen sind so deutlich und offen, daß sie gewiß keines weiteren Kommentars bedürfen.

Wie sehr in dieser Zeit jede Mitteilung aus vermeintlich berufenem, kundigem Mund erwünscht war, wie wenig über die Absichten und Pläne der Führenden gewußt wurde und man auf Spekulationen angewiesen war, geht aus den nächstjährigen Briefen hervor. Schumann bedauert sehr, nicht Havenstein persönlich aufsuchen zu können, um endlich von ihm zu erfahren, was ihm Berliner Bekannte – also wohl Ministerialbeamte – als »kundige Thebaner« berichtet hätten. Darüber zu schreiben schien unmöglich, zu gefährlich. Allgemeinere – und auf ihre Art recht deutliche – Überlegungen über Kriegsverlauf und -absichten hingegen wurden erstaunlich offen übermittelt. Dadurch konnte im Zweifelsfall einer Zensur jedoch niemand Drittes als vermeintlicher Informant belangt werden. Allein der Schreiber erschien verantwortlich.

Was da übermittelt wurde, war sehr offen. Die schlimmen Aussichten auch für 1942, aufgrund Hitlers Rede, der zunehmende Widerstand Englands, der abzusehende Kriegseintritt Amerikas, die – vermeintliche – Schwäche Rußlands wurden erörtert.[51] Nach dem Überfall auf Rußland war ihnen rasch klar, wie gefährlich und außergewöhnlich dieser Krieg sei, dem von deutscher Seite so überheblich ein Kreuzzugscharakter zugesprochen werde. All das ist dem Leser leicht zu entschlüsseln. Die ersten Berichte über Fliegerangriffe auf deutsche Städte kommen vor, und das sei gewiß erst ein Anfang, meinten beide.

Für Schumann waren die Sorgen wegen Sohn und Schwiegersöhnen im Feld groß, für beide Briefpartner die hinfort üblichen wegen Lebensmitteln, Heizmaterial, Schreibpapier etc. Sie bestimmten offensichtlich stark das tägliche Leben. Dazwischen wurde immer wieder die Diskussion literarischer Werke fortgesetzt – Coriolan wurde Schumann anscheinend zu einem Schlüsselstück im Blick aufs Dritte Reich –, die Beschreibung seiner philologisch-akribischen Arbeit an mittellateinischen Texten, auch das erscheint mitteilenswert. Gerade diese Schilderungen philologischer Mühsal lassen nicht übersehen, mit welcher Freude Schumann bei dieser Arbeit war, wie er dem Freund in stolzer Bescheidenheit von der beglückenden und wichtigen Tätigkeit überzeugen wollte, die es schließlich erlaube, vorübergehend nicht nur all das Bedrängende ein wenig zu vergessen, sondern auch wie ein geistiger Mensch zu leben.

Im Privaten waren die Geburt von Enkeln, die Rückkehr des Sohnes aus der Ukraine, der Bau eines Luftschutzkellers – interessanterweise durch zwei Italiener! –, die Obsternte Grund, sich wohl zu befinden. Daß an der Universität nur noch Mädchen seine Veranstaltungen besuchten, alle jungen Männer hatten im Krieg zu sein, ist fast erwartungsgemäß. All solche Mitteilungen, schrieb er einmal, seien »nur Mosaiksteine«, die sich aber zu einem »sehr eindeutigen Gesamtbild« – einem katastrophalen, meinte er wohl – summierten. Treffend zeigt das auch der »Neujahrsbrief« Schumanns zum Jahreswechsel 1941/42. Mit seiner sarkastischen Ironie zur »Führer-Rede«, in der Überzeugung, daß es komme, wie sie längst vorausgesehen, der Einsicht, wie schrecklich der Krieg in Rußland sei – und einer weiteren ersten Andeutung, noch schlimmer müsse es dort hinter der Front zugehen –, wird neuerlich bestätigt, daß sich beide über die fatale Situation mehr als bewußt waren.

Der erste schlimme Kriegswinter – zugleich der erste »Rußland-Winter« – hatte nicht nur zusätzliche Einschränkungen und Rationierungen gebracht, er ließ zumindest den beiden noch deutlicher werden, daß der Anfang vom Ende mit Schrekken begonnen habe.[52] Zum ersten Mal im Leben – wie Schumann am 21.3. schreibt – sehe er dem Frühling »nicht mit Freude, sondern geradezu mit Grauen« entgegen. Dabei gehe es der Familie und ihm selbst leidlich, verglichen mit anderen Menschen und Völkern sogar gut!

Japans Erfolge im Pazifik – dieser »Verbündete« war ihm nicht sympathisch – seien gewiß nur vorübergehend. Im Grunde könne, wie es in einem anderen Brief hieß, dieser Krieg nicht über den Herbst hinaus fortgesetzt werden. Lebensmittel- und Rohstoffmangel, vielfältige andere Mängel, wie auch die Fliegerangriffe, die reine Defensivstellung ließen nichts anderes zu, müßten zudem einen »Ausfall aus der belagerten Festung« wahrscheinlich machen.[53] Trost könne man sich in einer solchen Situation, so meinten beide zutiefst deprimiert, nicht geben, auch keinen Rat. Da Hitler anders als seinerzeit Napoleon oder 1918 Ludendorff nicht aufgeben könne, sei ein Ausweg kaum erkennbar. Hitlers Missetaten, die Schuld, die er auf sich geladen, erlaubten den Gegnern keinerlei entgegenkommende, schonende Behandlung. Was hinter der Front im Osten geschehe und auch im Reich – Schumann erwähnt zum ersten Mal direkt die Deportation Frankfurter Juden –, seien solche Verbrechen, daß dafür gewiß eines Tages Sühne gefordert werde. Schon jetzt rechnen sie, wenn auch mit Entsetzen, die zunehmend schwerer werdenden Fliegerangriffe dazu. Die auf Köln und Rostock erreichten damals qualitativ eine neue Stufe, wie selbst aus diesen Briefen hervorgeht.[54]

Für Havenstein machte sich die unfreiwillige Tatenlosigkeit und zunehmend auch die allgemeinen, für ältere Menschen besonders gravierenden Einschränkungen der äußeren Lebensbedingungen lähmend bemerkbar. Schumann schien es da besser zu haben. Dank seiner Tätigkeit – die zwar immer wieder wenig beachtet, eigentlich nicht anerkannt werde – und dank der familiären Verhältnisse habe er es rein äußerlich besser. Gewiß sei vieles ärgerlich, die Bevorzugung des von den Nazis eingerichteten Musischen Gymnasiums etwa, das für Propagandazwecke großzügig unterstützt werde. Daneben zählten seine Anstrengungen nicht, selbst die an der Universität kaum, fehle hier doch nicht zuletzt die Unterstützung des NS-Rektors.[55] Freilich, und darin waren sich beide wieder einig, das zähle entschieden weniger als die bedrängenden allgemeinen politischen Fragen.

Die werden im Briefwechsel dementsprechend immer zentraler und nehmen an Umfang zu. Die »Sucht« – so könnte man das fast nennen –, sich mit den wenigen Gleichgesinnten zu verständigen, war, wie es Havenstein ja auch bestätigte, übermächtig. Mit gebundenen Händen Opposition betreiben, in gebremstem Widerstand weder hoffen zu können, die deutschen Waffen siegten, noch auch eine Niederlage sich vorstellen und herbeiwünschen zu können: da erschien die offene Erörterung dieser Probleme wenigstens hilfreich, ja befreiend. Die Enttäuschung über die nach wie vor vielen Mitläufer, die Verachtung aller Lauen – insbesondere seitens Schumanns –, die ein solches Unrechtsregime überhaupt erst ermöglichten, die dessen Schandtaten, die Vernichtung der Juden und aller Gegner nicht wahrzunehmen bereit seien, wurde vielfach und entschieden formuliert.

Daß Schumann Hindenburg und die Männer um ihn als völlig unfähige Politiker einschätzte, Heinrich Brüning[56] hingegen als Glücksfall – in beidem folgte ihm Havenstein nicht! –, zeigt seine klaren, demokratischen Optionen. Er geht von einer gravierenden Mitschuld der Generalität und der Wehrmacht insgesamt aus. Der Verrat kultivierter und ethischer Positionen lasse andere Schlüsse nicht zu. Ausschließliches Interesse für das eigene Ressort, wie es diesen Militärs eigne, fehlendes Verantwortungsgefühl für das deutsche Volk, seien eine grundlegende Abkehr von guter, altpreußischer Tradition. Eine »ernsthafte Opposition«, wie sie sie eigentlich zu leisten hätten, – die Entmachtung Hitlers also nach italienischem Vorbild, wo Mussolini gestürzt worden war – meinte Schumann erwarten zu dürfen. Unbeschadet der allgemein bedrohlichen Lage Mitte 1943 plädierte er für einen solchen Umsturzversuch, traute ihn freilich den Militärs nicht zu. Die seien vom Fall Duesterberg über die Entlassung Fritschs bis schließlich zur eidlichen Verpflichtung auf Hitler so korrumpiert, daß von der glorreichen Tradition nicht mehr viel übrig sei.[57] Erst 1944 wird ihm Havenstein darin zustimmen. Einig waren sie sich freilich dann, daß mittlerweile der Zeitpunkt zur Gegenwehr, zum Frondieren verpaßt sei, gerade im Blick auf die Verhältnisse im Osten.

Die Bedeutung der Kämpfe um Stalingrad – als endgültiger Beginn des unaufhaltsamen Niedergangs – wurde ebenso erkannt, wie das Erschütternde dieser Vorgänge miterlebt. Ein halbwegs normales Ende konnten beide sich kaum mehr vorstellen. Je länger der Krieg dauerte, um so weniger erschien ihnen das möglich. Die zunehmende Emotionalisierung, die Herausforderung aller gesitteten Völker durch die deutsche Maßlosigkeit, grausamen Verfolgungen und Behandlung der unterlegenen Gegner, die von Deutschland ausgehende Mißachtung aller rechtlichen und moralischen Normen lasse kaum anderes erwarten. Die düstere äußere Lage – sie berichten gegenseitig etwa von Gefallenen in Verwandtschafts- oder Bekanntenkreisen – ließ sie die geistige Beschäftigung und Diskussion zunehmend als einzig wichtigen Trost empfinden. Die Bestätigung zudem, daß auch andere ebenso dachten, daß Schüler bereitwillig ihre vermeintlich obsoleten Ideale wieder aufnahmen, schienen Kraft und immer auch Hoffnung zu geben.

Zu Beginn 1943 war es für Schumann gewiß, daß die »Lawine im Rutschen« sei. Die kurz vor der Kapitulation in Stalingrad ungeschminkter die schlechte Lage beschreibenden Heeresberichte ließen das gut erkennen. Es werde wohl immer schneller zu Ende gehen. Die Kapitulation von Stalingrad selbst, die nachlassenden U-Boot-Erfolge – der Abbruch der sogenannten Schlacht im Atlantik durch Dönitz am 24. Mai 1943 infolge zu hoher Verluste –, die Kapitulation des Afrika-Corps in Tunesien am 13. Mai 1943, die zunehmenden und immer schwereren Fliegerangriffe deuteten das baldige Ende an.

Von der auf der Casablanca-Konferenz am 14. Januar 1943 verkündeten Formel einer »bedingungslosen Kapitulation« Deutschlands sprachen sie hingegen nicht. Sie erschien anscheinend nicht erwähnenswert. Gewußt haben mußten sie davon, denn Schumann hörte regelmäßig verbotene »Feindsender«. Wahrscheinlich betrachteten sie das nur als folgerichtig, als Teil des zu erwartenden Infernos, bei dem allenfalls die vielen ausländischen Zwangsarbeiter im Lande[58] schrecklich hervortreten könnten. Denn das galt infolge der Abwesenheit der »eigenen« Männer »draußen« als durchaus reale und ernst zu nehmende Gefahr! Freilich, solange Italien noch Verbündeter sei, werde das hinhaltend wirken und den Krieg aufhalten.

Die im Januar/Februar 1943 erfolgte Einberufung von Schülern als »Flakhelfer« führte dazu – wie Schumann in den folgenden Briefen anschaulich schilderte –, daß der Unterricht in Flakunterkünften, zunächst in Frankfurt, später bei Mannheim, stattzufinden hatte. Das Besondere dieses Unterrichts, die amüsierlichen wie auch makabren Situationen werden plastisch beschrieben. Dabei fällt wiederum auf, daß trotz der entschiedenen Ablehnung des Kriegs, des Kämpfens und Tötens das Militärwesen selbst geschätzt bleibt, daß Anerkennung und Stolz auf die »tapferen Buben«, das »zu Männern Erziehende des Militärischen« mitschwingt. Natürlich mußte die Abwehr der verheerenden Fliegerangriffe – selbst diese fast nutzlosen Versuche dazu – mehr als legitim erscheinen. Keinerlei Schuldgefühle, wie entschieden sie auch für das eigene Land empfunden wurden, vermochten andererseits über die Grausamkeit und Unbarmherzigkeit dieser Vernichtung des eigenen Vaterlands hinwegsehen zu lassen. Daß übrigens Frankfurt wegen seiner ehemaligen Juden, Blankenburg wegen des nahen Wohnsitzes des englischen Herzogs von Cumberland von Angriffen ausgenommen bleibe, wie verschiedentlich Havenstein vermutete, erwies sich für Frankfurt zumindest alsbald als Fehleinschätzung.

Wie psychisch belastend beiden der Umgang im privaten Bereich mit undifferenzierten und dumpf dem Regime ergebenen Menschen war, lassen diese Briefe ebenfalls erkennen. Wenn selbst im engsten Kreis Vorsicht zu walten hatte, wirkte solche psychische Anstrengung fast körperlich bedrückend. Auch hier wird etwas von der großen geistigen Anspannung der Nichtsympathisierenden während dieser Kriegsjahre faßbar. Das lag begreiflicherweise mit daran, daß die Hoffnung auf ein rasches Ende des Regimes während dieses Jahres zunehmend bei beiden schwand. Hitler könne nämlich nicht nachgeben, die mangelnden Erfolge würden daher folgerichtig durch Propaganda wettzumachen gesucht. Goebbels' ständiges Trommeln – seine Ankündigung zum »totalen Krieg« im Sportpalast zu Berlin im Februar des gleichen Jahres darf hier mitgezählt werden! – zeigten die Ausweglosigkeit allzu deutlich. Allein die Hoffnung auf eine Krise in Italien, den Absprung des letzten wichtigen europäischen Verbündeten, ließen Ende Juni Schumann vermuten, es könne doch noch zum Zusammenbruch in diesem Jahre kommen.

Der bereits zwei Tage zuvor – am 25. Juli – zustande gekommene Staatsstreich, von Marschall Badoglio und dem König geschickt vollzogen, führte Italien tatsächlich auf die Seite der Alliierten.[59] Deren staatsmännische Qualitäten müßten sich nun offenbaren. Daraus, wie sie nämlich den ehemaligen Gegner behandelten, sei zu schließen, wie geschickt, bzw. inwieweit sie überhaupt in der Lage seien, darin werbend auf Deutschland zu wirken. Havenstein bedauerte, daß im Reich kein Monarch mehr als Präsident oder wie auch immer neben der Regierung vorhanden sei, der als autorisiertes Verfassungsorgan einen solchen fast legalen Umsturz zu verantworten und anzuregen in der Lage sei. Vielleicht werde Hitler jetzt aber selbst noch zurücktreten.

Schumann hielt das für unmöglich. Er spielte Chancen eines Verbleibs Hitlers durch, versuchte eine Psychologie dieses Mannes, was ihm letztlich aber nicht gelang bzw. unrealistisch erschien. Hitler erwarte von Deutschland wohl das gleiche Schicksal wie das der 6. Armee in Stalingrad: den Untergang für ihn. Der komme wohl nach den italienischen Ereignissen auch rasch. Die seien freilich infolge des soviel harmloseren dortigen Faschismus, der ermangelnden deutschen Gründlichkeit der Italiener und einer verantwortungsvollen Generalität eingetreten, sie könnten bei unserem kümmerlichen hohen Offiziers-

Corps nicht erwartet werden. Denn daß dies nicht putsche – Schumann verlangte gleichsam einen militärischen Umsturz trotz der brisanten Kriegssituation! –, liege auf der Hand und verstricke die Soldaten zutiefst in Schuld. Es sei unverantwortlich, jegliche »ernsthafte Opposition« zu unterlassen. Allein die gut katholischen oder evangelischen Kreise bildeten eine Ausnahme, ohne daß sie freilich reale Erfolgschancen besäßen.

Aus Zeitungsartikeln, die nicht bzw. in ungewohnter Weise erschienen, meinte Schumann schließen zu können – es war ja die einzige Möglichkeit, Vorgänge aus dem engsten Führungskreis zu entschlüsseln –, daß dort sich zunehmend Uneinigkeit und Verwirrung ausbreite. Daß das ein Ende des Regimes ankündige, glaubte er hingegen nicht. Andererseits könne es wohl kaum mehr lange dauern, bis dieser Krieg zu Ende sei. Einen weiteren Kriegswinter werde es nicht geben.

Havenstein plädierte für mehr Verständnis gegenüber den national Gesonnenen, nicht zuletzt den Militärs. Die ungerechtfertigte, verletzende Demütigung der Deutschen nach dem Ersten Weltkrieg habe nicht einmal die Schlechtesten zu entschiedenen Feinden der Siegermächte werden lassen, so daß zwar nicht Hitlers Taten, aber die scheinbare nationale Wiedergeburt begrüßt und unterstützt worden sei. Niemand Geringeres als Karl Barth habe dies schließlich unlängst solchermaßen formuliert. Für Schumann hat dies Argument zwar einen bedingten Wert. Es könne aber die »Charakterlosigkeit« und »Feigheit« der Militärs ebensowenig wie die des Bürgertums übersehen lassen. Ungewöhnlich deutlich verurteilte er die Haltung der meisten Militärs.

Bezeichnend für die damalige allgemeine Ansicht scheint es, daß in diesem Zusammenhang die italienische Entwicklung, der dortige Faschismus als »harmlos« beurteilt, diesem Staat und seiner Partei nicht die effizient-grausame Folgerichtigkeit des deutschen zugetraut wurde. Hier, wie sodann auch im letzten Briefjahr 1944, taucht immer wieder die Schreckensgestalt Himmlers auf, der mit der SS brutal dies Regime sichere und prolongiere. Sie erscheinen als Garanten des Bösen schlechthin.[60] Seit August 1943 in Nachfolge Fricks auch Reichsinnenminister, versuchte Himmler in der Tat den allenthalben anwachsenden Unmut mit Mitteln eines unnachsichtigen Polizeiterrors niederzuhalten und zu ersticken. Daß im Zuge dieser Maßnahmen auch die Frankfurter Zeitung ihr Erscheinen einstellen mußte, bedauerten beide sehr. Dies Organ verkörperte offenbar noch allein ein Stück bürgerlicher und oppositioneller Tradition, die Himmler und seinen Leuten mehr als ein Dorn im Auge war. Der spektakuläre Erfolg der Befreiung Mussolinis,[61] die Unsicherheit über die Verhältnisse in Italien, schienen diesen Schergen zudem mehr Erfolg zu bescheren, als beide bisher erwartet hatten. Daß davon freilich keine grundlegende Änderung der Situation ausgehe, blieb ihnen gewiß.

Fliegerangriffe, die Probleme des schlichten Überlebens, die Vernichtung der Städte, die Unmöglichkeit zugleich, daß die deutsche Führung Schluß machen könne, sind die Themen dieser Briefe. Bemerkenswerterweise sind sie gleichwohl nicht hoffnungslos zu nennen. Beide versichern sich immer wieder, es gebe doch recht vieles – und bestätige damit den dem Menschen innewohnenden Lebenswillen –, was auch unter solchen Verhältnissen zufrieden machen könne. Für Schumann war das u. a. die höchst ehrenvolle Aufnahme in die Heidelberger Akademie der Wissenschaften, für Havenstein die Möglichkeit, mit seinem »Damenkränzchen« wieder einmal lehren und geistig aktiv sein zu können. Natürlich waren auch jeweils familiäre Anlässe – und sei es nur das Überleben der verschiedenen Familienmitglieder – Anlaß zur Zufriedenheit und Dankbarkeit. Havensteins Kräfte, sein Lebensmut wurden freilich zunehmend infolge der mannigfachen familiären Belastungen wie auch der, die das schlichte tägliche Überleben verlangten, geschwächt.

Die Schilderungen des »realen« Lebens – wie für Schumann ab 1943 die Verlegung der Schule zu den neu eingerichteten »Flakhelfern«, der Tod des Schwiegersohns, der Mangel an Kaffee und Tabak, den beide spürten, die ständige Unterbrechung des Tages- und Nachtablaufs durch Alarme, etc. – sind so unmittelbar, daß sie keinerlei Kommentierung bedürfen. Sie vermitteln ein sprechendes Bild von den Lebensumständen im damaligen Kriegsdeutschland. Sie absorbierten so nachhaltig die Aufmerksamkeit und Kräfte, daß dahinter die Erörterung der allgemeinen militärischen und politischen Lage deutlich gegenüber dem Vorjahr zurücktrat.

Die Versuche, mittels Propaganda und Druck im Innern das

Land bei der Stange zu halten, die nach wie vor große Dummheit breiter Bevölkerungsschichten, die auf eine Wunderwaffe setzten, die offensichtliche Gefolgschaftsbereitschaft vieler geben zu bissigen Anmerkungen Anlaß. Die Absicht, den »Führer« von seiner Partei zu unterscheiden, ihn als vertrauenswürdig hinzustellen, als einen Mann, der vielfach von seinen Parteigenossen hintergangen und mißbraucht werde, aber ehrenhaft für deren Mißwirtschaft eintrete, war für Schumann nichts anderes als ein »uralter Trick«, der die Sache keineswegs treffe. Freilich gäben die Fliegerangriffe solchen Argumenten ihrerseits Nahrung. Sie zwängen in ihrer Grausamkeit viele, die Berechtigung der »Führer-Behauptungen« zu akzeptieren. Insoweit sei auch allein eine totale Niederlage geeignet – und notwendig –, um einer neuen Dolchstoßlegende zu wehren, um die Menschen einsichtig zu machen. Daß die bevorstehende Invasion, von der geredet werde, wie Schumann am 30. April 1944 schrieb, diese Katastrophe bringe, könne er nur hoffen!

Als sie dann erfolgt war – ab 6. Juni 1944 landeten die verbündeten Truppen an der Normandie-Küste –, hielten alltägliche Aufgaben von längeren Briefen ab. Erst im August kam Schumann auf dies Ereignis zu sprechen, freilich auch nur kurz. Er charakterisierte das als »aufregendes Geschehen«, in dem man noch mitten drin stehe. Natürlich haben den »stärksten Eindruck ... von allen Ereignissen dieser Zeit ... das vom 20. Juli gemacht ...« Das gescheiterte Attentat auf Hitler und die anschließende Verfolgung und »Liquidierung« der Widerstandsbewegung mußten natürlich beide sehr bewegen, ganz abgesehen von der Sache selbst, hatten sie über eine solche »Notwendigkeit« zuvor doch vielfach ihre Meinung ausgetauscht. Es erscheint daher verwunderlich, wie wenig breit, von Havenstein fast überhaupt nicht, diese Ereignisse kommentiert wurden. Schumann war wie üblich der Unvorsichtigere, führte das Scheitern darauf zurück, daß dies Attentat zum einen viel zu spät, andererseits auch wieder zu früh gekommen sei. Allzu viele hingen nach wie vor dem Regime an, trotz zunehmender kriegerischer Einschnürung. Sei jemand anderer Ansicht, »nun, dafür ist ja Herr Himmler da«. So deutlich dürfe und solle man zwar eigentlich nicht schreiben, fügte er rasch hinzu, und gibt wohl zu erkennen, daß diese reale Bedrohung mit ein Grund dafür sein könnte, weswegen beide so wenig sich dazu mitteilten. In der Sache wußten sie sich ohnedies übereinstimmend.

Das trifft auch für die restlichen Briefe zu, die fast köstlich zu nennenden Berichte von Schumanns Einsatz beim Bau von Laufgräben in der Saar-Pfalz. Sie geben ein höchst anschauliches Bild der damaligen Verhältnisse, es ist kaum unmittelbarer und sprechender zu wünschen. Die tägliche Erfahrung, das unmittelbare Erleben erschienen so überwölbend, vereinnahmend und auch mitteilenswert, daß dahinter die allgemeine Kriegslage, die ohnehin aufs kommende Ende verwies, zurücktreten konnte.

Daß bei diesen, die Existenz eigentlich ständig bedrohenden Verhältnissen während des letzten Briefjahres eine überaus ausgedehnte Diskussion über Shakespeares Coriolan,[62] und im Zusammenhang damit über Dichtung allgemein, aufbricht, kennzeichnet die beiden Schreiber höchst eindrucksvoll. Wenn diese sehr umfänglichen Erörterungen hier auch ausgespart werden – sie erscheinen doch eher subjektiv und sind vielfach zu zeitbedingt –, sie lassen nochmals deutlich die bildungsbürgerliche Grundüberzeugung der Freunde erkennen. Das »Allerlebendigste« seien eben »die gelungenen Gestalten der Dichter«, so meinten sie, in ihnen stecke »mehr Realität als (in den) lebendigen Menschen«. Ohne solchen »Gedankenaustausch wie in früheren, besseren Zeiten« fühlen sie sich den Anforderungen des Lebens, der Entsetzlichkeit dieser Jahre nicht gewachsen. Im Glauben und Hoffen auf die Verständnismöglichkeit im Bereich der europäischen Kultur – auch des Christentums – wäre ihnen das Leben sinn- und aussichtslos erschienen. Daß die nahe Zukunft der völligen Niederlage, über die sie sich einig waren, die sie gar als notwendig erachteten, Schlimmes bringen werde, war ihnen zwar klar, aber auch, daß selbst dann das Leben irgendwie weitergehe. In der Diskussion über Coriolan existierte ja selbst während schlimmster Zeit ein solches Stück lebenswerter Existenz fort.

Der Briefwechsel endet im Dezember 1944. Die Gründe könnten vielfältig gewesen sein. Rein Äußerliches – wie der weitgehende Zusammenbruch der öffentlichen Dienste im Reich – spielte gewiß eine erhebliche Rolle. Wir wissen es aber nicht näher. Leider gibt es insoweit keine Zeugnisse eines Neuanfangs, eine Art Resümee der gespenstischen Jahre. Nicht zuletzt gab es das nicht mehr für Havenstein, wie er ja zuvor schon nicht ganz zu Unrecht vermutet hatte. Ein Neuanfang im eigentlichen Sinne war ihm nicht mehr gegeben, da er bald nach Kriegsende verstarb.

Anmerkungen

1 Vgl. dazu etwa W. Flitner, G. Kudritzki, Hrsg., Die deutsche Reformpädagogik, 2 Bde., Stuttgart 1984[4], insbes. Einführung S. 20 ff.; G. Giese, Quellen zur deutschen Schulgeschichte seit 1800 (Quellensammlung zur Kulturgeschichte, Bd. 15) Göttingen 1960, insbes.: Einführung; H. E. Tenorth, Zur deutschen Bildungsgeschichte 1918-1945 (Studien und Dokumentationen zur deutschen Bildungsgeschichte Bd. 28) Köln-Wien 1985.

2 Vgl. Chr. Führ, Zur Schulpolitik der Weimarer Republik, Weinheim 1972[2]; Sebastian F. Müller, Die Höhere Schule Preußens in der Weimarer Republik, Weinheim/Basel 1977.

3 K. D. Erdmann, Die Zeit der Weltkriege (Gebhardt, Hdbch. d. Deutschen Geschichte IV) Stuttgart 1976, S. 302; Tenorth, S. 65 ff.

4 Vgl. auch W. Scheibe, Die reformpädagogische Bewegung, Weinheim/Basel 1978[6].

5 Grundlegend die Denkschrift des Preußischen Ministeriums für Wissenschaft, Kunst und Volksbildung von 1924; Teilabdruck in: Giese, S. 264 ff.

6 Hans Richert gilt in der erziehungshistorischen Diskussion der Pädagogik als eine der umstrittensten Figuren. Er erscheint vielen als Vorläufer nationalsozialistischer Erziehungspolitik, was gewiß an der Sache vorbeigeht. Gut informiert – außer Führ – D. Margies, Das höhere Schulwesen zwischen Reform und Restauration. Die Biographie H. Richerts als Beitrag zur Bildungspolitik in der Weimarer Republik, Neuburgweier/Karlsruhe 1972; als noch zeitgen. Würdigungsversuch interessant: K. Kesseler, Pädagogische Charakterköpfe, Frankfurt am Main 1929[5], S. 122 ff.; knappe Übersicht bei S. F. Müller (Anm. 2) insbes. S. 305 ff.

7 Becker war kurz 1921 und dann von 1925 bis 1930 preußischer Kultusminister. Zu ihm vgl. P. Wende, C. H. Becker, Mensch und Politiker, Stuttgart 1959. – So hatte etwa der im Briefwechsel öfters genannte Johann Georg Sprengel, ein Mitbegründer des Deutschen Germanistenverbandes 1917 formuliert: »Denn jede Kultur im höheren Sinne muß nationale Kultur sein; nur aus den eigenen Kräften quillt geheimnisvol-

les Streben, Größe und Glück einer Nation, wie nur das eingeborene Blut über Wert oder Unwert des Menschen entscheidet. – Es gibt kein Mittel, ihm statt des eigenen fremdes in die Adern zu flößen.« (Zit. n. S. F. Müller, S. 119); vgl. dort die weiteren Zitate wie auch das des sozialdemokratischen Kultusministers K. Haenisch von 1921, das Richerts Programm gleichsam vorweg umschrieb. »Im Mittelpunkt des deutschen Gymnasiums hat die Pflege alles Deutschen zu stehen – deutscher Sprache, deutscher Landeskunde und nicht zuletzt deutscher Wirtschaft. Wenn aber so auch der ganze Unterricht in dieser neuen Schule durchdrungen sein soll vom nationalen Geist des Deutschtums im besten Sinne des Wortes, der als geistiges Band alles Auseinanderstehende zusammenhalten muß ..., so darf dies doch niemals geschehen in der – an sich ja schon undeutschen – Art einer unser Volkstum isolierenden Betrachtungsweise. Das deutsche Gymnasium hat Deutschlands Geschichte, seine Wirtschaft und seine Kunst vielmehr mitten hineinzustellen in die großen Zusammenhänge des Geschehens in der großen weiten Welt, es hat die tausendfältige Verflechtung aufzuzeigen zwischen drinnen und draußen.« (ebd. S. 156) Folgerichtig standen die »Deutschkundler» Schumann und Havenstein auch für sozialdemokratische Schulpolitik!

8 Vgl. hierzu M. Kraul, Das deutsche Gymnasium 1780-1980 (Neue Hist. Bibl., ed. suhrkamp NF 251) Frankfurt a. M. 1984, S. 127 ff.; das Zitat S. 128. Die dortige Wertung erscheint freilich problematisch, so wenn etwa 1924/25 schon der weitere Gang der Weimarer Republik hätte vorhergesehen und »schulgerecht« in Richtlinien formuliert werden können! – Insges. auch M. Heinemann, Hrsg., Sozialisation und Bildungswesen in der Weimarer Zeit, Stuttgart 1976.

9 Da sich dieses schiefe Urteil immer wieder findet, eine kurze Passage aus den »Richtlinien» Richerts – hier für das Realgymnasium. »Nur in immer erneuerter Auseinandersetzung mit der westlichen Kultur erfassen wir unsere geschichtliche Wesenheit. Darum bedürfen wir einer gebildeten Schicht, die im bewußten Durchleben dieser Auseinandersetzungen fähig ist, uns in dem europäischen Kulturkampf zu führen, der doch schließlich, wenn man nicht an den Untergang des Abendlandes glaubt, wieder zu einer europäischen Kultursynthese führen muß, bei der wir dann nehmend und gebend erneut zu einer vertieften Deutschheit vordringen werden. Denn auch der Widerstreit der Nationen ist immer zugleich eine schicksalshafte Kulturverbundenheit; und der Kampf zweier Kulturen ist immer auch eine innere Beeinflussung und Wechselwirkung«. – Giese, S. 274.

10 Vgl. Anm. 5. Von der Philologenschaft wurden sie auch gern als »graues Elend« apostrophiert, wegen ihres Einbandes; Margies S. 121 ff.

11 Zit. n. Kraul, S. 127.

12 »Die Erziehung. Monatsschrift für den Zusammenhang von Kultur und Erziehung im Wissen und Leben«, hrsg. v. A. Fischer, Th. Litt, H. Nohl, E. Spranger, W. Flitner, Bd. I, 1926. Der Titel läßt in seiner programmatischen Ausrichtung den Standort gut erkennen. Die Herausgeber gehörten fraglos zu den führenden Pädagogen der Weimarer Zeit. Nahezu alle bekannten Schulmänner und Pädagogen nutzten dieses Organ. Die Beiträge zeichnen sich in Diktion und Argumentation dadurch aus, daß sie im Stil von Gesinnungsaufsätzen allgemeinere, jeweils aber subjektive Überzeugungen als wissenschaftliche Feststellungen ausgeben. Nicht von ungefähr entbehren sie zumeist jeden wissenschaftlichen Apparates! Vgl. dazu auch E. Ott, W. Flitner. Die Gründung der Zeitschrift »Die Erziehung« und die pragmatisch-hermeneutische Pädagogik, in: Z. f. Pädagogik 28, 1982, S. 775 ff.; insges. informativ W. Flitner, Erinnerungen 1887-1945, Paderborn-München-Wien-Zürich 1986; »Deutsches Philologen-Blatt«, Korrespondenz-Blatt für den akademisch gebildeten Lehrerstand, Quelle und Meyer-Verlag Leipzig, 1929 im 37. Jg. – Neben Nachrichten und Mitteilungen aus den Kultus-Verwaltungen der Länder und des Reichs, aus Landtagen und von der Reichsregierung enthielt das monatlich erscheinende Organ auch Aufsätze, Rezensionen und Verbandsnachrichten des »Verbandes Deutscher Philologen«, deren offiziöse Zeitschrift das Blatt war.

13 Zum »Kulturpessimismus« vgl. u. a. P. Gay, Die Republik der Außenseiter. Frankfurt a. M. 1970; K. D. Bracher, Zeit der Ideologien. Eine Geschichte politischen Denkens im 20. Jahrhundert, Stuttgart 1982; F. Stern, Kulturpessimismus als politische Gefahr. Bern/Stuttgart/Wien 1963; K. Sontheimer, Antidemokratisches Denken in der Weimarer Republik, München 1968[2]; C. Hepp, Avantgarde. Moderne Kunst, Kulturkritik und Reformbewegungen nach der Jahrhundertwende (Dt. Gesch. d. neuesten Zeit) München 1987. Insgesamt informiert vorzüglich und knapp E. Kolb, Die Weimarer Republik (Oldenbourg Grundriß der Geschichte 16) München/Wien 1984.

14 Hierzu – wie insges. für das »historische Umfeld« dieser im Briefwechsel betroffenen Jahre – H. U. Thamer, Verführung und Gewalt. Deutschland 1933-1945, Berlin 1986, hier S. 158 f.

15 Zum Antisemitismus vgl. u. a. Th. Nipperdey/R. Rürup, Antisemitismus, in: Geschichtl. Grundbegriffe I, hg. v. O. Brunner u. a. Stuttgart 1972; J. U. Adam, Judenpolitik im Dritten Reich, Düsseldorf 1972; E. Jäckel, Hitlers Weltanschauung, Stuttgart 1981; ders. Hitlers Herrschaft, Stuttgart 1986, insbes. S. 89 ff. und 132 ff.; K. Hildebrand, Das Dritte Reich, München 1979 (Oldenbourg Grundriß der Geschichte 17), S. 175 ff.; P. G. J. Pälzer, The Rise of Political Anti-Semitism in Germany and Austria, 1964. R. Rürup, Emanzipation und Antisemitismus, Frankfurt am Main 1957.

16 Dieser Befund deckt sich nicht unbedingt mit der häufig vermuteten generellen antisemitischen Einstellung vieler höherer Dienststellen.

17 Hierzu außer Kolb, Thamer, auch H. Schulze, Weimar. Deutschland 1917-1933, Berlin 1982, insbes. S. 372 ff.

18 Im Brief Nr. 68 vom 25. 1. 1943 machte er Wilamowitz-Moellendorff, Eduard von Norden – also zwei der führenden Altphilologen – sowie Wilhelm Schulze, Indogermanist und Altphilologe, dafür verantwortlich. Infolge der knappen Universitätsmittel votierte diese mächtige Gruppe z. T. emeritierter Professoren der Berliner Philosophischen Fakultät, die freie Professur für Mittellatein, auf die Schumann berufen werden sollte und wofür es bereits eine Liste gab, einem anderen Fach zuzuschlagen. Ein Minderheitsvotum konnte diese Gesinnungsänderung der einflußreichen Fakultätsmitglieder nicht unterlaufen.

19 E. Kolb, S. 106.

20 G. Schulz, »Preußenschlag« oder Staatsstreich?, in: Der Staat 17, Berlin 1978, S. 553 ff.; H. Schulze, Weimar, S. 378 ff.; E. Kolb, S. 134 f. und 205 ff. – Zur Haltung und Berufseinstellung insbes. der preußischen höheren Beamtenschaft vgl. G. Schulz, in: K. D. Bracher/W. Sauer/G. Schulz, Die nationalsozialistische Machtergreifung. Studien zur Entwicklung des totalitären Herrschaftssystems in Deutschland 1933/34, 3 Bde., (jetzt: Frankfurt/Berlin/Wien 1983 – Ullstein-Materialien –) Bd. 2, S. 139 ff.

21 Thamer, S. 166. M. A. Kater, Studenten und Rechtsradikalismus in Deutschland 1918-1933, Hamburg 1975.

22 Das geht aus einem in dieser Auswahl fehlenden Brief Schumanns vom 11. 4. 1932 hervor.

23 Es sind Briefe Schumanns vom 11. 4. und 16. 5. sowie eine Karte vom 27. 11. 1932; von Havenstein ein Brief vom 9. 1. und eine Karte vom 6. 6. 1932.

24 Vgl. dazu auch M. Broszat, Der Staat Hitlers, Grundlegung und Entwicklung seiner inneren Verfassung, München 1983[10] (dtv – Weltgesch. d. 20. Jhrh., Bd. 9); sowie zur raschen Information ders., N. Frei, Hrsg., Ploetz, Das Dritte Reich. Ursachen, Ereignisse, Wirkungen. Freiburg/Würzburg 1983. – Insges. auch das grundlegende Werk K. D. Bracher / W. Sauer / G. Schulz (wie Anm. 20).

25 Zum allgemeinen Hintergrund vgl. Erdmann (Gebhardt IV), S. 279 f.; R. Gies, NSDAP und landwirtschaftliche Organisationen in der Endphase der Weimarer Republik, VfZG 15, 1967, S. 341 ff.; K. Hildebrand, Oldenbourg, S. 10 f.; 152 f.; Broszat, Der Staat Hitlers, S. 233 ff.; J. Kershaw, Der Hitler-Mythos. Volksmeinung und Propaganda im Dritten Reich, Stuttgart 1980, S. 57 f.

26 Zu diesem Zustrom neuer Parteimitglieder nach der Machtergreifung, den sogenannten »Märzveilchen« – wie sie pejorativ im Parteijargon

genannt wurden – vgl. u.a. Thamer, S. 300 ff.; Broszat, Der Staat Hitlers, S. 252 f.

27 Zu ihm vgl. Gerhard Müller, Ernst Krieck und die nationalsozialistische Wissenschaftsreform, Mannheim 1978.

28 Zum Ganzen Thamer, S. 304. Albrecht Schöne, Göttinger Bücherverbrennung 1933 (Göttinger Universitätsreden 70), Göttingen 1983.

29 Zum Kirchenkampf u.a. K.D. Bracher u.a., Machtergreifung I, S. 441 ff., K. Scholder, Die Kirchen und das Dritte Reich, 2 Bde., I: Vorgeschichte und die Zeit der Illusionen 1918-1934, Frankfurt/Berlin/Wien 1977, II: Das Jahr der Ernüchterung 1934, Barmen und Rom, Berlin 1985.

30 W. Grebe, Geist und Sache. Grundlegung der Theorie der Geisteswissenschaften und Klärung des Sinnes kulturellen Schaffens, Frankfurt a.M. 1934. W. Grebe, Studienrat für Mathematik und Physik, war zugleich Priv.-Doz. für Philosophie an der J.W. Goethe-Universität in Frankfurt a.M. Geb. 1897 wurde er 1925 Studienrat in Usingen/Ts., habilitierte sich 1928 und vertrat für einige Zeit, vom Schuldienst beurlaubt, eine Professur für Philosophie in Frankfurt a.M.

31 Allgemein zum Problemumfeld vgl. H. Schnädelbach, Philosophie in Deutschland 1831-1933 (suhrkamp taschenbuch wissenschaft 401), Frankfurt a.M. 1983, insbes. S. 139 ff.

32 Es handelt sich um Briefe vom: 17.6., 20.6., 5.7., 6.7., 7.7. 1934.

33 Im Buch selbst steht nur im Vorwort, daß es voller neuer Hoffnung und im Sinne Adolf Hitlers publiziert werde. Grebe war 1933 in die Partei eingetreten und war vom 4.11.1933-1.11.1935 Mitglied der SA, von der er sich wegen Arbeitsüberlastung zurückzog. Wahrscheinlich handelte er im Blick auf eine erhoffte Berufung und Professur. Er schien keineswegs überzeugter Anhänger der NS-Bewegung gewesen zu sein.

34 Vgl. dazu Bracher u.a., I, S. 420 ff. sowie Anm. 27.

35 Heinrich Weinstock, Dr. phil., Prof., Direktor des Staatl. Kaiser-Friedrich-Gymnasiums zu Frankfurt a.M., Lehrbeauftragter für Pädagogik an der J.W. Goethe-Universität. Nach dem Krieg, den er als Soldat verbringen mußte, zunächst wieder Direktor an seiner alten Schule und ab 1949 Ordinarius für Pädagogik an der Frankfurter Universität. Gestorben 8. März 1960 in Bad Homburg v.d.H. – Vgl. auch Anm. 2 zu Brief Nr. 1.

36 Ansichten Sprengels, Beyers, Kriecks werden neben Goethe, u.a., neben Theorien Havensteins selbst, in oft nicht klar unterschiedenem Zusammenhang erörtert! – Zur Pädagogik in der NS-Zeit vgl. H.E. Tenorth, Deutsche Erziehungswissenschaft 1930 bis 1945, in: Z.f. Pädagogik 32, 1986, S. 299 ff.

37 Vornehmheit und Tüchtigkeit, Berlin 1923^2, S. 59.

38 Brief Nr. 28 vom 19. 7. 1934. – Zum Röhm-Putsch vgl. Thamer, S. 328 ff.; außer Thamer, Erdmann (Gebhardt IV), S. 379 ff.

39 Bracher u. a., I, S. 300 f.

40 Vgl. Beispiele in vielen Bereichen der öffentlichen Verwaltung, in: K. G. A. Jeserich u. a., Hrsg., Deutsche Verwaltungsgeschichte IV, Stuttgart 1985, Teil 2, Kap. IV, S. 725 ff.

41 Bracher u. a., III, S. 346 ff.; Thamer, S. 470 ff.; F. Blaich, Wirtschaft und Rüstung in Deutschland 1933-1939, in: K. D. Bracher u. a., Nationalsozialistische Diktatur 1933-1945, Düsseldorf 1983, S. 285 ff.; Erdmann (Gebhardt IV) S. 395 ff.; Hildebrand (Oldenbourg), S. 10 ff., 147 ff.

42 Auch das wohl eine bezeichnende Grundeinstellung des national-konservativen Bildungsbürgertums! Schumann war zeitlebens militäruntauglich, Havenstein nach kurzem Versuch als Kriegsfreiwilliger während des Ersten Weltkriegs anscheinend als verwendungsunfähig wieder zurückgeschickt worden. In der Theorie hatte aber der Militärdienst als eine der »Schulen der Nation« auch bei ihnen einen hohen Stellenwert. Natürlich spielte bei dieser Haltung eine nicht unwichtige Rolle der Umstand, daß die »Entmilitarisierung« Diktat und Schuld-Verdikt zugleich der »Siegermächte« in Versailles gewesen war und insofern als Schande empfunden wurde. Beide Momente erklären die durchaus freudige Zustimmung zu diesem Erfolg Hitlers.

43 Vgl. H. Heiber, Walter Frank und sein Reichsinstitut für Geschichte des neuen Deutschlands (Quellen und Darstellungen zur Zeitgeschichte 13), Stuttgart 1966, insbes. S. 187 ff.

44 Zur Rolle Niemöllers und der Bekennenden Kirche vgl. K. Scholder (wie Anm. 29); Thamer, S. 435 ff.

45 Wobei die sprachlichen Veränderungen – besser die erwünschten Anpassungen an das NS-Vokabular und -Denken – nicht von überzeugten Parteigängern verordnet wurden. Es waren ja Männer wie Litt oder Spranger darunter. Um die eigenen wissenschaftlichen Ziele, Zeitschriften, überhaupt Einfluß nicht zu verlieren, mußten Viele bereit sein, äußerlich sprachliche Konzessionen zu machen. So entstand schließlich eine sehr doppelbödige Sprache; vgl. dazu am Beispiel einer damals gleichsam in Opposition stehenden Zeitung G. Gillessen, Auf verlorenem Posten – Die Frankfurter Zeitung im Dritten Reich, Berlin 1986.

46 Die – handgreiflichen – Gerüchte waren in Umlauf gekommen im Zusammenhang mit Auseinandersetzungen über die angemessene Wirtschaftspolitik im Spätjahr 1935 und 1936. Insbesondere zwischen Reichswirtschaftsminister Schacht und »Reichsnährstand-Bonzen« Darré war es zum Streit gekommen. Die schließliche Verkündung eines »Jahresplanes« auf dem »Parteitag der Ehre« in Nürnberg im September 1936 sowie die Betrauung Görings mit diesen Problemen war der Versuch, aus dieser Krise der ausschließlichen Ausrichtung der Wirtschaft

auf die Kriegsrüstung herauszufinden. Schacht demissionierte übrigens dann am 26. November 1937.

47 Auch hier sind die Werturteile recht bezeichnend, insbesondere zu Friedrich Wilhelm I. von Brandenburg-Preußen. Obgleich sie ja bewußte »Preußen« sein wollten: der begabte Erbauer eines starken, funktionstüchtigen absolutistischen Staates galt ihnen, wie der »Amerikanismus« als geistlos, ja kulturfeindlich. Jede nicht kulturelle bzw. nicht-»bildungsbürgerliche« Tätigkeit hatte in ihren Augen allenfalls nachgeordnete Bedeutung. – Zum Problem des »Bildungsbürgertums«, des Begriffs des »Bürgers« vgl. u. a. J. Kocka, Hrsg., Bürger und Bürgerlichkeit im 19. Jahrhundert, Göttingen 1987; sowie L. Gall, »... ich wünschte ein Bürger zu sein«, in: Historische Zeitschrift 245, 1987, S. 601 ff.

48 Vgl. hierzu auch Broszat in: ders./Frei, Ploetz, S. 165 f., sowie H. Scholtz, Erziehung und Unterricht unterm Hakenkreuz, Göttingen 1985 – eine insgesamt etwas diffuse Analyse.

49 Insoweit waren die subjektiven Eindrücke anders als die allgemeineren Analysen nahelegen; vgl. etwa Thamer, S. 711 ff.; auch W. Wippermann, Das Leben in Frankfurt am Main zur NS-Zeit III, Frankfurt am Main 1986, S. 61 f.

50 Vgl. zur allg. Entwicklung etwa K. D. Erdmann (Gebhardt IV), S. 525 ff.; Thamer, S. 659 f.; L. Gruchmann, Der Zweite Weltkrieg, München 1971, S. 106 ff.

51 Zur Situation in diesem Jahre vgl. auch A. Hillgruber, Die weltpolitischen Entscheidungen vom 22. Juni 1941 – 11. Dezember 1941, in: K. D. Bracher u. a., Hrsg., Nationalsozialistische Diktatur, S. 440 ff.

52 Insoweit unterschieden sich beide nicht unerheblich von dem, was durch die offiziellen Parteistellen ermittelt wurde. Vgl. etwa W. Wippermann, S. 60 ff., bzw. insgesamt H. Boberach, Hrsg., Meldungen aus dem Reich 1938 bis 1945. Die geheimen Lageberichte des Sicherheitsdienstes der SS, Herrsching 1984. Im Privaten dürfte wahrscheinlich viel früher das Fatale der Entwicklung – auch das scheinbar unentrinnbare – erkannt worden sein. Daß das erst viel später – ab 1944 etwa – auch offiziell erkannt werden konnte, liegt im System solcher Terrorherrschaft. Sie zwingt zu Verstellung, zum Schweigen; vgl. dazu auch Thamer, S. 724 f.

53 Die NS-Propaganda sprach ab Herbst 1942 von einer »Festung Europa«, die unter deutscher Führung sich gegen westlichen Kapitalismus und östlichen Kommunismus zu behaupten habe. Zum historischen Umfeld: K. D. Erdmann (Gebhardt IV), S. 532 ff.

54 Ebd., S. 556 f.; Broszat/Frei, Ploetz, S. 137.

55 Das »Musische Gymnasium« in Frankfurt a. M. wurde 1939 gegründet. Ein zweites folgte in Leipzig 1941. Es sollte musikalische Begabungen

früh fördern, räumte diesem Unterricht großen Raum ein. Insoweit entstand es aus dem Umkreis der reformpädagogischen Bewegung, hatte jetzt aber eindeutig ideologischen Zwecken zu dienen. Bei Schulreisen zu Konzerten ins Ausland sollte für das Regime geworben werden. – Der Frankfurter Rektor der Universität, Platzhoff, als Historiker Fakultätskollege Schumanns, hatte sich indirekt zwar für ihn verwandt, wußte aber aufgrund der entschiedenen ministeriellen Auskünfte, daß weder Entlastung noch Entgegenkommen für Schumann erreicht werden konnte. Er scheint freilich als Verteidiger des Regimes dies Schumann nicht mitgeteilt zu haben. – Die Unterlagen z. T. im Universitäts-Archiv der J. W. Goethe-Universität zu Frankfurt a. M.

56 Zu Hindenburg wie Brüning, Erdmann (Gebhardt IV) passim u. H. Schulze, Weimar, S. 318 ff.; 358 ff.

57 Vgl. M. Messerschmidt, Die Wehrmacht im NS-Staat, in: K. D. Bracher u. a., Hrsg., Nationalsozialistische Diktatur, S. 461 ff. – Zum Fall Duesterberg und dem Fritschs vgl.: Harold C. Deutsch, Das Komplott oder die Entmachtung der Generale, Eichstätt 1974.

58 U. Herbert, Fremdarbeiter – Politik und Praxis des »Ausländereinsatzes« in der Kriegswirtschaft des Dritten Reichs, Berlin – Bonn 1985.

59 Zu den Verhältnissen in Italien, dem Sturz Mussolinis, dem Charakter des dortigen Faschismus vgl. u. a. Erdmann (Gebhardt IV), S. 565 ff.; E. Nolte, Italien vom Ende des Ersten Weltkriegs bis zum ersten Jahrzehnt der Republik, 1918-1960, in: Th. Schieder, Hrsg., Handbuch der europäischen Geschichte 7, Stuttgart 1979, S. 636 ff.; Hildebrand (Oldenbourg), S. 138 ff.; L. Gruchmann, Der Zweite Weltkrieg, München 1971^2, (dtv – Weltgeschichte des 20. Jahrhunderts, Bd. 10), S. 216 ff. – Insgesamt, auch zur Einschätzung des italienischen Faschismus seitens der Briefschreiber, W. Schieder, Faschismus als soziale Bewegung. Deutschland und Italien im Vergleich, Hamburg 1976.

60 Das stimmt mit der Analyse bei Wippermann III, S. 75 f. exakt überein! – Am 20. 3. 1943 beschrieb Schumann gegenüber Strecker das Vordringen der SS auch im militärischen Bereich und fügte hinzu: »Die Wehrmacht ballt die Faust dazu, aber im Sack, und anderes ist ja in dieser angespannten Kriegslage ganz unmöglich, jede ernsthafte Rebellion bedeutete sofort den völligen Zusammenbruch auf der ganzen Linie.« (Unveröffentlichter Briefwechsel Schumanns mit Strecker).

61 Vgl. Erdmann (Gebhardt IV), S. 566 f., sowie die dortige Literatur. – Am 15. September war Mussolini aus der Internierung auf dem Gran Sasso durch Fallschirmjäger befreit worden und bildete eine »Faschistische Republik« im Rest-Italien, die faktisch unter deutscher Militärverwaltung stand.

62 B. Kytzler, William Shakespeares Coriolan (Dichtung und Wirklichkeit – Ullstein Buch), Frankfurt/M. – Berlin 1965.